호텔 마케팅

이화인

비앤엠북스

머리말

우리나라 관광산업의 발전과 함께 그동안 성장을 거듭해 온 호텔산업은 이제 한국방문 해외관광객 연 천만 명 시대를 맞아 더욱 활기를 띠게 되었다. 성숙기에 진입한 호텔업은 세분시장의 니즈에 맞추어 특급 호텔, 비즈니스 호텔, 싱글 호텔, 레지던스 호텔 등 다양한 형태로 발전하였으며, 호텔의 종류와 수가 증가한 만큼 이들의 고객쟁탈 경쟁은 더욱 치열해졌다. 호텔시장의 성숙과 함께 날로 높아져 가는 고객욕구를 보다 성공적으로 충족시킴으로써 경쟁우위를 확보하려는 각 호텔의 마케팅 전략 또한 진화를 거듭하고 있다.

이 책은 빠르게 변화하는 시장환경에 적용 가능한 호텔서비스 마케팅 원리를 체계적으로 설명한다. 시장접근을 위해 변함없이 적용되어야 할 마케팅의 기본원리를 충실히 설명함과 동시에 새로운 마케팅환경에 적응한 고객수요창출 전략 및 시사점들을 서술하고 있다. 저자는 서비스 마케팅의 기본 개념과 호텔기업의 시장공략 전략들을 다양한 사례들과 함께 제시하여 호텔마케팅을 공부하는 학생들의 이해를 돕고자 하였다. 이 책의 구성은 다음과 같다.

첫째, 1장부터 4장까지는 호텔서비스 시장 관리에 대한 내용을 다룬다. 호텔서비스 상품의 특징을 고려한 호텔시장의 성격 및 호텔서비스 마케팅의 특수성, 마케팅 환경요인들, 그리고 세분시장의 선택적 접근에 대한 내용을 담고 있다. 둘째, 5장에서 8장까지는 호텔서비스 고객에 대한 이해에 초점을 둔다. 여기서는 호텔 고객의 행동과 고객수요의 조절, 고객만족관리, 그리고 고객의 필요와 욕구를 파악하기 위한 호텔시장 조사를 다루었다. 9장부터 17장까지는 서비스마케팅의 전략적 요인들, 7P's의 내용이 차례로 소개된다. 9장과 10장은 상품전략(product), 11장은 물리적 증거전략(physical evidence), 12장은 서비스 프로세스(process), 13장은 가격전략(price), 14장은 유통전략(place), 15장은 촉진

preface

전략(promotion), 그리고 16장과 17장은 호텔 고객과의 장기관계를 구축하기 위한 관계마케팅과 서비스직원에 대한 내부마케팅 등 서비스 인간관리(people) 전략이 다루어진다.

아무쪼록 이 책이 호텔마케팅을 체계적으로 공부하고 호텔기업의 마케팅 활동들을 이해하고자 하는 호텔경영 전공 학생들 및 예비 마케터들에게 유용한 안내서가 되기를 희망한다. 저자의 부족함으로 인해 미흡한 면들이 남아 있지만, 부족한 부분들은 추후 자료를 보완해서 완성도를 높여 나갈 것을 다짐한다. 끝으로 이 책의 출간을 적극 지원해 주신 정광식 사장님, 그리고 이 책의 원고를 꼼꼼히 수정해 준 편집부 여러분께 감사의 말씀을 드리고 싶다.

2013년 8월

이 화 인

차례

제1장 시장과 마케팅

제2장 호텔서비스 마케팅의 특수성

제3장 호텔 마케팅 환경

contents

차례

contents

차례

contents

차례

contents

제15장 호텔서비스 촉진전략

제16장 고객관계관리

차례

HOTEL MARKETING

제1장 시장과 마케팅

1 시장이란

시장(market)은 마케팅(marketing)의 가장 핵심 개념이다. 본래 시장이란 판매자와 구매자가 만나 물건을 사고파는 물리적 장소를 의미하였으나, 점차 그 의미가 확대되어 상품으로서의 재화와 서비스의 거래가 이루어지는 추상적이고 광범위한 영역을 모두 포함하게 되었다. 즉 시장은 상품의 거래와 교환이 이루어지는 곳이며, 이러한 교환 행위에 참여하는 소비자와 잠재고객, 그리고 경쟁기업, 중간상 등의 통합적 집합을 의미한다. 시장에서는 수요와 공급이 끊임없이 창출되며 점진적으로 균형을 이루어 나간다. 시장 참여자가 교환을 통하여 필요와 욕구를 충족시키려 할 때, 이러한 교환 행위를 효과적으로 만들어 주고 활성화하는 마케팅의 필요성이 발생한다.

2 3.0시장

Philip Kotler는 시대에 따른 마케팅환경의 변화와 기업 마케팅활동의 진화에 따라 시장을 1.0시장, 2.0시장, 그리고 3.0시장으로 분류하였다.

1.0시장(Market 1.0)

1.0시장은 제품 중심의 시장이다. 산업혁명을 통해 생산기술이 발달함으로써 토대가 마련된 1.0시장은 대량생산과 대량판매가 그 특징이라고 할 수 있다. 1.0시장은 효율적인 제품 개발과 생산이 핵심 개념이었으며 제품 판매를 최우선 목표로 하였다.

2.0시장(Market 2.0)

2.0시장은 소비자지향 시장으로서 소비자의 필요와 욕구가 중심 주제였다. 2.0시장의 핵심은 고객만족 및 고객보유였으며, 소비자의 이성과 감성을 자극하여 수요를 창출하고 제품차별화를 이루며 고객만족도를 높이는 데 주력하였다. 2.0시장은 시장의 초점을 소비자로 이동시켰다는 측면에서 1.0시장으로부터 진일보했다는 평가를 내릴 수 있으나, 소비자와 함께 성장하며 삶의 가치를 향상해 나간다는 의식은 거의 없었다.

3.0시장(Market 3.0)

최근의 마케팅환경을 구성하고 있는 3.0시장은 가치 주도의 시장이다. 이 시대의 소비자는 단순한 상품 구매의 대상이 아니라 이성과 감성과 영혼을 지닌 전인적 존재로 인식된다. 인간의 본성과 영혼, 보편적 가치를 이해하고, 창의적으로 소비자의 삶과 가치를 선도하며, 겉으로 드러난 욕구뿐 아니라 감춰진 바람까지 충족시킴으로써 소비자와의 진정한 공감과 교류를 이루는 마케팅의 시대인 것이다.

3.0시장의 소비자는 상품을 통해 자신을 표현하고 정체성을 느끼며 저마다의 삶을 살아간다. 그리고 그것이 소비자 개개인의 라이프스토리의 소재를 이룬다. 예를 들어, 힐튼호텔의 대형 크리스마스트리 옆에서 미래의 배우자를 만나고, 클럽메드에서 신혼여행을 보내며, 하얏트호텔에서 중요한 비즈니스 계약을 체결한 어떤 사람에게 이러한 브랜드들은 단순한 숙박시설 이상의 의미를 지닐 수밖에 없다. 따라서 3.0시장의 기업은 고객만족과 고객보유라는 목표를 뛰어넘어 소비자의 생애에 참여하여 '더 나은 삶 만들기'라는 미션의 리더가 되어야 한다.

3.0시장의 미션을 이룬다는 것은 소비자들의 삶에 가치와 차별화를 제공할 수 있는 비즈니스 관점을 도입하는 것을 의미한다. Kotler는 시장의 가치 주도 역할을 담당하는 3.0시장의 기업을 위해 다음과 같은 10개 수칙을 제안했다.

- 고객을 사랑하고 경쟁자를 존경하라.
- 변화를 민첩하게 포착하고, 언제든 변화할 태세를 갖추어라.
- 기업의 명성을 지켜 내고 브랜드 정체성을 분명히 하라.
- 당신의 도움이 가장 필요한 고객에게 다가가라.
- 적정한 가격에 훌륭한 상품을 제공하라.
- 소비자가 원할 때 언제든 찾을 수 있게 하라.
- 고객과 적극적으로 관계를 맺고 그들의 성장을 도와라.
- 모든 비즈니스는 서비스업이다.
- 끊임없이 서비스 프로세스를 평가하고 개선하라.
- 정보를 수집하고 지혜롭게 의사결정을 하라.

3 시장지향성

시장지향성(market orientation)이란 오늘날과 같이 갈수록 치열해지는 경쟁환경에서 기업이 시장에 밀착하여 끊임없이 시장상황을 모니터링하고 고객욕구에 부응함으로써 시장의 흐름에 적응하는 것을 의미한다. 마케팅 콘셉트의 실천 전략으로 등장한 시장지향성은 소비자와 경쟁기업에 대한 정보를 적극적으로 수집하고 이에 대한 대응책을 신속히 마련하는 전략적, 실천적 노력이다. Kohli & Jaworski는 기업의 시장지향성을 구성하는 3가지 하위 개념으로 ① 전사적 차원의 시장정보 창출, ② 기업 내 시장정보 교류, 그리고 ③ 시장정보에 대한 전사적 반응을 제시하였다.

시장정보 창출

시장정보 창출이란 기업이 전사적 차원에서 고객과 경쟁업체, 기술, 규제 등에 대한 정보를 수집하는 것을 의미한다. 시장정보는 고객을 이해하고 고객의 욕구를 선도하며 고객이 추구하는 가치를 제공하는 데 기초 자료가 되는데, 이는 고객의 표현된 욕구뿐만 아니라 미래의 잠재적 욕구까지도 포함한다. 또한 고객행동에 영향을 미치는 외적 요인들, 즉 경쟁업체와 유통업체, 정부규제, 기술환경의 변화 등에 대한 정보는 기업의 마케팅 부서뿐 아니라 모든 부서에서 전사적으로 수집될 필요가 있다.

기업 내 시장정보 교류

기업 내 시장정보 교류는 전 부서의 실질적 참여를 통하여 시장정보를 조직 내의 관련 부서와 개인들에게 의사소통시키고 전파하는 정도를 뜻한다. 즉 기업은 시장욕구에 효과적으로 반응하기 위하여 시장정보를 조직 내의 관련 부서와 구성원들에게 원활히 소통시키고 전파해야 한다는 것이다.

시장정보에 대한 전사적 반응

시장정보에 대한 전사적 반응이란 시장정보를 바탕으로 표적시장을 선정하고, 현재의 시장욕구와 잠재적 고객욕구에 따라 제품과 서비스를 개발하며, 시장의 우호적 반응을 이끌어 낼 수 있도록 상품을 생산, 촉진하는 것을 의미한다. 시장지향적인 기업은 시장 동향에 대한 정보의 확보에 그치지 않고 시장의 호의적인 반응을 유도하기 위하여 전사적으로 실질적이고 적극적인 마케팅 전략을 수립한다.

4 마케팅의 정의

한 기업으로 하여금 시장에서 경쟁력 있는 기업으로 만드는 기본 요인은 무엇인가? 『In Search of Excellence』의 저자인 Peters & Waterman은 이렇게 말하였다. 맥도날드나 메리어트호텔 등 선도적 서비스업체의 공통점은 그들이 한결같이 시장 중심적이었다는 것이다. 성공한 기업은 항상 고객에게 가까이 밀착하려고 노력했으며 시장에 대한 이해가 빨랐다. 시장지식을 바탕으로 고객의 요구사항에 대해 민감하게 반응하고 고객만족을 위해 두뇌와 정성을 다해 노력한 결과, 고객에게 사랑받고 시장에서 선도적인 위치를 확보할 수 있었던 것이다.

오늘날 소비자들은 시장에서 폭넓은 선택권을 지니고 있다. 그 어떤 산업이든지 수없이 많은 경쟁기업과 상품대안이 있는 까닭이다. 따라서 기업은 소비자에게 어떻게 해서든지 경쟁업체보다 높은 효용과 차별적 가치를 제공할 수 있는 상품을 생산하려 한다. 또한 소비자가 손쉽게 구매할 수 있도록 상품을 이동시키고, 적절한 가격을 책정하며, 소비자가 자사상품을 원하도록 욕구를 자극하고 설득하는 과정을 거친다.

미국마케팅학회(American Marketing Association, AMA)는 마케팅을 '상품, 가격, 유통, 촉진 활동을 계획하고 실행하여 시장에서의 교환을 통해 기업과 개인의 욕구를 충족시키는 관리과정'이라고 정의한다. 다시 말해 마케팅이란 표적시장을 선택하고, 우월한 고객가치를 창조하여 제공하며, 시장과의 의사소통 및 상호작용을 통해 고객을 획득, 유지, 확대하는 과정을 의미한다. 고객 위주 사고를 기본 정신으로 하여 시장에 다가가서 고객의 필요와 욕구를 이해하고 충족시킴으로써 수요를 창출하고 적극적으로 시장에서의 교환활동을 활성화하는 것, 이것이 마케팅의 기본 개념이다.

5 마케팅 개념의 발전

마케팅의 개념은 시장상황과 경쟁환경의 변화에 따라 점진적으로 발전되어 왔다. 첫째, 물물교환에서 발전된 형태인 단순거래 시대(simple trade era)에는 유통이 무엇보다도 중요한 문제였다. 따라서 생산자와 소비자를 연결시키는 중간상인의 역할이 중시되었다. 그러나 산업혁명 이후부터는 생산지향 시대(production era)가 열리게 되었다. 생산지향 시대에는 생산능력이 강조되어 단시간에 다량을 생산해 내는 효율성이 가장 중요한 관건이었다. 생산지향 시대는 생산자 및 판매자가 주도권을 갖는 공급자시장(seller's market)이라고 볼 수 있다.

생산성 향상이 이루어지면서 공급과잉 현상이 발생하자 이제 판매지향 시대(sales era)가 전개되었다. 공급이 수요를 초과하여 잉여가 생겨나자 이를 판매하는 데 역점을 두게 된 것이다. 이미 생산된 제품을 무차별적 판촉활동을 통해 소비자에게 판매하려는 판매지상주의가 이 시대에는 팽배하였다. 판매지향 시대에는 생산자/판매자 위주의 공급자시장(seller's market)에서 구매자가 주도권을 갖는 구매자시장(buyer's market)으로의 전환이 이루어졌다고도 할 수 있다.

그 후 시장경쟁이 날로 심화되면서, 기업은 고객 중심으로 사고하고 고객이 원하는 상품 개념을 개발하지 않으면 시장에서 도태될 수밖에 없다는 사실을 깨닫게 되었다. 따라서 선도기업은 고객지향적 태도로 시장에 밀착하려는 노력을 기울이기 시작했고, 마침내 고객의 필요를 해결하고 보다 효율적으로 고객만족을 창출하는 데 승부를 거는 마케팅시대(marketing era)가 도래하게 되었다.

생산 위주 경영

생산 위주 경영(production orientation)은 소비자의 최우선 관심사가 상품의 확보와 저렴한 가격이라고 본다. 따라서 기업은 비용을 절감하고 생산효율성을 증대시키는 데 노력을 집중한다. 과거 경제 여건과 제품의 생산효율성이 낮은 수준이었던 시절, 기업은 상품을 대량생산하여 싼 가격에 제공하고 유통망을 최대한 확장하여 소비자의 상품 접근성을 높이는 데 주력하였다.

✝ 상품 위주 경영

상품 위주 경영(product orientation)은 소비자는 우수한 품질과 효용을 제공하는 상품을 원한다는 가정 아래 이루어진다. 상품 위주 경영은 상품의 품질관리가 무엇보다 관건이었던 시절 불량품을 최소화하려는 기업에 의해 채택되었다. 오늘날에 이르러서도 상품 위주 개념에 입각한 기업은 우수한 상품은 소비자들이 절대 외면하지 않으며 특별한 노력을 기울이지 않아도 시장에서 환영받는다는 신념으로 경영을 한다. 그러나 상품 위주 경영은 자칫 소비자의 본원적인 욕구를 발견하여 충족시키기보다, 오로지 기업의 관점에서 출발하여 시장의 욕구와 동떨어진 상품의 방향으로 흐를 수 있다는 문제점이 있다.

✝ 판매 위주 경영

판매 위주 경영(sales orientation)은 광고, 가격 할인 등 다양한 판매활동과 촉진도구를 사용하여 어떻게든 고객이 더 많은 양을 구매하도록 유도하는 데 주력하는 것이다. 이러한 경영방침은 고객이 구매하고 싶을 만한 상품 개념을 개발하고 생산하는 데는 초점을 두지 않고, 이미 생산된 것을 판매하는 데 모든 노력을 집중시킨다. 즉 시장이 원하는 상품을 만드는 것보다 만든 상품을 처분하는 데 초점을 두는 것이다. 판매 중심 경영을 하는 기업은 판매 자체와 단기이익을 실현하는 것이 목적일 뿐, 생산이 이루어지기 전에 시장의 필요와 욕구를 파악하다든지 사후 고객만족 관리를 하고 고객과의 장기적 관계를 형성시키는 데는 소홀한 태도를 보인다.

✝ 고객 위주 경영

고객 위주 경영(customer orientation)은 경영방침과 기업목표를 고객욕구 충족으로 삼는 것으로, 최근 시장지향적인 주요 기업이 따르고 있는 경영정신이다. 이러한 경영철학은 고객이 기업생존의 열쇠를 갖고 있다는 사실을 인식하는 데서 비롯된다. 고객 없는 기업은 존재할 수 없으며 고객이 기업의 이익 창출의 근원이기 때문에, 기업은 상품의 생산, 전달, 설득 과정에 있어 소비자의 필요와 욕구에 초점을 두고 고객과 기업 간 상호 신뢰와 만족의 관계가 형성되도록 모든 역량을 집중한다.

고객 위주 경영에서 호텔의 시장점유율과 판매수익은 그 호텔이 얼마나 고객지향적이었으며 고객이 원하는 가치를 얼마나 효과적으로 제공했느냐에 따라 결정된다. 따라서 오늘날 이윤극대화를 위한 호텔산업의 경쟁은 판매 경쟁보다는 고객만족 경쟁이 되어야 한다고 말할 수 있다.

그림 1-1 ● 마케팅 개념의 발전과정

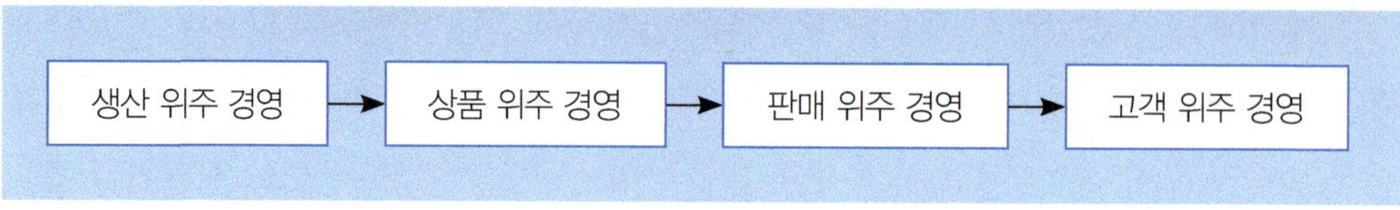

6 시장지향적 마케팅 관리

고객욕구의 이해

마케팅 관리의 첫 번째 단계는 고객의 필요와 욕구를 이해하는 데서 출발한다. 첫째, **필요(needs)**란 소비자의 가장 근본적인 욕구 미충족 상태를 의미한다. 모든 인간에게는 생리적으로, 심리적으로, 그리고 사회적으로 채워져야 할 '필요'들이 있다. 사람들은 배가 고프면 음식을 찾고, 즐거운 기분을 느끼고 싶어 한다. 또한 다른 사람들과 인간관계를 맺고 소속감을 느끼고 싶어 하며, 타인의 인정과 존경을 받기를 원한다. 이것은 인간의 본질적 필요이다. 그런데 내면에 존재하고 있으나 표면으로 떠오르지 않은 잠재적 필요에 대해서 소비자가 스스로 의식하지 못할 가능성이 있다. 이러한 잠복동기를 자극하여 소비자로 하여금 필요를 인식하게 만드는 것이 마케터의 몫이다.

둘째, 인간의 본질적 필요들이 구체화된 것은 **욕구(wants)**라고 한다. 소비자의 욕구는 문화와 환경에 따라, 그리고 개인의 성향과 상황에 따라 각기 독특한 형태로 나타난다. 예를 들어, 사회적 인정이라는 필요는 개인에 따라 명품 소비로, 혹은 고급호텔 이용 행동으로, 혹은 대학원 진학 결정으로 다양하게 구체화된다. 소비자의 욕구는 사회가 발전하고 경제적 수준이 향상될수록 더욱 확장되고 다양화되는데, 이는 종종 기업의 마케팅활동에 의해 활성화된 것이라고 볼 수 있다.

마케터의 역할은 소비자의 충족되지 않은 필요와 욕구를 발견하고 이에 대한 해결책을 제시하는 것이다. 때로는 소비자의 사소한 불편을 해소하는 것이 새로운 상품 아이디어가 된다. 예를 들어, 객실 요금에 식사까지 포함시키는 미국의 일부 풀서비스 호텔은 오랫동안 전통적인 테이블서비스를 고집해 왔다. 그러나 이러한 서비스는 근래에 들어 식생활의 변천과 함께 빠르고 간단한 식사를 원하는 여행자시장에 의해 외면을 당했다. 이에 대해 마케팅 컨설턴트들은 호텔 객실 쓰레기통에 버려진 햄버거 포장지와 피자 박스들을 보면 최근 고객의 추세를 알 수 있을 것이라고 조언했다. 간편함과 시간 절약을 추구하는 고객의 욕구를 이해하고 거기에 부응할 필요가 있다는 말이다.

가치의 제공

가치(value)란 소비자가 지불한 비용 대비 획득한 효용과 편익을 말한다. 가격이 높아도 그에 상응하거나 초과하는 가치가 있다고 판단하면, 소비자는 그 상품이나 서비스를 선택한다. 따라서 마케터가 우선적으로 고려해야 할 점은 표적시장에서 상품의 가치를 높이는 일이다. 무엇이 고객에게 가치를 더해 주는가? 고객이 경쟁사보다 자사의 서비스를 이용할 이유가 무엇인가? 마케터는 고객 개개인에 대한 관심과 이해를 바탕으로 표적시장에 차별화된 가치를 제공할 방법을 계획하고 설계해야 한다.

서울 인터컨티넨탈호텔은 전체 고객의 80퍼센트 이상이 외국인이고, 특히 정보통신업체의 비즈니스맨이 많이 찾는다. 이유는 간단하다. 비즈니스에 필요한 모든 서비스가 제공되기 때문이다. 호텔 전체가 하나의 사무실이고, 직원들은 고객에게 오랜 시간 손발을 맞춘 충실한 비서 역할을 한다. 영어와 일본어에 능통한 교환원들이 24시간 대기하면서 미국 본사에서 걸려오는 전화는 식당으로 돌려 주고 다른 전화는 메모를 받아 주기도 하며, 모닝콜로 그날의 날씨와 기온을 얘기해 준다. 또 영어가 서툰 한국 사람과 상담할 때는 3자 통화 서비스까지 해 준다.

고객은 기대하지 않은 필요와 욕구까지 충족되는 차별화된 가치를 제공받으면 그 가치를 위해 기꺼이 비용을 지불한다. 시장지향적인 기업은 소비자가 명시적으로 요구하지 않은 가치를 제공함으로써 고객만족을 달성한다.

시장의 선택 및 고객관계 관리

기업은 자사가 가장 효과적으로 만족시킬 수 있는 세분시장을 선택해야 한다. 모든 사람을 만족시키는 제품이나 서비스는 존재하지 않기 때문이다. 자사가 제공하는 서비스에서 편익과 가치를 얻는 세분시장에 선택적으로 접근하고 그 세분시장의 만족도를 최대화할 수 있도록 마케팅활동을 펼쳐야 할 것이다.

기업에게 이익을 가져다주고 기업이 제공하는 서비스로부터 효용과 가치를 얻는 고객과는 장기적 관계를 구축할 필요가 있다. 충성고객은 반복구매를 할 뿐 아니라 긍정적 구전을 통해 기업에 신규고객을 창출시킨다. 서비스기업은 이러한 고객과 호의적 관계를 지속시키기 위해 고객 개개인의 필요에 맞는 맞춤 서비스를 제공하고 핵심 서비스 개념을 강화하는 등 긴밀한 고객관계 관리 노력을 기울여야 한다.

그림 1-2 시장지향적 마케팅 관리과정

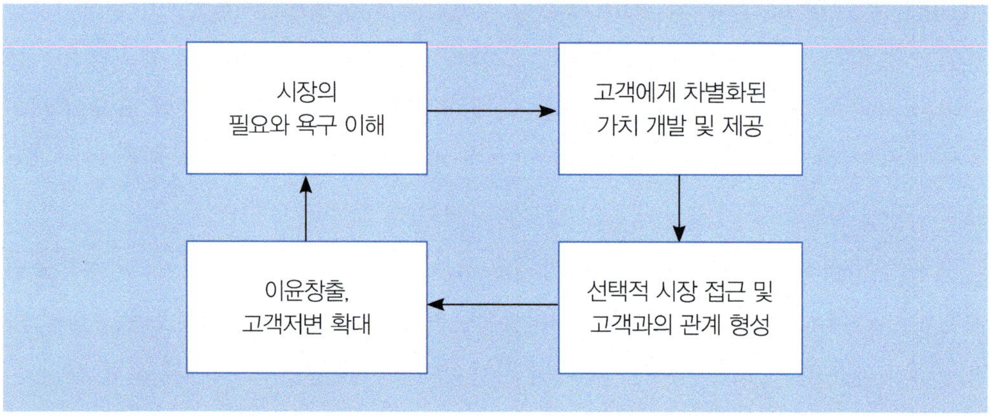

그림 1-2는 시장지향적 마케팅 관리의 진행과정을 4단계로 분류한 것이다. 기업은 고객의 필요와 욕구를 이해하고, 이를 바탕으로 고객에게 차별화된 가치를 제공하는 상품 개념을 개발한다. 선택적으로 시장에 접근하여 주요 표적시장에 마케팅 노력을 집중하고, 기업에 이윤을 가져다주는 고객과 장기적인 신뢰관계를 구축해 나간다. 이러한 과정을 거쳐 기업은 시장으로부터 이익을 창출하고 고객저변을 확대하며 또다시 시장의 새로운 필요와 욕구를 발견하는 데 재투자한다.

HOTEL MARKETING

제2장 호텔서비스 마케팅의 특수성

1 서비스의 특성

소비자가 구매하는 상품에는 크게 재화(goods)와 용역(services)이 있다. 재화란 가시적이고 손으로 만질 수 있는 물리적 형태의 제품을 말한다. 용역이란 곧 서비스를 의미하는 것으로서 소비자가 대가를 지불하고 얻는 무형적인 편익이나 가치를 뜻한다. 미국마케팅학회(AMA)는 서비스를 '판매 목적으로 제공되거나 상품판매와 연계하여 제공되는 모든 행위, 편익 및 효용'이라고 정의한다. 즉 서비스란 서비스 제공자가 고객의 문제를 해결해 주기 위해 수행하는 무형적 활동과 거기서 얻는 효익 및 가치를 의미한다.

서비스를 유형제품으로부터 구분하는 특성에는 다음과 같은 것들이 있다.

무형성(intangibility)

서비스의 가장 두드러진 특성은 손에 잡히지 않는다는 것이다. 서비스는 점포에 진열할 수도 없고 그 품질을 단시간에 눈으로 확인할 수도 없다. 서비스란 가시화될 수 없는 성과나 행동, 또는 어떤 편익이 전달되는 과정 자체로서 소비자가 직접 경험하지 않

그림 2-1 ● 유형성/무형성의 연속성

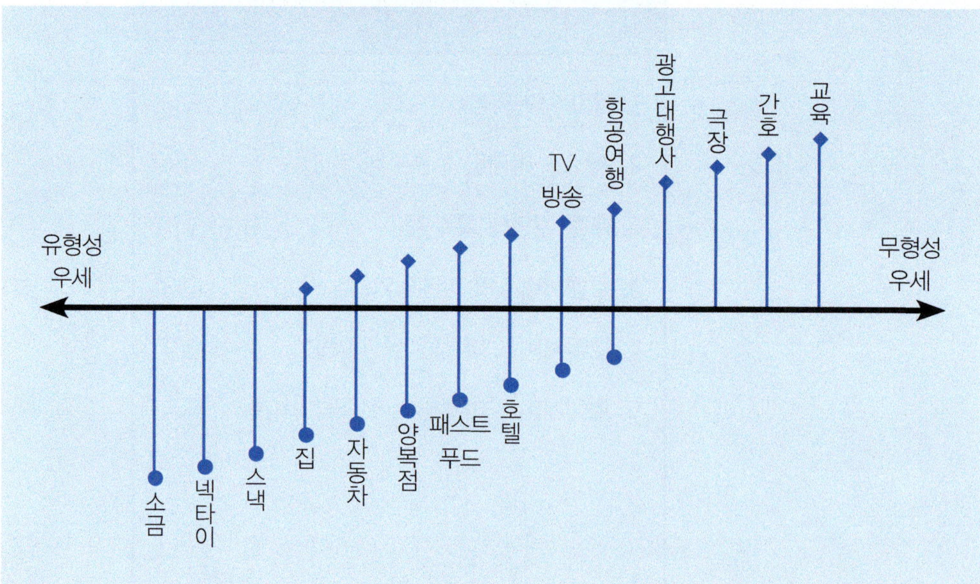

으면 그 가치와 품질을 평가하기 어렵다.

그런데 서비스 상품은 종종 유형적 요인과 무형적 요인을 둘 다 포함하고 있다. 고객이 호텔서비스를 구매할 때는 유형적인 물리적 환경 요인과 무형적 효용에 대한 대가를 모두 지불한다고 볼 수 있다. 쇼스타크(Shostack)는 상품의 유형성/무형성에 따라 상품의 시장실체성(market entities)을 그림 2-1과 같이 정렬하였다. 시장실체성은 유형성의 정도에 따라 연속성(continuum)을 보이는데, 서비스의 범주에 포함되는 상품은 무형적 요소가 우세함을 알 수 있다.

✝ 비분리성(inseparability)

유형제품은 생산 후 구매와 소비가 차례로 이루어지는 반면, 서비스는 보통 구매결정이 이루어진 후 생산과 소비가 동시에 일어난다. 즉 서비스는 생산과 소비가 시간적으로 분리되지 않는다. 여기서 비분리성은 '동시성(simultaneity)'이라고도 일컫는다. 서비스의 비분리성은 소비자로 하여금 종종 서비스의 생산과 공급에 참여하도록 만든다. 고객은 서비스의 생산에 직접 참여하고 서비스가 제대로 전달되도록 도와야 자신이 원하는 서비스를 경험할 수 있다. 예를 들어, 호텔 투숙 고객은 객실에 몸소 묵어야 그 시간 내에 생산되는 호텔서비스를 소비하게 되는 것이다. 유형제품의 경우에는 제조과정에서 제품의 주 가치가 결정되지만, 서비스는 비분리성이라는 특성 때문에 구매자가 직접 서비스 생산 및 인도과정에 참여하여 판매자나 서비스 종사원과 상호작용할 때 비로소 효용이 창출된다.

✝ 이질성(heterogeneity)

서비스는 품질을 일정 수준으로 통제하고 표준화하는 데 어려움이 따른다. 그러다 보니 서비스 상품은 이질성과 변동성을 띨 수밖에 없는데, 이러한 특성은 서비스를 생산하고 인도하는 과정에 있어 다음과 같은 가변적 요소 때문에 발생한다. 첫째, 생산과 소비가 동시에 이루어지기 때문에 서비스가 고객에게 전달되기 전에 사전 품질관리가 불가능하다. 둘째, 대부분의 서비스산업의 경우 수요의 굴곡이 심해 수요가 집중되는 시간에 서비스의 질을 유지하기가 어렵다. 셋째, 호텔서비스의 품질은 서비스를 전달하는 종사원이 누구냐에 따라서 수준의 차이가 발생할 수밖에 없다. 또한 고객 개개인의 기대치와 서비스 욕구의 차이로 인해 같은 수준의 서비스 품질을 각각 다르게 지각하기도 한다.

✝ 소멸성(perishability)

서비스는 시간과 분리하여 생각할 수 없다. 서비스는 유형재화와 달리 창고에 저장될 수 없으므로 시간 내에 판매되지 않으면 그 시간대에 얻을 수 있는 수익창출의 기회는 소멸된다는 특성을 가지고 있다. 예를 들어, 오늘 팔리지 않은 TV는 내일 얼마든지 판매할 수 있지만, 오늘 호텔 회의장이 판매되지 않은 데서 발생한 수익 미창출은 그다음 날 다시 채워질 수 없는 것이다. 소비자에게 있어 서비스의 소멸성이란, 반복 사용과 사용 연기가 가능한 유형제품과 달리 대부분의 서비스가 한 번의 사용으로 종료된다는 것을 의미한다. 서비스는 구매 후 보관할 수 있는 성격의 것이 아니라, 경험함으로써 그 효용을 얻는 것이다. 즉 고객은 서비스생산 시작과 동시에 소비하며, 서비스생산 종료와 함께 사용권한을 잃는다.

그림 2-2 ● 서비스의 특성

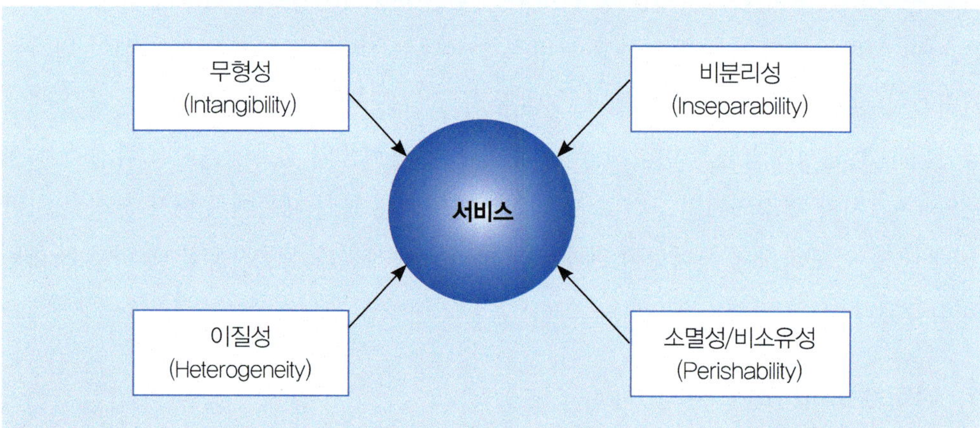

2 서비스 마케팅의 특수성

앞에서 제시된 서비스의 특수성 때문에 서비스 마케팅은 유형제품 마케팅과 비교할 때 다음과 같은 과제에 당면한다.

✝ 서비스의 무형성은 서비스 내용을 고객에게 표현하는 데 어려움을 초래한다

유형적으로 표현되지 않는 서비스에 대한 가치를 고객에게 인식시키기란 쉽지 않다. 고객은 무형 서비스의 가치를 파악하고 평가하는 데 심리적 위험을 지각하고 때로는 매우 주관적 판단을 내린다. 따라서 서비스 상품은 가격 설정과 고객 설득에 어려움이 따른다. 이와 같은 문제점을 해결하기 위해서는 서비스의 품질을 대변해 주는 유형적 단서와 가시적 성과를 제공하고, 소비자의 신뢰를 이끌어 낼 구전 커뮤니케이션을 조성할 필요가 있다. 롯데호텔은 표적시장 내의 구전을 활성화하기 위하여 사회지도층 초청모임을 개최하고 거래선 비서 모임인 '샤롯데 클럽'을 운영한다.

✝ 서비스의 비분리성으로 인해 서비스 상품의 품질통제에 어려움이 있다

서비스는 생산과 소비가 동시에 이루어지므로 품질관리가 사전에 이루어질 수 없고, 또한 소비자가 직접 생산에 참여해야 하는 경우가 많으므로 집중화된 대량생산체계를 구축하기 어렵다. 타 고객이 서비스 상품의 한 부분을 구성하여 그 품질과 가치에 영향을 미치는 것도 품질통제를 어렵게 하는 또 하나의 요인이다. 이러한 비분리성의 문제점을 최소화하기 위해서는 고객접점 서비스 종사원을 신중히 선발하고 고객믹스를 관리하여야 한다. 또한 더 많은 고객의 서비스생산 참여를 발생시키기 위해 다양한 서비스망을 구축하고 접근성을 높여야 한다. 웨스틴조선호텔은 상류고객층의 서비스 만족도를 높이기 위해서 단체여행 고객의 비율을 줄이고 FIT 고객의 비중을 전략적으로 늘려 나갔다.

✝ 서비스의 이질성은 품질에 대한 불확실성과 고객의 불만족을 종종 초래한다

서비스 종사원이나 시간에 따른 서비스 품질의 변동성은 서비스 품질과 표준화의 문제를 발생시킨다. 이러한 서비스의 이질성 문제를 해결하기 위해서는 서비스의 산업화와 규격화가 이루어져야 하며, 고객의 개성을 존중하며 다양한 고객욕구에 대응할 수 있는 개별화된 서비스(customized service)가 개발될 필요가 있다. 호텔에서는 서비스의 표준화를 위해 부문별로 서비스 매뉴얼을 발간하고 지속적으로 직원을 교육한다.

서비스의 소멸성은 서비스 수급 조정의 필요성을 가져온다

과잉생산에 의한 비용 발생과 수익 손실 그리고 과소생산으로 인한 수익 창출 기회의 상실 문제를 최소화하기 위해서는 수요를 최대한 분산시키고 수요변동에 공급을 신축적으로 대응시키는 서비스체계가 요구된다. 이를 위해서는 대기, 예약 시스템을 도입하여 수요를 재고화하고, 수요가 급격하게 증가하는 성수기에 유연하게 대처할 수 있는 유동적 생산체계가 필요하다. 직원의 부서 간 훈련과 다능화교육(cross-training)을 통해 유사시 필요한 서비스 분야에 즉시 투입될 수 있는 기반을 갖추고, 유휴시설과 장비를 수요변화에 따라 유동적으로 사용할 수 있는 신축적 공급관리체계가 준비되어야 한다. 예컨대, 호텔에서는 고객 유입이 급격히 증가하는 크리스마스 시즌에 수용 능력을 늘리기 위해 뷔페 레스토랑 공간을 한시적으로 확장하여 운영한다.

Zeithaml, Parasuraman, & Berry는 서비스 마케팅의 특수성과 이에 대한 대응전략을 그림 2-3과 같이 정리하였다.

그림 2-3 ● 서비스의 특성과 이에 대응할 전략적 측면들

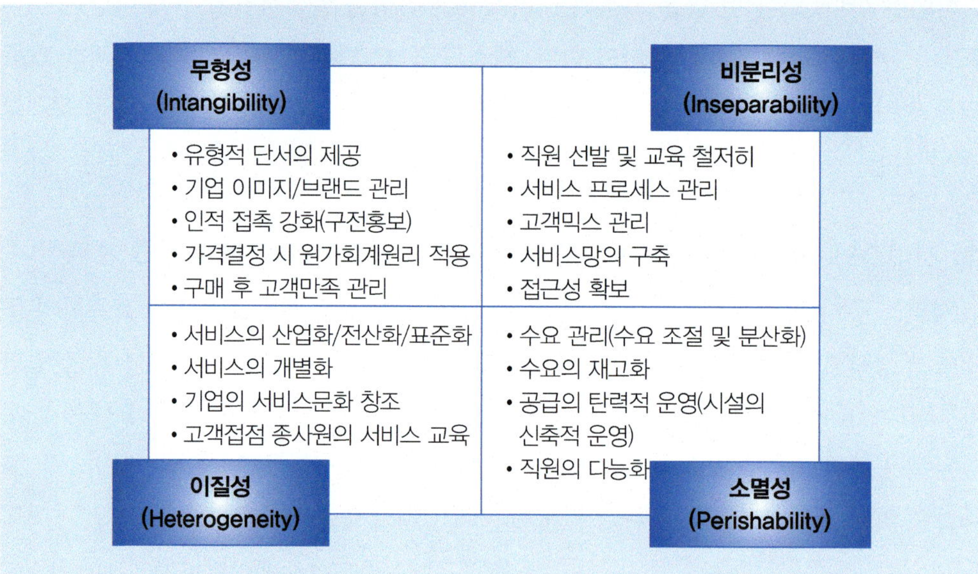

3 호텔 경영의 특수성

일반 제조업체나 타 서비스산업과 비교할 때 호텔산업은 다음과 같은 특수성을 가지고 있다.

초기투자비용이 높다

건물과 시설 자체가 상품인 호텔은 자산 중 고정자산의 비율이 일반산업에 비해 현저히 높다. 일반산업은 상품이나 현금 등 유동자산의 투자비율이 높으나, 호텔은 토지, 건물,시설 등 고정자산이 총투자액의 80~90퍼센트를 차지한다. 특히 최근 호텔 상품이 고급화되어 객실 1개당 투자비용은 과거에 비해 눈에 띄게 증가하고 있으며, 객실 내장에 필요한 인테리어, 기계설비, 가구, 비품, 전산시설의 단가도 높은 실정이다.

고정경비의 지출이 과다하다

기업의 총지출은 고정비와 변동비로 구분되는데, 호텔업은 타 산업에 비해 높은 고정비용을 지출해야 한다. 연료비, 시설유지 관리비, 감가상각비 등 고정경비의 지출비율이 높은 것은 호텔의 고정자산 의존율이 과다한 것과 무관하지 않다.

시설이 조기에 노후화된다

호텔시설은 타 업종의 시설(예: 공장시설)이나 일반건물에 비해서 수명이 짧다. 이것은 내구성의 문제라기보다 서비스 상품으로서 고객을 유인하는 매력성과 효용가치가 고객욕구와 기대치의 상승에 따라 짧은 시간 내에 감소함을 의미한다.

인적 서비스에의 의존도가 높다

호텔에서 제공되는 제반 서비스, 즉 고객안내, 접객업무, 응대서비스 등 고객편의 서비스는 호텔 인적 자원 즉 내부 종사원에게 의지할 수밖에 없다. 따라서 서비스 마인드를 가지고 효율적이고 능력 있는 업무 수행을 할 수 있는 인력 확보 및 교육은 호텔 경영의 중요한 과제이다.

호텔 상품 수요는 계절성을 띤다

호텔서비스에 대한 수요는 시간에 따라 큰 변동폭을 보인다. 즉 성수기나 특별한 행사가 있을 때에는 수요가 집중되어 고객을 미처 다 수용할 수 없다가, 비수기에는 서비스 수요가 호텔의 서비스 공급 가용인원과 시설에 크게 못 미치는 문제가 발생하는 것이다. 수익을 최대화하기 위해서는 고객 수요를 적절하게 분산시키고 서비스 공급체계를 신축적으로 운영하는 방안이 마련되어야 한다.

호텔서비스 상품은 소멸적이다

호텔서비스는 생산과 소비가 동시에 발생하는 동시성과, 저장이 불가능하다는 소멸성의 특성을 가지고 있다. 무형서비스란 저장될 수 없으므로, 오늘 판매가 이루어지지 않은 객실에 대한 당일 판매기회는 영원히 상실되고 만다. 이러한 측면에서 호텔수요관리는 매우 큰 중요성을 갖는다.

최근 호텔업계의 경쟁이 심화되면서 호텔업자들은 고객의 가치를 새로이 창출할 수 있는 방안을 탐색하기 시작하였다. 시장에서 비교우위를 차지하기 위한 각종 경쟁수단이 앞다투어 도입되고, 새로운 서비스 상품과 프로그램이 포트폴리오에 추가되고 있다.

기존 호텔기업의 경쟁수단은 종종 경쟁사들이 단시간 내에 모방할 수 있는 성격이었다(예: Amenities 제공). 이것은 서비스 차별화의 수명이 그만큼 짧다는 것을 의미한다. 최근 다국적 호텔기업의 경쟁수단을 분석해 보면, 고유한 내부자원과 서비스 능력의 우위

표 2-1 다국적 호텔기업의 경쟁수단

주요 경쟁수단	정의 및 사례
브랜드 리포지셔닝	호텔 브랜드의 명확한 이미지를 새로이 창조하여 부각시킴
기술	호텔 운영 및 마케팅, 통신 등의 통합관리시스템 개발, 활용
다변화	위험분산 및 가치 향상(예: 콘도미니엄, 노인휴양시설 등 진출)
가치경영	가치창출에 성공한 전문경영인 고용
데이터베이스 마케팅	고객의 취향과 선호를 개별적으로 파악, 맞춤서비스 제공
경영정보시스템	의사결정과정에 있어 시장분석 정보의 의존도 증가
신상품 개발	새로운 서비스 상품 콘셉트 개발(예: All-Suite호텔)

를 강화시킴으로써 기존의 경쟁수단과 비교하여 보다 더 장기적인 경쟁우위를 찾고자 노력하는 것을 확인할 수 있다(표 2-1 참조). 점차 호텔기업은 차별화의 원천을 인적 자원과 브랜드 이미지, 차별화된 서비스 전달시스템 등 무형적 자산에서 찾고 있다.

4 호텔서비스의 마케팅믹스

(1) 전통적 마케팅믹스

마케팅믹스(marketing mix)란 기업이 마케팅 목표를 추구하는 데 사용할 수 있는 마케팅 도구의 집합으로, 기업이 시장환경에 적응하고 바람직한 시장반응을 유도하기 위해 활용할 수 있는 통제 가능한 전략적 도구들을 의미한다. 마케팅믹스는 종종 4P라고 불리는데, 이는 마케팅믹스가 크게 제품(product), 가격(price), 유통(place), 촉진(promotion)의 4개 요소로 구성되기 때문이다.

마케팅믹스의 개념은 1960년대 하버드대학의 Borden 교수에 의해 처음 제창되었는데, 그는 12가지 요인이 마케팅 프로그램을 구성하는 데 고려되어야 한다고 지적했다. 이 12가지 요인은 제품계획, 가격결정, 브랜드창출, 유통과정, 인적판매, 광고, 촉진, 포장, 진열, 서비스, 물류유통, 시장발견 및 분석이었다. 그 후 McCarthy 교수는 이러한 마케팅믹스 요인들을 제품, 가격, 촉진, 유통이라는 4가지 항목으로 단순화하여 마케팅학계에 일반화하였다.

이와 같은 4개의 요인으로 이루어진 마케팅믹스가 마케팅 통제과정에서 차지하는 위치는 그림 2-4와 같다. 마케팅 관리자는 시장상황과 소비자행동에 대한 이해를 바탕으로 시장세분화(segmentation)와 표적시장화(targeting), 그리고 차별화(differentiation)와 포지셔닝(positioning) 전략을 수립한다. 이러한 시장접근전략은 시장 중심, 고객 위주라는 마케팅의 기본 콘셉트를 기반으로 한다. 시장접근전략의 전반적 방향이 결정되면 기업은 효율적으로 시장에서의 경쟁력을 확보하기 위하여 제품, 가격, 유통, 촉진이라는 통제 가능한 마케팅믹스 요인들을 디자인하고 계획한다.

그림 2-4 마케팅 통제과정과 마케팅믹스

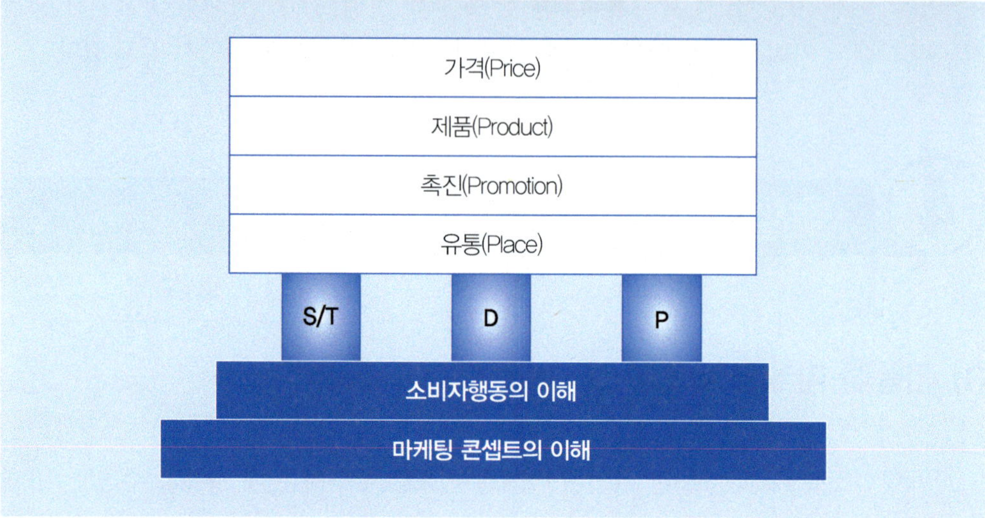

(2) 확장된 마케팅믹스

위에서 서술한 마케팅믹스 4요소는 서비스에 적용할 때 수정이 필요하다. 서비스 마케팅에는 4P를 이용한 전통적 마케팅전략 이상의 것이 필요한데, 이는 서비스의 특수성 때문이다. 서비스는 무형적이므로 고객에게 가시적인 증거를 제시하는 것이 중요하다. 또한 생산과 소비가 동시에 발생하므로 서비스 전달과정을 원활하고 효과적으로 관리하고, 서비스의 품질을 높이는 데 결정적 역할을 하는 인적 요소를 관리하는 것이 반드시 필요하다.

Booms & Bitner는 서비스산업의 마케팅믹스로 7개 요소를 제시하고 이를 7P라고 불렀다. 서비스는 품질을 구성하는 요인이 매우 다양하고 소비자가 구매결정에 이르는 과정 또한 유형제품과 다르므로 서비스 마케팅은 전략적으로 관리해야 할 마케팅 도구에도 차이가 있다는 것이다. 서비스의 확장된 마케팅믹스는 앞에서 언급한 4P에 다음과 같은 3개 요인이 추가된다.

표 2-2 는 호텔서비스 마케팅에 적용될 수 있는 확장된 마케팅믹스 7개 요인과 그 세부항목들을 정리한 것이다.

표 2-2 확장된 마케팅믹스(7P's)

Product	• 서비스 개념의 개발/구체화 • 서비스 품질 관리 • 보조/포괄 서비스의 차별화 • 브랜드 관리
Price	• 가격수준의 결정 • 가격차별화 및 층화 • 거래조건, 가격 제시방법 • 가격조정, 할인
Promotion	• 촉진믹스의 결정 • 촉진예산의 결정 • 광고, 판촉 • 인적 판매, publicity
Place	• 경로유형의 결정 • 매장 위치 결정 • 프랜차이징 • 채널 선택/채널과의 관계 관리
People	• 서비스 인력 선발 및 교육 • 고객 관리/고객믹스 관리 • 내부마케팅 • 관계마케팅
Process	• 원할한 서비스활동의 흐름 • 서비스 전달 지원 시스템 • 서비스의 표준화, 개별화 • 서비스 전달지점별 관리, 평가
Physical Evidence	• 물리적 증거 제시 • 시설/장비 관리 • 건물/매장 분위기 • 유니폼, 팸플릿, 메뉴, 계산서 등

인적 요소(people)

고객의 서비스 품질 지각에 관여하는 사람, 즉 접점 종업원, 고객, 그리고 서비스 공간을 공유하는 다른 고객들을 의미한다. 유형제품의 경우와 달리 서비스는 서비스 상품의 품질과 가치가 서비스 제공자나 고객과 분리될 수 없으며, 이들은 고객의 서비스 지각의 중요한 결정요인이 된다. 따라서 서비스 마케팅에서는 서비스 직원을 관리하는 내부 마케팅과 고객믹스 관리, 고객관계 관리 등이 중요한 주제로 다루어진다.

✝ 서비스 전달과정(process)

서비스 프로세스란 서비스가 실제로 수행되는 절차와 과정의 메커니즘을 의미한다. 생산과 동시에 소비되는 서비스의 경우 고객에게 서비스가 전달되기 전에 품질을 확인하는 중간단계 없이 단번에 고객을 만족시켜야 하는 문제가 있다. 그러므로 서비스 전달 시스템을 효과적으로 운영하여 원활한 서비스와 고객-서비스업체의 상호작용이 이루어지도록 관리할 필요가 있다.

✝ 물리적 증거(physical evidence)

물리적 증거란 무형적 서비스의 가시적 단서와 고객이 서비스를 경험하는 물리적 환경 요인으로, 호텔의 외관과 규모, 시설, 인테리어, 직원의 태도와 유니폼 등이 이에 속한다. 이러한 가시적 요인들은 고객에게 호텔의 콘셉트와 이미지를 시장에 효과적으로 전달한다.

5 호텔서비스 마케팅 삼위일체

유형제품의 경우 기업이 외부 소비자를 대상으로 하는 외부 마케팅활동이 일반적이지만, 호텔서비스 마케팅의 경우에는 부가적인 마케팅 방법이 요구된다. 호텔서비스 마케팅이 최대의 효과를 거두기 위해서는 호텔이 기업 차원에서 표적고객을 향해 실시하는 외부 마케팅뿐 아니라, 직원을 대상으로 하는 내부 마케팅, 그리고 일선 서비스 종사원이 고객과의 접점상황에서 실행하는 상호작용 마케팅 등 3가지 형태의 마케팅활동이 모두 조화롭게 이루어질 필요가 있다.

✝ 외부 마케팅

외부 마케팅(external marketing)은 호텔기업이 외부의 시장을 대상으로 실행하는 마케팅이다. 기업 차원에서 행해지는 서비스상품 기획, 물리적 환경 관리, 가격 결정, 촉진, 홍보 등의 일반적인 마케팅활동이 여기에 해당된다.

✝ 내부 마케팅

호텔이 내부의 일선 서비스 직원들을 1차시장으로 보고 마케팅적인 접근방법으로 직무만족도와 직무동기를 고취시키는 것이 내부 마케팅(internal marketing)이다. 접점 종사원이 고객지향적인 태도를 가지고 고품질의 서비스를 창출하기 위해서는 호텔 내부적으로 서비스문화가 형성되어 있어야 한다. 또한 최적의 직원을 선발하고 교육훈련을 실시해야 하며, 서비스 직원이 자발적이고 적극적인 친고객 서비스 행동을 할 수 있도록 효과적으로 동기부여가 이루어져야 한다.

✝ 상호작용 마케팅

상호작용 마케팅(interactive marketing)은 호텔의 서비스 직원이 고객에게 서비스를 전달하는 과정에서 능동적으로 수행하는 리얼타임 마케팅(real-time marketing)이다. 고객의 서비스 품질 평가는 서비스의 결과뿐 아니라 '어떻게' 서비스가 제공되었느냐에 관한 과정적 측면에 의해 크게 좌우된다. 따라서 서비스 직원이 고객에게 자발적으로 수행하는 친고객 서비스 및 전사적 고객만족 관리는 호텔 마케팅활동의 중요한 부분이라고 할 수 있다.

그림 2-5 ● 호텔서비스 마케팅 삼위일체

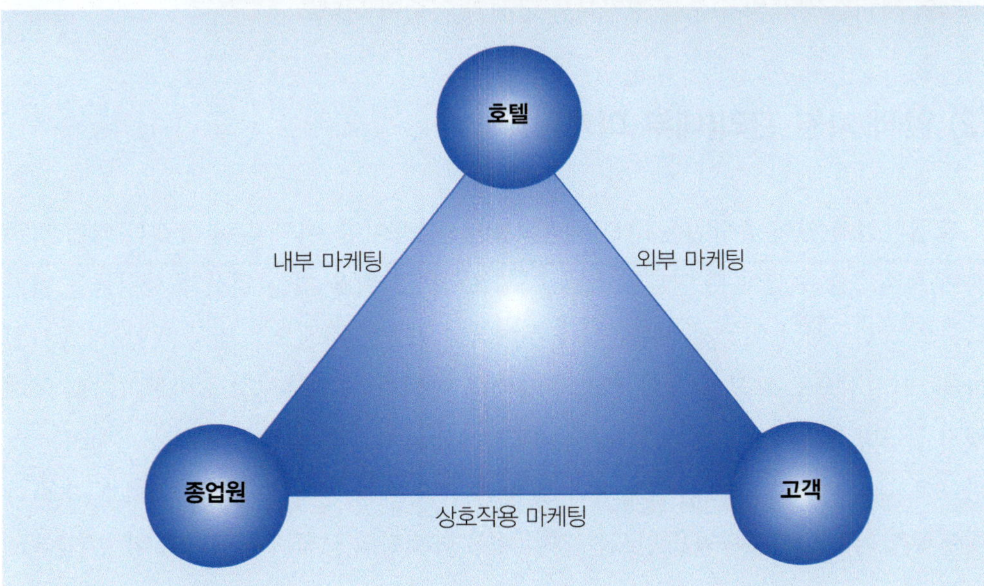

6 호텔서비스 마케팅의 전략적 이슈들

(1) 서비스의 유형화(물리적 환경 관리)

서비스의 무형성은 잠재고객에게 서비스 품질의 불확실성을 안겨 준다. 고객에게 서비스 품질에 대한 확신을 심어 주기 위해서는 유형적 단서(tangible clues)를 제공할 필요가 있다. 유형적 단서는 고객에게 기업의 이미지와 서비스 상품의 수준에 대한 일관성 있는 강한 메시지를 제공한다. 즉, 무형적 서비스의 커뮤니케이션을 유형적 단서가 담당하는 것이다. 고객은 유형적 단서를 통해 서비스의 품질을 미루어 짐작하게 된다.

유형적 단서에 여러 가지 형태가 있다. 첫째, 고객이 호텔서비스와 상호작용을 갖는 물리적 환경(예: 인테리어, 건물 외관)을 통해 서비스의 질을 구체적으로 표현할 수 있다. 둘째, 서비스의 성과를 확인할 수 있는 가시적 증거를 제공한다. 예를 들어, 호텔 객실의 변기에 위생테이프를 붙여 놓는다든가 양치컵을 비닐에 싸 놓음으로써 고객에게 객실의 청결성을 확신시킬 수 있다. 셋째, 서비스의 품질과 호텔의 이미지를 대변하는 각종 물리적 요소를 활용한다. 종사원의 유니폼이나 팸플릿, 각종 홍보용품, 간판 등은 종종 고객이 서비스 상품의 수준을 평가하는 단서와 기준이 된다.

(2) 인적 자원 관리(내부 마케팅)

호텔산업에 있어 종사원은 그 자체가 서비스 상품이다. 이와 같이 고객과 직접 접촉하며 서비스를 수행할 뿐 아니라 상품 자체로서의 역할을 하는 일선 종사원들을 어떤 기준으로 선발하고 어떻게 직무동기를 부여하여 귀중한 자원으로 만들 것인가? 종사원들을 1차시장으로 보고 그들의 심리와 행태를 이해하며, 외부시장과 마찬가지로 마케팅적 접근방식을 통해 기업이 의도하는 대로 그들의 태도와 행동에 영향을 미치려는 것이 바로 내부 마케팅의 핵심 개념이다. 효율적 인적 자원 관리를 통해 기업의 문화와 가치에 부합되는 충성종사원을 만드는 것이 내부 마케팅의 궁극적 목표라고 할 수 있다.

(3) 고객 관리(고객만족 관리, 관계마케팅, 고객믹스 관리)

호텔서비스 상품의 홍보 및 커뮤니케이션은 광고와 같은 비인적 매개체보다 구전과 같은 인적 통로에의 의존율이 높다. 또한 호텔서비스 상품은 고객의 재구매 행동에 크게 의존한다. 따라서 충성고객으로 이루어진 시장 기반을 확립하는 것이 중요한 과제이다. 즉 고객만족을 위한 MOT(Moments of Truth: 진실의 순간) 관리, 고객불평 관리, 그리고 구매후 고객관계 관리(CRM: Customer Relationship Management)가 무엇보다 중요하다. 고객의 만족도와 서비스 의존도를 높여서 고객과의 장기적 관계를 형성하고, 유지하며, 발전시키는 것이 관계마케팅이다.

고객은 호텔서비스 상품의 일부분이다. 고객이 서비스 인도과정에 참여하는 정도가 높은 호텔서비스의 경우, 고객은 여러 가지 상황에서 타 고객과 상호 접촉할 가능성이 높으며 타 고객의 유형과 행동에 따라 서비스 경험이 영향을 받는다. 또한 호텔기업의 수익률 측면에서 볼 때 총고객수보다 중요한 것은 어떤 고객들이 이용하느냐 즉 고객믹스(customer mix)이다. 고객의 수보다 질이 수익성에 더욱 많은 영향을 미치기 때문이다. 고객믹스를 관리하는 것은 장기적인 안목에서 볼 때 동질적 시장을 선별적으로 추출하여 시장점유율을 높이는 결과를 낳는다. 고객믹스를 관리하는 방법에는 여러 가지가 있는데, 그중에는 가격전략으로 표적시장을 선별하는 방법과, 특정 구매계층에 상품촉진의 초점을 맞추는 방법, 그리고 회원제를 운영하는 방법 등이 있다.

(4) 지각위험도 관리

호텔서비스 상품은 경험재이기 때문에 탐구재의 경우와 달리 구매의사결정 전에 품질을 평가하는 데 어려움이 있다. Holiday Inn의 한 관리자는 다음과 같이 말하였다. “우리는 Tide(세탁 세제)를 살 때 이 세제가 옷을 깨끗하게 빨아 줄 것이라고 99퍼센트 믿을 수 있다. 그러나 호텔 객실을 잡을 때는 어떤 문제도 어떤 소음도 없이 편히 쉴 수 있으리라고 확신할 만한 근거가 과연 있는가?” 고객은 호텔 상품의 구매의사결정을 하기 전에 서비스 품질에 대한 불안감을 경험한다. 이와 같이 소비자가 구매 전에 느끼는 불확실성과 불안감을 지각위험도(perceived risk)라고 한다.

Roehl & Fesenmaier는 지각위험도를 재정적 위험, 기능적 위험, 신체적 위험, 심리적 위험, 사회적 위험, 만족도 위험, 그리고 시간적 위험으로 세분화하였다. 구매와 관련된 지각위험도가 발생할 때 소비자는 이를 최소화하려는 노력을 하게 되며, 최종 의사결정 시에는 지각위험도가 낮은 상품대안을 선택하게 된다. 이와 같은 이유 때문에 소비자는 구매의사결정을 할 때 종종 서비스의 표준화가 이루어진 브랜드에 의존한다. 서비스기업의 브랜드 관리와 서비스 표준화의 문제가 이 때문에 중요한 것이다.

지각위험도는 상품의 중요도와 고객의 관여도가 높을수록 더욱 증가한다. 컨벤션이나 연회 등의 대형행사가 그 예가 될 수 있다. 따라서 호텔기업은 웹사이트나 다양한 홍보자료 등을 통해 호텔서비스에 대한 충분한 정보를 고객에게 제공하고, 호텔 브랜드의 가치와 신뢰도를 지켜 냄으로써 잠재고객이 의사결정을 할 때 경험하는 지각위험도를 최소화해야 한다. 또한 회의 기획자나 컨벤션 주최 측 인사들을 초청하여 Fam(Familiarization) tour 프로그램을 통해 사전에 호텔시설을 둘러보고 서비스를 경험하게 하는 것도 지각위험도를 감소시키는 한 방법이다.

(5) 서비스 품질 관리

서비스 품질을 구성하는 요인에는 상호작용 품질, 결과 품질, 물리적 환경 품질 등 3가지 차원이 있다(Brady & Cronin 2001).

✝ 상호작용 품질(interaction quality)

고객이 서비스 상품을 얻는 과정적 측면, 즉 어떻게(how) 서비스 상품이 전달되었느냐에 대한 것이다. 서비스 제공자의 고객의 요구에 대한 응답성, 그리고 고객필요나 불만에 대한 공감 등에서 서비스 전달 프로세스의 품질이 결정된다.

✝ 결과 품질(outcome quality)

이는 고객이 궁극적으로 얻는 서비스 상품의 결과적 측면을 의미한다. 즉 무엇(what)을 결과적으로 얻었느냐에 관한 것이다. 예를 들어 연회장 만찬이라면, 제공된 음식의 맛과 질은 결과 품질에, 그리고 얼마나 유능한 종사원에 의해 신속하고 유쾌한 접대를 받았는지는 상호작용 품질에 각각 해당된다.

✝ 물리적 환경 품질(physical environment quality)

물리적 환경 품질 차원은 얼마나 쾌적한 환경에서 서비스가 제공되었느냐에 관한 것으로, 이것 역시 고객의 서비스 상품 품질지각에 중요한 영향을 미친다.

이와 같은 3가지 차원의 서비스 품질은 호텔기업의 중요한 관리 대상이다. 서비스 품질의 통제와 일관성 유지의 문제는 호텔 마케팅의 핵심 과제 중 하나이다.

(6) 수요와 공급 조정

호텔 마케팅에 있어서 시간 요인의 중요성은 아무리 강조해도 지나치지 않다. 호텔 서비스 상품의 소멸성은 시장의 수요를 최대한 골고루 분산시키고 수요에 따라 공급을 신축적으로 조정하는 것이 얼마나 중요한지를 보여 준다. 고객이 한꺼번에 몰려와 투숙률과 회의장 이용률이 높아지면 이는 당연히 환영할 만한 현상이지만, 주의할 점은 고객의 불만족도가 가장 높아지는 시기 역시 고객이 몰리는 성수기라는 사실이다. 성수기의 고객불만족은 비수기의 판매하락률을 더욱 가파르게 한다. 따라서 성수기와 비수기의 균형을 최대한 맞추는 것이 무엇보다도 중요하다.

비수기에 새로운 수요를 창출하기 위해서는 가격할인을 통한 고객유인책 외에도 특별 기획상품 및 행사를 마련하는 방법이 있다. 또한 식당, 연회장 수요가 높아지는 연말연시에는 서비스 요원의 증원이 덜 필요한 뷔페 레스토랑이나 판매가 비교적 저조한 식당을 중심으로 홍보함으로써 고객을 여러 업장에 분산시켜 급격한 고객 쇄도의 충격을 흡수할 수 있다.

비수기와 성수기의 서비스 품질 균형을 맞추기 위해서는 수요변동에 따른 탄력적인 공급지원 시스템이 구축되어야 한다. 가령 파견사원을 확보해 놓았다가 수요변동에 따라 인원을 조절하는 유연서비스 공급시스템은 수요변동의 충격을 완화하는 하나의 방법이다. 또한 부서 간 교차훈련(cross-training)을 실시하여 시간에 따라 서로 인력지원을 하는 등 유연한 서비스 인력관리 시스템을 도입할 필요가 있다.

(7) 브랜드 이미지 관리

호텔서비스 상품은 무형성과 상징성으로 인해 브랜드 파워의 중요성이 더욱 두드러진다. 호텔서비스는 무형적 속성 때문에 뚜렷한 브랜드 이미지의 연상 없이는 잠재고객의 의식 속에 효과적으로 저장되기 어렵다. 따라서 기업이 제공하는 무형 서비스를 브랜드라는 실체를 통해 구체화하고 형상화하여 고객의 인식 속에 위치 정립을 할 필요가 있다. 브랜드의 독특하고 차별화된 이미지는 소비자의 연상 속에서 강력하게 구축되어 충성도 및 선호도에 장기간 영향력을 행사하므로, 호텔기업은 브랜드 개성과 자산을 적극 개발하여 마케팅에 활용해야 한다. 호텔서비스 상품의 경우, 브랜드의 상징성은 곧 상품의 가치를 결정한다. 따라서 호텔기업은 차별화된 브랜드 아이덴티티를 적극적으로 개발하여 고객에게 호소력이 있는 브랜드 이미지와 개성으로 시장에 자리매김해야 할 것이다.

그림 2-6 ● 호텔서비스 마케팅의 전략적 이슈들

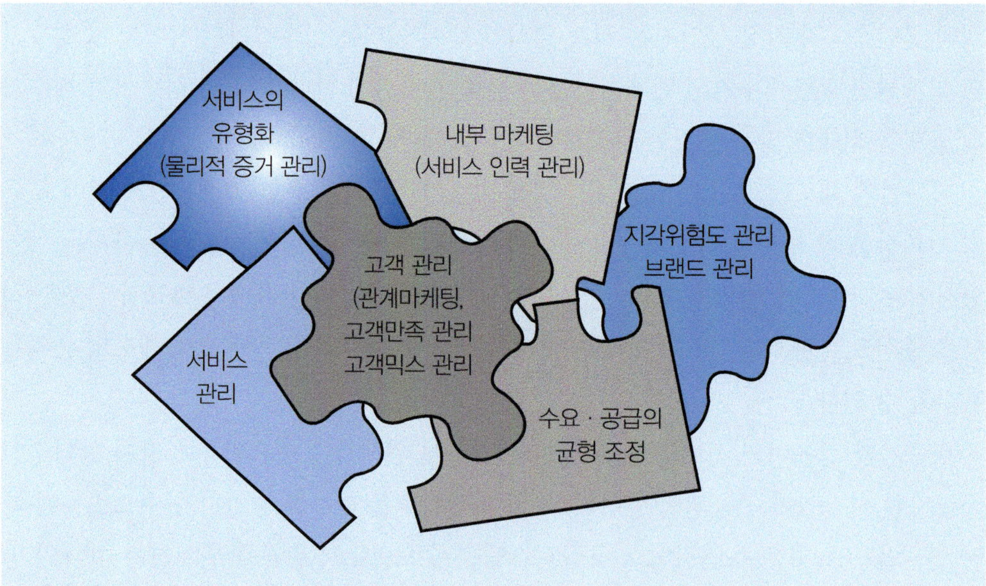

HOTEL MARKETING

제3장 호텔 마케팅 환경

1 마케팅환경의 의의

마케팅환경이란 상품의 생산, 촉진, 판매 등 기업의 마케팅활동에 영향을 미치는 통제 불가능한 상황적 요인들을 의미한다. 마케팅환경요인은 기업의 생존과 성장에 종종 결정적인 영향을 미친다. 특히 호텔은 시시각각으로 변화하는 외적 환경요인을 모니터링하며 환경 변화에 민첩하게 적응할 필요가 있는데, 이는 호텔을 비롯한 관광산업의 경영 여건과 시장의 반응이 환경 변수에 의해 크게 좌우되기 때문이다. 마케팅환경요인은 기업에 기회와 위협 두 가지를 모두 제공하는데, 기업의 성공적인 마케팅활동을 위해서는 외적 환경 변화에 대한 지속적인 검토와 분석이 필요하다.

마케팅환경은 크게 미시환경과 거시환경으로 구분된다. **미시환경(microenvironment)**은 기업의 마케팅활동에 즉각적이고 직접적인 영향력을 행사하는 것으로서 기업조직 자체, 경쟁사, 중개업자, 재료공급업체, 그리고 고객 등이 해당된다. **거시환경(macro-environment)**은 기업과 미시환경적 요인 모두에 총체적인 영향을 미치는 거대한 사회적 요인으로서 인구통계학적 요인, 문화적 요인, 경제적 요인, 법률적 · 정치적 요인, 기술적 요인, 자연환경적 요인 등으로 세분할 수 있다.

호텔기업은 기업 내부와 외부의 환경요인을 주의 깊게 모니터링하고, 이러한 환경요인의 변화 방향을 사전에 예측하며, 마케팅환경이 제공하는 긍정적 기회요인은 최대한으로 활용하고 부정적 위협요인은 최소화해야 할 것이다. 이를 위해서는 환경 변화에 대한 정보를 수집하고 과학적으로 분석하는 체계가 기업 내에 마련되어야 한다.

그림 3-1 ● 마케팅환경 분석과정

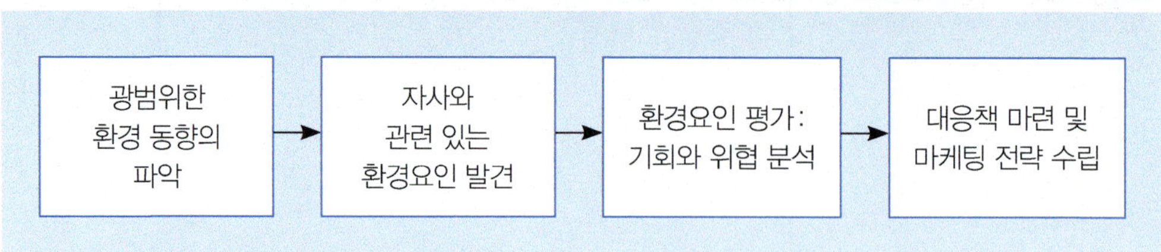

2 미시환경

호텔기업이 마케팅 역량을 발휘하는 데 1차적 영향을 미치는 미시환경은 고객, 자사조직, 경쟁사, 공급업체, 중개업체 등 기업경영에 근접한 요인으로 구성된다. 미시환경은 기업경영에 즉각적이고도 직접적인 영향을 미치므로 항상 기민한 검토와 대응책 마련이 이루어져야 한다.

(1) 자사조직

성과분석

호텔기업은 식음료, 객실, 회의장, 기타 부대시설 등 업장별 성과를 파악하고 각 업장의 서비스 수준을 정기적으로 분석할 필요가 있다. 경영 성과분석 자료는 현재 호텔에서 적용하고 있는 마케팅 전략을 계속 채택할 것인가 아니면 수정할 것인가의 결정에 토대가 된다. 성과분석은 현재 호텔기업이 추구하는 목표에 따라 해석이 달라질 수 있다. 예를 들어 마케팅 목표가 호텔 브랜드 이미지를 장기적으로 제고하는 것이라면 단기 판매실적이나 객실 투숙률은 성과측정의 지표가 될 수 없다.

조직의 강약점 분석

호텔기업은 조직이 보유하고 있는 유형 및 무형의 자원에 대한 강약점을 분석하여, 이것이 호텔의 마케팅활동에 미치는 효과를 평가해야 한다. 호텔기업의 자원에는 호텔 건물, 객실, 부대시설, 지리적 위치 등의 물적 자원과 시장 인지도, 호텔 브랜드 이미지, 재무, 기업문화, 그리고 인적 자원 등의 비물리적 자원이 있다.

서비스 종사원의 직무 동기 및 서비스 직무 수행능력, 조직원 간 인간관계, 사기 등은 호텔기업의 경영층에서 중요하게 관찰해야 할 요인이다. 이러한 요인들은 호텔의 시장 경쟁력과 밀접한 관계가 있기 때문이다. 노사관계와 노조활동 또한 주의를 기울여야 할 대상인데, 노조원으로서의 자사 조직원은 통제의 대상만이 아니라 종종 대화와 교섭의 대상이 된다.

호텔은 자사가 가지고 있는 내부 능력을 효과적으로 관리하여 마케팅 도구로 최대한 활용할 수 있는데, 기업내부의 약점과 단점을 파악함으로써 그것이 호텔의 마케팅 기능에 미치는 심각성을 판단하고 그에 대한 대응책을 수립하거나 새로운 경쟁력의 수단을 마련할 수 있다.

그랜드하얏트서울은 자사의 강약점을 다음과 같이 분석하였다.

조직의 강약점 분석: 그랜드하얏트서울의 경우

강점	• 자연경관이 수려함(남산, 한강 조망권) • 건물 외관: 호텔 전체가 유리로 된 건물처럼 보여 고객에게 신비감을 줌 • 외부인 접근이 용이하지 않으므로 안전문제 발생 가능성이 적음(국빈 유치에 유리) • 미국과 유럽시장에 브랜드 인지도 높음 • 회사 내 연수부가 별도로 있어 교육훈련이 용이함 • 국제적 호텔체인으로서 국제 수준의 마케팅 정책 수립이 용이함 • 국제적인 감각의 내부 인테리어 • 상류층 시장 포지셔닝의 성공으로 결혼연회 강세 • 수영장 공간의 활용 가능성(동계에는 아이스링크로 전환) • 외국계 회사이므로 경영진의 국제적인 지원(예: 직원 해외연수 및 호텔 무료 이용) • 호텔 관련 잡지에 비즈니스맨이 선호하는 호텔로 여러 번 선정되어 인지도 높음 • 주로 FIT 고객 유치로 객실 단가 상승 • 외국인 식음료 매니저로 인해 외국인 연회행사 마케팅 우세 • 단체 연회행사를 유치할 수 있는 넓은 연회장 • 관광버스를 주차할 수 있는 지상 주차장 완비 • 한강이 내려다보이는 수영장(리조트/비즈니스 겸용, 여름철 바비큐) • 국제 예약/고객관리 시스템을 통한 외국인 고객 예약 및 VIP 관리 • 상류 젊은층에 인기가 있는 J.J.마호니즈(클럽과 재즈바를 결합한 종합 엔터테인먼트 센터로서 타 호텔 클럽과 차별화)
약점	• 타 호텔에 비해 협소한 객실 • 스태프진의 고령화와 motivation 부족 • 외국인 직원과 로컬 직원 간 문화적인 차이로 인한 의견 대립 • 내국인 고객욕구에 대한 분석이 부족함 • 대중교통을 이용하는 고객의 접근성이 좋지 못함 • 전문 컨벤션 센터가 없으므로 대규모 국제회의 유치에 열세 • 식음료 부문에 있어 한식 · 중식 등 동양식이 비교적 열세 • 연회행사에 고품위 서비스의 표준화가 이루어지지 않고 있음 • VIP 호텔로서의 인식 때문에 중간계층의 고객들이 거리감을 느낌 • 가격이 비싸다는 선입견이 퍼져 있음 • 캐주얼한 서비스는 내국인 VIP고객의 서비스 기대와 거리가 있음 • 동계 아이스링크가 다른 전문 아이스링크에 비해 협소함 • 호텔 밀집지역과 떨어져 있으므로 타 호텔과의 정보 교류 부족 • 상업지구와 거리상 떨어져 있음

(2) 경쟁업체

경쟁업체는 기업이 가장 촉각을 세우고 예의 주시해야 할 미시환경요인 중 하나이다. 시장에서 경쟁력을 갖추기 위해서는 경쟁업체의 상품, 가격, 촉진활동 등의 마케팅 전략을 정확히 파악하고, 그것을 준거점으로 하여 자사의 비교우위를 창출해 내야 한다. 시장에서 자사와 경쟁사의 상대적 위치를 파악하기 위해서는 실제 매출량을 기초로 한 시장점유율(market share)뿐 아니라 소비자의 인식을 얼마나 차지하고 있느냐에 관한 마음점유율(mind share)까지도 감안할 필요가 있다.

경쟁분석을 위해서는 우선 누가 자사와 경쟁관계에 있는지를 파악해야 할 것이다. 경쟁의 차원에는 여러 가지가 있는데, 첫째로 브랜드 경쟁자(brand competitors)란 동일한 상품 형태를 제공하는 경쟁자를 의미한다. 둘째로 상품 경쟁자(product competitors)란 유사한 속성을 보유하고 있으나 동일한 상품군이라고 볼 수 없는 상품을 제공하는 경쟁자이다. 마지막으로 포괄적 경쟁자(generic competitors)란 고객의 본원적 욕구를 충족시키는 측면에서는 동일하다고 볼 수 있으나 상품의 성격이 매우 상이한 경쟁자이다. 표 3-1 은 호텔 뷔페 레스토랑의 다양한 경쟁 차원을 보여 준다.

표 3-1 호텔 뷔페 레스토랑의 경쟁대상

구분	경쟁대상
브랜드 경쟁자	자사와 동급 호텔의 뷔페 레스토랑
상품 경쟁자	일반 뷔페 음식점, 패밀리 레스토랑, 풀서비스 전문 음식점
포괄적 경쟁자	가정 접대, 케이터링회사, 전문 출장요리사

브랜드 경쟁자

호텔의 브랜드 경쟁자(brand competitors)란 동급의 상품 및 서비스를 제공하면서 브랜드만 다른 동종 상품군의 경쟁자를 의미한다. 같은 등급의 호텔들은 서로 브랜드 경쟁의 관계에 있다고 볼 수 있다. 예를 들어 그랜드하얏트서울과 호텔신라는 근거리에 위치하고 있으면서 경쟁관계를 이루는 특1급 호텔들로서 서로에게 브랜드 경쟁업체이다.

새로운 브랜드 경쟁자의 등장은 업계에 상당한 부담과 위협이 된다. 서울 파크하얏트호텔이 개장할 때 그랜드 인터컨티넨탈 호텔과 임페리얼팰리스호텔 등 인근의 특1급 호텔들은 최고급 고객의 이탈을 우려하여 대규모 리노베이션을 하고 서비스 혁신과 차별화를 시도하는 등 부산한 움직임을 보였다. 또한 밀레니엄 서울힐튼의 카지노 '세븐럭'의 유치는 인근의 그랜드하얏트서울에 카지노 고객의 객실 수요 창출이라는 기회요인이 됨과 동시에 상대적 영업 규모의 축소라는 심리적 위협요인이 되었다.

상품 경쟁자

상품 경쟁자(product competitors)는 상품의 범주는 다르나 소비자에게 유사한 효용을 제공하면서 서로 대체재의 관계에 있는 경쟁업체를 뜻한다. 예를 들어 버터와 마가린, 콜라와 생수는 동일 상품군에 속하지 않지만 대체재라고 할 수 있다. 숙박업의 경우는 호텔과 펜션, 호텔과 콘도, 특1급 호텔과 서비스드레지던스가 상품의 형태는 다르지만 숙박 장소를 찾는 여행객을 놓고 경쟁하는 상품 경쟁자이다.

서비스드레지던스란 중장기 체류 외국인이 묵는 호텔형 주거시설로서 객실 안에는 세탁실, 주방 등의 편의시설을 갖추고, 호텔급 수준의 서비스에 피트니스센터, 수영장 등의 부대시설을 제공하면서도 객실이용료는 호텔에 비해 저렴한 편이다. 장기 투숙을 원하는 외국인 비즈니스맨이 주로 이용한다. 코업, 바비엥, 서머셋팰리스 서울 등의 서비스드레지던스는 서울에 위치한 호텔들에게 등장한 새로운 형태의 경쟁업체라고 볼 수 있다.

포괄적 경쟁자

포괄적 경쟁자(general competitors)는 상품의 형태에서는 관련성이 없어 보이지만 궁극적으로 유사한 최종효용을 제공하는 상품이나 상품 옵션들이다. 예를 들어, 외국을 방문하는 여행객은 호텔에 묵을 수도 있지만, 현지 친지의 집에 머물 수도 있다. 장기 체류객의 경우 호텔에 장기 투숙하는 대신, 아파트나 오피스텔을 렌트할 수도 있다. 실제로 인천공항에 인접한 오피스텔은 외국 항공사 승무원들이 이용하고 있다. 항공사에서 렌트하여 승무원들을 호텔에 투숙시키는 대신 오피스텔을 이용하도록 하는 것이다.

이와 같이 포괄적 경쟁자들은 직접적인 경쟁관계에 있는 명시적 경쟁자는 아니지만, 결과적으로는 고객이 보유한 예산을 두고 서로 경쟁의 위치에 놓여 있다고 볼 수 있다.

그림 3-2 ● 경쟁의 다양한 차원들

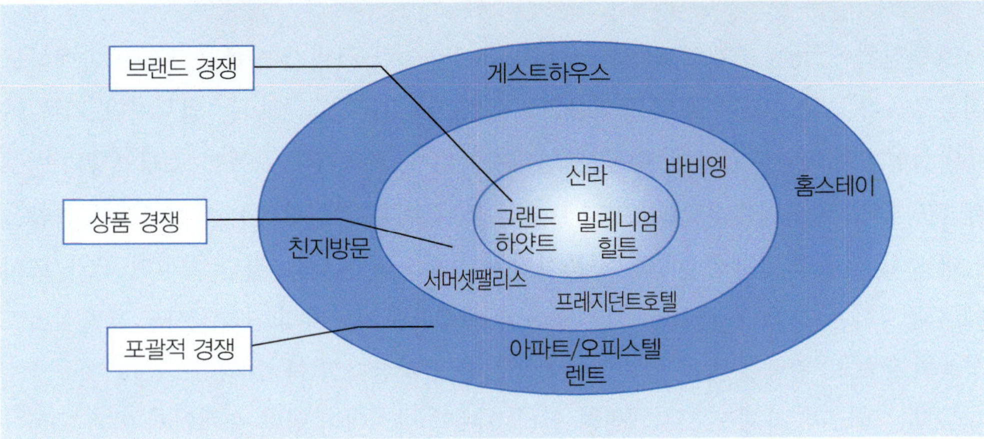

포괄적 경쟁자들은 수없이 많은 형태를 띠고 있으므로 구체적으로 마케팅 전략에 응용하기는 어렵지만, 거시적으로 시장의 선호를 파악하고 장기적인 신상품 기획의 방향을 설정할 때 반드시 고려해야 할 대상이다.

(3) 공급업체

공급업체(suppliers)는 서비스 상품을 생산하는 데 필요한 자원을 공급하는 업체이다. 고객에게 좋은 서비스 상품이 전달되기 위해서는 품질 좋은 재료가 적정 가격에 원활히 공급되어야 한다. 예를 들어, 호텔 레스토랑에서 바다가재 요리를 제공하려면 충분한 물량의 품질 좋고 신선한 바다가재를 계속적으로 공급할 수 있는 공급원이 확보되어야 할 것이다. 또한 호텔에서 수준 높은 컨벤션 서비스를 제공하려면, 회의장에 필요한 시청각시설이나 각종 텔레컨퍼런스 첨단장비 등이 전문 업체에 의해 원활히 공급되고 지속적인 관리가 이루어져야 한다.

공급업체가 물량 부족이나 운영난으로 인해 공급을 중단하거나 과도한 가격 인상을 하면, 호텔은 즉각적으로 타격을 입고 고객 서비스에 커다란 영향을 줄 수밖에 없다. 또한 공급업체의 수가 제한적이어서 선택의 폭이 좁다면, 호텔기업에서 공급업자를 변경하는 경우 높은 전환비용(switching cost)을 부담하게 된다.

(4) 중개업체

호텔산업에 있어 중개업체(marketing intermediaries)란 서비스 상품을 홍보 · 판매하고 최종고객이 보다 손쉽게 호텔을 이용할 수 있도록 접근성을 높이는 업체이다. 각종 여행알선업체와 예약대행업체, 항공사, 인터넷여행사, 회의기획사 등이 중개업자의 범주에 해당한다. 최근에는 Priceline이나 Hotwire와 같이 온라인상에서 개인고객의 입찰을 받아 호텔 상품을 경매방식으로 유통시키는 업체도 생겨났다. 뿐만 아니라 국가/도시에서 운영하는 CVB(Convention and Visitors' Bureau)나 우리나라의 관광공사도 호텔서비스 상품의 홍보 및 판매를 돕는 일종의 중개업무를 담당한다고 할 수 있다.

호텔은 대부분 자체적으로 개발한 인터넷 예약 시스템이 있어 중개업체 의존도를 어느 정도 줄였다고는 볼 수 있으나, 아직도 객실공실률을 최소화하기 위해서 여행알선업체나 인터넷 예약업체 등 중개기관의 기능을 필요로 하는 실정이다. 여행알선업체는 여행 패키지 상품을 개발하여 운송시설과 숙박시설 등 여행에 부수되는 시설의 예약 대행을 서비스하는 사업으로, 호텔은 이들 업체와 긴밀한 관계를 형성하고 유지해야 한다. 항공사 또한 호텔산업의 중요한 매개체 역할을 한다. 호텔의 외국인 이용객 대부분은 항공편을 이용하므로, 항공요금 인상이나 테러 위협은 국제여행객수와 컨벤션 참가율에 커다란 영향을 미친다.

(5) 고객

호텔은 자사의 서비스를 이용하는 고객의 특성과 변화 추이를 면밀히 관찰해야 한다. 우선 고객의 연령, 성별, 직업군, 주거지역, 국적 등을 기초로 구성된 각 세분시장의 규모 변화 및 추이를 파악하고, 갈수록 진화하는 고객의 서비스 욕구에 대한 통찰력을 가져야 한다.

고객이 선호하는 서비스 상품 및 트렌드의 변화에 대한 정보가 있어야 그것을 서비스 상품 전략수립에 시의적절하게 활용할 수 있다. 고객의 호텔 이용 경로, 의사결정과정, 그리고 고객행동에 영향을 미치는 요인들에 대해서도 정확한 이해가 필요하다.

이상의 내용은 4장과 5장에서 좀 더 깊이 있게 다루기로 한다.

3 거시환경

거시환경은 자사의 경영뿐 아니라 고객, 경쟁사, 공급업체, 중개업체 등 모든 미시환경에 영향을 미치는 거대한 사회적 요인이다. 거시환경은 기업에 다양한 기회요인과 위협요인을 제공한다. 기업은 거시적 환경요인을 임의로 통제하지 못하고 일방적으로 그 영향을 받을 수밖에 없지만, 면밀히 주시하여 그 추이에 적절한 대응책을 마련하면 발전의 발판으로 삼을 수 있다. 따라서 호텔기업이 환경 변화 속에서 기회요인을 발견하고 활용하기 위해서는 체계적인 거시환경 분석이 필요하다.

호텔기업이 공통적으로 당면하고 있는 거시환경 요인에는 인구통계적 요인, 문화적 요인, 경제적 요인, 기술적 요인, 자연환경적 요인, 정치/법률적 요인 등 크게 6개 요인이 있다.

(1) 인구통계적 요인

인구통계적 요인이란 전체인구수, 지역별·연령별 인구분포, 출산률, 사망률, 성별, 가

그림 3-3 ● 거시환경요인들

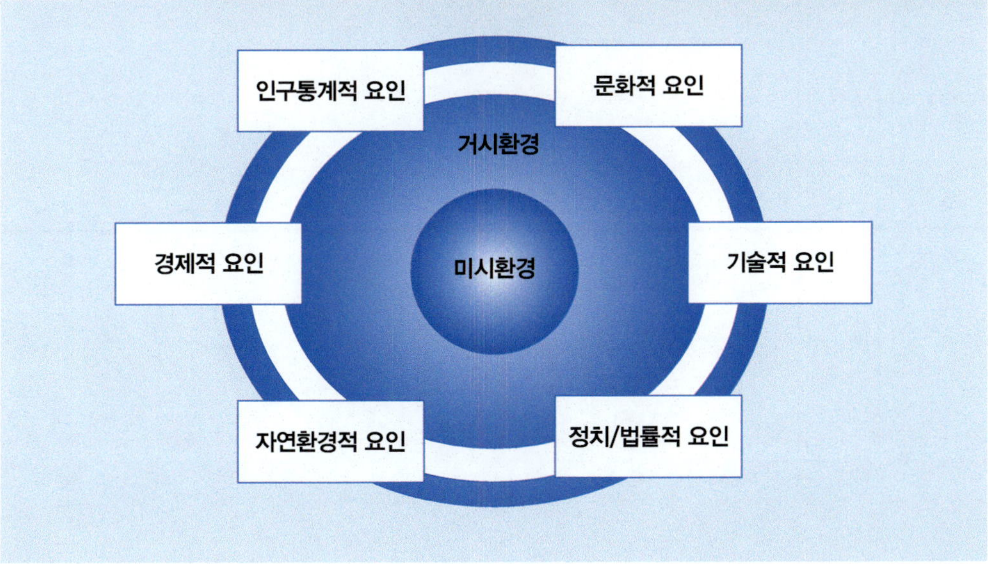

구수 및 가족구성 형태, 직업, 소득, 학력, 종교, 입출국자수, 국적별 외국인 입국자수 등 시장을 구성하는 사람들의 특징으로, 시장의 전체 규모와 성격을 규정하는 인적 통계치로 이루어진다. 인구통계학적 변수를 근거로 기업은 세분시장의 규모와 매력도를 분석할 수 있다.

인구구조

우리나라의 인구성장률은 1960년도를 기점으로 매년 감소하고 있으며, 총인구수 역시 2030년경 5,200만 명으로 정점을 찍은 이후 감소하기 시작할 것으로 전망하고 있다. 2010년 인구조사 결과에 따르면, 우리나라 연령별 인구구조는 과거 전형적인 피라미드 형태에서 점차 다이아몬드 구조로 바뀌고 있다(그림 3-4 참조). 괄목할 만한 점은 노인 인구의 비율이 현저히 증가하여 본격적인 고령화 사회로 진입했다는 점이다. 이는 곧 실버시장의 팽창을 의미하며 관광·호텔산업에도 실버시장의 독특한 필요에 부응하는

그림 3-4 연령별 인구분포(2010년 인구조사)

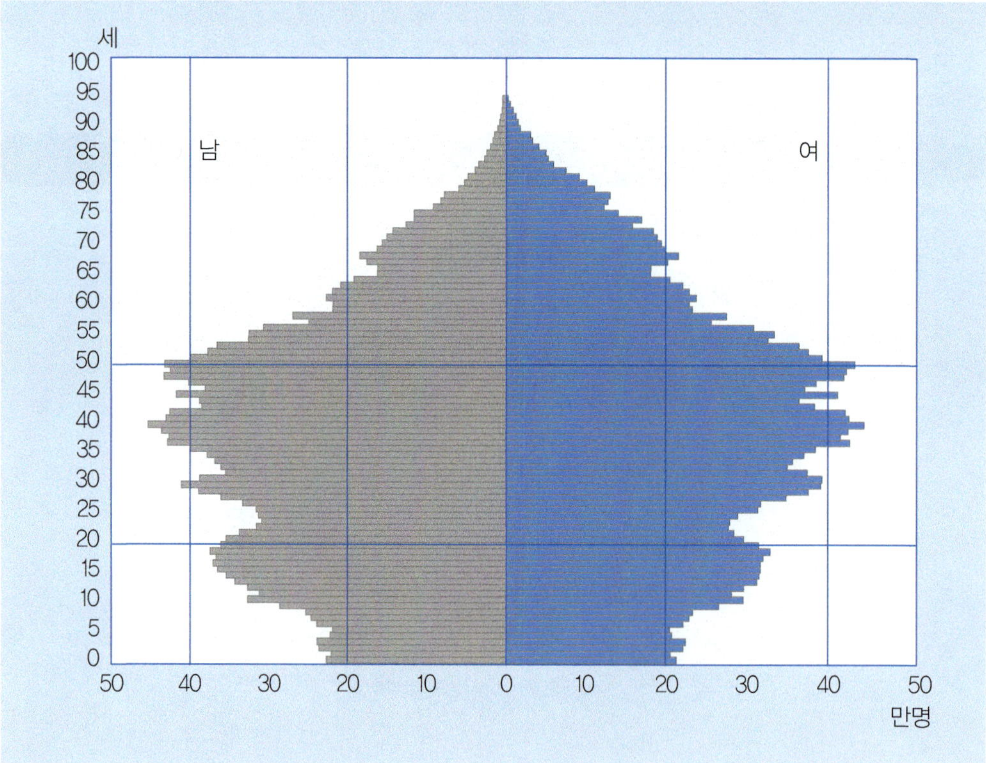

서비스 상품이 개발되어야 함을 말해 준다. 한편 출산율 하락은 고객의 연령층뿐 아니라 호텔산업의 인력구조에도 변화를 가져온다.

지역별 인구분포

2011년 12월 현재, 우리나라의 시도별 인구수 및 세대 현황은 표 3-2와 같다. 우리나라의 지역별 인구분포는 전형적인 도시집중형의 형태를 띠고 있어, 서울, 인천, 경기 지역에 거주하는 인구는 우리나라 총인구수의 50퍼센트에 육박한다.

표 3-2 전국 시도별 인구수 및 세대 현황(2011년 12월)

	총인구수	세대수	세대당 인구	남자인구수	여자인구수	남녀 비율
전국	50,734,284	20,033,142	2.53	25,406,934	25,327,350	1.00
서울특별시	10,249,679	4,192,752	2.44	5,073,899	5,175,780	0.98
부산광역시	3,550,963	1,381,257	2.57	1,762,848	1,788,115	0.99
대구광역시	2,507,271	940,770	2.67	1,251,577	1,255,694	1.00
인천광역시	2,801,274	1,077,563	2.60	1,410,980	1,390,294	1.01
광주광역시	1,463,464	549,105	2.67	725,606	737,858	0.98
대전광역시	1,515,603	566,324	2.68	759,188	756,415	1.00
울산광역시	1,135,494	412,561	2.75	583,825	551,559	1.06
경기도	11,937,415	4,579,401	2.61	6,015,357	5,922,058	1.02
강원도	1,536,448	648,649	2.37	773,278	763,170	1.01
충청북도	1,562,903	627,006	2.49	787,981	774,922	1.01
충청남도	2,101,284	868,768	2.42	1,063,012	1,038,272	1.02
전라북도	1,874,031	754,479	2.48	934,002	940,029	0.99
전라남도	1,914,339	805,051	2.38	956,747	957,592	1.00
경상북도	2,699,195	1,114,902	2.42	1,355,727	1,343,468	1.01
경상남도	3,308,765	1,286,678	2.57	1,664,755	1,644,010	1.01
제주특별자치도	576,156	227,873	2.53	288,152	288,004	1.00

가구수와 가족구성원수

우리나라의 세대당 인구수는 지역에 따라 2.37명에서 2.75명의 분포를 보이고 있다.

평균 세대당 인구수가 채 3명에 미치지 못하는 것은 우리나라에 핵가족 가구, 1세대 가구, 및 독신 가구의 수가 늘어났다는 것을 보여 준다. 결혼연령 상승과 이혼율 증가로 인해 독신자층이 늘어나고 있으며, 이로 인해 총가구수는 꾸준한 증가세를 보이고 있으나 가구당 구성원수는 감소하고 있다.

서울시의 인구주택총조사 자료에 따르면, 2000년과 2010년 사이 전통 핵가족은 감소추세를 보이는 가운데 1세대 부부와 편부모+미혼자녀, 그리고 1인 가구 등으로 구성된 소핵가족은 일제히 증가했다. 또한 1인 가구와 4인 가구를 비교해 보면, 1990년에는 1인 가구가 4인 가구의 28퍼센트 수준이었으나, 점점 증가 추세를 보여 2010년에는 급기야 1인 가구수가 4인 가구수를 앞지르게 되었다. 세대 규모와 가구원 수의 감소는 시간절약형 제품과 포장단위가 작은 제품을 비롯한 각종 생활편의성 서비스의 수요가 증가한다는 것을 의미한다(그림 3-5 참조).

최근 우리나라는 평균 초혼연령이 늦어지면서(2011년 기준으로 남자 32세, 여자 29세) 결혼풍속도가 다소 변화하고 있으며, 갈수록 고급화 추세를 보이고 있다. 이는 호텔 연회서비스 경영에 기회요인이라고 볼 수 있다. 또한 맞벌이부부가 증가하면서 여성의 구매력과 서비스 요구가 날로 높아져 서비스의 고급화와 다양화를 가져왔는데, 특히 외식산업의 성장은 여성의 사회참여 증가와 밀접한 관계가 있다.

(2) 문화적 요인

문화란 '학습된 행동과 행동 결과의 집합체로, 사회구성원들에 의해 공유되고 전달되는 것'이라고 정의할 수 있다. 모든 사회는 구성원의 행동과 사고를 이끄는 신념, 가치, 행동규범 들을 가리키고 있는데, 문화는 한 사회 특유의 라이프스타일과 가치관, 관심사 등에 결정적 영향을 미치며 소비자욕구 충족의 기준과 규범이 된다. 소비자행동에 광범위하게 그리고 깊이 영향을 미치는 문화는 소비자들의 주거, 패션, 식생활, 여가, 오락 등 소비 행태 전반에서 반영된다. 기업이 시장에서 성공을 거두기 위해서는 표적시장의 독특한 문화적 요인을 파악하고 이에 적응해야 한다. 표적시장에 효과적으로 침투하기 위한 필수적인 단계가 문화에 대한 이해인 것이다.

문화는 지속적인 동시에 동태적이다. 변화에 대한 저항에도 불구하고 문화는 점진적

그림 3-5 ● 서울시 가구유형 현황 및 가구원 수 변화

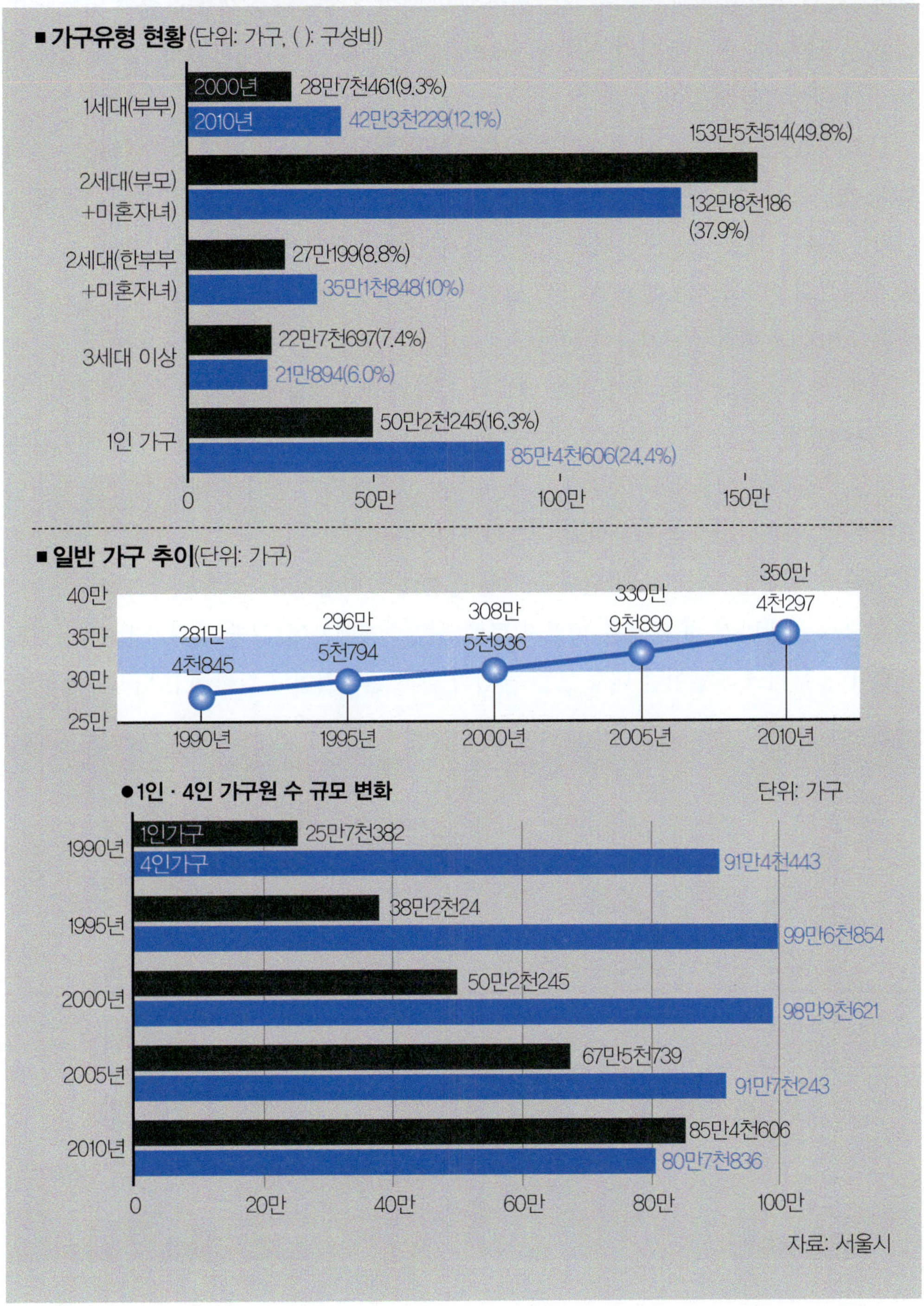

자료: 서울시

으로 그리고 지속적으로 변화한다. 시대상황과 새로운 문화의 이식(acculturation)에 따라 소비자들의 삶의 방식과 가치구조는 변화하며, 서비스 상품의 고객욕구 충족 역할도 이러한 문화환경의 변화에 따라 진화할 수밖에 없다. 문화환경의 변화에서 기회요인을 찾는 것이 마케터의 역할이다.

문화환경을 구성하는 세부요인을 **하위문화(subculture)**라고 한다. 하위문화는 지역문화, 청년문화, 종교문화, 직장여성문화 등 다양한 기준에 따라 다시 세분화될 수 있다. 이러한 하위문화는 동일한 문화를 공유하는 집단의 동질성이 강조되면서, 종종 보다 큰 범주의 문화보다 소비자행동과 더욱 밀접한 관계를 나타낸다. 하위문화의 구성원들은 종종 소비자의 주요 준거집단이 된다.

현재 우리나라 국민은 과거 어느 때보다 가족과 개인생활에 가치를 두고 있으며, 문화의 트렌드는 삶의 질의 향상과 불가분의 관계에 있다. 풍요와 즐거움, 그리고 감각과 개성을 추구하는 요즘 문화 트렌드는 서비스의 고품질과 개별화에 대한 욕구를 불러일으켰으며, 서비스 상품의 전문화와 다각화를 가져왔다.

문화적 가치와 소비코드의 변화는 호텔 상품에도 반영된다. 일례로 월스트리트저널은 앞으로 각광받게 될 새로운 10가지 트렌드를 소개했는데, 그중 하나가 바로 부티크 호텔이다. 부티크 호텔이란 대형 호텔 체인과 달리 현대적이고 감각적인 디자인에서 오

각각의 방을 유명 디자이너들이 디자인하는 등 신개념 부티크 호텔로 화제를 모은 호텔 더 디자이너스의 객실들

는 볼거리와 즐길 거리가 함께 공존하는 엔터테인먼트 공간이라고 할 수 있다. 부티크 호텔은 고객의 취향 및 프라이버시를 배려해 인테리어 하나하나에 의미를 부여하며, 호텔을 복합 엔터테인먼트 공간이자 문화공간으로 탈바꿈시켰다.

(3) 경제적 요인

경제적 환경요인은 소비자의 구매력과 소비패턴에 결정적인 영향을 미친다. 특히 생필품이 아닌 기호품, 사치품의 수요는 경기에 매우 민감한 반응을 보인다. 국가의 GNP, 가계소득수준, 소득분포, 취업률/실업률, 물가, 환율, 이자율, 세율, 앞으로의 경기전망 등의 경제환경요인에 따라 현재의 체감경기와 내수 수준, 그리고 시장의 소비 행태가 크게 좌우된다.

ǂ 경기

경기는 실질적 거래빈도수와 소비자의 구매심리를 결정한다. 호황기에는 거래가 활성화되고 소비자의 서비스 욕구 및 기대치가 높아져 호텔은 이를 서비스 상품 혁신의 기회로 삼을 수 있지만, 침체기에는 고객의 가격 저항이 심화되고 서비스 상품의 구매심리가 위축된다. 경기침체는 종종 소비자들의 생활관과 가치의 변화를 가져오며, 이것은 곧 소비생활에 반영된다.

소비자의 체감경기가 나빠지면 호텔, 레스토랑과 같은 호스피탈리티 산업은 큰 타격을 받는다. 한 소비자조사에 따르면 경기침체로 인해 가계 예산을 조정해야 하는 경우 외식, 여행 등 환대산업 관련 비용을 우선적으로 줄일 것이라는 응답이 나왔다. 경기가 호전되면 거래가 활성화되고 서비스 수요는 증가한다. 그러면 경쟁업체들이 속속 시장에 등장하여 시장에 새로운 역학관계가 형성된다. 경영환경이 호전될 때 호텔기업은 시장이 제공하는 기회요인을 최대한 활용하여 이를 도약의 기회로 삼아야 한다.

ǂ 국제경제 동향

20세기 말 괄목할 만한 경제성장을 경험한 우리나라는 가계소비지출이 국민소득 신장과 더불어 급격히 증가하였다. 그러나 2007년 시작된 글로벌금융위기 이후 유럽 재정

불안으로 세계 주요국이 경기침체에 돌입하고 경제성장의 동력을 상실함에 따라, 우리나라 또한 그 영향권에서 벗어나지 못하고 주가 하락, 금리 인상, 청년실업률 증가 등 경기 불안정을 경험하였다.

국가 간 경제교류의 변화 추이는 호텔산업에 결정적인 영향을 미친다. 국가 간 경제협력과 인력교류가 활발하면 호텔은 국제 규모의 회의와 컨벤션, 또한 기업의 각종 행사를 유치할 수 있어 기업성장의 기회요인으로 활용할 수 있다. 인접 국가의 경제성장 및 무역교류 또한 중요한 변수이다. 예를 들어, 중국의 경제성장으로 인한 신흥부유층의 등장과 중국인 해외관광객의 증가는 우리나라 관광산업에 활력을 불어넣었다.

소득 수준 및 분포

소득수준은 시장의 구매력과 가장 밀접한 관계가 있는 변수이다. 소득수준 향상과 함께 소비자의 문화생활과 교양, 오락 등의 지출이 증가하므로, 호텔 · 외식 서비스를 비롯한 관광 상품에 대한 수요는 시장의 소득수준에 의존한다고 해도 과언이 아니다.

국민소득수준보다 마케터에게 더욱 의미 있는 것은 소득분포일 것이다. 최근 우리나라는 소득 불균형이 심화되면서 부유층과 빈곤층의 소득격차가 크게 벌어졌다. 또한 중산층이 감소하는 한편 부유층과 저소득층의 비율은 상대적으로 증가하였다. 소득수준은 종종 시장세분화의 중요한 기준이 되는데, 호텔은 주요 고객층의 가처분소득 변화, 표적 소득계층 시장의 전체 규모 및 소비특성 변화를 면밀하게 관찰할 필요가 있다.

(4) 기술적 요인

현대사회에서 가장 빠른 변화를 보이고 있는 환경적 요인은 기술이라고 말할 수 있다. 급변하는 기술환경 속에서 첨단기술을 도입하지 않은 채로 안주한다는 것은 곧 경쟁에 뒤쳐진다는 것을 의미한다. 호텔은 고객관리 및 서비스관리에 필요한 전산시스템을 업데이트하고 호텔 이용 고객의 정보통신기기 사용 능력과 필요를 인지하여 이를 충족시키는 시스템을 마련할 필요가 있다. 기술적 경쟁력은 곧 시장경쟁력이다.

호텔산업에서 앞다퉈 도입하는 기술들은 고객서비스의 향상과 시장정보의 획득을 위한 것이다. 정보기술의 발달과 인터넷 이용의 증가로 웹사이트 구축을 통한 시장접근

The Hyatt Regency Century Plaza Hotel in Los Angeles

및 고객유치, 홍보, 등록이 일반화되고 있다. 전산화된 비디오 체크인/체크아웃 서비스는 이미 많은 선도 호텔에 도입되어 고객의 편의성을 높이고 고객의 흐름을 원활히 하고 있다. 또한 전자 객실잠금장치는 어느 방에 손님이 입숙해 있는지를 알려 주며 미니바 전자시스템은 재고관리와 충전을 보다 쉽게 해 주고 있다.

미국 LA의 센추리플라자호텔은 화상회의실, 컴퓨터 종업원 등 첨단시설을 갖춘 객실을 선보였다. 이 호텔에는 음성으로 작동하는 컴퓨터 종업원이 있어 손님이 잠을 자겠다고 하면 커튼을 치고 불을 끄며 가상 현실게임도 즐길 수 있게 해 준다.

호텔 리츠칼튼은 세계적으로 25만이 넘는 단골고객에 대한 데이터베이스를 갖추어 놓고 고객 개개인에게 맞춤서비스를 제공하는 데 활용하고 있다. 리츠칼튼은 충성고객을 위해 CLASS(Customer Loyalty Anticipation Satisfaction System)라는 고객만족관리 전산시스템을 마련하여 고객이 호텔에 도착하기 전에 객실 배정을 하고 고객이 호텔에 도착하면 신속히 객실로 안내함과 동시에 미리 도착해 있는 우편물, 현지 정보 등을 제공한다.

우리나라 대부분의 특1급 호텔들은 비즈니스 고객을 위한 사이버오피스 개념을 도입했다. 즉 고속인터넷 서비스와 최신 정보통신시설을 제공함으로써 고객이 객실에서 업무를 보는 데 불편함이 없도록 기술적 지원을 하는 것이다. 호텔신라는 그래픽 연회연출 시스템을 도입하여 컨벤션·연회기획자들의 의사결정 및 사전 행사준비를 돕고 있다. 이 시스템으로 고객은 컴퓨터 화면을 통해 호텔 내 각 연회장을 둘러보고 자기 행사에 알맞은 장소를 선택한 뒤 좌석 배치, 장식물 배치, 메뉴, 음악 등을 직접 선택할 수 있다.

또한 래디슨 서울 프라자호텔은 고객이 객실의 TV 화면을 리모컨으로 조작하여 자신이 호텔 내에서 사용한 지출내역을 프런트데스크에 올 필요 없이 앉은 자리에서 확인해 신용카드로 결제할 수 있는 비디오 결제시스템을 도입했다. 웨스틴 조선호텔은 관광지, 여행사, 렌트카업체, 교통안내, 이벤트, 전시회, 공연 등 각종 정보를 컴퓨터 화면으로 한눈에 알아볼 수 있도록 고객정보시스템(Customer Information System, CIS)을 설치하였다. 전산시스템은 경영관리기법에도 도입되어 고객정보 관리, 영업, 회계, 구매, 마케팅 등 각 분야의 정보관리에 활용되고 있다.

(5) 자연환경적 요인

물, 공기, 기후, 자연재해, 전염병 등 자연환경요인은 호텔 · 관광산업에 지대한 영향을 미친다. 예를 들어, 사스나 신종플루 등의 전염병과 지진 같은 자연재해는 해당 국가로의 여행행동을 크게 위축시킨다. 자연자원의 고갈이나 오염과 관련한 문제는 사회 각 분야에서 심각하게 대두되고 있으며, 자연보존에 대한 인식은 일반 소비자에게 널리 확산되어 있다.

기업활동의 외부효과로서 발생하는 자연환경 오염문제는 이제 기업에게 심각한 위협요인이 되었다. 서울 외곽에 들어선 숙박시설은 한강 상류의 수질오염과 자연경관 훼손문제로 언론과 환경단체의 거센 지탄을 받기도 하였다. 호텔 건립의 타당성 평가에는 수익성, 투자성뿐 아니라 호텔 건립이 주위 자연환경에 얼마나 친화적인지가 사전에 중요하게 평가되어야 할 요인이 되었다. 도심에 위치한 호텔들은 호텔 내 공기정화시설 및 정수처리시설을 필수적으로 갖추어야 한다. 또한 수돗물, 석유, 천연가스 등 에너지 가가 오르면서 이를 절약하는 장치가 필요하게 되었다.

디즈니월드는 하수(gray water)를 처리하여 골프장 잔디밭, 정원 등에 사용하고 있다. 또한 낡은 리넨을 잘라 걸레로 만들어 종이타월 대신 사용하는 등 자원 재활용 방법이 모색되고 있다. 플로리다의 인터컨티넨탈 호텔은 호텔 내 모든 백열전등을 절전용 전구로 교체하고 린넨 세탁에 사용된 물을 정수 처리하여 정원 급수에 사용한다. 또한 인터사이클(inter-cycle)이라는 프로그램을 개발하여 재활용이 가능한 모든 자원을 최대한 재활용하여 자원낭비를 최소화하고 있다.

우리나라 특급 호텔의 경우 국내외적 환경규제가 심한 데다 외래 관광객들이 환경문제에 민감한 점을 감안, 자체적으로 환경경영에 적합한 시설 확충에 힘을 모으고 있다. 예를 들어, 그랜드 인터컨티넨탈 호텔은 객실과 식음료업장 등에서 사용된 물을 여과해 정수처리한 뒤 다시 쓸 수 있도록 자체 중수처리시설을 설치, 가동한다. 이 호텔은 중수처리 설비 가동으로 1개월에 1만톤 이상의 하수를 재생해 사용하고 있다.

호텔신라는 냉매제로 쓰이는 오존층 파괴물질인 프레온가스(CFCs) 사용을 억제하기 위해 심야전력을 활용하는 자체 빙축열 시스템을 설치했다. 이 시스템은 호텔 연회장의 대형 컨벤션 행사 때 프레온가스가 쓰이는 일반 냉방기를 사용하지 않고 빙축열로 만든 저장얼음으로 급속 냉방이 가능하도록 한 설비이다. 호텔신라는 국제호텔환경기구(IHEI)에 가입하면서 직원들로 구성된 그린수비대를 발족하여 환경보호활동에 나서고 있으며, 환경유해물질이 쓰이는 냉난방 기구를 모두 친환경 시스템으로 교체했다.

웨스틴 조선호텔은 침대시트 등 객실 세탁물을 고객이 원하는 경우에만 세탁하는 그린카드제를 시행한다. 이 제도의 시행으로 세탁용수가 평균 20퍼센트 이상 절약되고 있다. 서울 플라자호텔은 환경친화적 경영을 하는 기업에 지정되는 ISO14000 환경경영인증을 획득하기 위해 우리나라 공업진흥청이 지정하는 ISO14000 시범인증을 획득한 데 이어 본격적인 환경경영체제 구축에 나서고 있다.

자연환경문제라는 사회적 이슈가 기업 측에 부담만을 제공하는 것은 아니다. 때로는 이것을 기회로 전환시킬 수 있다. 소비자들의 환경민감성을 이용하여 개발된 개념이 그린마케팅이다. 기업이 전개하는 환경보호운동이나 환경친화적 경영은 환경문제에 민감한 고객들에게 강한 호소력을 가진다.

호텔기업의 그린마케팅 경영은 무박테리아 음식, 무독성 페인트/벽지의 사용, 인체에 무해한 세척제 사용 등을 포함한다. 이러한 환경친화적 콘셉트는 많은 호텔 고객에게 좋은 반응을 얻어 낼 수 있다. 호텔기업의 환경친화적 경영은 환경보존, 자원절약, 쓰레기 줄이기 등의 효과뿐 아니라 고객서비스 품질의 향상을 가져오며, 이것이 언론에

공개되면 시장의 호응을 유발하는 홍보 효과를 거둘 수 있다.

(6) 법률적 · 정치적 요인

정부는 불공정한 기업행위로부터 소비자와 사회를 보호하기 위하여, 그리고 상대적으로 취약한 기업을 보호하기 위하여 법률을 제정하여 기업행위를 규제한다. 관광숙박시설 관련 법규, 금융/노동 관련법과 환경정책법, 그리고 각종 세제와 관련된 정부의 조세정책은 호텔경영에 즉각적인 영향을 미치는 강력한 환경요인이다.

국제회의산업육성에 관한 법률과 같은 관련법의 제정, 관광산업 관련 부가세, 법인세 등의 세제지원, 금융지원, 그리고 교통유발 부담금, 환경개선 부담금 완화와 같은 각종 제도적 지원은 호텔기업의 영업이익과 밀접한 관계가 있다. 이와 같은 이유로 미국의 경우에 AH&MA(American Hotel & Motel Association)과 NRA(National Restaurant Association)는 워싱턴에 로비스트를 상주시켜 자신들의 권익을 보호, 주장하고 있다.

국민생활과 관련된 국가정책은 소비자행동과 직접적인 연관성이 있다. 예를 들어, 주 5일 근무제가 실시되면서 우리 국민은 주말의 여행 횟수와 이동거리가 증가하고 각종 레저스포츠 참가활동이 늘어나는 등 여가 행태의 변화가 발생했다. 그런데 이로 인한 탈서울 여가 수요의 상승과 주말 도심 공동화현상은 서울에 위치한 호텔에 하나의 위협요인으로 작용할 가능성이 있다.

법률적 요인은 정치적 요인과 맞물려 있다. 각종 규제, 국회의 입법, 정책 입안과 법률의 집행은 모두 정치적 환경 속에서 이루어진다. 정치적 기류와 분위기는 호텔산업이 주의를 기울여야 할 또 하나의 중요한 환경요인이다. 한 나라의 정치적 불안정은 기업의 국제교류 및 국제관광 관련 산업에 큰 영향을 미친다.

우리나라의 경우 북핵문제가 대두되고 서울 도심에서 대규모 반정부 집회가 열려 사회적으로 불안정할 때 외래 관광객이 감소된 경험이 있다. 정치적으로 불안정할 때 국제무역거래나 금융거래, 직접투자활동, 문화관광교류는 위축된다. 대규모 국제회의 및 컨벤션은 개최국가의 정치적 안정 및 국가 이미지와 밀접한 관계가 있다.

(7) 거시환경 분석기법

✝ 인과관계모형

인과관계모형은 과거의 자료에 의존하여 특정 환경요인과 그 결과로 나타난 현상 간의 인과관계를 분석하는 것이다. 예를 들어 환율과 외래 관광객수의 상관관계가 분석되면, 앞으로의 환율 추이에 따른 외래 관광객시장의 규모 및 숙박시설 수요를 예측할 수 있다. 대표적인 인과관계모형으로는 회귀분석 방법이 주로 이용된다.

✝ 델파이 기법

델파이(Delphi) 기법은 전문가들의 의견을 수집하여 종합 분석하는 것으로, 기존 자료가 존재하지 않거나 불충분한 경우에 사용된다. 델파이라는 용어는 고대 그리스의 도시 델포이(Delphoe)에서 예언가들이 모여 미래를 점치던 것에서 유래한다. 이 기법은 전문가들을 대상으로 설문지를 돌린 후, 회수된 설문지 응답을 편집하여 문서화한 뒤 다시 설문 응답자에게 피드백하는 방법이다. 조사에 참여한 전문가들은 다른 전문가들의 의견을 재검토한 끝에 최종의견을 제시한다.

델파이 기법은 연구 참여자들이 개인 간의 갈등 없이 타 전문가의 의견이나 시각을 참고하여 최종 예측자료를 제공할 수 있다는 점에서 집단토의 방법보다 우수하다고 할 수 있다.

✝ 시계열자료 분석방법

시계열자료(time series data) 분석방법은 과거의 추세가 미래에도 연장될 것이라는 기본 가정하에 실시되는 것이므로, 시간의 흐름에 따른 추세가 안정적이고 명확할 때 사용한다. 또한 현재 예측하지 못한 환경적 변화가 미래에 발생할 것에 대비해서, 장기예측보다는 단기예측에 주로 사용된다. 계절 등 일정한 주기로 발생하는 환경요인은 별도의 변수로 분리되어 분석되어야 한다.

4 SWOT 분석

기업이 당면한 경영환경요인들은 마케팅 전략 수립을 위해 면밀히 검토되고 분석되어야 한다. 효과적인 마케팅 전략을 수립하기 위해서는 환경요인을 기회와 위협으로 분류하고 자사의 강약점을 파악하는 SWOT 분석이 사용된다. SWOT 분석은 강점(Strengths), 약점(Weaknesses), 기회(Opportunities), 위협(Threats)의 매트릭스를 만들어 기업의 내부적 강약점과 외부환경적 기회요인 및 위협요인을 체계적으로 파악하는 과정이다.

(1) 외부환경 분석

외부환경이 제공하는 기회요인은 더욱 세분해서 그 매력성과 성공 확률에 따라 매트릭스를 만들어 볼 수 있다. 기회요인의 매력성이 높고 기업이 그것을 이용하여 성공할 확률이 높을 때 기업은 적극적으로 이를 활용할 방안을 모색해야 한다(**표 3-3** 참조).

표 3-3 ● 기회요인 매트릭스

		성공 가능성	
		고	저
매력성	고	①	②
	저	③	④

분석: ① 가장 주력해야 할 기회요인, 적극 추진 계획 ② 성공가능성 재평가
③ 투자가치 재평가 ④ 고려대상에서 제외

표 3-4 ● 위협요인 매트릭스

		발생 가능성	
		고	저
심각성	고	①	②
	저	③	④

분석: ① 위기 타개방안 적극 강구 ② 발생가능성의 변화추이 관찰
③ 심각성의 변화추이 주의 ④ 고려대상에서 제외

위협요인 또한 그 심각성과 발생가능성 측면을 각각 평가해 볼 수 있다. 위협요인에서 심각성과 발생가능성이 모두 높을 때 기업은 총력을 기울여 위기를 타개하고 악영향을 최소화하는 방법을 강구해야 한다(**표 3-4** 참조). 기회는 종종 위협과 더불어 찾아온다. 따라서 표면적으로 위협적인 환경요인은 이것을 어떻게 기회로 전환할 수 있는지의 측면에서 살펴보아야 한다. 일례로 그랜드하얏트서울은 자사가 당면한 외부환경의 기회요인과 위협요인을 다음과 같이 분석하였다.

외부환경 분석: 그랜드하얏트서울의 경우

기회요인	• 한류 열풍으로 인한 일본시장의 긍정적 전망 • 국제 컨벤션 활성화 및 상호 경제협력의 진전으로 컨벤션 수요의 증가 • 근접한 그랜드 힐튼 서울의 카지노 유치로 인한 반사효과(객실 수요 창출) • 일본의 경제 침체 탈출로 인한 일본인 관광객 증가 • 중국 경제성장으로 인한 중국인 관광객 증가 • 여행업 개방 및 관광사업 부문의 정부지원으로 국제 여행 알선업체의 국내진입이 용이해지며 이를 통한 상호 보완기능 강화 • 유럽 및 사회주의 국가의 교류 활성화로 유럽지역으로부터의 입국자 증대 • 아시아 · 태평양 지역에서의 국제행사 유치 및 교류 확대 • 다극화, 개방화로 인한 빈번한 국제교류로 정부 및 민간 행사 증가 • 새로운 라이프스타일의 대두와 의식구조의 변모로 이를 충족시킬 수 있는 서비스 상품 개발의 가능성 • 호텔 전문인력을 양성하는 대학 및 기관의 증가로 인한 인력 수급이 용이함 • 첨단 정보기술의 발달로 새로운 서비스문화 창조 가능성 증가 • 하얏트 리젠시 인천 및 강남 파크 하얏트 개관으로 인한 Cross-selling 및 마케팅 시너지효과 증대 • 한남대교의 증축으로 인한 강남지역 고객들의 접근성 향상 • 고속철도(KTX) 개통으로 인한 지방 고객의 접근성 및 이용 용이성 향상 • VIP 계층의 차별화 욕구 상승 • 중상류 고급 소비계층의 규모 확대
위협요인	• 강남지역의 상권 집중 현상(강남권 호텔의 지속적인 영업 상승세) • 고임금 등 비용 부문 지출 증가로 수익성 감소 예상 • 새로운 전문 레스토랑의 증가로 인한 소비자 선택의 폭 증가 • 식음료 부문 점유율 감소(특히 중식당의 심각한 매출 감소) • 호텔이 사치산업이라는 인식과 제반 법규의 강화 • 서울시 주요 지역의 신규 호텔 건립 계획 • 객실 비품 교체 및 객실 대형화 추세에 따른 비용 증가 • 시설 노후화에 따른 개 · 보수 비용 증가 • 다수의 외국인 직원을 위한 복리후생 및 관련 간접비용 과다 • 북핵문제로 인한 외래 관광객 감소 • 탈서울 여가수요 상승

(2) 내부환경 분석

외부환경의 위협요인을 최소화하고 기회요인을 발판으로 삼아 시장에서의 경쟁우위를 차지하는 것은 기업 내부의 능력에 달려 있다. 따라서 시장에서의 경쟁력을 획득하고 유지하기 위해서는 정기적으로 조직의 강약점을 자체 평가하고, 또한 각 요인의 중요도에 대해서도 세부적으로 검토할 필요가 있다(표 3-5 참조).

표 3-5 기업 내부환경의 강약점 분석

		성과					중요성		
		강강	강	중	약	약약	강	중	약
마케팅 강점	기업의 이미지/명성	1	2	3	4	5	1	2	3
	높은 점유율	1	2	3	4	5	1	2	3
	상품/서비스의 품질	1	2	3	4	5	1	2	3
	저비용 체제	1	2	3	4	5	1	2	3
	판매/홍보팀의 효율성	1	2	3	4	5	1	2	3
	위치/지리적 우위	1	2	3	4	5	1	2	3
	상품/서비스 개혁 능력	1	2	3	4	5	1	2	3
재무적 강점	자금 동원력	1	2	3	4	5	1	2	3
	높은 수익성	1	2	3	4	5	1	2	3
	재무 안정성	1	2	3	4	5	1	2	3
조직의 강점	관리자의 리더십	1	2	3	4	5	1	2	3
	능력 있는 경영인	1	2	3	4	5	1	2	3
	헌신적인 직원/종사원	1	2	3	4	5	1	2	3
	높은 적응력과 신축성	1	2	3	4	5	1	2	3

제4장 시장세분화, 표적시장화, 포지셔닝

1 STP 전략

STP 전략이란 시장세분화(Segmentation), 표적시장화(Targeting), 그리고 포지셔닝(Positioning) 전략을 줄여서 일컫는 말이다. 이것은 시장을 몇몇 의미 있는 세분시장으로 분류하고(시장세분화), 경쟁환경과 자사의 비교우위를 고려하여 세분시장 중에서 최적의 표적을 선택한 후(표적시장화), 기업에서 의도하는 대로 상품 이미지를 소비자의 마음속에 자리매김하는(포지셔닝) 일련의 과정이다.

STP 전략의 수행과정은 다음과 같은 단계를 거친다.

(1) 전체시장의 필요와 욕구 파악

시장세분화의 첫 번째 단계는 전체시장에 과연 어떠한 필요와 욕구가 존재하는지를 파악하는 것이다. 전체시장의 다양한 욕구에 대한 전반적 이해가 이루어지면 무엇을 토대로 시장세분화를 할 것인지에 대한 윤곽이 드러난다.

(2) 시장세분화의 기준 결정

시장은 여러 가지 기준에 의해 세분화될 수 있다. 어떠한 기준으로 세분화하는 것이 가장 타당한지를 결정하여, 선택된 세분화 기준에 따라 시장을 분류한다.

(3) 각 세분시장의 특성 파악

일정 기준에 의해 시장이 세분화되면 각 세분시장의 프로파일을 정리하여 특성을 파악한다. 각 세분시장별 구성원의 인구통계학적 특성과 독특한 니즈, 구매성향, 행동특성 등을 발견한다.

(4) 세분시장의 시장성 분석

각 세분시장이 요구하는 서비스 상품 개념과 기업이 제공할 수 있는 서비스 상품 개념 및 욕구 충족 능력을 비교 분석하여, 세분시장별 시장성 및 잠재력을 분석한다.

(5) 표적시장의 선정

기업에 가장 높은 수익을 가져다줄 수 있는 매력적인 표적시장들을 선정한다. 이때 기업은 각 세분시장의 현재 시장 규모 및 수익률뿐 아니라 앞으로의 성장가능성도 고려해야 한다.

(6) 각 표적시장에 적합한 포지셔닝 전략 개발

선정된 표적시장에 강하고 호의적인 이미지를 심어 줄 수 있는 포지셔닝 전략을 개발한다. 성공적인 포지셔닝이 이루어져야 고객의 마음에 뚜렷한 서비스 이미지가 구축되고 구매의사결정 시 브랜드명이 기억될 수 있다.

그림 4-1 ● STP의 단계

시장세분화(S)	→	표적시장화(T)	→	포지셔닝(P)
1. 전체시장의 필요와 욕구 파악 2. 시장세분화의 기준 결정 3. 각 세분시장의 특성(프로파일) 파악	→	4. 각 세분시장의 시장성/매력도 분석 5. 표적시장 선정	→	6. 각 표적시장별 적합한 포지셔닝 파악 7. 각 표적시장별 마케팅믹스 개발 및 차별화전략 수립

(7) 각 표적시장별 마케팅믹스 개발 및 차별화전략 수립

각 표적시장에서 효과를 거둘 수 있는 마케팅믹스 전략을 개발하여 세분시장별 접근을 시도하고, 경쟁업체들과 비교하여 경쟁우위를 가질 수 있는 차별화전략을 수립한다.

2 시장세분화

시장이란 독특한 개성과 욕구를 지닌 개인들의 집단이다. 단일상품 개념이나 마케팅 전략으로 다양한 욕구를 지닌 개인들을 모두 만족시키기란 불가능한 일일 것이다. 그러므로 기업은 전체시장을 동질적인 소비자들로 구성된 몇몇 작은 집단으로 분류하여 각 집단별 접근을 시도하게 되었다. 시장세분화(market segmentation)란 일정한 기준에 따라서 전체시장을 내부적 동질성을 지닌 몇 개의 고객집단으로 나누는 작업을 의미한다.

(1) 시장세분화의 효익

시장세분화는 다음과 같은 측면에서 효익이 있다. 첫째, 시장세분화를 통해 각 세분시장별로 두드러지는 고객행동에 대한 이해와 예측을 할 수 있다. 둘째, 각 세분시장에 대한 이해를 발판으로 시장에서의 기회요인을 발견할 수 있다. 셋째, 각 세분시장의 고객욕구에 맞춰 서비스 상품, 가격, 촉진 등 마케팅믹스 전략을 개발할 수 있다. 넷째, 각 세분시장별 성격에 맞추어 욕구를 충족시킴으로써 고객만족도와 충성도를 높일 수 있다. 즉, 시장을 세분화하여 각 세분시장에 초점을 맞춘 마케팅활동을 함으로써 대중마케팅(mass marketing)보다 높은 마케팅 효과를 기대할 수 있다.

(2) 시장세분화의 요건

시장세분화는 전체시장을 작은 세분시장들로 분류하는 것 자체가 목적은 아니다. 시장세분화를 기틀로 삼아 각 세분시장에 맞는 차별적 마케팅믹스 전략이 개발될 때 비로소 그 의미가 있는 것이다. 효과적인 시장세분화를 위해서는 다음과 같은 요건을 갖추어야 한다.

✝ 측정가능성(measurability)

시장세분화의 기준은 객관적 측정이 가능한 것이어야 한다. 만약 주관적 시각에 따라 시장세분화를 한다면 세분시장은 세분화 작업의 주체에 따라 각각 다르게 나타날 것이다. 누구나 동의할 만한 객관적 측정방법에 입각한 시장세분화가 이루어져야 세분시장별로 체계적인 접근이 가능하다.

✝ 접근가능성(accessibility)

시장세분화를 하는 기본 목적은 각 세분시장에 좀 더 효과적으로 접근하려는 데 있다. 세분시장별로 선별적인 마케팅 접근이 불가능하다면 시장세분화를 할 필요가 없다.

✝ 규모(substantiality)

세분시장은 적정 규모 이상이 되어야 수익성이 있고, 세분시장별 마케팅 전략을 세울 가치가 있다. 규모가 지극히 작은 세분시장들의 욕구에 각각 별도의 마케팅활동을 하는 것은 비용효율성 측면에서 바람직스럽지 못하다.

✝ 마케팅활동가능성(actionability)

각 세분시장별로 차별화된 마케팅 전략이 실행 가능해야 하고, 이 마케팅 전략에 대해 세분시장별로 각각 차별적 반응이 나타나야 한다. 여기서 차별적 반응이란 각각의 세분시장이 기업의 마케팅믹스 전략에 대해 서로 다르게 반응하는 것을 말한다. 만약 마케팅믹스 전략에 모든 세분시장이 같은 반응을 나타낸다면 세분시장에 따른 차별화 전략을 수행하는 것이 의미 없을 것이다. 또한 여러 개의 세분시장을 발견하더라도 기업의 예산과 역량이 부족하여 각 세분시장별 마케팅 프로그램을 개발할 수 없다면 굳이 시장세분화를 할 이유는 없다고 하겠다.

(3) 시장세분화의 기준

시장세분화의 기준이 되는 변수에는 지리적 변수, 인구통계학적 변수, 심리분석적 변수, 행태적 변수가 있다.

✝ 지리적 변수(Geographic Variable)

지리적 시장세분화는 시장을 지역, 도시, 관할구 등 지리적 단위로 나누는 것이다. 우리나라의 경우 수도권과 비수도권, 도시와 지방, 영남과 호남, 도심과 도시근교, 주거지와 상업지역, 강남과 강북 등 다양한 시장의 지리적 분할이 가능하다. 지리적 세분화는 지역에 따라 시장의 취향과 니즈, 구매력이 다를 것이라는 전제에서 비롯된다.

그림 4-2 ● 지리적 세분화

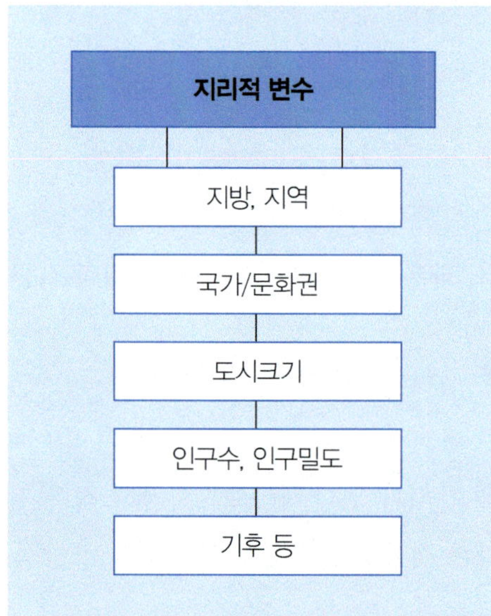

지리적 변수에 의한 시장세분화는 비교적 쉽게 이루어질 수 있으며, 시장에 대한 측정과 접근이 용이하다는 장점이 있다. 그러나 규모가 작은 시장의 경우 각 지역별 소비자 특성의 차이가 크지 않는 경우가 종종 있다. 따라서 지리적 시장세분화의 경우 세분시장의 특성을 보다 정확히 파악하기 위해서는 지역별 세분시장의 평균 연령, 소득 수준 등과 같은 인구통계적 특성이나 소비자행동 특성을 2차적으로 파악하는 것이 필요하다.

✝ 인구통계학적 변수(Demographic Variable)

인구통계학적 변수에는 연령, 성별, 가족 형태, 소득, 직업, 교육 수준, 종교, 인종, 국적 등이 있다. 예를 들어, 미스터피자는 성별로 시장을 세분화하여 여성 고객에게 초점을 두고 촉진활동을 하고 있으며, 롯데호텔월드는 고객의 가족생애주기별로 시장을 세분화하여 어린아이를 둔 젊은 부부 고객층을 유치하기 위해 어린이를 위해 특별히 제작된 객실 상품을 제공하고 있다.

인구통계학적 시장세분화는 지리적 세분화와 더불어 비교적 손쉬운 시장세분화 방법이라고 볼 수 있다. 이는 두 변수가 모두 외재적 성격을 띠며, 객관적 관찰과 측정이 용이하기 때문이다.

그림 4-3 ● 인구통계학적 세분화

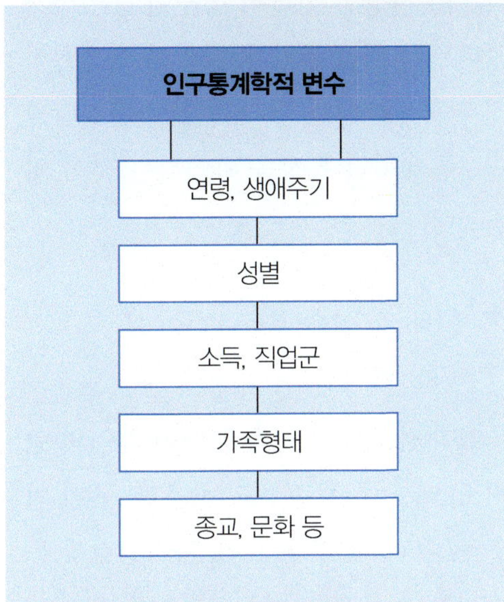

심리분석적 변수 (Psychographic Segmentation)

심리분석적 시장세분화에는 라이프스타일, 사회계층, 가치관, 개성 등의 변수가 사용된다. 사회계층은 단순히 개인의 소득 수준뿐 아니라 교육 수준, 직업, 사회적 지명도, 사회적 영향력 등이 복합적으로 고려된 개념이므로 주로 심리분석적 변수의 범주 안에 포함된다. 개인의 라이프스타일은 그 사람의 활동(activity)과 관심사(interests), 그리고 의견(opinion)에 의해 좌우되므로, 라이프스타일에 의한 시장분석을 AIO 분석이라고도 한다.

심리분석적 변수는 고객행동에 대한 설명력이 높으며 세분시장별 이해가 깊다는 장점이 있다. 그러나 지리적 변수나 인구통계학적 변수와 비교할 때 상대적으로 모호한

인구통계학적 변수에 의한 시장세분화: 여성 고객에게 초점을 둔 미스터피자의 경우(왼쪽), 어린이용 세면대와 캐릭터 거실 등을 갖추어 젊은 부부 고객층에 어필하고 있는 롯데호텔월드의 경우(오른쪽)

내재적 개념들을 다루므로 변수의 측정과 세분시장별 선별적 접근이 용이하지 않다는 문제점이 있다. 따라서 심리분석적 시장세분화를 한 다음에는 각 집단별 인구통계학적 특성을 확인하는 것이 일반적이다.

그림 4-4 ● 심리분석적 세분화

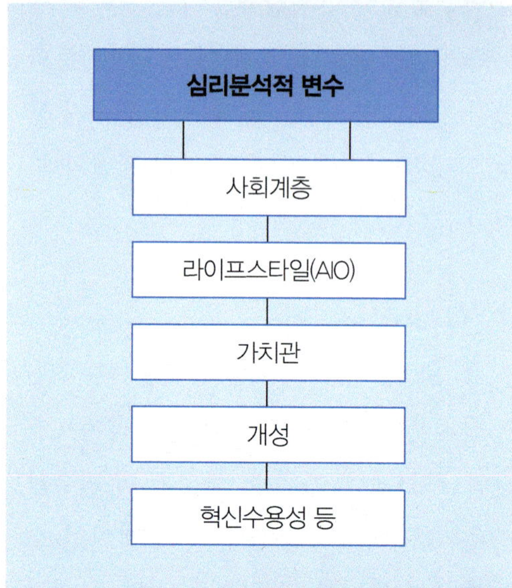

그림 4-5 ● 행태적 시장세분화

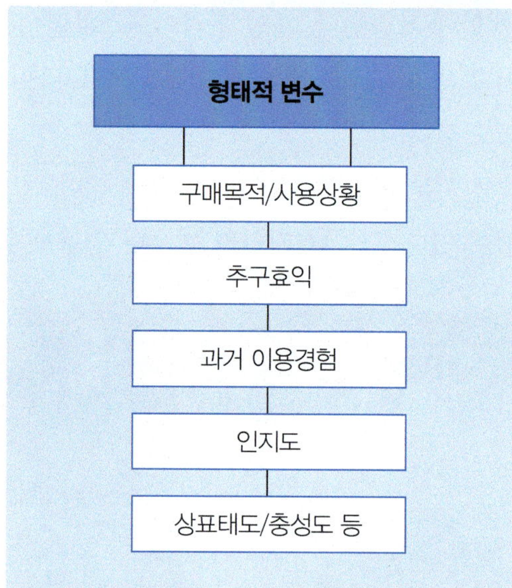

행태적 변수(Behavioral Variable)

행태적 변수란 상품에 대한 개인의 인지도, 태도, 상표충성도, 사용량, 구매 빈도, 구매 목적, 추구 효익, 가격민감성 등 소비자의 구매행태와 직접적인 관계가 있는 변수를 의미한다. 호텔 객실 이용객은 구매 목적에 따라 비즈니스 고객과 위락 여행객으로, 그리고 구매 단위에 따라 FIT와 단체 여행객으로 분류될 수 있다. 예를 들어, 인터컨티넨탈호텔 서울은 외국인 비즈니스 고객을 위해 환전용 한국 화폐를 제공하고 비즈니스맨 전용 라운지인 '클럽 인터컨'에서 아침식사와 모닝커피를 무료 서비스하는 등 각종 편의를 제공한다.

또한 호텔 고객은 사용량 및 구매 빈도수에 따라 우수고객과 일반고객으로 나뉠 수 있다. 서울 도심에 위치한 특급호텔은 단골고객에게 무료 숙박, 미팅룸 무료 이용, 레스토랑 할인과 같은 혜택을 제공하는 등 우수고객을 따로 분리해서 특별 관리한다.

표 4-1 시장세분화의 주요 변수들

세분화 변수		가능한 세분시장
지리적 변수	지역	경기도/경상도/전라도…, 강남/강북…
	도시의 크기: 인구수	10만명 미만/10만~50만명 미만/50만~100만명 미만/100만명 이상
	인구밀도	도심/부도심/근교/농어촌…
인구통계적 변수	연령	10세 미만/10대/20~30대/40~50대/60대 이상
	성별	남/녀
	가족 형태	독신/신혼부부/어린아이를 가진 부부…
	소득: 연 가계소득	1천만원 미만/1천만~3천만원 미만/3천만~5천만원 미만…
	직업	전문직/기술직/사무직/판매직/교육업/학생…
	교육 수준	무학/초졸/중졸/고졸/대졸/대학원졸
	종교	기독교/불교/유교/가톨릭/이슬람교/기타/무종교
심리분석적 변수	사회계층	상상/상/중상/중/중하/하/하하
	라이프스타일	원칙지향적/지위지향적/행동지향적/실현자/분투가…
	개성	외향/내향, 친화/공격/고립형, 상태중심적/행동중심적…
행태적 변수	구매 목적	위락 여행/비즈니스 여행/신혼 여행/생일 축하…
	추구 효익	저렴한 가격/위치/품위/서비스…
	사용량	비고객/과거고객/잠재고객/신규고객/단골고객
	상표충성도	충성도 없음/낮음/보통/높음/매우 높음
	상표에 대한 태도	적대적/부정적/무관심/긍정적/매우 호의적
	상품인지도	전혀 모름/인지/관심/선호/열망/옹호

3 표적시장화

표적시장화(target marketing)란 전체시장을 구성하고 있는 여러 개의 세분시장 중 가장 매력적인 세분시장을 선정하여 이 표적을 대상으로 마케팅활동을 집중시키는 것을 의미한다. 시장세분화를 통해 기업의 시장기회를 확인했다면, 이제 기업은 세분된 시장 중 자사에 가장 적합한 표적을 선정해야 한다.

(1) 세분시장의 평가

호텔기업이 세분시장을 평가하고 표적시장을 선정할 때는 다음과 같은 4가지 요인을 고려할 필요가 있다.

세분시장의 규모와 성장률

표적시장을 선정할 때는 세분시장의 규모 및 성장률을 고려하지 않을 수 없다. 일반적으로 세분시장의 규모가 크고 높은 성장률을 나타낼 때 시장매력도가 높게 평가된다. 그러나 세분시장의 규모가 크다고 반드시 높은 수익을 보장되는 것은 아니다. 규모는 크나 거기에 많은 경쟁사들이 뛰어들어 결과적으로 피 튀기는 경쟁의 레드오션이 되어버리는 다수의 오류(majority fallacy)현상이 발생할 수 있기 때문이다.

현재 규모가 작고 성장률이 낮더라도 경쟁사들이 간과하고 있는 시장을 틈새시장(niche market)이라고 한다. 틈새시장은 기업에 새로운 기회를 제공한다. 아직 충족되지 않은 틈새시장의 독특한 욕구를 발견함으로써 새로운 서비스 상품 개념이 개발될 수 있다. 객실이 주로 2인용 이상인 일반 호텔과 달리 객실 대부분이 싱글룸으로 이루어진 토요코인은 '나홀로' 여행객이라는 틈새시장을 공략한 경우라고 할 수 있다. 경쟁이 치열한 시장상황에서 틈새시장의 개발은 서비스기업의 새로운 돌파구가 될 수 있다.

경쟁상황

세분시장의 매력도를 결정하는 요인 중 하나는 해당 세분시장 내의 경쟁상황이다. 세분시장 내의 경쟁 강도가 클수록 더 많은 마케팅 비용을 지불해야 하고 가격경쟁력을 갖추기 위해 출혈 가격정책을 감수해야 하는 사례가 빈번하다. 강력한 경쟁사가 이미 선도적 위치를 차지하고 있는 세분시장으로의 진입장벽은 높을 수밖에 없다. 따라서 특정 세분시장을 표적으로 선정하고 공략하기 전에 그 세분시장 내에서의 자사의 자원 및 상품의 비교우위와 경쟁력을 반드시 확인해야 한다.

자사와의 적합성

세분시장을 평가할 때 고려해야 할 또 하나의 요인은 그 시장이 자사의 목표와 자원,

그리고 이미지에 부합하는 시장이냐는 것이다. 아무리 단기적으로 수익성이 높은 시장이라고 할지라도 자사가 추구하는 기업목표에 적합하지 않으면 그 시장은 표적시장으로 적절하지 않다. 예를 들어, 호텔 리츠칼튼 서울의 한 판매 담당자는 호텔의 패키지 상품을 TV 홈쇼핑에 내놓았다가 회사에서 징계를 받은 일이 있다. 호텔의 이미지를 하락시키고 호텔 이미지에 적합하지 않은 매스마케팅을 했다는 이유에서였다.

세분시장 간의 조화

두 개 이상의 세분시장을 공략할 때 세분시장 간의 조화는 매우 중요하다. 세분시장 중에는 서로 조화를 이루어 시너지효과를 내는 시장이 있는가 하면, 결코 공존하기 어려운 시장도 있다. 미국 워싱턴 DC에 위치한 비즈니스호텔은 주말 투숙률을 높이기 위해 주말 패키지 상품을 개발하여 두 그룹의 세분시장에 판매하였다. 한 그룹은 저렴한 가격에 호텔 객실과 시설을 이용하려는 주변 지역의 노부부들이었고, 또 한 그룹은 주말 도시 관광을 온 어린 자녀를 둔 가족들이었다. 조용하고 로맨틱한 주말을 보내려던 노부부들이 어린아이들로 인해 소란스러운 호텔환경에 불만을 토로한 것은 두말할 나위가 없다.

표적시장 선정 시 던져야 할 질문들

- 잠재수익성과 시장점유율은 어느 정도인가?
- 이 시장을 개발할 타당성이 무엇인가?
- 세분시장 구성원의 수요특성은 무엇이며 구매력은 어떠한가?
- 현재 경쟁사들이 이 세분시장에 어떠한 마케팅 전략으로 접근하고 있는가?
- 이 세분시장을 공략하는 것이 자사의 경영목적에 부합되는가?
- 자사에게 이 세분시장의 욕구를 충족시킬 만한 자원이 있는가?
- 자사의 이미지와 가치에 부합되는 시장인가?
- 표적시장들이 성격상 서로 공존할 수 있는가?

(2) 표적시장 공략 전략

기업이 여러 개의 세분시장을 평가한 후에는 표적시장을 선정한다. 이때 기업은 어떠한 세분시장을 표적으로 선정할지, 그리고 몇 개의 세분시장을 표적시장으로 선정할지를 결정하게 된다. 표적시장 선정에는 다음과 같은 시장공략 전략들이 있다.

무차별 마케팅

무차별 마케팅(undifferentiated marketing)이란 각 세분시장의 독특성을 무시하고 모든 세분시장에 한 가지의 마케팅 전략으로 접근하는 것을 의미한다. 즉 상품 콘셉트, 유통, 촉진 등의 활동을 한 가지로 단순화하여 상품 및 시장개발 비용을 최소화하는 전략이다. 상품이 아직 도입기에 있는 미성숙 시장의 경우 소비자들의 선호는 세분시장별로 두드러진 차이를 나타내지 않고 마케팅 자극에 대한 반응 또한 차별적이지 않기 마련이다. 이런 경우에는 무차별 마케팅이 비용과 노력을 최소화하는 효율적인 방법이라고 볼 수 있다.

차별적 마케팅

차별적 마케팅(differentiated marketing)은 시장세분화에 의해 분류된 여러 개의 세분시장에 별도의 마케팅 전략으로 접근하는 것이다. 메리어트인터내셔널(Marriott International Inc.)은 전 세계적으로 총 18개의 호텔 콘셉트를 개발하여 각 표적시장에 적합한 마케팅 믹스 전략으로 시장을 공략하고 있다. 그중 몇 개만 예로 들면, JW Marriott Hotels & Resorts는 최고급 비즈니스 및 위락 여행 고객을 표적으로 삼는 럭셔리호텔이고, Courtyard by Marriott는 실속과 합리성을 중시하며 빈번히 출장 여행을 다니는 영업사원 등을 위한 중가의 숙박시설이며, TownePlace Suites는 장기 투숙객을 위한 All Suite 호텔 개념이다.

그림 4-6 ● 3가지 시장공략 전략

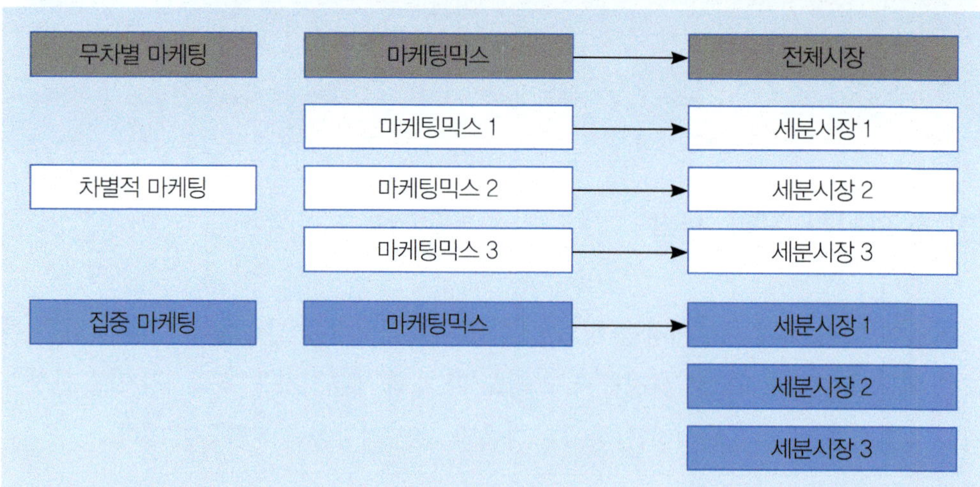

Marriott Hotels & Resorts	JW Marriott Hotels & Resorts	Renaissance Hotels	EDITION Hotels	Autograph Collection	Courtyard by Marriott
AC Hotels by Marriott	Residence Inn by Marriott	Fairfield Inn & Suites by Marriott	Marriott Conference Centers	TownePlace Suites by Marriott	SpringHill Suites by Marriott
Marriott Vacation Club	The Ritz–Carlton Hotel Company LLC	The Ritz–Carlton Destination Club	ExecuStay by Marriott	Marriott Executive Apartments	Grand Residences by Marriott

전 세계적으로 총 18개의 호텔 콘셉트를 개발하여 각 표적시장을 공략하고 있는 메리어트인터내셔널

집중마케팅

집중마케팅(concentrated marketing)은 하나 혹은 소수의 세분시장에 마케팅 노력을 집중하는 전략을 의미한다. 예를 들어, 미스터피자는 20, 30대 여성을 주요 표적시장으로 설정하여 저지방 피자와 8등분 피자를 개발하고 촉진활동도 이들을 타깃으로 하여 전개한다. 집중마케팅은 상품과 마케팅 전략을 단순화할 수 있다는 장점이 있지만, 단일시장에의 의존도가 높아 해당 시장의 상황이 악화될 때 타격이 크다는 위험성이 있다.

4 차별화 전략

미국 멤피스의 피바디 호텔은 로고가 오리이다. 이 호텔에서는 매일 아침 오리 식구가 엘리베이터를 타고 내려와 로비 분수대에서 하루를 보낸 후 저녁에 다시 엘리베이터를 타고 집으로 돌아간다. 이 진풍경을 구경하기 위해 이 호텔을 찾는 고객도 상당수 있

The Peabody Memphis의 오리조련사와 오리들

다. 오리들은 피바디 호텔에 유머러스한 매력 포인트를 더해 주는 상징적 존재가 되었다. 피바디 호텔은 오리라는 상징물을 통해 경쟁사와 구별되는 독특한 이미지를 창조하였다.

차별화(differentiation)는 기업의 독특한 이미지와 비교우위를 시장에 부각시켜 고객의 선호도를 높이는 마케팅 도구이다. 경쟁사와 차별화되지 않으면 기업 이미지와 서비스 상품의 정체성이 흐려지고 경쟁우위를 상실하게 된다. 호텔기업은 차별화를 통해 고객의 관심과 기억을 높이고 구매욕구를 자극할 수 있다.

(1) 차별화의 요건

무조건 다르기만 하다고 차별화의 효과가 있는 것은 아니다. 고객이 자신에게 의미 있는 긍정적 차이를 지각할 수 있어야 한다. 효과적인 차별화를 위해서는 다음과 같은 요건이 갖추어져야 한다.

경쟁사가 쉽게 모방할 수 없는 것이라야 한다

차별화가 이루어진 측면을 경쟁사가 쉽게 모방해 버린다면 차별화의 효과는 지속될 수 없다. 호텔의 입지나 독특한 브랜드 이미지, 서비스 인력의 전문성 등은 경쟁사들이 쉽게 모방할 수 없는 것인 반면, 객실의 편의품(amenities)이나 민트 초콜릿 제공과 같은 것은 쉽게 모방이 가능하다. 경쟁사들 간에 쉽게 모방할 수 있는 차별화전략은 원가를 상승시키는 결과만을 가져온다.

고객의 필요와 욕구에 어필해야 한다

차별화는 고객이 필요로 하고 원하는 분야에서 이루어져야 한다. 차별화를 통해 고객이 편익과 효용을 지각할 수 있어야 차별화의 실효성이 나타난다. 고객의 실제 니즈와 서비스 기업 측에서 생각하는 고객니즈 사이에는 갭이 있을 수 있다. 따라서 고객의 시각에서 접근하여 표적시장에 어필할 수 있는 서비스 상품 속성을 발견하여 그 분야에서의 차별화를 시도할 필요가 있다.

이미지를 차별화하라

호텔서비스 상품의 품질 지각은 기업 이미지와 밀접한 관계가 있다. 기업 이미지는 고객에게 시각적 연상과 함께 서비스의 이용고객층이 누구인지에 대한 분명한 메시지를 전달한다. 서비스기업이 가지는 독특한 이미지는 경쟁사가 쉽게 모방할 수 없는 차별화의 차원이다.

고객에게 전달될 수 있어야 한다

호텔서비스는 무형성이 높으므로 고객이 직접 경험하기 전에는 질적 차이를 지각하기 어렵다. 따라서 호텔서비스의 차별화 전략에는 가시적이고 물리적인 증거를 사용할 필요가 있다. 또한 고객이 경쟁사와의 차이를 분명히 지각할 수 있는 수준의 차별화가 이루어져야 한다. 차별화의 정도가 고객이 인식할 수 있는 최소한의 차이지각 수준(threshold level)을 초과해야 고객은 '다르다'는 느낌을 갖게 된다.

수익성이 있어야 한다

차별화 전략에는 종종 많은 비용이 수반된다. 기업이 차별화를 위해 투자를 하는 것은 그보다 높은 수익을 기대하기 때문이다. 만약 차별화로 인해 얻을 수 있는 수익이 비용에 미치지 못한다면 차별화 전략의 이유가 없다. 차별화 전략을 통해 기업이 얻을 수 있는 수익은 장기적 관점에서 분석되어야 한다.

(2) 차별화 방법

그렇다면 어떻게 차별화를 시도할 것인가? 호텔기업은 다음과 같은 차원에서 경쟁사와 차별화된 비교우위를 나타낼 수 있다.

✝ 물리적 속성의 차별화

건축양식, 독특하고 매력적인 실내디자인, 시설, 가구 등 물리적 환경속성에 의한 차별화가 가능하다. 예를 들어, 하얏트 리조트는 아트리움(atrium) 건축양식을 채택하여 1층 로비에서 건물 천정을 올려다볼 수 있는 독특한 구조를 가지고 있다. W서울워커힐호텔은 방 안에 스파 욕조가 있는 객실, 빨간색의 둥근 침대 등 파격적인 실내디자인으로 기존 클래식 호텔과는 완전히 차별화된 호텔의 변신을 시도하였다.

✝ 서비스의 차별화

고객에게 특별한 편리함을 제공하는 서비스 프로세스의 차별화를 꾀할 수 있다. 서비스 지원시스템의 강화로 고객서비스의 전문성과 생산성을 높이고, 고객에 대한 세심한 배려로 경쟁사와 차별화된 만족감을 느끼도록 하는 것이다. 예를 들어, 방콕의 오리엔탈 호텔은 투숙객을 곧바로 객실에 입실시켜 객실에서 편안히 체크인 수속을 하도록 하는 서비스 시스템을 갖추었다. W서울워커힐호텔은 일반적으로 회의실에서만 진행되는 공간상의 제약을 벗어나 스튜디오 미팅룸뿐만 아니라 일반 객실에서까지 자유로운 회의 진행을 하고 비즈니스를 진행할 수 있도록 차별화된 서비스를 제공한다.

✝ 인적자원의 차별화

철저한 선발과 교육·훈련을 통해 최적의 서비스를 제공하는 효율적이고 숙련된 인적자원으로 호텔의 차별화를 꾀할 수 있다. 종사원의 접객태도, 직무수행 능력 및 전문성은 경쟁사들이 손쉽게 모방할 수 없는 부분이다.

✝ 입지의 차별화

호텔서비스 상품 구매 의사결정과정에 있어 가장 중요한 요인 중 하나는 입지성이다. 위치의 편리성과 전망은 서비스 상품의 가치를 결정한다. 입지성은 한 번 결정되면 변화가 불가능하므로, 호텔을 건립할 때 교통, 상업지구와의 연계, 주위환경, 조망권 등에 대한 신중한 타당성 조사가 이루어져야 한다.

이미지의 차별화

기업의 이미지는 상품에 강력한 후광효과(halo effects)를 더한다. 이것은 상품의 상징성이 높을 때 더욱 그러하다. 호텔과 같이 무형의 서비스를 판매하는 경우, 기업 이미지의 차별화는 곧 서비스 상품의 차별화를 의미한다.

5 포지셔닝 전략

포지셔닝(positioning)이란 Ries & Trout가 처음 사용한 표현으로, 표적시장 내의 고객의 마음에 상품의 전략적 위치를 계획, 정립한다는 의미이다. 표적시장이 선정되면 기업은 시장분석과 경쟁분석을 통해 표적시장의 고객이 어떻게 자사와 경쟁사를 인식하고 있는지를 파악한 다음, 바람직스럽고 실현가능한 전략적 위치에 도달하기 위한 목표설정을 한다.

호텔서비스는 무형성이라는 특성으로 인해 기업이 제시하는 서비스 개념과 고객이 인식하는 서비스 개념 간에 괴리가 존재할 가능성이 높다. 따라서 기업이 제공하는 서비스 상품의 개념과 의미를 고객의 머릿속에 분명하게 각인시키는 포지셔닝 전략이 필요하다.

하얏트는 Andaz Hotels by Hyatt를 다른 하얏트 호텔들과 분리시켜 젊은 상류층을 위한 럭셔리 부티크 호텔로 포지셔닝하고 있다. 'Andaz'란 개인적인 스타일을 의미한다. Andaz Hotel은 각 호텔마다 독특하고 현대적인 건축 디자인과 인테리어로 주 타깃인 X세대를 유인하고 있으며, 이들의 취향을 고려하여 지역특성을 살린 현지 특산품, 그리고 유기농 재료로 조리한 음식을 제공한다. 개성을 중시하는 젊은 세대에게 Andaz Hotel은 젊은이들을 위한 매력 있는 호텔 대안으로 성공적으로 자리매김이 되었다.

(1) 서비스 포지셔닝 전략 수립의 원칙

호텔서비스의 포지셔닝 전략을 수립함에 있어서 다음과 같은 점들을 유의할 필요가 있다.

- 표적시장 고객의 마음속에 하나의 위치를 선택하라
  (여러 가지 위치를 목표로 설정하면 분명한 위치가 확립되지 못한다.)
- 단순하고 일관된 테마의 메시지를 제공하라
  (단순성과 일관성이 있어야 서비스 개념이 분명히 전달된다.)
- 경쟁사와 차별화된 위치를 목표로 삼아라
  (경쟁사와의 차별성이 강조되어야 포지셔닝의 효과가 높다.)
- 고객에게 포지셔닝의 가시적 단서를 제공하라
  (서비스 개념은 무형적이므로 가시적 요소를 포지션과 연계하여 제시해야 한다.)
- 전사적으로 포지셔닝에 참가하라
  (포지셔닝의 방향과 전체 마케팅활동 및 조직원행동은 서로 조화를 이루어야 한다.)

(2) 포지셔닝 전략의 절차

1단계: 소비자분석

포지셔닝 전략 수립 과정에서 첫 번째 단계는 표적시장을 구성하고 있는 소비자들의 인구통계적 특성, 라이프스타일, 구매특성 등을 분석하는 작업이다. 소비자들이 자사 상품을 어떻게 지각하고 있는지와 상품 구매결정을 할 때 어떠한 속성을 주로 평가하고 어떠한 동기로 구매하는지를 파악할 필요가 있다. 이것을 토대로 자사 상품 포지션의 이상점(ideal point)을 발견할 수 있기 때문이다.

2단계: 경쟁상품의 포지셔닝 전략 분석

두 번째 단계는 주요 경쟁사들의 상품 포지셔닝 전략을 분석하는 것이다. 경쟁사들이 어떠한 상품 개념을 개발하여 시장에 제공하고 있으며 소비자들이 이러한 경쟁 상품들에 대해서 어떻게 지각하고 있는지를 파악하여야 한다. 이때 소비자의 지각을 바탕으로 포지셔닝 맵(positioning map)을 작성하면 소비자의 인식 속에 경쟁상품들과 자사상품이 자리 잡고 있는 상대적 위치를 확인할 수 있다.

3단계: 자사상품의 포지셔닝 전략 개발

소비자분석과 경쟁상품 포지션 분석이 이루어진 다음에는 자사상품의 포지션을 결정한다. 현재 시장에 나와 있는 상품들에 대한 소비자의 만족 · 불만족 요인을 파악하고 충족되지 않은 욕구가 무엇인지를 분석하여 시장에 부각시킬 차별적 경쟁우위 요소를 선택한다. 자사상품의 포지션이 결정되고 나면 이를 시장에 효율적으로 전달할 구체적인 수단을 모색해야 할 것이다. 즉, 선택된 포지션을 실질적으로 뒷받침하는 서비스 상품 개념을 개발하고 자사의 포지션을 함축적으로 표현하는 포지셔닝 문구를 결정하여 상품 홍보와 촉진에 활용하는 것이다.

확립된 포지션이 시장환경의 변화로 더 이상 바람직스럽지 못하게 되거나 표적시장을 전환하는 경우에는 재포지셔닝 전략을 세운다. 예를 들어, "Mild as May"라는 문구와 함께 여성을 위한 담배로 탄생한 말보로는 여성흡연자시장의 규모가 기대에 미치지 못하자 표적시장을 급선회하여 "Marlboro country"의 카우보이 이미지를 광고에 내세워 터프한 남자가 피우는 담배로 재포지셔닝하였다. 맥주를 마시는 바 개념으로 시작된 베니건스도 가족외식시장의 성장가능성을 인식한 후 패밀리 레스토랑으로 서비스 개념을 재포지셔닝하는 데 성공했다.

(3) 포지셔닝 방법

특정 속성에 의한 포지셔닝

호텔이나 서비스 상품의 특정 속성(예: 비즈니스맨 전문 호텔, 혹은 편리한 위치)을 부각시켜 고객에게 중점적으로 강조하는 방법이다.

고객의 문제해결 방법 제시에 의한 포지셔닝

이것은 고객이 타 호텔서비스를 이용할 때 경험하는 불편한 점을 제시하고, 자사의 서비스가 그러한 문제를 얼마나 효율적으로 해결하는지를 보여 주는 방법이다. 과거에 유사한 문제를 경험한 고객에게 효과적인 포지셔닝 방법이라고 볼 수 있다.

✝ 사용상황에 의한 포지셔닝

언제, 어떠한 상황에서 자사의 서비스를 사용해야 하는지를 시장에 인식시키는 방법이다. 고객은 유사한 상황에 처했을 때 해당 브랜드명을 떠올리게 된다.

✝ 사용자에 의한 포지셔닝

본 상품/서비스가 어떠한 사람에게 적합한 상품/서비스인지를 강조하는 방법이다. 이 방법을 사용할 때는 포지셔닝 메시지에 표적시장이 명백히 드러난다. 포지셔닝의 특정 대상이 되는 고객군은 신혼부부, 비즈니스 여행자, 여성고객, 실버시장 등 다양하다.

✝ 경쟁사와의 비교에 의한 포지셔닝

이는 경쟁사의 포지션과 비교하여 자사의 포지션이 어디에 있으며 어떠한 비교우위를 갖는지를 과감히 나타내는 방법이다. 이러한 방법은 경쟁상품과의 차별성을 강조하므로 대조적 포지셔닝(contrary positioning)이라고도 한다.

(4) 지각도

포지셔닝 맵(positioning map)이라고도 불리는 지각도(Perceptual Map)는 고객이 상품에 대해 지각하는 바를 도면으로 표시한 것이다. 지각도는 상품의 속성을 두 개의 주요 요인으로 압축하여, 두 요인에 따른 각 브랜드의 위치를 2차원의 도면상에 나타낸다. 지각도는 다차원척도법(multidimensional scaling, MDS)이나 상응분석(correspondence analysis) 등의 방법을 통해 작성된다. 지각도 작성은 마케터에게 다음과 같은 측면에서 유용하다.

• 현재 포지셔닝을 확인할 수 있다
  지각도를 통해 자사와 경쟁사의 현재 포지셔닝, 즉 소비자들에 의해 지각되고 있는 모습을 확인할 수 있다.

• 소구(appeal) 위치를 확인할 수 있다

전체시장에서 아직 기존상품이 소구하지 않고 있는 위치를 발견할 수 있다. 지각도에서 발견되는 여백이 그곳이다.

• 경쟁 강도를 파악할 수 있다

특정 위치에 브랜드가 몰려 있다는 것은 이들이 고객에게 유사한 상품으로 인식되고 있다는 것을 뜻한다. 이것은 곧 동일한 고객군을 놓고 다수의 경쟁자들이 몰려 있다는 것이며 차별화의 필요성을 의미한다.

• 이상점(ideal point)을 파악하게 한다

고객의 선호도 측면과 경쟁의 강도를 동시에 고려하여 상품을 소구시켜야 할 이상점을 발견하게 한다. 이상점으로의 이동을 원한다면 재포지셔닝(repositioning)을 시도해야 할 것이다. 재포지셔닝은 서비스 속성과 이미지 개선, 그리고 시장 커뮤니케이션 전략을 통하여 현재의 포지셔닝을 이상점에 근접하도록 이동시키는 전략이다.

그림 4-7 ● 포르테 호텔 라인의 지각도

영국의 포르테 호텔(Forte Hotels)은 고객지각조사를 기초로 하여 호텔체인을 구성하는 다양한 개별 호텔들의 지각도를 만들었다(그림 4-7 참조)). ① 전통적/현대적, ② 고급스러운 이미지/경제적 이미지라는 2차원 속성에 의해 체인 내 각 호텔의 위치를 확인해 본 결과, Exclusive Portfolio는 전통적이면서 고급한 이미지를 가지고 있는 반면, Forte Travelodge는 현대적이고 경제적인 호텔로 고객에게 지각되고 있음을 발견하였다.

HOTEL MARKETING

제5장 호텔 고객 구매행동

1 구매 의사결정과정

구매를 할 것인가, 말 것인가? 만약 구매를 한다면 어떤 상품/브랜드를 구매할 것인가? 소비자 의사결정 중 가장 근본적인 것은 구매 여부와 구매 상품 결정에 관한 것이다. 고객의 구매행동 관련 의사결정과정은 문제 인식, 정보 탐색, 대안의 평가, 구매, 구매 후 행동의 5단계로 나누어서 생각해 볼 수 있다.

그림 5-1 ● 소비자 의사결정과정

문제 인식 → 정보 탐색 → 대안의 평가 → 구매 → 구매 후 행동

(1) 문제 인식(Problem Recognition)

소비자행동론에서 문제 인식이란 소비자가 어떤 상품에 대한 욕구를 인지하고 이것을 해결하고자 하는 동기를 갖는 것을 뜻한다. 소비자는 자신이 현재 처해 있는 실제상황(actual state)과 이상적인 상황(desired state) 간의 갭이 일정 수준(threshold level)을 넘어설 때 비로소 문제를 의식하며 이를 해결하려는 동기를 갖게 된다.

문제 인식을 유발하는 요인은 내적 요인과 외적 요인으로 구분할 수 있다. **내적 요인(internal factors)**에 의한 문제 인식은 개인이 상황적 요인, 심리적 요인에 의해 스스로 문제를 인식하는 것이다. 예를 들면, 어떤 부부가 결혼 10주년을 맞아 근사한 레스토랑에서 기념하려는 욕구가 생긴다면 이는 개인의 상황적 요인에 의한 문제 인식이라고 할 수 있다. **외적 요인(external factors)**에 의한 문제 인식은 외적 자극에 의한 것으로, 신상품, 광고, 홍보, 가격 할인 등 기업의 마케팅 노력이나 친지의 구매행동, 구전 같은 사회적 영향이 문제 인식을 유발시키는 외적 자극이라고 할 수 있다.

(2) 정보 탐색(Information Search)

문제 인식이 이루어진 후 소비자는 보다 현명한 구매 결정을 내리고자 상품에 대해 더 많은 것을 알아내기 위한 노력을 기울인다. 이러한 정보 탐색 행동은 구매 의사결정과 관련된 불확실성을 감소시켜 결과적으로 구매 결정에 대한 확신을 준다. 구매 전에 정보 탐색 노력을 충분히 기울였을 때 구매 후 상품 만족도가 보다 높이 나타난다는 연구결과도 보고된 바 있다. 소비자의 정보 탐색 단계는 마케터들에게 큰 중요성을 가진다. 소비자가 정보 탐색을 할 때가 바로 마케터가 소비자의 구매 결정에 많은 영향력을 행사할 수 있는 시기이기 때문이다.

✝ 내부 탐색과 외부 탐색

소비자의 정보 탐색은 크게 내부 탐색과 외부 탐색으로 구분된다. **내부 탐색(internal search)**이란 소비자가 과거 경험이나 광고 등을 통해 이미 자신이 알고 있는 정보를 회상하는 것을 의미한다. 내부 탐색에 의한 정보가 충분하다고 판단되면 소비자는 곧바로 구매 결정을 하게 된다. 그러나 내부 탐색에 의하여 의사결정을 할 만큼 충분한 정보를 기억 속에 보유하고 있지 않거나 보유하고 있더라도 이를 회상할 수 없으면 소비자는 외부 탐색을 시작하게 된다.

외부 탐색(external search)은 구매 의사결정 관련 정보에 특별한 주의를 기울이거나 준거집단, 판매원, 광고 등 다양한 정보원을 통하여 적극적으로 외적 정보를 탐색하는 것을 의미한다. 외적 정보의 원천은 다음과 같이 구분될 수 있다.

- 개인적 원천(personal sources): 가족, 친구, 이웃, 동료
- 상업적 원천(commercial sources): 광고, 판매원, 웹사이트, 포장, 물리적 전시물
- 공적 원천(public sources): 소비자평가원 리뷰, 각종 보도자료, 인터넷 정보

✝ 외부정보 탐색 행동의 결정 요인

소비자의 외부정보 탐색의 정도에 영향을 미치는 요인에는 다음과 같은 요인들이 있다. 첫째는 **시장특성(market characteristics)** 요인이다. 시장 내의 가격범위가 넓게 형성

되어 있을 때, 그리고 시장에 다양한 상품대안들이 나와 있을 때 소비자의 탐색 행동은 촉진된다.

둘째는 **상품특성(product characteristics)** 요인이다. 상품이 비교적 고가일 때, 구매 빈도수가 낮을 때, 상품대안 간의 차별화가 현저히 이루어져 있을 때 소비자는 구매 시 수반되는 지각위험도를 줄이기 위해 정보 탐색 행동을 활발히 수행한다.

셋째는 **소비자 개인적 특성(individual characteristics)** 요인이다. 우선 상품 관련 지식·경험과 정보 탐색 행동의 관계는 역 U자의 형태를 보인다. 즉, 일정 수준까지는 상품 지식이 증가됨에 따라 정보 탐색량이 증가하지만, 그 이후 다시 감소세를 보이는 것이다. 소비자가 상품정보 처리에 필요한 지식은 있으나 현재 보유하고 있는 상품 지식만으로 구매 결정을 내리기에는 미흡함이 있을 때 정보 탐색량은 최대치를 나타낸다. 또한 인구통계학적 특성과 관련하여 살펴보면, 연령과 소득은 외부정보 탐색의 정도와 부의 관계를 가지며, 교육 수준은 정의 관계를 가지는 것으로 밝혀졌다. 이는 연령이 높을수록 기존 상품 지식 및 경험에 의존하려는 경향을 보이며, 소득이 높을수록 정보 탐색에 대한 시간적 기회비용을 높게 생각하기 때문이다. 그리고 교육 수준이 높은 소비자는 다양한 정보를 이해하고 처리할 능력과 동기가 높으므로 정보 탐색을 적극적으로 수행한다.

넷째는 **상황적 특성(situational characteristics)** 요인이다. 시간적·공간적·심리적으로 여유가 있을 때 정보 탐색량이 증가한다. 시간이 촉박하거나 점포가 고객들로 붐비는 경우 상품대안들에 대한 외부정보 탐색은 감소한다. 또한 외부정보에 대한 접근성이 높고 정보 탐색이 용이할수록 외부정보 탐색 행동이 활발해진다.

외부정보 탐색의 방식

소비자들이 외부정보 획득을 위해 정보 탐색을 하는 방식에는 상표별 처리와 속성별 처리가 있다. **상표별 처리(processing by brand)**는 소비자가 한 가지 상표를 선택하여 그 상표의 속성과 특성에 관한 정보를 획득 처리한 후 또 다른 상표를 선택하여 그 상표의 정보를 검토하는 방식이다. **속성별 처리(processing by attribute)**는 한 가지 속성(예: 호텔 등급)에 대하여 각 상표의 정보를 획득하고 처리한 다음 다른 속성에 대하여 각 상표의 정보를 처리하는 방식이다. 소비자가 어떤 방식으로 외부정보 탐색을 하는지는 상품과 관련된 소비자의 특성이나 의사결정단계에 따라 다르다. 일반적으로 소비자는 의사결정단계의 초기에는 속성별 처리를 하다가 후기에는 상표별 처리를 하는 것으로 나타났는데, 이는 곧 자신이 중요하게 생각하는 속성에 의하여 몇 가지 상표를 선정한 후 각각의 상표에 대하여 속성별로 세밀하게 비교 평가하는 것을 의미한다.

상기상표군과 고려상표군

소비자가 내부 탐색을 통해 회상되는 브랜드들은 **상기상품군(evoked set)**이라고 한다. 그리고 상기상품군에 외부 탐색 과정을 통해 새로이 추가되는 브랜드들을 합쳐서 **고려상품군(consideration set)**이라고 한다. 소비자는 보통 고려상품군 중 한 브랜드를 최종적으로 선택하게 된다(그림 5-2 참조). 내부 탐색에서 상기되지 않은 브랜드 중 일부는 외부 탐색에서 발견되어 고려상품군에 포함될 수 있다.

그림 5-2 ● 상기상품군과 고려상품군

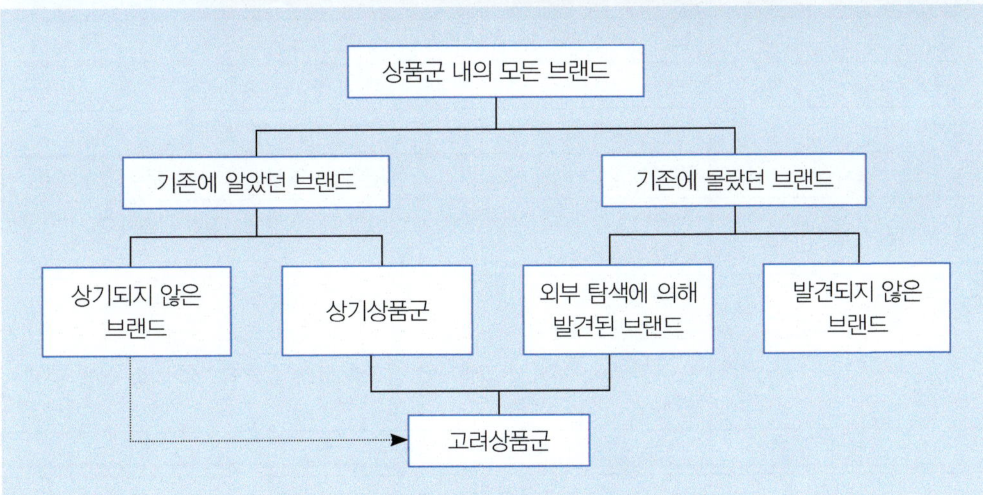

(3) 대안의 평가(Evaluation of Alternatives)

소비자들은 기억으로부터 인출되거나 외부로부터 수집한 정보에 의하여 선택대안들을 평가한다. 상품대안을 평가하는 데 사용되는 선택 기준에는 상품의 성능, 효용 등 기능적 속성뿐 아니라 그 상품의 상징성, 즉 그것을 사용함으로써 얻을 수 있는 사회적 위신과 명예, 타인에 대한 과시 등이 있다. 소비자는 시간과 노력 측면의 비용을 최소화하여 효율적으로 상품대안을 평가하기를 원한다.

호텔 선택을 위해 고객이 이용하는 속성에는 여러 가지가 있다. 미국의 고급 호텔 체인업체인 메리어트인터내셔널에서 실시된 조사에 따르면 호텔 고객이 가장 중요하게 생각하는 5개 주요 요인은 신속·정확한 입숙 수속, 종사원의 친절성, 청결성, 레스토랑 시설, 그리고 지불 가격에 합당한 대가(value)인 것으로 나타났다. 고객이 호텔 선택 시 고려하는 선택 기준 및 평가 요인을 좀 더 포괄적으로 살펴보면, 위치, 브랜드 이미지, 가격/가치, 능력 있는 종사원, 고객에 대한 배려/친절성, 물리적환경, 신뢰성, 부대시설의 종류와 품질, 안전도, 식음료 서비스의 품질 등이 있다.

표 5-1 호텔 선택 및 평가 시 고려되는 주요 요인들

평가 요인	내용
위치/접근성	접근 편리성, 쾌적한 주변환경, 교통 여건
브랜드 이미지	브랜드 인지도 및 명성, 브랜드 개성 및 아이덴티티
가격/가치	가격경쟁력, 특별 할인 적용, 지불한 가격에 대한 대가
능력 있는 종사원	민첩성, 접객 태도, 종사원의 자질/친절성, 의사소통 능력, 문제해결 능력
고객에 대한 배려	신속한 입 · 퇴숙 절차, 고객 불만사항 해소, 특별 배려, 개별화된 서비스, 추가 봉사
물리적 환경요인	건물 외관 및 인테리어, 분위기, 객실 크기 및 매력성, 주차시설, 청결성, 종사원의 외모
신뢰성	약속된 정시 서비스, 경영자와 접촉의 용이성, 고객과의 약속 이행, 문제 발생 시 신속한 해결
부대시설의 종류 및 품질	부대시설의 다양성, 최신 장비 및 시설, 무료 이용가능성
안전도	안전성, 편안하고 아늑한 느낌
식음료 서비스의 품질	식음료 서비스의 다양성 및 품질, 메뉴, 이용 시간의 편리성

대안 평가방식

소비자의 대안 평가방식은 크게 보완적 평가방식과 비보완적 평가방식, 그리고 휴리스틱으로 구분될 수 있다.

① 보완적 평가방식

보완적 평가방식(compensatory rule)은 소비자가 상품대안을 평가함에 있어 몇 개의 기준을 사용하여 각 대안을 비교 평가하고, 최종적으로 가장 높은 평가를 받은 제품을 선택하는 것이다. 소비자는 중요하게 고려하는 평가 속성들에 의해 각 상품대안의 강점과 약점을 파악한다. 이때 각 상품대안에 있어서 어떤 속성의 약점을 다른 속성의 강점에 의해 보완하여 전반적인 평가를 하는데 이를 보완적 방식에 의한 평가라고 한다.

Fishbein의 다속성 태도 모델(multi-attribute attitude model)은 대표적인 보완적 평가방식이다. Fishbein 모델을 기초로 개발된 속성 만족도-중요도 모델(attribute satisfaction-importance model)은 다음과 같은 등식으로 나타낸다.

$$A_o = \sum_{i=1}^{n} B_i \cdot I_i$$

A_o: 특정 대안에 대한 태도(Attitude toward an object)
B_i: 소비자가 특정 대안의 속성 i에 부여하는 점수 혹은 신념(Belief)
I_i: 소비자에게 속성 i가 가지는 중요도(Importance)
n: 상품 구매에 있어 소비자가 고려하는 상품 속성의 총 수

이 모형에 의하면 고객이 어떤 상품대안에 대해 가지는 전반적 태도는 2가지 요인에 의해 결정된다. 첫째는 고객이 지각하는 각 특정 대안의 속성별 가치이고, 둘째는 고객이 각 속성들에 대해 가지는 평가 기준으로서의 중요성이다.

예를 들어, 현재 네 개의 호텔로 이루어진 고려상품군을 염두에 두고 있는 고객이 있다. 그는 위치, 가격, 식음료 서비스의 질이라는 세 가지 속성을 평가 기준으로 하여 이 네 개의 호텔을 평가하고 있다. 그는 이러한 속성별로 각 호텔의 점수를 나름대로 매겨본다(범위: 1(가장 부정적)~10(가장 긍정적)). 세 개 속성에 대해 그가 가지는 중요도는 위치, 가격, 식음료 서비스의 질의 순서대로 50퍼센트, 30퍼센트, 20퍼센트이다. 이 경우 현재 고려 대상인 네 개의 호텔에 대해 그가 가지는 태도 점수는 **표 5-2**의 과정을 통해 B호텔, A호텔, D호텔, C호텔의 순이 될 것으로 예측할 수 있다. 이와 같이 고객 태도는 그의 선호도와 선택 행동에 결정적인 영향을 미친다.

표 5-2 ● 속성 만족도-중요도 모델에 의한 고객의 호텔 평가

		평가 기준 속성		
		위치	가격	식음료 서비스 질
각 속성의 중요도		(50%)	(30%)	(20%)
평가 대상 호텔	A	9	6	6
	B	9	8	6
	C	7	7	7
	D	8	7	5

평가
A호텔: (9×0.5)+(6×0.3)+(6×0.2)=7.5
B호텔: (9×0.5)+(8×0.3)+(6×0.2)=8.1
C호텔: (7×0.5)+(7×0.3)+(7×0.2)=7.0
D호텔: (8×0.5)+(7×0.3)+(5×0.2)=7.1

② 비보완적 평가방식

비보완적 평가방식(non-compensatory rule)은 한 평가 기준에서의 상대적 약점이 다른 평가 기준에서의 강점에 의하여 보완되지 않는 방식이다. 비보완적 평가방식에는 대표적으로 4가지가 있다.

• 결합식(Conjunctive Rule)

결합식은 소비자가 각 상품 속성별로 자신이 용납할 수 있는 하한선(cutoff level)을 정해 놓고 이 수준에 미달하는 대안을 제외시키는 방식이다. 이 방식은 상품대안 평가 초기에 부적격한 대안을 빨리 제외시키기 위해 사용된다.

• 분리식(Disjunctive Rule)

주요 상품 속성별로 하한선을 정해 놓는 것은 결합식과 마찬가지이나, 속성 중 한 가지라도 충족시키는 대안은 최종 선택집합에 포함시키는 방법이다. 예컨대, '가'라는 호텔은 가격이 저렴하기 때문에, 그리고 '나'라는 호텔은 위치가 편리하므로 최종 결정을 위한 선택집합에 포함시키는 식이다.

• 사전편집식(Lexicographic Rule)

사전편집식을 사용하는 경우, 우선 고객은 가장 중요한 속성에 따라 대안평가를 한다. 그리고 최우선 속성에 의한 평가 결과 최상의 상품대안이 두 개 이상이면 두 번째로 중요시하는 평가 기준에 의하여 평가를 하고, 이러한 과정을 하나의 최적대안이 남을 때까지 계속한다.

• 순차적 제거식(Sequential Elimination Rule)

순차적 제거식은 고객이 중요하게 고려하는 특정 속성의 수용 기준을 설정하고 그 속성에서 수용 기준을 만족시키지 못하는 상품대안을 순차적으로 제거해 나가는 방식이다. 고객은 가장 중요도가 높은 속성부터 그다음 중요성을 가지는 속성으로 차례대로 옮겨 가면서, 각 속성별로 기준에 미치지 못하는 대안들을 순차적으로 탈락시키고 최종적으로 남은 상품대안을 선택한다. 사전편집식에서 각 속성별로 최상의 대안을 가려내는 것과는 달리, 순차적 제거식에서는 속성별 하한선을 정해 이를 만족시키지 못하는 대안은 차례로 탈락시킨다는 차이가 있다.

③ 휴리스틱

주먹구구식(rule of thumb)이라고도 하는 휴리스틱(Heuristic)은 대안 평가에 있어 여러 가지 상품 속성이나 구매 요인을 종합적으로 고려하기보다, 고객 자신이 나름대로 세운 한두 가지 원칙에 따라 빠르고 손쉽게 의사결정을 하는 방식이다. 대안 평가나 정보 이용에 있어 편리하고 단순한 원칙을 정해 놓고, 이를 만족시키지 않는 대안은 처음부터 고려 대상에서 제외시키는 방법이다. 예컨대 호텔을 선택하는 경우 무조건 체인호텔만을 이용한다거나, 지인의 추천을 받은 호텔을 무조건적으로 선택한다는 원칙을 가지고 있다면 이는 휴리스틱에 의한 것이라고 볼 수 있다. 휴리스틱은 합리적이지 못한 경우도 있으나, 의사결정과정이 신속하고 단순화된다는 이점 때문에 소비자들이 종종 사용하는 방법이다.

대안 평가과정

소비자들은 대안을 선택함에 있어 어떤 한 가지 평가방식을 사용하는 경우는 거의 없으며, 여러 가지의 선택 전략을 혼합하여 사용한다. 대안의 수와 고려 속성의 수가 많아지면 소비자들은 정보처리 능력의 한계 때문에 처음에는 비교적 간단한 비보완적 전략을 통해 대안을 추려 낸 다음, 소수의 대안이 남게 되면 좀 더 많은 인지적 노력이 요구되는 보완적 평가방식을 사용하여 의사결정을 한다.

대안 평가 및 상품 선택에 관여하는 요인들

① 후광효과

후광효과(halo effect)란 고객이 상품을 평가할 때 일부 속성에 의해 형성된 평가가 그 속성과 직접적인 관련이 없는 다른 속성의 평가에까지 영향을 미치는 것을 말한다. 후광효과를 가져오는 요인에는 브랜드명, 원산지, 모회사, 지역 등이 있다. 예를 들어, 호텔이 위치한 지역이 어디냐에 따라 그 호텔서비스의 품격이 달리 지각될 수 있다.

② 유사성효과

유사성효과(similarity effect)란 선택상품군(choice set)에 새로운 상품대안이 나타난 경우, 이 새로운 대안이 그와 유사한 성격의 기존상품을 잠식할 확률이 유사성이 떨어지는 기존 상품을 잠식할 확률보다 높은 현상을 말한다. 즉 새로운 상품대안과 유사한 기존상품일수록 점유율에 타격을 입게 된다. 예를 들면, 새로운 부티크 호텔의 등장은 기존 호텔들 중 클래식 호텔보다는 타 부티크 호텔의 매출에 보다 직접적인 영향을 미치게 될 것이다.

③ 유인효과

가격은 비싸고 품질은 떨어지는 신상품의 시장진입은 기존상품의 매출에 어떠한 영향을 미칠까? 미끼상품(decoy)이라고도 하는 이러한 열등 대안은 시장에 있는 기존상품의 선택에 영향을 미칠 합리적인 이유가 없는데도 불구하고 기존상품의 점유율에 영향을 미친다. 이러한 미끼상품은 기존의 고가격·고품질 상품의 매력도를 한층 높여 주는 역할을 함으로써 기존의 고가격·고품질 상품의 선택률을 높이는 결과를 가져온다. 이와 같이 열등 대안의 도입에 의해 특정 기존대안의 선택 확률이 증가할 때 유인효과(attraction effect)가 발생했다고 말한다.

④ 구성적 의사결정

고려해야 할 상품 속성에 대한 지식이나 대안에 대한 선호가 아직 확실히 개발되지 않은 상태에서 대안 평가를 하는 경우, 소비자들은 대안을 서로 비교하는 의사결정과정을 거치면서 각 대안 및 속성에 대한 선호와 중요도를 확실하게 형성해 간다. 여러 가지 상품대안을 비교평가하는 과정에서 어떠한 속성에 주의를 기울여야 하는지가 점차 분명해지는 것이다. 이러한 의사결정과정을 구성적 의사결정(constructive decision making)이라고 한다. 구성적 의사결정과정을 거치면서 소비자들은 자신의 의사결정의 정확성을 극대화하고 결정에 대한 확신을 갖게 된다.

⑤ **정보 누락(Missing Information)**

소비자가 상품대안을 평가할 때는 상품 관련 정보가 불충분한 경우가 종종 발생한다. 누락된 정보를 얻기 위한 추가 정보 탐색에 따르는 비용이 높을 때(시간, 노력 측면에서) 소비자는 종종 정보가 불충분한 채로 구매결정을 내린다. 이와 같은 정보 누락의 경우 소비자들은 다음과 같은 전략을 사용한다.

• **가치하락방법(devaluation)**

필요한 정보가 누락되어 있는 상품대안에 대해 전반적으로 낮은 평가를 내리거나 아예 선택 대상에서 제외시키는 방법이다. 정보가 누락된 속성의 중요도가 높을 때 소비자들은 가치하락방법을 사용한다.

• **속성무시방법(dimension disregardment)**

정보가 누락된 상품 속성은 아예 없는 것으로 간주하고, 정보가 제시된 속성들만을 기준으로 상품대안들을 서로 비교평가하는 방법이다. 정보가 불충분한 속성이 개인에게 별로 중요하지 않은 경우, 소비자는 그 속성은 무시해 버리고 다른 속성들만으로 대안을 평가한다.

• **추론형성방법(inference formation)**

소비자가 주어진 정보를 바탕으로 정보가 누락된 속성에 대해 추론을 하는 방법이다. 관여도가 높고 상품 관련 지식이 충분한 소비자들은 주어진 정보를 효과적으로 처리할 수 있는 인지적 능력과 동기가 있으므로 추론형성방법을 사용한다.

호텔서비스 상품 평가의 특수성

호텔서비스 상품과 같은 경험재를 선택할 때는 유형제품을 구입할 때와 다소 다른 평가 전략이 채택된다.

첫째, 광고와 같은 비인적 정보원보다는 구전이나 지인의 소개 등 인적 원천(personal

sources)에의 의존도가 높다.

둘째, 눈으로 확인할 수 있는 물리적 시설이나 가격에 의해 서비스 상품의 질을 평가한다.

셋째, 상품대안의 환기군(evoked set) 크기가 유형제품의 경우보다 일반적으로 작다. 호텔서비스의 경우 정보 입수와 대안 평가 작업이 어려우므로 고려 대상을 처음부터 작게 가지는 경향을 보인다.

넷째, 브랜드 전환(brand switching)의 빈도가 유형제품과 비교하여 상대적으로 낮다. 친숙도가 낮은 업체의 서비스를 시도하는 데 지각되는 위험도(perceived risk)가 유형제품보다 높으므로, 한 곳에서 만족할 만한 서비스를 받으면 부득이한 경우를 제외하고는 굳이 상표전환을 하지 않는 경향을 보인다.

(4) 구매(Purchase)

상품대안 평가과정을 통해 상표 결정이 이루어진 후에는 구매행동이 발생한다. 소비자의 구매행동은 상황적 요인에 의해 영향을 받는다. 또한 구매행동은 소비자의 관여도와 개인특성, 그리고 과거 구매 경험에 따라서 다양한 유형으로 나타난다.

① 상황적 요인

구매행동에 영향을 미치는 상황적 요인이란 소비자특성이나 상품특성과 무관하게 소비자 구매에 영향을 미치는 요인들을 의미한다. Belk는 상황적 요인을 다음과 같은 5가지 요인으로 구분하였다.

• 물리적 환경(physical surrounding)

고객행동에 영향을 미치는 모든 비인적 요소를 말한다. 호텔의 위치, 내부배치, 인테리어, 색상, 향기, 음악, 조명 등이 여기에 포함된다. 구매환경의 쾌적성은 종종 고객의 체류시간과 구매량을 증가시킨다.

• 사회적 환경(social surrounding)

구매행동에 영향을 미치는 모든 인적 요소를 의미한다. 혼잡성, 타 고객의 행동(상품 선택, 품위), 단독적으로 구매하느냐 혹은 타인과 공동으로 구매하느냐 등의 요인은 고객의 구매행동에 영향을 미친다.

• 시간 요인(time)

구매 시기(계절, 시간)와 시간 제약 등 시간 요인은 고객의 구매 의사결정과정과 구매행동에 영향을 미친다. 시간 제약은 소비자의 충동구매와 정보 탐색 축소 및 고려상품군의 규모 감소를 가져온다.

• 과업 정의(task definition)

소비자가 부여하는 구매 과업의 내용 및 특성을 의미한다. 이는 구매 목적과도 관련이 있는데, 예를 들면 호텔 레스토랑을 자신을 위하여 이용하느냐, 아니면 접대 목적으로 이용하느냐에 따라 고객의 구매행동은 차이가 있을 것이다.

• 선행 상태(antecedent status)

구매행동을 함에 있어 소비자가 갖고 있던 감정적, 생리적, 인지적 상태를 선행 상태라고 한다. 구매과정에 있어 고객의 심리적, 신체적 상태는 호텔서비스에 대한 지각과 만족에도 영향을 미친다.

그림 5-3 ● 고객 구매행동에 영향을 미치는 상황적 요인

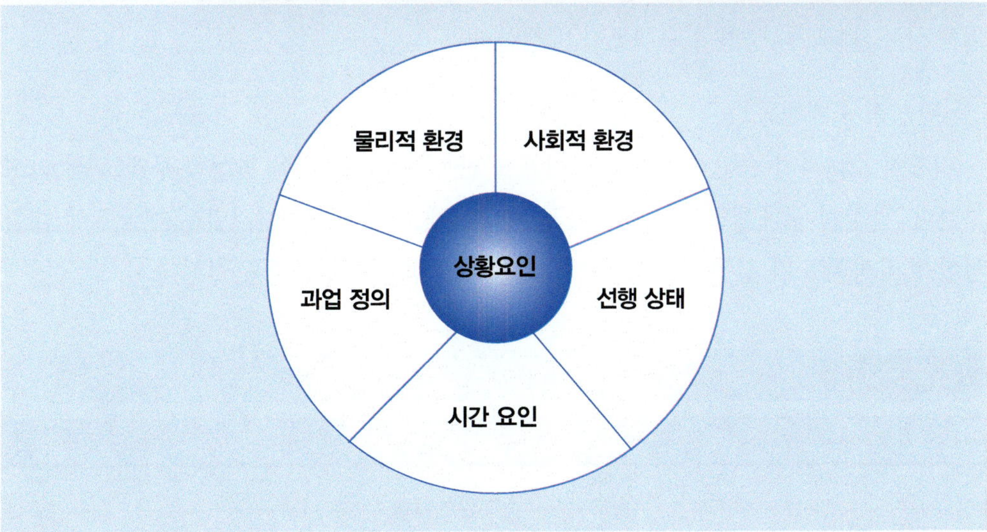

② **고객 구매행동 유형**

특정 상품에 대한 고객 구매행동은 그 상품에 대한 고객 관여도와 사전 구매 경험의 유무에 따라서 복합 구매행동, 충성 구매행동, 다양성 추구행동, 관성적 구매행동 등의 4가지 유형으로 구분된다.

• 복합 구매행동

관여도가 높고 사전 구매 경험 없이 최초로 구매하는 경우, 소비자는 복합 구매행동(complex buying behavior)을 한다. 복합 구매 의사결정은 활발한 정보 탐색과 대안 평가과정을 통해 이루어진다.

• 충성 구매행동

고관여 소비자가 구매한 상표에 만족하면 그 상표에 대해 충성도가 생겨 반복적인 구매행동을 하게 된다. 충성 구매행동이란 구매 욕구가 발생하면 정보 탐색과 대안 평가과정을 생략하고 바로 자신이 선호하는 상표 쪽으로 구매 의사결정을 하는 것을 의미한다.

• 다양성 추구행동

저관여 소비자가 여러 가지 상표를 시도하는 행동을 다양성 추구행동이라고 한다. 저관여 상품의 경우, 기존상표에 대해 싫증이 나거나 또는 단순히 새로움을 추구하기 위해 상표전환과 다양성 추구행동이 발생한다.

• 관성적 구매행동

저관여 소비자가 습관적으로 동일 상표를 반복구매하는 것을 관성적 구매(inertia)라고 부른다. 관성적 구매행동은 외형상으로는 상표애호도와 유사하지만 구매상표에 대한 강한 호의적 태도가 결여되어 있다는 측면에서 충성 구매행동과 구별된다.

표 5-3 구매행동의 유형

	고관여	저관여
최초 구매	복합 구매 의사결정	다양성 추구행동
반복 구매	충성 구매행동	관성적 구매행동

(5) 구매 후 행동(Post-purchase Behavior)

고객의 구매 후 행동은 상품의 소비 경험과 기대 수준, 그리고 구매/소비 시의 심리적 상태와 밀접한 관계가 있다. 동일한 수준의 서비스를 받은 사람일지라도 이러한 선행 요인에 따라서 만족도가 다르게 나타난다.

구매 후 부조화

서비스 상품에 대한 고객 만족/불만족은 서비스 성과에 대한 고객의 기대 수준과 실제 상품성과 간의 차이, 즉 불일치에 대한 주관적 지각에 달려 있다. 고객만족도가 충분히 높지 않은 경우, 고객은 그 서비스 상품에 대한 자신의 선택에 대해 불편한 감정을 갖게 된다. 즉 그 서비스 상품을 선택한 자신의 결정이 과연 최선의 것이었느냐에 대해 의구심을 갖게 되는 것이다. 이와 같이 구매 및 소비가 이루어진 후 소비자가 느끼는 확신의 결여나 후회, 심리적 불편함을 구매 후 부조화(post-purchase dissonance)라고 한다. 구매 후 부조화는 상품에 대한 관여도가 높을 때, 구매 시 선택의 여지가 많았을 때, 그리고 호텔·컨벤션 서비스의 경우와 같이 타 대안과의 비교평가가 용이하지 않을 때 증가한다.

인지 일관성 이론(cognitive consistency theory)에 의하면, 인간은 태도와 행동의 일관성을 추구하며, 인지 부조화(cognitive dissonance)가 발생하면 어떻게든 그러한 부조화의 갭을 최소화하려고 노력한다. 인지적 부조화로 인해 심리적 부담과 불편함이 초래되기 때문이다. 따라서 구매 후 부조화를 느끼는 소비자는 어떻게든 자신이 느끼는 부조화를 감소 또는 해소시키려고 노력한다. 고객이 구매 후 부조화를 최소화하는 방법은 다음과 같다.

- 자신의 상품 선택을 지지하는 정보(예: 광고)에 선택적으로 노출된다.
- 자신의 상품 선택에 반박하는 정보는 의도적으로 회피한다.
- 자신이 선택한 상품의 장점을 최대화한다(만족스러운 속성에 대해서는 중요성을 부각시킨다).
- 자신이 선택한 상품의 단점을 최소화한다(인지 부조화의 근원이 되는 불만족스러운 속

성은 의도적으로 무시한다).

- 상품에 대한 관여도를 의도적으로 낮춘다("그까짓 것, 아무려면 어때?").
- 대체안들을 모두 유사한 것으로 간주한다("다 똑같지, 뭐").
- 대체안의 단점은 부각시키고 장점은 약화시킨다.

고객만족/불만족

고객만족/불만족(Customer Satisfaction/Dissatisfaction)의 주요 원인과 그 파급효과는 마케터의 중대 관심사라 아니할 수 없다. 고객만족은 마케팅의 목표이며 마케팅활동의 성공 여부를 나타내는 지표이기 때문이다. 고객만족은 고객충성도의 근원이 되고, 한 번 형성된 고객충성도는 반복구매에 의해 더욱 강화(positive reinforcement)된다. 반면에 고객불만족은 상표전환을 초래할 뿐 아니라, 고객만족의 경우보다 두 배 이상의 부정적 구전효과를 가져온다. 고객은 긍정적 경험보다 부정적 경험에 대해 더 많이 이야기하기 때문이다.

기대 불일치 모형(expectancy disconfirmation model)은 고객만족/불만족이 상품 구매 및 사용 전의 기대와 실제 상품 성과 간의 차이에 의해 결정된다고 본다. 즉 고객만족/불만족이 절대적인 상품 품질 및 서비스 수준에 의한 것이 아니라, 상품의 성과가 고객 개개인의 기대에 얼마나 부합했느냐에 관한 주관적 비교평가에 달려 있다는 것이다. 고객만족은 지각된 상품 성과가 고객의 기대와 일치하거나 높을 때(긍정적 불일치: positive disconfirmation) 달성되며, 실제 성과가 기대에 미치지 못할 때(부정적 불일치: negative disconfirmation) 고객은 불만족을 경험한다.

서비스 만족/불만족은 몇 개의 인구통계학적 변수로 설명된다. 고객의 연령이 높을수록 서비스 성과에 대해 관대하며, 남성이 여성보다 더 쉽게 만족하는 경향이 있다. 또한 일반적으로 교육 수준이 높을수록 만족 수준은 낮아진다. 이는 교육 수준이 높은 사람일수록 더 높은 수준의 서비스 성과를 요구하고 기대하기 때문이다. 생활태도 측면에서 보면, 대체로 자신의 삶에 만족하고 긍정적인 생활태도를 보이는 사람이 그렇지 않은 사람보다 서비스 성과에 대한 만족도가 높다.

귀인이론

기대와 상품 성과 간에 부정적 불일치가 이루어져 구매 후 부조화를 경험할 때 고객은 그 원인을 나름대로 추론하는데, 이러한 인과추론을 귀인이라고 한다. 귀인이론(Attribution theory)은 제품/서비스 실패 시 나타나는 고객의 인지적 반응에 대해 설명한다. 불만족이 발생할 때 고객이 어떻게 귀인을 하느냐에 따라 불만족의 정도는 증폭, 혹은 감소된다.

Kelly와 Weiner의 이론을 종합해 보면, 귀인에는 구별성, 일관성, 의견일치성, 통제가능성, 그리고 책임소재 등의 5개 요인이 있다. 예컨대 호텔에서 불만족스러운 서비스를 경험한 고객은 다음과 같은 항목에 대해 추론을 할 것이다.

• 구별성(distinctiveness)

"이 호텔에서만 서비스가 이런가, 아니면 다른 호텔에서도 마찬가지인가?"

• 일관성(consistency)

"이 호텔에서 이와 같은 문제가 계속적으로 발생하는가, 아니면 이번에 어쩌다가 발생한 일인가?"

• 의견일치성(consensus)

"다른 사람들도 이러한 서비스에 대해 나처럼 불쾌하게 생각할까, 아니면 나만 유독 그렇게 느끼는 걸까?"

• 통제가능성(controllability)

"이 호텔에서 사전 예방 및 통제가 가능했던 일인가, 아니면 호텔 측에서도 어쩔 수 없는 상황이었는가?"

• 책임소재(locus of causality)

"나에게도 어느 정도 책임이 있는가, 아니면 전적으로 호텔 측의 잘못인가?"

구별성과 일관성, 의견일치성이 높을 때, 그리고 호텔에서 통제력을 가졌으며 책임소재가 전적으로 호텔 측에 있다고 지각되는 경우에 고객은 불만족한 서비스에 대한 부정적 태도를 더욱 확고히 할 것이다. 이와 같은 인과추론의 결과는 고객의 재구매 의도와 상표전환행동에 중요한 영향을 미친다.

2 고객행동에 영향을 미치는 요인들

소비자의 구매 의사결정과정 및 소비행동은 다양한 요인에 의해 영향을 받는다. 이 절에서는 고객행동에 영향을 미치는 제 요인을 문화적 요인, 사회적 요인, 개인적 요인, 심리적 요인으로 구분하여 고찰한다.

(1) 문화적 요인

문화는 개인의 가치관과 관심사, 태도, 그리고 행동양식 등에 광범위한 영향을 미친다. 소비자 개인의 욕구 충족 기준과 규범은 문화적 요인에 의해 영향을 받으며, 개인이 소속된 문화는 그의 상품 욕구와 서비스 수준을 결정한다. 문화적 요인은 고객의 호텔 서비스 이용 행태와 호텔기업의 문화와도 밀접한 관계가 있다. 고객은 자신의 문화 코드에 맞는 서비스 상품을 선택하는데, 문화는 곧 개인의 소비생활의 규범 역할을 하며 자신의 가치를 표현하는 데 잣대의 역할을 하기 때문이다.

호텔은 사람들이 와서 즐기는 문화 공간이다. 따라서 호텔기업은 사회의 문화적 흐름을 읽어 내어 그 트렌드를 서비스 개념에 적용시킬 뿐 아니라 창의적으로 시장의 문화 코드를 선도하는 역할을 해야 한다. 예를 들어 문화 트렌드는 식생활에도 중요하게 반영되는데, 호텔은 고객층의 입맛의 변화 및 다양화, 저칼로리와 자연식품의 선호 등의 음식문화 트렌드를 메뉴 개발에 적절히 적용시켜야 할 것이다. 또한 고객의 심미적 감각 및 취향의 변화와 함께 호텔의 인테리어와 객실 디자인도 바꾸어 가야 한다.

하나의 문화권에는 크고 작은 하위문화(subculture)가 존재한다. 지역문화, 기업문화, 청년문화, 종교문화, 부유층문화 등 공통된 가치체계와 환경을 공유하는 사람들의 집단이 그것이다. 각 하위문화별로 서비스 상품 선호도와 서비스 욕구가 크게 다를 수 있으므로, 호텔은 이들의 특수한 필요와 욕구를 이해하고 거기에 부응하는 서비스 개념을 창출해야 한다. 예를 들어, 경제적으로 풍족한 미혼 여성들로 이루어진 골드미스의 선데이 브런치 모임이나 파자마 파티 문화는 호텔기업에서 기회요인으로 삼아야 할 문화적 양상이다.

호텔업계의 신문화 충격

"호텔에 왜 가느냐고요? 구경 가요!" 호텔을 '보러' 가는 사람들이 생겨났다. 신개념 '부티크 호텔'이 들어서면서 생긴 일이다. 부티크 호텔이란 구조와 인테리어, 마감재, 소품까지 그 호텔만의 독특한 스타일을 느낄 수 있도록 설계된 곳을 말한다. 고감도 서비스와 인사관리 또한 색다르다. '내 집 같은 편안함'을 추구하며 '맞춤형 서비스'를 제공한다는 부티크 호텔이 최근 국내시장에 잇달아 선보이며 호텔업계의 판도를 새롭게 뒤바꾸고 있다.

W호텔과 파크하얏트 호텔에 가 본 사람들은 "뭔가 다르다"고 입을 모아 말한다. 도대체 어떤 면에서 다를까? 파크하얏트 서울을 처음 찾은 사람들은 어리둥절해한다. 1층 엘리베이터 앞에 서면 안내를 맡은 직원들이 "로비는 1층이 아닌 24층"이라고 친절히 안내하기 때문. 엘리베이터를 타고 로비에 도착하면 구름 속에 떠 있는 기분이 든다. 건물 전체를 통유리로 설계해 바깥세상이 훤히 보인다. 시원한 통유리를 사이에 둔 내부와 외부의 '커뮤니케이션'이 이 호텔의 콘셉트이다. 로비가 있는 24층을 둘러보다 보면 수영장이 눈에 들어온다. 객실 역시 '통유리'를 기본 콘셉트로 삼았다. 침실과 욕실 사이에도 역시 꽉 막힌 벽이 아닌 통유리 한 장이 들어 있는 구조다. 심지어 욕실 욕조 또한 창문 바로 옆에 위치해 삼성동이 한눈에 내려다보인다. 사방이 널리 보이는 개방구조는 파크하얏트의 레스토랑에도 적용됐다. 주방장의 요리 공간을 벽 안에 가두지 않고 식사하는 고객 바로 옆에 배치했다. 조리 과정을 고객이 직접 눈으로 볼 수 있는 '오픈 키친' 형태다.

파크하얏트 호텔의 24층 리셉션 데스크

W서울워커힐의 사우나 '워터존'

이 호텔의 마케팅부 주임은 "현대적 감각과 한국 전통가옥의 빗살무늬 미닫이문의 이미지를 결합해 동서양의 만남을 추구했다"고 말했다. 파크하얏트 서울 마케팅부장은 "기존 객실 500개 이상의 대형 특급 호텔보다 규모가 작은 게 부티크형 호텔인 파크하얏트의 특징"이라며 "우리는 객실이 185실이기 때문에 고객 한 명 한 명에게 더욱 신경을 쓰며 차별화된 서비스를 할 수 있다"고 설명했다. 그는 "테헤란로의 중심에 건립됐다는 사실에서부터 알 수 있듯 다국적기업과 IT기업, 대기업 등의 비즈니스 고객을 겨냥하고 있다"며 "CEO나 고위 임직원을 주 고객층으로 삼는다"고 덧붙였다. 비즈니스맨 가운데서도 고위직을 타깃으로 삼은 파크하얏트는 마케팅 전략 또한 이에 맞도록 짰다. 호텔을 연 뒤 한동안 표적고객을 '초대'해 호텔 시설과 콘셉트를 제대로 이해하도록 소개했다.

쉐라톤 워커힐호텔 바로 옆에 자리 잡은 W서울워커힐의 'W'는 무슨 뜻일까? 'W'는 '고객이 원하는 모든 것을 언제든지 제공한다(Whatever you want, Whenever you want)'는 뜻을 지닌 동시에, 멋지고(Wonderful), 재치 있고(Witty), 다정다감(Warm)하며 항상 환영(Welcome)한다는 의미도 된다. 평범하지 않은 호텔 이름부터가 고객의 이목을 끈다. W호텔은 고객들로부터 '감탄'을 이끌어 내기 위해 다각적으로 노력했다. 일단 각 공간의 이름부터 다르다. 다른 호텔의 로비에 해당되는 공간에는 '리빙룸'이라는 이름을 붙였다. W호텔의 곳곳에는 예술품이 대거 설치되어 있다. 고객이 단순히 감상하는 예술작품보다 예술세계와 상호 교감하는 작품을 선보였다. 리빙룸(로비)에 위치한 '나무 거울'과 리프트(엘리베이터) 옆에 위치한 '스크린 거울'은 고객의 탄성을 자아낸다. 가령 나무 거울의 경우 고객의 동작을 감지해 고객이 움직이는 방향대로 작품의 미세한 나무 조각이 따라 움직인다.

인사제도에도 W호텔만의 개성이 담겨 있다. 직원 채용 당시 인터뷰에는 '오디션'이라는 이름이 붙여졌다. 직원은 '탤런트', 유니폼은 '아웃핏'(Outfit)이라고 불린다. 호텔이라는 무대공간에서 '고객에게 서비스를 보이는 탤런트가 되라'는 의미. 직원인 '탤런트'의 복장도 남다르다. 유니폼 자체가 워낙 스타일리시해서 누가 손님이고 누가 종업원인지 얼핏 구분이 되지 않을 정도다.

부서 이름 또한 '튄다'. 스티븐 최 마케팅부 과장은 "객실관리부는 객실의 스타일을 책임진다는 의미에서 'Style Department'로 부른다"며 "또한 서비스를 맡는 부서 이름 자체가 'Whatever, Whenever'다"라고 말했다. 최과장은 이어 "실제로 투숙했던 한 고객이 여권을 객실에 놓고 공항에 가자 직원이 공항까지 쫓아가 여권을 전달한 적도 있다"고 말했다. 새벽에 갑자기 고객이 프린터가 필요하다고 하면 어디서라도 프린터를 구해 주는 맞춤 서비스를 펼친다. 14층인 W호텔의 네 가지 타입으로 이루어진 객실 253실 또한 W호텔 스타일을 반영했다. 고객의 컨디션에 따라 각기 다른 아로마 향기를 준비해 주는 센트룸(Scent Room)을 비롯해, 원더풀룸, 스파룸, 미디어룸 가운데 고객은 취향에 따라 객실을 고르면 된다.

고객이 단순히 머무르는 곳이 아닌 '즐기는 호텔'을 표방하는 부티크 호텔의 바람이 국내 호텔업계에 불고 있다. 국내 호텔업계에 새로운 문화충격을 준 이들 부티크형 신개념 호텔. 이들 호텔로 국내 호텔업계는 분명 새로운 국면을 맞았다.

(2) 사회적 요인

✝ 사회계층

사회계층(social class)이란 동일한 수준의 사회적 지위와 교육 수준, 소득 수준을 가진 사람들의 집단이다. 소비자가 상품을 구매할 때는 상품의 기능적 측면뿐 아니라 그 상품이 지닌 상징성과 의미 또한 고려한다. 특정 사회계층에 소속된 구성원은 자신의 사회적 위치를 표현하는 상징적 상품에 대해 가시적 소비를 한다. 호텔·컨벤션 서비스 상품 또한 고객의 사회계층을 상징하는 가시적 소비의 대상이 되기도 한다.

표 5-4 Warner의 사회지위특성(ISC) 지표 산출방법

점수	직업 (가중치 4)	소득원 (가중치 3)	주택의 유형 (가중치 3)	주거지역 (가중치 2)
1	전문직 대기업의 소유주	상속받은 재산	초호화 저택	최고급 주택가
2	준전문직 대기업의 임원	본인이 번 재산 소득과 상속재산	고급 저택	양호: 고급 아파트, 교외의 고급 주택가
3	사무직 근로자	연봉과 재산소득	좋은 집	평균 이상: 집 주위에 상당한 공간이 있는 주거지, 좋은환경의 아파트 단지
4	숙련 노동자	연봉	평균적인 집	평균: 주거환경이 악화되지 않은 일반 주거지역
5	소규모 자영업자	임금	보통 집	평균 이하: 상업지구화되어 주거환경이 악화되기 시작한 지역
6	반숙련 노동자	사적인 생계보조	나쁜 집	열악한 지역: 주거환경이 상당히 악화된 준빈민가
7	비숙련 노동자	정부의 생계비보조	판잣집	매우 열악한 지역: 빈민가

ISC 점수=(직업×4)+(소득원×3)+(주택유형×3)+(주거지역×2)

(사회계층)		(점수의 범위)	(인구분포)
최상류층	세습 부유층	12 ~ 17	1.4%
상류층	신흥 엘리트: 성공한 전문직 종사자/경영자	18 ~ 24	1.6%
중상층	대학을 나온 관리자/전문직 종사자	25 ~ 37	10.2%
중하층	평균 연봉의 화이트칼라 종사자	38 ~ 50	28.8%
하류층	평균 또는 평균 이하 봉급의 블루칼라 종사자	51 ~ 62	33.0%
최하류층	빈곤층 및 생계비 보조를 받는 극빈곤층	63 ~ 84	25.0%

사회계층의 분류에 널리 이용되는 지표에는 Warner의 지위특성지표(Index of Status Characteristics, ISC)가 있다(그림5-4 참조). ISC는 개인의 직업, 소득원천, 주택의 유형, 주거지역 등 사회적 변수들을 고려하여 사회계층을 분류한다. 여기서 직업은 전문성과 교육 수준, 소득 수준까지를 포함하는 개념으로 가중치가 상대적으로 높다. Warner는 개인의 ISC 점수에 따라 ① 최상류층(upper-upper class), ② 상류층(upper class), ③ 중상층(upper-middle class), ④ 중하층(lower-middle class), ⑤ 하류층(upper-lower class), ⑥ 최하류층(lower-lower class) 등 6개의 사회계층 유형으로 구분하였다.

준거집단

마케팅에 있어 준거집단(reference group)이란 개인 소비자의 행동 규범이나 가치에 영향을 미치거나 구매 의사결정에 있어 중요한 상품정보를 제공하는 집단을 의미한다. 준거집단의 영향력은 필수품보다 사치품을, 그리고 개인적으로 사용되는 상품보다 공공적으로 사용되는 상품을 구매할 때 두드러진다.

확장된 Fishbein 모형(Extended Fishbein Model)은 개인의 행동에 있어 주관적 규범(준거집단의 영향과 준거집단에 대한 순응 동기)의 영향을 핵심 개념 중 하나로 고려한다. 즉 상품 구매행동은 ① 상품 구매에 대한 태도와, ② 상품 구매에 관여하는 준거집단의 영향에 따라 결정된다는 것이다.

확장된 Fishbein 모델

$$B \sim BI = W_1 A_B + W_2 SN$$

여기서 $A_B = \sum_{i=1}^{n} b_i e_i$

$SN = \sum_{j=1}^{m} NB_j MC_j$

B: 구매행동(Behavior)
BI: 구매의도(Behavioral Intention)
A_B: 상품 구매행동에 대한 태도(Attitude toward Behavior)
b_i: 구매행동이 결과 i를 가져다줄 것이라는 소비자 신념(belief)
e_i: 결과 i에 대한 소비자 평가(evaluation)
SN: 주관적 규범(구매행동에 대한 타인의 의견에 대한 자신의 지각과 이를 수용하려는 동기, Subjective Norm)
NB_j: 규범적 신념(준거인 j가 구매행동에 대해 얼마나 지지할 것인가에 대한 개인의 신념, Normative Belief)
MC_j: 준거인 j의 뜻에 순응하려는 동기(Motivation to Comply with Referent j)
n: 고려 속성의 수
m: 중요한 준거인 또는 준거집단의 수
W_1, W_2: 상대적 중요도에 대한 가중치(Weight)

① 준거집단의 유형

준거집단은 소비자가 집단구성원으로 소속될 수 있느냐에 따라 회원집단과 비회원집단으로 분류된다. **회원집단(membership group)**은 다시 1차집단과 2차집단으로 나뉜다. 1차집단은 가족, 직장 동료와 같이 상호작용의 빈도수가 매우 높고 상호 유사성과 응집력이 높은 집단이다. 2차집단은 1차집단보다 상호작용의 정도가 낮은 집단이며 준거집단으로서의 영향력이 1차집단보다 낮다. **비회원집단(nonmembership group)**은 다시 열망집단과 회피집단으로 나뉜다. 열망집단은 전문가, 성공한 기업인 등 개인이 장

그림 5-4 ● 준거집단의 유형

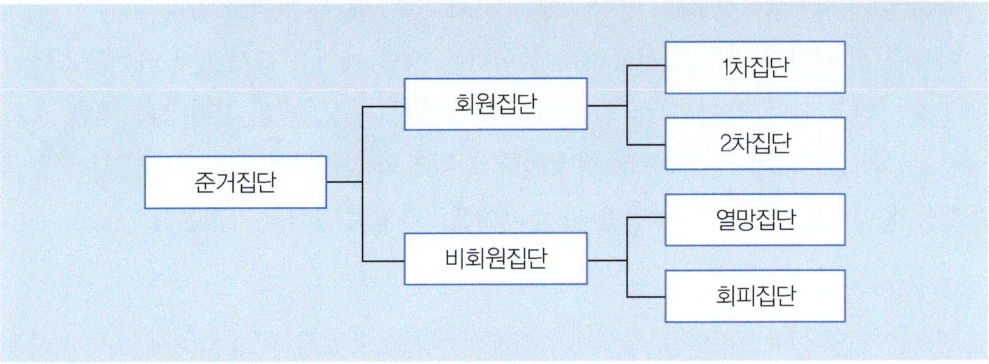

차 소속되기를 희망하거나 연예인, 스포츠맨과 같이 개인이 동경하는 대상을 의미한다. 회피집단은 개인이 싫어하거나 반발심을 느끼는 집단이다. 회피집단은 소비자에게 부의 영향을 미친다.

② 준거집단의 사회적 힘

준거인이 소비자에게 행사하는 잠재적 영향력은 그 준거인이 갖고 있는 사회적 힘(social power) 때문이다. 이러한 사회적 힘의 원천에는 다음과 같은 5가지 유형이 있다.

- 강제적 힘(coercive power): 추종하지 않을 경우 초래될 수 있는 부정적 결과
- 보상적 힘(reward power): 추종할 때 얻어지는 긍정적 결과(예: 사회적 수용)
- 전문적 힘(expert power): 준거인의 전문적 지식이나 기술에서 비롯되는 영향력
- 합법적 힘(legitimated power): 공식적 지위로 말미암은 영향력(예: 동호회 회장)
- 준거적 힘(referent power): 특정인을 그대로 모방하고 싶은 열망

(3) 개인적 요인

소비자행동에 영향을 주는 개인적 요인에는 성별, 연령, 개성, 직업, 종교, 소득 수준, 가족 형태, 라이프스타일 등 다양한 요인들이 있다. 이 절에서는 이러한 개인적 요인들 중 라이프스타일과 개성에 대해 다루기로 한다.

☨ 라이프스타일

사람은 저마다 독특한 삶의 양식(a unique pattern of living)을 가지고 있다. 이와 같이 개인이 자신의 시간과 자원을 사용하며 살아가는 생활 패턴을 통틀어서 라이프스타일(lifestyle)이라고 한다. 라이프스타일은 개인의 가치관, 개성, 연령, 직업, 사회계층, 소득 수준, 문화 등에 의해 복합적으로 형성된다. 소비자의 라이프스타일은 특정 상품의 구매행동에 영향을 미치고, 그 상품은 다시 라이프스타일의 강화를 가져온다.

① AIO 분석

한 개인의 라이프스타일을 측정하기 위해서는 사이코그래픽스(psychographics)가 사용된다. 사이코그래픽스란 라이프스타일의 조작적 측정도구로서 개인의 행위(activities), 관심(interests), 그리고 의견(opinions)에 대한 항목으로 구성되어 있다. 따라서 라이프스타일 측정을 위한 사이코그래픽스 분석을 AIO 분석이라고도 한다. AIO 분석은 개인이 시간과 돈을 어떻게 소비하는가(행동), 특별히 관심을 나타내는 분야는 무엇인가(관심), 그리고 어떠한 세계관과 주장을 가지고 있는가(의견)에 대해 조사한다.

최근에는 AIO 분석의 3가지 요인이 소비자행동을 설명하기에는 불충분하다는 주장에 따라, 다음과 같이 확장된 AIO 분석요인들을 소비자의 라이프스타일과 소비 행태의 관련성 분석에 활용하기도 한다.

- 태도: 사람, 상품, 아이디어 등에 대한 평가 및 감정적 반응
- 가치: 어디에 가치를 두고 살아가느냐에 대한 문제
- 행위: 어디에 시간/노력을 투입하느냐에 관한 문제(취미, 스포츠 등 비직업적 행위)
- 관심: 어느 분야에 관심과 흥미를 갖느냐에 대한 문제
- 인구통계적 특성: 연령, 성별, 교육 수준, 소득 수준, 직업, 가족 구조, 거주지 등
- 매체이용: 주로 이용하는 매체
- 사용량: 특정 상품의 사용량 및 사용 빈도수

② 라이프스타일 측정의 접근방법

라이프스타일 측정에는 크게 총체적 접근방법과 제한적 접근방법이 있다. **총체적 접근방법**은 소비자들의 라이프스타일이나 가치체계가 소비행동 전반에 미치는 영향을 파

악하려는 목적으로, 특정 제품군이나 서비스 시장에 국한되지 않은 보편적인 가치나 생활양식을 바탕으로 소비자들의 라이프스타일을 유형화하는 방법이다. **제한적 접근방법**은 특정 상품의 시장을 대상으로 그 시장만의 독특한 성격을 추출하고 상품과 관련된 생활양식을 중심으로 라이프스타일 조사를 하는 것이다. 앞에서 설명된 확장된 AIO 분석은 제한적 접근방법에 주로 이용된다고 볼 수 있다. 제한적 접근방법에 의한 라이프스타일 조사는 자동차 구매, 의류 구매, 호텔 이용 행태 등과 연관하여 실시되어 왔다.

③ VALS 프로그램

미국 스탠포드 연구소(Standford Research Institute)는 소비자의 라이프스타일과 가치관의 변화를 분석하기 위하여 VALS(The Values & Lifestyle) 프로그램을 개발하였다. 가장 최근에 개발된 VALS II 프로그램은 개인의 자원 보유 정도와 세계관에 따라 미국 소비자를 8개 집단으로 분류하였다(그림 5-5와 표 5-5 참조). 실현자는 가장 많은 자원을, 분투가는 가장 적은 자원을 소유하고 있다. 중산층집단은 그들이 지향하는 핵심가치 및 행위에 따라 원칙지향적, 지위지향적, 행동지향적으로 분류된다. 원칙지향적 소비자집단 중 자원이 좀 더 풍부한 집단은 충족자, 자원을 적게 소유한 집단은 신뢰자로 나뉜다. 지위지향적 소비자집단 역시 자원의 다소에 따라 성취자, 노력가로 구분된다. 마지막으로 행동지향적 소비자집단도 그들이 소유하는 자원의 정도에 따라 경험자와 자급자로 구분된다.

그림 5-5 VALS II 프로그램에 의한 8개 세분시장

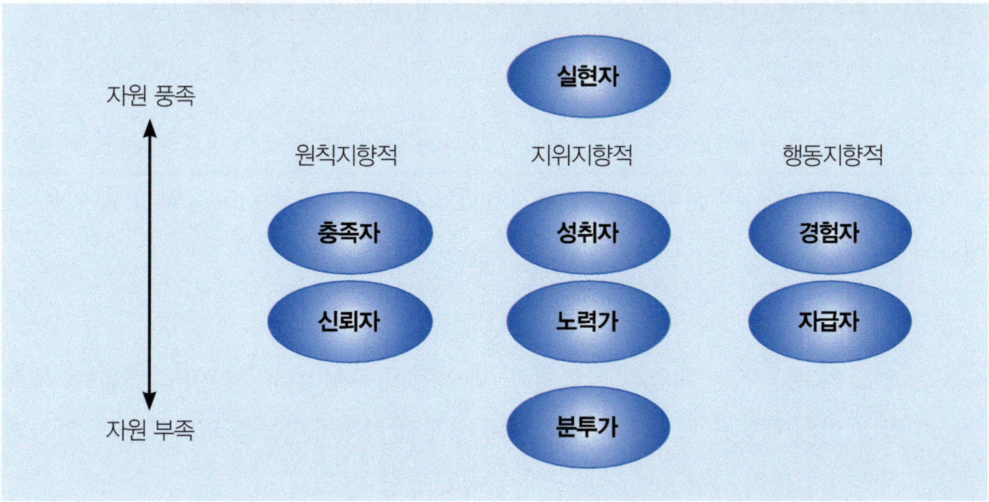

표 5-5 VALS II 프로그램에 의한 라이프스타일/가치 유형

	실현자 (actualizers)	경제적 자원이 풍부한 부유층. 자아존중 성향이 강하며 풍요롭고 품격 있는 삶을 추구한다.
원칙 지향적	충족자 (fulfilleds)	책임감이 강하고, 성숙된 사고를 가졌으며, 교육 수준이 높음. 가정을 중시하고 교육과 여행, 그리고 건강에 대한 관심도가 높다.
	신뢰자 (believers)	보수적 성향을 가진 원칙주의자. 규칙을 존중하고 권위적 인물을 존경하고 신뢰한다. 가족, 교회, 지역사회, 국가에 대해 관심이 많다.
지위 지향적	성취자 (achievers)	부와 권력 등 입신양명을 삶의 최우선 목표로 삼으며, 자신의 직업과 가족 중심으로 살아간다. 과시성 소비를 한다.
	노력가 (strivers)	지위 지향성 측면에서는 성취자와 유사하지만 상대적으로 자원을 적게 소유하고 있는 집단. 성취자를 모방하려는 욕구가 소비생활에 반영된다.
행동 지향적	경험자 (experiencers)	주로 젊은 연령층. 많은 시간과 에너지를 여행, 스포츠 등 다양한 활동을 경험하는 데 소비한다. 소비성향이 높으며 신제품의 시장 선도자 역할을 한다.
	자급자 (makers)	단순하고 실용적인 사고를 가진 집단. 여가와 취미생활을 중요시하나 제한적 자원에 의해 경험자집단만큼 활발한 활동은 하지 못한다.
	분투가 (strugglers)	교육 수준이 낮은 빈곤층. 경제적 자원의 절대적 부족으로 활발한 소비생활이 어렵다. 일정 상표에 대한 충성도가 한 번 형성되면 오래 지속되는 편이다.

④ 한국인의 라이프스타일 유형

제일기획 마케팅연구소에서 전국 소비자를 대상으로 실시한 한국인의 라이프스타일 조사연구는 우리나라 국민의 라이프스타일을 6가지 유형으로 분류하고 있다. 각 유형별 인구통계적 특성, 매체 이용 행태, 그리고 소비행동 특성은 **표 5-6**과 같다.

개성

개성은 외적 자극에 대하여 일관성 있고 지속적인 반응을 나타내도록 하는 개인의 심리적 특성이다. 개성이론에는 여러 가지가 있으나 이 절에서는 고객의 호텔 이용 행태와의 관련성이 예상되는 특성이론과 자아개념이론을 소개하기로 한다.

① 특성이론

모든 인간의 행동에는 개인의 성격에 따라 어떤 일관성이나 규칙이 존재한다. 특성(traits)이란 개인의 행동을 일관적으로 이끄는 내재적 성격차원들을 의미하는데, 인간의 개성은 이러한 심리적 특성들로 이루어져 있다고 말할 수 있다.

표 5-6 한국인의 라이프스타일

라이프스타일 유형	라이프스타일의 특성	인구통계적 특성	매체 이용특성	소비특성
서구지향적 자아추구형	• 지적 개발 노력 • 적극적 여가활동 • 개성 중시 • 서구적 의식주생활	• 10~20대 • 가구주의 교육 수준 높음 • 생활 수준 높음	• 문학예술, 여행/레저 및 쇼핑 관련 기사에 관심 • 개그물, 추리극 선호	• 충동구매 성향과 브랜드 선호도가 상대적으로 높음 • 소비생활 활발
현실부정적 자아억제형	• 부정적 · 냉소적 사회관을 가짐 • 자아추구 및 개발 노력 낮음	• 20~40대 여성 • 교육 수준과 생활 수준이 상대적으로 낮음	• 교육, 육아, 요리 관련 기사에 관심 • 드라마, 방화, 가요 프로그램 선호	• 알뜰구매 성향이 높음 • 저조한 소비생활
미래지향적 갈등형	• 생활의 안정성 및 만족도 낮음 • 높은 자아추구 노력 • 보수적 · 전통적 가치관 중시	• 20대 남성 • 본인의 교육 수준은 높으나 가구주의 학력은 낮음 • 낮은 생활 수준	• 스포츠, 과학 및 기술 관련 기사에 높은 관심 • 축구, 야구 등 스포츠 프로그램 선호	• 브랜드선호도 및 광고의존도 낮음 • 소비생활 제한적 • 맥주 소비가 상대적으로 많음
전통지향적 현실순응형	• 서구적 생활양식에 대해 거부감 있음 • 순응적 사회관 • 경제적으로 어려움	• 30대 이후 • 교육 수준과 생활 수준이 상대적으로 낮음	• 신문 구독률이 현저히 낮음 • 사극, 방화, 드라마 프로그램 선호	• 브랜드선호도 및 광고의존도 낮음 • 소비생활 저조
감각지향적 자유분방형	• 서구적 · 개방적 생활양식 • 보수 성향에 대한 거부감	• 10~20대 여성 • 주로 학생(중고생, 대학생)	• 패션, 미용, 연예계 기사에 관심 • 외화, 쇼, 농구 등 프로그램 선호	• 충동구매 성향과 브랜드선호도가 상대적으로 높음 • 편의점 사용률이 상대적으로 높음
보수적 현실향유형	• 생활의 안정성 및 삶의 만족도 높음 • 보수적 · 전통적 생활양식 선호	• 남성층의 비율이 다소 높음 • 30대 이후 • 교육 수준, 생활 수준 높음	• 정치, 경제, 사회, 건강, 여행/레저에 관심 • 사극, 뉴스, 경제 관련 프로그램 선호	• 구매의 계획성이 높음 • 백화점 및 신용카드 이용률이 두드러짐

특성이론(trait theory)은 개인을 각기 다양한 심리적 특성을 지닌 존재로 보고 많은 사람들에게 공통적으로 나타나는 여러 가지 특성을 발견하여, 개인을 그러한 특성을 가진 정도에 비추어 이해한다. 예컨대, 사회성, 지배성향, 충동성향 등 개인에 따라 차이가 나타나는 성격 특성들을 발견하고, 이러한 성격 특성의 정도에 따라 개인의 성격을 파악하는 것이다. 한 인간의 개성은 이러한 특성요인들의 총합으로 형성되므로 한 개인의 개성을 이해하려면 각 특성 별로 접근할 필요가 있다. 소비자 개개인에 따라 각 특성의 절대적 크기에는 정도차이가 존재하는데, 이러한 특성의 차이는 개인의 행동을 관찰함으로써 유추할 수 있다.

개성을 구성하고 있는 특성차원은 무수히 많다. 인간의 성격특성 유형은 그것을 연구하는 심리학자의 수만큼이나 다양하다는 우스갯소리가 있을 정도이다. 이 책에서는 개성의 특성차원을 이해하는 척도들 중 5대요인 모델과 EPPS만을 간략히 소개하기로 한다.

첫째, 5대요인 모델(Big 5 Factor Model)에 의하면, 사람의 개성을 구성하는 특성들은 크게 5개의 요인으로 분류될 수 있다. 이 모델은 매우 간결하고도 종합적인 개성 분류체계일 뿐 아니라 다수의 실증연구에 의해서 측정항목의 타당성과 신뢰성이 입증되어 많은 연구자들에 의해 널리 사용되는 개성 측정도구이다. 5대요인 모델의 5개 개성특성 차원들과 그 하위요인들은 **표 5-7**과 같다.

둘째, EPPS(Edwards Personal Preference Schedule)는 Edwards가 Henry Murray의 개성이론을 바탕으로 개발한 개성측정척도이다(**표 5-8** 참조). EPPS는 인간의 기본적 욕구와 성향을 15가지로 분류하여 총 210개 세부문항으로 개성특성을 측정한다. EPPS는 소비자 행동의 이해를 위해 다수의 마케팅 연구에 사용되었다. 예를 들어, 성취지향성과 공격

표 5-7 5대요인 모델

특성 차원	하위 요인들
외향성 (Extraversion)	친밀성, 사교성, 자기주장, 활동성, 자극추구, 쾌활함
신경성 (Neuroticism)	불안, 분노, 우울, 자기의식, 충동성, 취약성
우호성 (Agreeableness)	신뢰성, 도덕성, 이타주의, 협동, 겸손, 동정심
성실성(Conscientiousness)	자기효능감, 질서, 의무감, 성취지향, 자제성, 조심성
경험개방성(Openness to Experience)	상상력, 예술적 흥미, 정서성, 모험성, 지성, 자유주의

표 5-8 EPPS(Edwards Personal Preference Schedule)

특성요인	의미
성취지향성 (Achievement)	성공지향적 성향, 승부욕, 경쟁심
공격성 (Aggression)	타인에게 공격적이고 도발적인 성향
지배성향 (Dominance)	집단 내에서 리더가 되고 타인을 통제하려는 성향
과시성향 (Exhibition)	타인을 의식하고 타인에게 주목받고 싶어 하는 성향
자주성 (Autonomy)	남의 간섭을 싫어하고 자율적으로 행동하려는 성향
변화지향성 (Change)	새로운 것을 추구하는 성향
질서지향성 (Order)	질서 있고 체계적인 것을 추구하는 성향
순응성 (Compliance)	타인에게 자신을 맞추고 순응하려는 성향
친화성 (Affiliation)	타인과 인간관계를 맺고 교제하기를 원하는 성향
협조성 (Assistance)	타인에게 협조하고 도와주려는 이타적 성향
인내성 (Endurance)	한 과업에 집중하고 끝까지 끈기 있게 해 내는 성향
의존성 (Dependence)	남에게 의지하고 의존적인 성향
분석성향 (Analysis)	주위환경과 사건에 대해 깊이 있게 분석하려는 성향
자기비하성향 (Self-deprecation)	열등감의 정도, 비난과 처벌을 감수하는 성향
이성애 (Heterosexuality)	성과 이성교제에 대한 관심도

성, 이성애는 담배소비와 관계가 있는 것으로 나타났는데, 흡연자는 비흡연자에 비해 이러한 특성요인에 있어 높은 수치를 나타내었다. 또한 컨버터블 승용차 소유자는 일반 승용차 소유자에 비해 친화성과 지배성향이 높은 것이 발견되었다. 고급 호텔 이용행동은 성취지향성이나 과시성향과 관련이 있을 것으로 예상된다. 또한 순응성과 자주성과 같은 특성 변수들은 고객 불평행동에 관여할 것으로 보이는데, 순응성이 낮고 자주성이 높은 소비자는 그렇지 않은 소비자들에 비해 불만족스러운 서비스에 대해 침묵하지 않고 불만을 제기하거나 보상을 요구할 가능성이 높다.

② 자아개념이론

사람은 누구나 자기 자신에 대해 스스로 지각하는 이미지를 가지고 있다. 자아 개념(self-concept)이란 자신에 대해 가지고 있는 개인의 생각과 느낌의 총체라고 말할 수 있다.

자아 개념에는 개인적 자아 개념과 사회적 자아 개념이 있다. **개인적 자아 개념**은 개인이 자기 자신을 어떻게 지각하느냐에 대한 것이고, **사회적 자아 개념**은 타인이 자신을 어떻게 지각하느냐에 대한 개인의 생각을 의미한다. 또한 자아 개념은 그것이 실제 그대로에 대한 지각이냐 아니냐의 여부에 따라 실제적 자아 개념과 이상적 자아 개념으로 구분할 수 있다. **실제적 자아 개념**은 자신의 모습을 있는 그대로 지각하는 것이고, **이상적 자아 개념**은 자신이 희망하는 이상적인 모습에 대한 지각을 의미한다.

소비자가 어떠한 자아 개념을 가지고 구매 결정을 하고 소비행동을 하느냐는 소비자 개인에 따라 그리고 경우에 따라 다르다. 소비자는 실제적 자아 개념을 표출할 수 있는 상품/브랜드를 선택하기도 하지만, 이상적 자아 개념을 달성하기 위하여 상품/브랜드 선택을 하기도 한다. **상징적 상호주의(symbolic interactionism)**에 의하면, 소비자의 자아 개념은 그의 상품 선택에 영향을 미치는 한편 소비자가 선택하는 상품 역시 그의 자아 개념에 영향을 미친다. 특히 호텔서비스처럼 사회성과 상징성이 높은 상품은 고객의 사회적 자아 개념이나 이상적 자아 개념과 높은 상호작용이 있을 것으로 예상된다.

(4) 심리적 요인

동기

동기(motivation)란 충족되지 않은 욕구로 인해 초래되는 심리적 긴장 상태를 해소하도록 이끄는 추진 원동력(driving force)이다. Maslow는 그의 욕구이론에서 동기를 유발하는 욕구를 다음과 같이 5단계로 분류하였다.

- 생리적 욕구(physiological needs): 갈증, 피곤함 등 생리적인 긴장 상태를 해소하려는 욕구
- 안전욕구(safety needs): 위험이나 불안정한 상태를 벗어나려는 욕구(보호, 질서, 안전, 보안에 대한 욕구)
- 사회적 욕구(social needs): 우정, 사랑, 소속감에 대한 욕구
- 존경욕구(esteem needs): 타인으로부터의 인정과 존중, 존경을 받으려는 욕구
- 자아실현욕구(self-actualization needs): 자아실현과 자기개발에 대한 욕구

그림 5-6 ● Maslow의 욕구계층

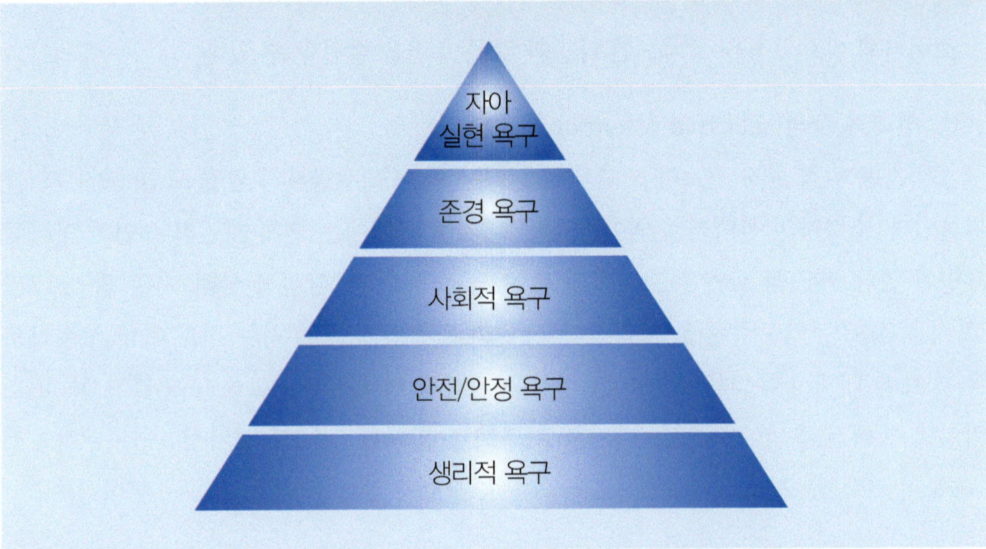

고객의 호텔서비스 상품 이용 동기를 살펴보면, 인간의 기본 욕구인 생리적 욕구, 안전욕구, 사회적 욕구, 존경욕구, 자아실현욕구가 모두 포함되어 있는 것을 알 수 있다. 예를 들어 객실 구매 동기는 생리적 욕구와 안전욕구로, 그리고 레스토랑이나 바 이용 동기는 사회적 욕구로 설명될 수 있다. 호텔 브랜드의 명성이나 이미지가 구매 의사결정에 중요하게 작용하는 이유는 고객의 존경욕구 때문이라는 해석이 가능하다.

고객의 구매 동기는 그 욕구가 내부에서 비롯되느냐 외부에서 유인되느냐에 따라 내재적 동기 요인과 외재적 동기 요인으로 구분될 수 있다. 내재적 동기 요인과 외재적 동기 요인은 각각 밀기요인(push factor)과 끌기요인(pull factor)이라고도 한다. **내재적 동기**는 외부에서 자극이 주어지지 않아도 개인이 스스로 욕구를 인식하여 구매행동을 하도록 몰고 가는 심리적 자극 요인이며, **외재적 동기**는 상품의 매력성이나 광고·홍보와 같이 외부로부터 소비자를 유인하는 자극 요인이다.

지각

지각(perception)이란 주어진 자극을 주관적으로 해석하고 나름대로의 의미를 부여하는 것을 의미한다. 동일한 마케팅 자극이 주어질지라도 소비자는 각각 다른 반응을 나타낼 수 있다. 개인의 경험이나 기대, 동기, 관심 등에 따라 서로 다른 지각과정을 거치기 때문이다.

소비자의 지각과정을 살펴보면 다음과 같은 측면을 발견할 수 있다.

① 선택적 주의(selective attention)

소비자는 외적 환경 정보에 노출되었을 때 선택적으로 일부의 환경 요인에만 주의를 기울인다. 소비자의 선택적 주의에 영향을 미치는 요인에는 크게 개인적 요인과 자극적 요인이 있다. **개인적 요인**은 소비자의 관여도, 욕구, 동기, 감정적 상태, 기존 신념, 그리고 적응 정도 등의 변수들을 포함한다. 개인과 관련성이 높고 적응 정도가 낮은(즉 새로운) 정보에 대해서 주의를 기울이는 현상을 지각적 경계(perceptual vigilance)라고 한다. 소비자의 선택적 주의에 영향을 미치는 **자극적 요인**에는 정보의 진기성(novelty), 현저성(salience), 쾌락성(appeals to hedonic needs), 그리고 정보가 주어진 위치(position) 등이 있다.

② 선택적 왜곡(selective distortion)

외적 정보가 개인에게 의미 있는 정보로 탈바꿈하는 지각과정에서 소비자는 종종 주관적으로 정보를 가공하고 왜곡시킨다. 개인의 기존 신념과 충돌하는 정보를 무시하거나 왜곡시키는 현상을 지각적 방어(perceptual defence)라고 한다. 지각적 방어는 개인이 자신의 기존 지각과 태도를 일관성 있게 지속, 유지시키는 방법이다.

③ 선택적 보유(selective retention)

소비자는 자신의 기존 신념과 태도를 지지하는 정보, 그리고 자신에게 의미 있고 두드러진 자극을 가진 정보를 선택적으로 기억 속에 저장, 보유하려는 경향이 있는데, 이러한 지각현상을 선택적 보유라고 한다.

태도

① 태도의 개념 및 견해

태도란 어떤 대상에 대해 일관되게 호의적 또는 비호의적으로 반응하려는 학습된 선유경향(learned predisposition)이다. 소비자의 일정 상품에 대한 태도는 그 상품에 대한 평가 및 감정적 반응이며, 그것을 구매하려는 행동 의도의 선행 조건이 된다.

태도의 개념에 대한 견해에는 크게 삼차원 견해와 단일차원 견해가 있다. **삼차원 견**

해(tripartite view of attitude)는 태도를 인지적 요소, 감정적 요소, 그리고 행동의욕적 요소의 집합으로 본다. 인지적 요소(cognitive component)는 상품에 대해 소비자가 가지는 주관적 지식이나 신념을, 감정적 요소(affective component)는 상품에 대해 소비자가 느끼는 긍정적 또는 부정적 감정을, 그리고 행동의욕적 요소는 상품을 구매하고자 하는 소비자의 행동의도 및 성향을 뜻한다. 삼차원 견해는 이러한 3가지 요소가 모두 고려되어야 진실한 의미의 태도를 알 수 있다고 주장한다.

단일차원 견해(unidimensionalist view of attitude)는 단지 감정적 요소만을 태도로 간주한다. 단일차원 견해에 의하면, 인지적 요소와 행동의욕적 요소는 태도와는 독립된 차원이며, 이들은 따로 분리시켜 각각 태도의 선행요인과 결과요인으로 보아야 한다고 주장한다.

② 태도의 특성

태도에는 여러 특성이 있다. 첫째는 **지속성**이다. 태도는 한 번 형성되면 쉽사리 변화하지 않고 일관성이 유지된다. 둘째는 **적용성**이다. 태도는 인지적 첩경(cognitive shortcut)으로, 특정 대상에 대해 일단 형성되면 이와 유사한 대상에도 곧바로 적용된다. 셋째는 **학습성**이다. 태도는 외부 정보나 직접 경험, 또는 준거집단의 영향을 통해 학습된다. 넷째는 **측정의 어려움**이다. 태도는 개인의 심리 속에 내재된 감정적 상태이므로 직접 관찰이 불가능하다.

③ 태도와 소비자 관여도

소비자 관여도가 높을 때는 **인지 → 태도 → 행동**의 단계가 성립된다. 상품에 대한 인지적 학습 및 반응을 토대로 상표태도가 형성되고, 상표태도는 궁극적으로 구매 의도 및 행동에 영향을 미친다는 것이다. 이러한 전통적 견해는 학습 하이어라키(learning hierarchy)라고 불린다. 이에 반해, 저관여상황에서는 **인지 → 행동 → 태도**의 관계가 성립된다. 소비자의 관여도가 낮을 때는 상품에 대한 적은 양의 인지가 구매행동을 낳고, 이러한 저관여 상품의 구매 및 소비행동이 이루어진 후 비로소 태도가 형성된다는 것이다. 이러한 Krugman의 견해는 저관여 하이어라키(low involvement hierarchy)라고 부른다.

Petty & Cacioppo의 **정교화 가능성 모델(elaboration likelihood model)**에 의하면, 소비자의 태도 형성 경로는 소비자들의 관여도와 정보처리 능력에 따라 중심경로와 주변경

그림 5-7 ● 학습 하이어라키 VS 저관여 하이어라키

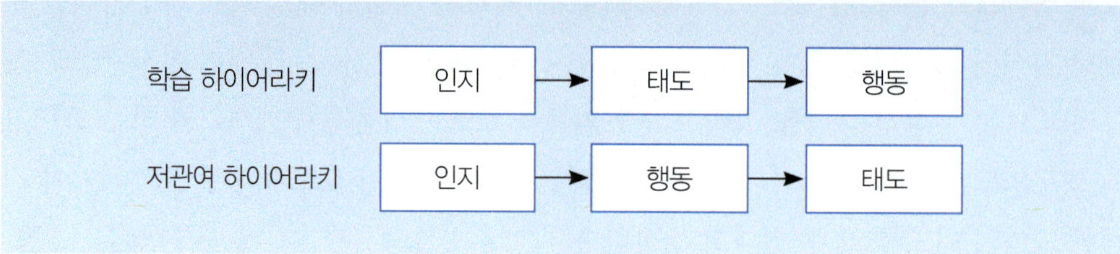

로로 구분된다. 중심경로(central route)란 상품정보 및 광고·홍보의 핵심 메시지 등의 중심 단서에 의한 태도 형성 및 변화를 의미한다. 또한 주변경로(peripheral route)란 광고모델, 음악, 배경 등 주변 단서에 의한 태도 형성 및 변화를 의미한다. 소비자의 관여도와 정보처리 능력이 높을 때는 중심경로를 통해 태도가 형성되며, 이렇게 중심경로를 통해 형성된 태도는 주변경로를 통해 형성된 태도에 비해 지속적이고, 저항적이며, 행동과의 연관성이 높다.

제6장 고객수요관리

호텔산업은 수요가 일정 시점에 집중되는 특성을 갖고 있다. 호텔서비스 상품에 대한 수요는 시간에 따라 큰 변동폭을 나타낸다. 즉 성수기나 특별 이벤트가 있을 때는 수요가 집중되어 쇄도현상을 보이다가 비수기에는 수요가 서비스 공급 가용인원과 시설에 크게 못 미치는 것이다. 호텔기업의 수익을 최대화하기 위해서는 고객수요를 적절하게 분산시키고 서비스 공급체계를 신축성 있게 운영해야 한다.

불안정한 수요에 대응하는 데는 크게 두 가지 접근방법이 있다. 첫째는 수요(demand)를 통제하는 방법이다. 다양한 시간대에 고객의 흐름을 최대한 평평하게 유지하기 위하여, 성수기에 집중되는 수요를 비수기에까지 분산되도록 가격, 상품 등의 마케팅믹스 전략을 사용하는 것이다. 둘째는 서비스 가용능력(capacity)을 조절하는 방법이다. 즉 수요의 변화에 따라 성수기에는 가용능력을 팽창시키고 비수기에는 축소시키는 등 신축력 있는 서비스 공급체제를 갖추는 것이다.

1 수요의 유형과 결정요인

호텔기업은 미래의 판매를 위해서 서비스 상품을 저장할 수 없다. 이것은 수요가 안정적일 때는 문제가 되지 않지만, 수요의 변동이 심한 경우에는 서비스 가용능력의 제한 때문에 운영의 어려움이 발생한다. 수요의 최고점과 최저점을 조절하는 수요관리 전략의 체계적인 수립을 위해서는 우선 수요변화의 유형과 수요변화를 가져오는 결정 요인에 대한 이해가 필요하다.

(1) 수요변화의 유형

호텔기업은 시간에 따라 변화하는 수요의 유형을 파악해야 한다. 서비스 수요의 유형을 분석하기 위해서 마케터는 다음과 같은 내용을 분석할 필요가 있다.

- 수요의 주기적 변화와 불규칙적 변화
- 연중 월별/계절별 수요변화 패턴

- 월중 주별/날짜별 수요변화 패턴
- 주중 요일별 수요변화 패턴
- 하루 중 시간대별 수요변화 유형
- 주기적 수요변동의 발생 원인
- 불규칙적 수요변동의 원인
- 세분시장별 서비스 이용시간 차이
- 세분시장별 수익률 차이

(2) 호텔서비스 수요변화의 원인

호텔서비스의 수요는 주기적으로 또는 불규칙적으로 변화한다. 주기적으로 수요가 변화하는 경우에는 계절, 월, 요일, 그리고 하루 중 시간대에 따라 각각 다른 수준의 수요가 나타난다. 리조트 호텔을 이용하는 위락 여행자의 경우 휴가철과 주말에 수요가 집중되는 반면, 도심의 호텔을 이용하는 비즈니스 여행자의 경우에는 일반적으로 주중 이용률이 높다.

서비스 수요의 변동을 일으키는 요인에는 기후/계절적 변화, 휴가철/공휴일, 학교 방학·개학 등 **주기적 변화요인**과 경제환경 요인, 국제교역 및 교류로 인한 국제업무의 증감, 주요 항공편 도착시간, 각종 기업행사 및 연회/이벤트 등 **불규칙적 변화요인**이 있다. 호텔의 각종 식음료업장 수요는 주말, 연말연시, 입학/졸업 시즌에 증가하며, 호텔 객실 수요는 대규모 컨벤션 개최, 국제 행사, 중국이나 일본과 같은 인근 국가의 국경일을 맞아 방한하는 관광객의 유입, 그리고 현지의 환율, 경기, 투자환경 등에 따라 변화한다.

호텔 마케팅관리자는 수요변동을 일으키는 요인을 찾아내어 이러한 수요변동이 시장세분화를 통해 이해될 수 있는지를 분석할 필요가 있다. 예를 들어, 호텔의 이용 목적에 따라 수요가 발생하는 시기가 다르므로, 각 세분시장별 고객 유입 유형을 파악하고 같은 시기에 수요가 발생하는 경우 장기적으로 높은 수익성을 가져다주는 세분시장을 선택해야 할 것이다.

2 서비스 가용능력

서비스 가용능력(capacity)이란 고객 수요를 수용할 수 있는 범위를 의미한다. 서비스 가용능력은 공급체계의 조절에 따라 어느 정도의 증감이 가능하다. 예를 들어, 호텔 뷔페 레스토랑은 고객 수요가 높은 연말연시에 식당 공간을 한시적으로 확장시켜 운영함으로써 서비스 가용능력을 증가시킬 수 있다.

고객서비스를 최적으로 유지하며 서비스 가용능력이 고객 수요와 최대한의 균형을 이루는 수준을 최적 가용수준(optimum capacity)이라고 한다. 또한 고객을 최대한으로 수용할 수 있는 수준을 최대 가용능력(maximum available capacity)이라고 한다. 최대 가용능력을 초과하는 고객 수요는 수용이 불가능하다.

서비스업체의 경우, 고객 수요를 최적 가용수준에 근접하게 수용하고 그것을 지속적으로 유지시키는 것이 수요관리의 최고 과제이다. 수요가 가용능력에 못 미쳐서 설비가 유휴화되면 기업의 수익성이 악화되는 것은 물론 종사원의 사기도 떨어진다. 수요 수준이 고객 개인의 최적 자극수준(optimum stimulation level)에 미치지 못하면 고객 또한 최대한의 만족을 느끼지 못할 것이다. 예를 들어, 손님이 아무도 없는 텅 빈 레스토랑에서 식사를 한 고객은 결코 즐거운 식사 경험을 했다고 느끼지 않을 것이다.

그림 6-1 ● 성수기와 비수기의 수요변화

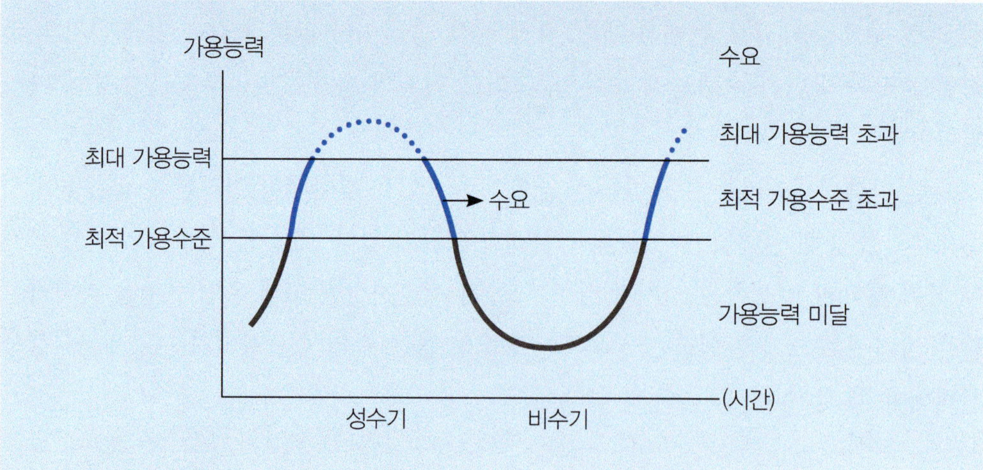

이와는 반대로, 수요가 최적 가용수준을 초과하면 단기적 수익성은 증가하지만 고객은 최선의 서비스를 받지 못하는 문제가 발생한다. 양질의 서비스를 받지 못했다고 느끼는 고객은 불만족을 느끼고 재구매 욕구를 상실할 수 있다. 성수기의 고객 불만족은 이후 비수기의 골을 더욱 깊게 한다.

3 수요관리 전략

호텔기업은 마케팅 전략을 통해서 수요 분산 및 이동을 꾀할 수 있다. 수요를 평평히 분산시켜 고객의 흐름을 일관성 있게 유지할 수 있다면 이는 기업의 수익성에 크게 기여할 것이다. 수요관리 전략에는 크게 수요조절 전략과 수요의 재고화 전략이 있다. 수요수준이 예측가능하고 고객이 기업의 전략에 따라 서비스 수요 시간과 구매 장소를 바꿀 의향과 통제력이 있는 경우, 고객의 수요를 적극적으로 분산시키는 수요조절 전략이 효과적이다. 반면 수요수준이 불규칙적이고 미리 예측하기 어려울 경우, 수요를 일정 시간 동안 붙잡아 놓는 수요의 재고화 전략을 채택할 필요가 있다.

(1) 수요조절 전략

✝ 가격 전략

가격은 고객 수요와 가장 직접적인 연관성이 있는 마케팅믹스이다. 많은 서비스기업이 시기에 따른 가격차별화 전략으로 고객 수요를 효과적으로 조절하고 있다. 비수기에는 수요 자극과 증대를 위해 가격할인 전략을, 성수기에는 수요를 하향 조절하여 비수기로 이동시키기 위해 고가격 전략을 사용한다. 가격차별화는 하루 중 시간대별로 이루어지기도 한다. 이러한 시간대별 가격차별화는 주로 식음료업장을 중심으로 이루어진다.

호텔업계는 대부분 '해피아워'란 이름으로 가격차별화 전략을 실시하고 있다. 예를 들어, 인터컨티넨탈호텔 서울의 '헌터스터번'과 롯데호텔의 '바비런던'은 오후 5~7시 맥주와 칵테일, 양주 등을 20~50퍼센트 싸게 판다. 호텔신라의 프랑스 식당 '라콘티넨탈'

은 일요일 점심시간 때에 뷔페요리를 평소 가격의 3분의 2 수준에 제공한다. 르네상스 서울호텔은 제과점 '델리카트슨'에서 오후 8시 30분부터 11시 사이에 해피아워를 운영하여 각종 케이크와 빵류를 40퍼센트 할인한 가격에 판매한다.

가격차별화 전략을 사용할 때는 시장의 가격탄력성을 고려해야 한다. 즉 고객 수요가 가격에 따라 어느 정도 탄력적인 반응을 나타내는지에 대한 분석이 선행될 필요가 있다. 그런데 가격탄력성은 보통 세분시장에 따라 다르게 나타나므로, 각 세분시장별로 고객들이 집중되는 시간과 선호하는 상품, 구매 단위, 세분시장별 수익률 등을 파악한 후 가격차별화를 시도할 필요가 있다.

✝ 상품 전략

수요가 감소할 때 새로운 고객 수요를 창출하는 방법 중 하나는 기존의 시설을 이용하여 새로운 상품·서비스를 소개하는 방법이다. 예를 들어, 골프장들은 여름철에 비해 매출이 절반에도 못 미치는 겨울철에 골프 코스 일부를 눈썰매장으로 개조하여 새로운 시장을 개발하기도 한다. 그랜드하얏트서울은 야외수영장 공간을 겨울이면 아이스링크로 개조하여 고객을 유인한다. 호텔들은 비수기에 패키지 상품을 개발하여 새로운 고객 수요를 창출하며, 비수기 기간 중 기업연수 유치나 각종 컨벤션 유치에 주력한다.

✝ 커뮤니케이션 전략

호텔기업은 광고나 홍보요원, 예약직원, 또는 여행사 등의 중개업자를 통해 잠재고객에게 수요 집중 시기와 수요 저조 시기를 미리 인지시킬 수 있다. 각종 커뮤니케이션 전략을 통해서 혼잡한 시간을 피해 편안하고도 저렴한 서비스를 받을 수 있는 기간이 언제인지를 시장에 알리는 것이다. 또한 판매가 저조한 시기에는 촉진 전략이나 이벤트 개최 등으로 수요를 증가시킬 수 있다.

커뮤니케이션 전략은 앞에서 소개한 상품, 가격 전략 등 다른 마케팅 변수와 함께 동시에 수립되어야 효과성이 높다. 그러므로 커뮤니케이션 전략은 고객과 호텔 양측에게 도움이 되는 win-win 전략이라고 할 수 있다.

(2) 수요의 재고화 전략

✝ 예약 시스템

호텔기업은 예약 시스템을 이용하여 고객 수요를 재고화할 수 있다. 예약 시스템은 수요를 예측하여 사전에 서비스관리를 할 수 있도록 한다는 장점도 있다. 그런데 예약 시스템을 사용함에 있어 고객이 예약을 이행하지 않거나 예약된 시간 직전에 취소하는 사례가 빈번히 발생한다면 서비스업체는 손실을 입을 수밖에 없다. 이러한 손실을 최소화하기 위해서는 다음과 같은 방법들이 사용된다.

첫째는 범칙금을 부과하는 방법이다. 예약 불이행이나 막바지 취소 시 일정 비율의 범칙금을 부과하여 예약부도율을 최소화하는 것이다. 이를 위해서 호텔에서는 객실 예약이 이루어질 때 신용카드번호를 접수하고, 연회 예약의 경우 계약금을 받는다.

둘째는 초과예약(overbooking)을 받는 것이다. 과거 자료를 바탕으로 예약부도율을 미리 산정하여 그 비율만큼의 중복예약을 받는 방법이다. 만약 예약 고객의 노 쇼(no-show) 비율이 15퍼센트라면 이 비율의 객실수만큼 추가적으로 예약을 받는다.

초과예약은 예상만큼의 예약 취소가 이루어지지 않을 때 예약 고객이 피해를 입을 수 있다는 점에서 신중한 접근이 필요하다. 서비스기업은 정확한 수요 예측 장치를 개발하여 초과예약의 위험성을 최소화해야 한다. 언제 예약했는가, 그리고 어떤 세분시장 고객이 예약했는가에 따라 no-show율의 차이가 발생하므로, 이를 분석하여 초과예약률에 적용시킬 필요가 있다.

또한 사후적으로는 초과예약 보상 시스템을 도입하여, 예약한 서비스를 못 받는 고객에게 적절히 보상을 함으로써 불만을 최소화하려는 노력을 기울여야 할 것이다. 많은 호텔들이 고객에게 예약을 정당하게 지켜 주지 못할 때 고객이 예약한 객실보다 업그레이드된 객실을 제공하거나, 근처 대체 호텔을 주선하여 그 호텔에서의 1박 숙박요금과 교통비를 지불하고 있다.

✝ 고객 대기 시스템

호텔 이용 고객은 서비스를 받기 위해 기다려야 하는 대기상황이 종종 발생한다. 대기는 고객이 서비스를 받을 준비가 되어 있는 시간부터 서비스가 제공되기까지의 시간을 의미한다. 호텔에서는 고객이 객실 체크인을 할 때, 그리고 레스토랑에서 테이블에 안내되기까지, 그리고 식사가 준비될 때까지 기다려야 한다.

고객 대기상황은 불가피한 일이지만, 호텔서비스기업은 대기에 대한 고객 불만족을 최소화하고, 대기상황 중 고객 이탈을 막기 위해 가능한 한 즐겁고 편안한 환경을 만들 필요가 있다. 이러한 이유로 호텔에서는 체크인 혹은 체크아웃 절차를 위해 기다리는 고객을 위해 로비에 편안한 의자를 마련해 놓고 라이브뮤직 연주나 매직쇼를 보여 주기도 하고, 엘리베이터 안에는 TV 스크린을 설치하여 고객이 엘리베이터에서 기다리는 동안 주요 뉴스나 날씨 정보를 얻을 수 있도록 배려한다.

대기 시스템의 개발과 활용은 서비스 만족 관리에 있어 매우 중요한 의미를 갖는다. 대기 시스템에서 요구되는 마케팅의 초점은 고객이 서비스를 받기 위해서 기다리는 시간을 최대한 즐겁고 덜 지루하게 느끼도록 만드는 것이다. 고객 대기 시스템이 효과적으로 이루어져야 성공적으로 수요 저장을 할 수 있기 때문이다.

고객 대기 시스템을 효과적으로 관리하기 위해서는 우선 대기상황에 대한 고객 지각에 대한 이해가 필요하다. Maister는 고객의 대기 지각에 대해 다음과 같은 8가지 원칙을 제시하였다.

- 점유되지 않은 시간(unoccupied time)이 점유된 시간(occupied time)보다 더 길게 느껴진다.
- 구매 전 대기가 구매 중 대기보다 더 길게 느껴진다.
- 염려(anxiety)는 고객으로 하여금 대기시간을 더 길게 느끼게 한다.
- 대기시간이 얼마나 되는지 모르고 기다릴 때가 알고 기다리는 때보다 더 길게 느껴진다.
- 원인이 설명되지 않은 대기시간이 더 길게 느껴진다.
- 불공정한 대기시간이 더 길게 느껴진다.
- 서비스의 가치가 높게 지각될수록 고객은 더 오랫동안 기다려 줄 것이다.
- 혼자 기다릴 때 대기시간은 더 길게 느껴진다.

4 공급관리 전략

수요변화에 대응하는 방법에는 수요의 수준을 최대한 고르게 유지하려는 수요관리 전략 외에도 서비스 가용능력을 수요 수준에 적응하여 신축성 있게 대응하는 공급관리 전략이 있다. 일반적으로 고객의 수요를 통제하는 데는 한계가 있으므로, 수요관리 전략과 공급관리 전략이 동시에 수립될 필요가 있다.

(1) 공급관리 전략의 유형

수요추종 전략

수요추종 전략(chase demand)은 단순히 수요의 수준에 따라 그때그때 공급 수준을 결정하는 방법이다. 이는 수요의 예측이 불가능하고 변동폭이 크며 주로 비숙련 노동력에 의해 서비스가 제공되는 경우에 사용된다. 예를 들어, 일용직 노동자의 서비스는 매일 아침 노동 수요의 수준에 따라 공급량이 조절된다.

가용능력 균형 전략

가용능력 균형 전략(level-capacity)은 서비스시설, 장비, 인력의 가용능력이 수요에 맞추어 균형을 이루도록 사전에 조율을 하는 전략이다. 이는 호텔과 같이 수요의 예측이 가능하고 서비스의 품질관리가 고객유치를 위해 매우 중요하며 고급장비와 인력이 사용되는 서비스업체에서 사용하는 전략이다.

호텔은 고정된 가용능력에 유연성을 부여하는 수정 가용능력 균형 전략을 실시한다. 고객이 몰리는 시간대에는 동일한 시설의 가동률을 최대화하기 위하여 서비스 전달 시간과 장소를 유동적으로 조절하는 방법이다. 즉 수요가 집중될 때는 서비스 제공 시간을 연장시키고, 수요가 저조한 시기에는 단축시킨다. 또한 서비스 제공 장소는 수요의 수준에 따라 확장시키거나 축소시키는 등 유동적으로 활용한다.

호텔 식당에서는 메뉴와 공간 조절을 통해 서비스 시간을 단축하고 회전율을 높일 수 있다. 예를 들어, 조리 시간이 오래 걸리는 메뉴를 성수기에 제외시키거나, 고객이 많이 몰리는 연말에 뷔페 레스토랑 공간을 확장시키는 방법이다.

수요가 몰릴 때 서비스 전달과정의 흐름에서 병목현상이 발생하는 지점이 있으면 그 곳에 추가적인 서비스 공급체계를 투입하여 서비스의 흐름이 원활해지도록 인력 배치 설계를 해야 한다. 또한 수요가 낮은 기간은 호텔의 낙후된 시설을 개보수하는 시간으로 활용할 수 있다.

(2) 공급관리 전략의 구체적 방안

호텔이 서비스 가용능력에 유연성을 더하여 수요변화에 신축성 있게 대처하는 구체적 방안에는 다음과 같은 것들이 있다.

✝ 서비스 전달 시 고객참여 유도

수요가 일시에 몰려 서비스 공급 인원이 부족할 경우에는 고객이 스스로 서비스 생산에 참여하도록 유도할 수 있다. 예를 들어, 호텔에서 대규모 컨벤션이 개최되었을 때 고객들이 식음료업장에 한꺼번에 몰려와 이용할 것에 대비하여 뷔페식으로 전환시키거나 커피, 소프트드링크 등의 음료를 셀프서비스 하도록 하는 방법이 있다. 체크인의 혼잡과 대기 시간을 감소시키기 위하여 고객으로 하여금 로비에 마련된 키오스크에 들어가 스스로 입숙 수속을 하도록 하는 방법도 가능하다.

고객을 서비스 전달과정에 참여시키는 것은 서비스의 신속성뿐 아니라 인건비의 절감이라는 효과도 있다. 그러나 고객의 서비스 참여 수준이 고객이 쉽게 실행할 수 있는 선을 넘어선다면, 고객은 부정적 반응을 나타낼 가능성이 있다. 따라서 세분시장의 특성을 사전에 파악하여 고객이 서비스에 어느 정도까지 참여할 의지와 능력이 있는지를 판단할 필요가 있다.

✝ 고객의 고정화

충성고객의 반복구매는 서비스 공급의 효율성을 높여 준다. 예를 들어, 고정고객이 호텔에 투숙하는 경우에는 반복되는 입숙 절차나 호텔시설 이용 절차를 대폭 간소화할 수 있다. 회원제나 우수고객 우대정책 등을 도입하여 단골고객에게 신속하게 서비스를 제공하는 체계를 갖추면 결과적으로 다른 고객들에게도 신속한 서비스의 혜택이 돌아가게 된다.

✝ 종사원의 다능화

호텔 내부에는 다양한 업장과 부서가 있으며 시기에 따라 수요가 집중되는 지점이 변화한다. 종사원이 다양한 일을 수행할 수 있는 업무 융통성을 갖춘다면 필요에 따라 고객이 집중되는 부서에 신속히 배치되어 병목현상을 최소화할 수 있을 것이다. 따라서 호텔 종사원에게 교차훈련(cross-training)을 실시하여 모든 부서의 직원들을 다능화하는 작업이 필요하다.

종사원을 다능화하여 수요변화에 신축성 있게 대응하는 시스템은 수요가 집중되는 기간에 특히 유용하다. 예를 들어, 호텔의 사무직 직원은 대규모 컨벤션 등으로 다수의 고객이 한꺼번에 유입될 때 주차 요원이나 안내 요원, 식당 서비스 요원 등의 업무를 수행할 수 있다. 다능화 교육은 전반적인 서비스 시스템의 운영 및 타 부서 활동에 대한 이해와 협조심을 증진시키며, 종사원에게 반복 업무에서 벗어나 직무가 다양화되는 데서 오는 만족감 및 직무역량의 증대를 가져온다.

✝ 가용시설의 유연한 운영

고객 수요의 증감에 따라 변화가 가능한 가변형시설 설계 및 서비스 운영체계가 이루어질 필요가 있다. 호텔의 볼룸이나 회의실 등은 행사의 규모나 이용 인원수에 따라 유동적으로 변화시켜 행사 단위에 적절히 대응할 수 있도록 설계한다. 레스토랑에는 간이테이블과 보조의자를 준비하고, 객실에는 고객이 요구할 때 투입될 간이침대를 준비하여 필요에 따라 유연하게 대응한다. 서비스 공간의 가변성은 공간활용도를 증대시키고 피크타임의 고객 유입을 최대화할 수 있게 한다.

✝ 서비스 시간의 조정

수요가 집중될 때는 영업시간을 연장하여 고객 수요의 수용력을 증가시킬 수 있다. 종사원 직무 또한 성수기에 오버타임 등으로 서비스 공급을 증대시키는 유동적 급여 지급 및 인력관리체계를 도입한다. 그러나 이러한 방법은 종사원의 소진과 서비스 질의 저하를 가져올 수 있으므로 적절한 수준에서 실행되어야 한다.

✝ 임시고용직 사용

대규모 행사나 컨벤션 개최와 같은 일시적 수요 집중이나 크리스마스 시즌 등의 계절적 성수기에 부족한 서비스 인원은 임시고용직이나 시간제 근무자로 충당한다. 이는 정식직원의 직무 부담을 줄이고 공정 인건비를 절감하는 효과가 있다. 또한 인턴사원이나 임시고용직의 인력 자료는 정식사원 선발 시에 사용될 수 있다. 그러나 적절한 교육이 이루어지지 않은 채 임시고용 인원이 과다하게 서비스 현장에 투입되는 경우 서비스의 질과 호텔의 이미지가 저하되는 위험성이 있다. 또한 과다한 임시고용직 사용은 사내 갈등과 종사원들의 사기저하를 가져온다.

✝ 시설 · 장비의 임대차

서비스 가용능력 구성 요인 중 수요에 따른 가변능력이 크게 떨어지는 것은 시설과 장비이다. 이들은 고정성이 높아서 한 번 매입되면 수요에 따라 임의로 증감시킬 수 없다. 따라서 시설·장비의 가용능력의 융통성을 얻기 위해서는 임대차 방법이 있다. 가용능력이 남으면 시설·장비를 임대하여 임대수익을 올리며, 현재의 가용능력으로 수요를 충족시킬 수 없으면 임차하여 수요 증가에 대응하는 것이다.

예를 들어, 프랑스 파리의 한 호텔은 성수기에 센 강의 유람선을 임대하여 호텔 레스토랑의 연장으로 운영한다. 또한 피지의 리젠트 호텔과 쉐라톤 호텔은 각각 고객 수요가 공급을 초과할 때 서로의 시설을 교환 사용하는 상호 협조체제를 갖추고 있다.

✝ 비수기 활용

호텔의 시설관리나 기계 및 장비 수리, 직원 휴가, 교육 등은 비수기를 활용하여 실시한다. 비수기에 마케팅활동을 활발히 전개하여 성수기를 앞당길 수도 있다. 비수기는 성수기를 대비한 준비 기간 및 재충전 기간으로 중요하게 활용될 수 있다.

✝ 기술의 사용

첨단기술과 전산시스템을 사용하여 서비스의 대량생산이 가능하도록 해야 한다. 성수기에 고객서비스를 신속하게 수행하는 서비스 프로세스를 갖추어 인력자원의 서비스를 대체하는 기술 및 기계를 사용하는 방법이다. 예컨대 호텔 객실에 설치된 컴퓨터나 TV 모니터를 사용하여 지불금액을 확인하고 신용카드로 결재하는 시스템을 통해 줄을 서서 체크아웃을 하는 고객의 불편함을 줄일 수 있다. 레스토랑에서는 고객 주문사항을 테이블에서 주방으로 바로 전달시키는 전산시스템을 통해 서비스 시간을 단축하고 고객회전율을 높일 수 있을 것이다.

제7장 고객만족관리

지난 수년간 우리나라 서비스기업들은 고객만족경영(Customer Satisfaction Management, CSM)에 부쩍 관심을 기울이기 시작했다. 그동안 다양한 마케팅활동을 해 온 기업들 사이에 고객만족 개념이 새삼스레 경영의 초점이 된 이유는 무엇일까? 그것은 고객만족이 결정적으로 기업의 성패를 좌우한다는 사실이 그 어느 때보다도 절실하게 현실화되었기 때문이다. 고객만족이 이루어지지 않으면 고객은 어느 때라도 손쉽게 타 회사 상품에서 대안을 찾을 수 있다는 경쟁 현실이 기업들로 하여금 고객만족을 경영의 지상목표로 설정하도록 하였다. 실제로 고객만족을 최고의 가치로 내세운 선진기업들의 시장밀착 전략은 불황을 이겨 내는 저력이 되었다. 고객만족관리는 고객의 관점에서, 고객이 만족할 때까지 서비스 혁신을 이룬다는 점에서 기업 중심적 품질관리와 차이가 있다.

1 고객만족 심리

(1) 고객만족의 개념

고객만족/불만족이란 상품의 품질과 성과에 대한 고객의 지각의 결과로서 나타나는 감성적 반응이다. 객관적 품질과 고객이 지각하는 품질은 반드시 일치하지 않는다. 고객 개개인마다 과거 서비스 경험과 기대치가 다르기 때문이다. 고객만족은 고객이 서비스 상품을 경험하고 주관적으로 그 품질을 지각한 후 느끼는 감정적 결과이다. 지각된 서비스의 품질(perceived service quality)과 고객만족의 개념은 서로 분리된다. 지각된 서

그림 7-1 ● 고객만족 형성과정

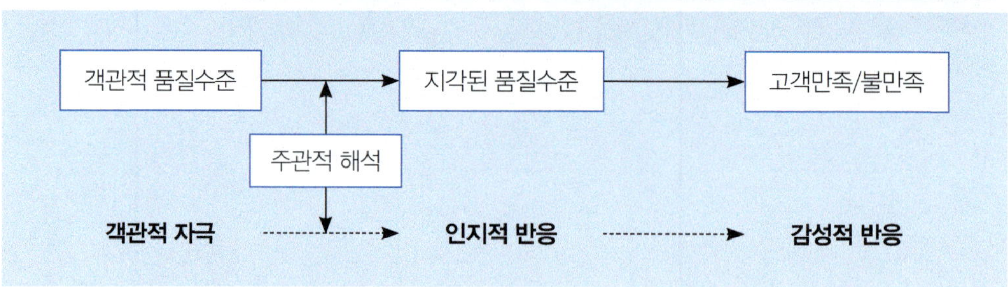

비스 품질은 고객에 의해 이성적으로 판단되는 인지적 평가인 반면, 고객만족은 서비스 품질 지각의 결과로서 나타나는 감성적 반응이다.

(2) 기대와 만족

고객만족이나 불만족은 고객의 사전 기대 수준에 크게 좌우된다. 서비스 성과가 기대 수준에 못 미칠 경우에는 부정적 기대 불일치(negative disconfirmation)가 발생하며 고객은 불만족을 느끼게 된다. 또한 서비스 성과가 기대 수준에 합치되거나 긍정적 기대 불일치(positive disconfirmation)가 발생하면 고객은 만족한다.

그렇다면 고객의 서비스 기대 수준에 영향을 미치는 요인은 무엇일까? 서비스 기대 수준의 영향 요인에는 내적 요인, 외적 요인, 상황적 요인, 그리고 기업요인이 있다.

첫째, **내적 요인**에 따라 서비스 수준에 대한 개인 욕구가 달라진다. 개인마다 사회적 욕구와 존경의 욕구 수준이 다르며, 구매한 서비스에 대한 관여도와 과거 서비스 경험이 다르기 때문이다.

둘째, **외적 요인**은 경쟁상품, 사회·문화적환경, 구전 등을 포함한다. 경쟁상품의 서비스 수준은 서비스 기대를 형성하는 데 크게 작용한다. 또한 어떠한 문화 혹은 사회적 환경에서 서비스를 이용하느냐에 따라 개인의 서비스 기대 수준은 달라진다.

셋째는 **상황적 요인**이다. 구매 목적, 구매량과 같은 구매상황적 요인과 구매 시의 소비자 무드, 시간적 제약 등의 일시적 상황은 고객의 서비스 요구 수준에 영향을 준다. 혼자 서비스를 받느냐, 아니면 다른 사람과 함께 받느냐, 그리고 누구와 함께 서비스를 받

표 7-1 고객의 서비스 기대에 영향을 미치는 요인들

서비스 기대의 영향 요인			
내적 요인	외적 요인	상황적 요인	기업요인
• 개인적 니즈 • 관여도 • 과거 경험 • 개인 성향/개성	• 경쟁적 대안들 • 사회 · 문화적 환경 • 구전	• 일시적 기분 • 날씨 • 시간적 제약 • 구매 목적 • 구매량 • 동행인/동석인	• 촉진(광고/홍보) • 가격 • 유통 경로 • 서비스 요원 • 유형적 단서 • 기업 이미지

느냐도 서비스 기대에 영향을 미치는 상황적 요인이다.

마지막으로 **기업요인**은 소비자로 하여금 서비스의 수준을 기대하도록 만드는 마케팅 믹스 요인이다.

(3) 고객만족과 고객감동

고객만족도에 영향을 미치는 것은 기대 수준과 서비스 성과 간의 일치/불일치뿐만이 아니다. 사전 고객의 기대 수준이 어느 정도였느냐에 따라 고객의 만족도는 달라진다. 긍정적 불일치가 이루어지는 경우, 최초 기대 수준이 낮은 경우보다는 높은 경우에 고객만족도가 높다. 최초 기대 수준이 낮은 경우에는 긍정적 불일치가 이루어지더라도

표 7-2 기대와 성과에 따른 고객반응

		기대 수준	
		낮음	높음
성과	긍정적 불일치	"제법인걸"	고객만족 및 감동
	일치	무관심, 무덤덤	만족
	부정적 불일치	씁쓸, "그럼 그렇지"	실망, 분노

그림 7-2 고객만족과 고객감동의 효과

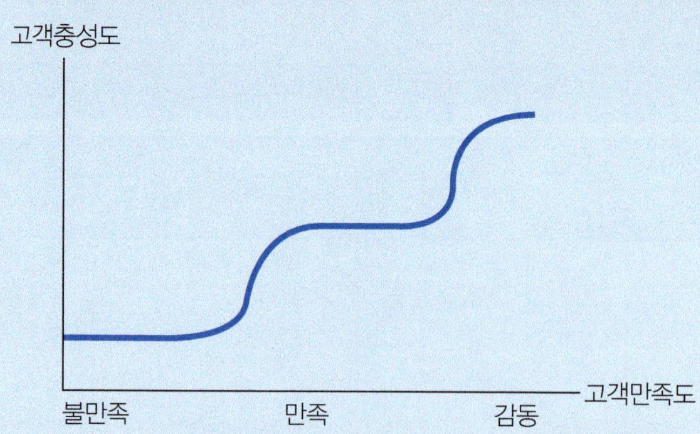

최초 기대 수준이 높은 경우만큼의 고객만족이 이루어지지는 않는다. 최초 기대 수준이 높은 경우, 기대하지 못했던 서비스까지 받으면 고객은 대만족하고 감동한다. 반면에 부정적 불일치가 이루어지는 경우에는, 최초 기대 수준이 높은 경우가 낮은 경우보다 고객 불만족의 정도가 증폭된다. 기대치가 높은 만큼 실망이 큰 까닭이다.

고객이 단지 만족했을 경우와 만족의 수준을 지나 감동했을 경우의 구매 후 행동은 중요한 차이를 보인다. 고객감동이 이루어졌을 때 상표충성도와 재구매 의향은 고객만족이 이루어졌을 때보다 유의하게 높다. 이제 초우량 서비스기업들은 고객만족만으로는 충분치 않다는 사실을 인식하고 고객이 기대하지 못한 부분까지 충족시켜 그들을 감동시키고 충성스런 평생고객으로 만들려는 노력을 기울이고 있다.

만족한 고객을 더 만족시켜라

'고객만족'이란 말은 현재 대부분의 기업에게는 너무나 당연한 과제이다. 많은 기업이 고객을 붙잡기 위해 갖은 노력을 기울이고 있다. 그러나 한 상품이나 서비스에 만족했다는 고객이 모두 다시 그 제품을 선택하지는 않는다. 『충성도효과(loyalty effect)』의 저자인 프레데릭 라이크헬드에 따르면 자동차 구입자의 90퍼센트가 자신의 선택에 만족하면서도 다음번에 다시 그 회사 차를 찾는 경우는 절반도 안 되는 것으로 나타났다. 그렇다면 어떻게 충성스런 고객을 확보할 수 있을까?

세계적인 복사기업체인 제록스는 "왜 만족한 고객들이 떠나는가?"라는 주제의 연구결과를 발표했다. 제록스는 고객만족 정도를 5단계(1: 매우 불만족~5: 매우 만족)로 구분해 각 단계별로 상품 재구매와의 상관관계를 조사했다. 연구결과, 4번째 만족 정도를 표시한 사람들이 5번째 최고 단계의 만족을 표시한 사람에 비해 다시 그 제품을 선택하지 않을 확률이 6배나 높은 것으로 조사됐다.

결론은 "만족한 고객을 더 만족시켜야 한다"는 것. 즉 "어느 정도 만족한다"는 차원에 그치는 것이 아니라, 고객이 어떤 제품이나 서비스에 대해 "최고로 만족한다"고 응답할 정도가 되어야 비로소 그 브랜드에 충성스런 고객이 된다는 이야기다. 서비스 컨설팅 전문가들은 만족한 손님을 충성스런 고객으로 바꾸기 위해서는 무료 음료나 마일리지 서비스 제공 같은 한두 가지 유인책이 아니라, 고객이 기대하지 못한 것까지 신경 쓰고 노력해야 한다고 지적한다.

리츠칼튼이 일류가 된 비결

미국 출장에 나선 당신이 샌프란시스코의 리츠칼튼 호텔에 묵게 되었다고 하자. 서양식의 푹신한 베개가 싫어 프런트에 전화를 걸어 약간 딱딱한 베개를 갖다 달라고 했다. 이곳에서 용무를 마치고 다음 목적지인 뉴욕으로 이동했는데, 호텔은 역시 리츠 칼튼이었다. 자, 어떤 일이 일어났을까? 아마도 침대에는 처음부터 딱딱한 베개가 놓여 있을 것이다. 우연이 아니다. '딱딱한 베개'를 달라는 부탁을 받은 샌프란시스코의 종업원이 'Guest Preference(고객의 기호) Hot Line'을 통해 당신이 좋아하는 베개의 유형을 알려 주었기 때문이다. Hot Line의 담당자는 그 정보를 체인 공유의 데이터베이스에 입력했고, 이 정보는 당신이 도착하기 전에 예약 센터를 통해 뉴욕에 전해진 것이다.

리츠를 단골호텔로 삼고 있는 사람들의 이유는 다양하다. 중후한 내장과 외장, 우아한 분위기의 객실, 고급 레스토랑 등. 그러나 그들이 되풀이해서 리츠를 애용하는 이유는 앞서 말한 바와 같은 고객에 대한 세심한 배려 때문인 경우가 많다. 아무 말 없이 자신이 좋아하는 베개를 준비해 주는 호텔 측에 대해 고객은 "나는 특별한 고객이구나" 하는 우월감을 느끼게 된다. 물론 특별하다는 것은 착각에 지나지 않는다. 고객에게 달콤한 환상을 안겨 주는 정교한 마케팅 정보 시스템이 눈에 띄지 않는 곳곳에서 풀가동되고 있는 것이다. 이 회사의 품질담당 책임자인 패트릭 미니씨는 "현재 약 50만명의 고객 프로필을 축적하고 있고, 그 절반은 기호까지 파악하고 있다. 세 번만 투숙하면 그 고객이 어떤 물건 혹은 서비스를 좋아하는지에 관한 정보를 얻을 수 있다"고 말한다.

베개의 예처럼 고객이 요망사항을 말해 주면 정보 수집은 간단하다. 체크인을 할 때 프런트에서 어떤 객실을 원하는지를 알 수 있다. 그런 것 말고도 호텔 이용자는 자신도 모르는 사이에 많은 흔적을 남기고 가는데, 리츠는 이것을 절대 놓치지 않는다. 예를 들어, 객실 내 미니바에 손님이 좋아하는 상표의 생수가 없었다고 하자. 밖에 나가 사다 마시고 빈 병을 객실에 남겨 놓고 가면 이것을 발견한 청소계가 고객의 기호 Hot Line에 알린다. 그리고 다음에 머물면, 미니바에는 그 상표의 생수가 준비되어 있게 된다.

2 고객만족경영

(1) 고객만족경영의 확산과정

스칸디나비아항공의 사장인 얀 칼슨은 진실의 순간(Moments of Truth, MOT) 개념을 기업경영에 도입하여 혁신적인 고객 서비스 관리를 실천한 결과, 800만달러에 달하는 적자경영을 7,100만달러 흑자로 전환시킬 수 있었다. '진실의 순간'이란 고객과 접점하는 서비스 현장의 순간순간이 얼마나 중요한지를 깨닫게 하는 말이다. 고객과의 접점에서 불만족이 발생하면 불만족 고객 중 91퍼센트는 소리 없이 멀어져 간다. 고객만족경영(CSM)의 개념은 MOT의 개념과 함께 경영주들의 관심을 끌게 되었다.

고객만족경영은 J.D. Power사가 고객만족을 평가 기준으로 자동차 부문의 기업 순위를 발표한 이후 주목을 받기 시작했다. 겉으로 드러나지 않던 고객만족의 개념이 계량적 수치로 표현된 것은 고객만족관리에 대한 기업의식에 자극제가 되기에 충분했다. 고객만족의 중요성이 기업에 널리 인식되기 시작하면서 고객만족경영은 세계적으로 급속도로 확산되기에 이르렀다. 우리나라에서는 1990년대에 비로소 기업들이 고객만족경영에 대한 의식을 갖게 되어 대기업을 중심으로 고객만족 캠페인을 실시하게 되었다. 한국능률협회컨설팅에서 국내 89개 기업을 대상으로 조사한 결과를 보면, 전체 응답자의 77.5퍼센트가 고객만족경영 혁신의 필요성에 대해 "매우 필요하다"고 응답하여 우리나라 기업들이 CSM의 중요성을 충분히 인식하고 있는 것으로 나타났다.

진실의 순간(Moments of Truth)

'진실의 순간(moments of truth)'이란 원래 투우 용어이다. 투우사가 황소와 맞붙는 순간을 진실의 순간이라고 하는데, 사전에 투우사가 아무리 완벽한 훈련과 준비를 했더라도 이 결정적인 접전의 순간에 자칫 잘못 판단을 하거나 몸놀림에 실수를 하면 돌이킬 수 없는 낭패를 당한다는 것이다.

Normann은 '진실의 순간'이라는 이 용어를 서비스 마케팅 관점에서 처음 사용했다. 진실의 순간이 승패를 가르는 결정적 순간이듯이, 고객이 서비스를 경험하는 시간 중 서비스 품질에 대한 평가를 내리는 결정적 순간들이 있다는 것이다. 진실의 순간은 고객으로 하여금 서비스의 품질을 지각하는 서비스 접촉 순간이며, 기업 측에는 고객에게 서비스의 품질을 입증할 수 있는 절호의 기회이기도 한다.

스칸디나비아항공의 사장 Jan Carlzon은 진실의 순간(MOT) 개념을 도입하여 항공사 고객이 직원과 접촉하는 15초 동안의 서비스 접점관리를 철저히 한 결과, 적자에 허덕이던 스칸디나비아항공을 성공적으로 흑자경영으로 전환시켰다. 그가 MOT 개념을 도입한 지 3년 만에 스칸디나비아항공은 Transport World지에 '올해의 항공사'로 선정되었다.

(2) 고객만족경영의 필요성

✝ 재구매 및 구전효과의 중요성

시장이 성숙되고 경쟁이 심화되면서 시장의 주도권은 생산자에서 소비자로 넘어가게 되었고 기업은 고객 창출뿐 아니라 고객 재창출의 중요성을 깨닫게 되었다. 생산자 위주에서 소비자 위주로 시장 내의 주도권 이동(power shift)이 이루어지면서, 기업은 어떻게든 고객을 만족시켜 재구매와 긍정적인 구전을 유도할 필요가 있다는 것을 인식하게 되었다. 고객이 만족하면 자신이 재구매를 할 뿐 아니라 친지들에게 추천함으로써 매출증가를 가져온다. 또한 충성고객은 귀중한 시장정보와 상품 아이디어를 기업 측에 제공한다. 반면에 불만족한 고객은 재구매를 하지 않는 것은 물론, 부정적 구전을 함으로써 기업 이미지와 매출에 치명적인 악영향을 미치게 된다. 호텔기업에 있어서는 고객의 재구매와 구전의 역할이 특히 중요하다고 하겠다. 호텔서비스 상품은 반복구매와 인적 커뮤니케이션 의존율이 높기 때문이다.

그림 7-3 ● 고객만족/불만족의 결과

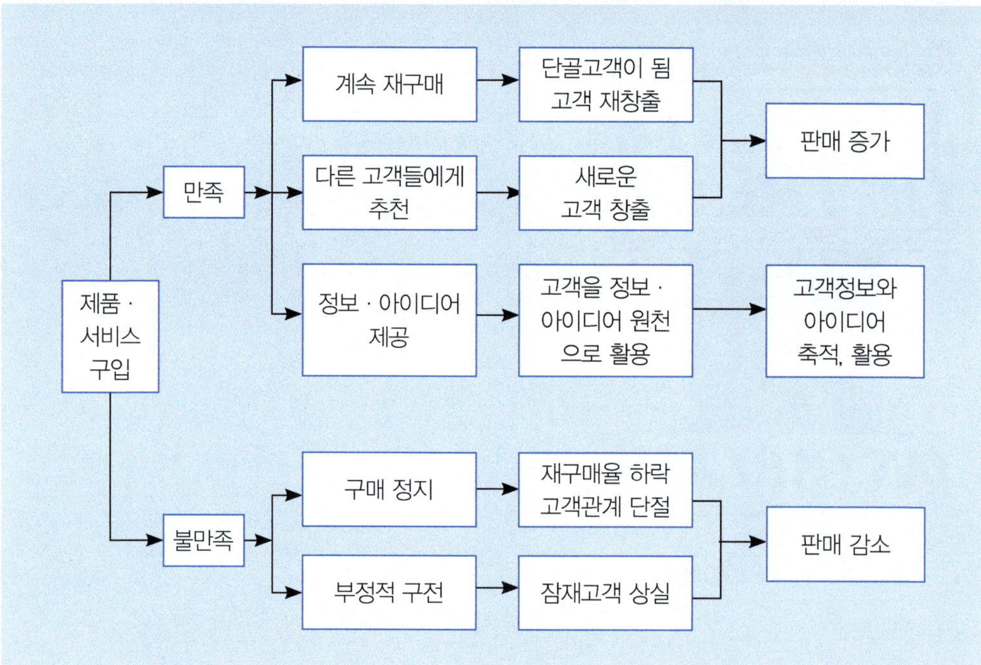

✝ 갈수록 심화되는 경쟁환경

산업의 공급능력이 시장의 전체 수요를 초과하면 경쟁의 강도는 심해진다. 시장이 성숙되어 더 이상 수요가 증가하지 않거나 시장에 이미 많은 수의 경쟁사가 진입해 있는 상태이기 때문이다. 우리나라 호텔산업의 경우 이러한 경쟁환경에 이미 돌입했다고 볼 수 있다. 시장에 경쟁사가 많다는 것은 곧 고객에게 선택의 폭이 넓다는 것을 의미한다. 이런 환경에서 고객은 자신에게 가장 높은 효용과 만족감을 주는 업체를 선택하게 됨은 물론이다.

✝ 고객욕구의 다양화 및 고급화

소득 증대와 더불어 고객의 서비스 욕구는 더욱 다양화, 고급화되고 있다. 서비스에 대한 고객욕구의 증대는 두 가지 측면으로 이해될 수 있다. 첫째는 소비의 다각화이다. 소비생활이 활성화되면서 고객은 다양한 브랜드와 서비스를 경험하고 싶어 한다. 둘째는 소비의 개성화이다. 서비스시장에서의 고객 감각추구 성향과 개성추구 성향은 갈수록 심화되고 있다. 이러한 고객욕구의 변화는 상품수명주기의 단축과 신개념 고객밀착형 서비스의 등장을 가져왔다. 빠르게 변화하는 시장에 적응하여 고객의 서비스 욕구 변화 추세를 정확히 읽고 고객이 원하는 서비스 개념을 개발하는 것이 고객만족경영이다.

(3) 고객만족경영의 효과

✝ 충성고객의 창출

성숙된 시장에서는 신규고객 확보보다 기존고객의 재구매 행동에서 이익을 극대화할 수 있다. 만족한 고객은 상품과 브랜드에 대해 충성도가 생기면서 서비스업체와 장기적 관계를 형성하게 된다. 따라서 서비스기업은 고객만족경영을 통해 고객충성도를 높이고 충성고객 기반을 마련하는 효과를 거둘 수 있다.

✝ 비용 절감

신규고객 확보는 많은 마케팅 노력을 요하지만, 단골고객이 확보되면 판촉비, 광고비 등의 마케팅 지출을 절감시킬 수 있다. 비이용 고객에게 서비스 상품을 시도하도록 계속적으로 설득할 필요가 없기 때문이다. 또한 만족한 고객은 가격민감성이 낮아지므로 서비스기업 측에 더 많은 이익을 창출할 수 있게 한다.

✝ 광고효과

만족한 고객은 긍정적인 구전을 통해 당해 서비스 상품에 대한 광고효과를 가져다준다. 특히 호텔서비스의 경우에는 인적 정보 원천의 중요성이 높으므로, 고객들 간에 이루어지는 호의적 커뮤니케이션은 대중매체 광고보다 더욱 뛰어난 효과를 발휘한다.

(4) 고객만족경영의 추진 원칙

일본능률협회가 제시하는 고객만족경영 추진 원칙은 다음과 같다.

✝ 고객접점 최우선

고객만족경영은 고객과 기업이 직접 접촉하는 순간을 중심으로 이루어져야 한다. 호텔서비스에 있어 고객접점이란 직원의 전화 응대와 접객 태도, 서비스 품질 및 성과, 서비스환경 등을 모두 포함하는 개념이다. 이러한 서비스 접점에서 고객만족도가 결정된다. 따라서 고객과 직접적인 접촉을 하는 서비스 라인을 가장 중시하고 고객접점 서비스가 원활하게 제공될 수 있도록 시스템적 지원이 이루어져야 한다는 것이 고객접점 최우선 원칙의 개념이다. 호텔현대는 서비스 접점에서의 고객감동을 실현하기 위하여, 고객이 원하는 것보다 한 가지씩 더 해 준다는 의미의 'Plus-One 서비스', 고객의 요구사항을 사전에 파악해 한발 앞선 서비스를 제공한다는 취지의 'One-Step-Ahead 운동', 더욱 친밀하고 세심한 서비스를 제공하겠다는 'Eye-Contact 운동', 종업원마다 명찰을 달아 자신의 서비스에 책임을 지겠다는 '서비스 실명제' 등을 실시하고 있다.

호텔 투숙객의 서비스 접점들은 다음과 같다.

- 호텔에 예약전화를 건다.
- 교환이 프런트로 연결, 예약상담을 한다.
- 당일 차로 호텔에 도착한다.

그림 7-4 ● 호텔 객실 이용 고객의 서비스 접점들

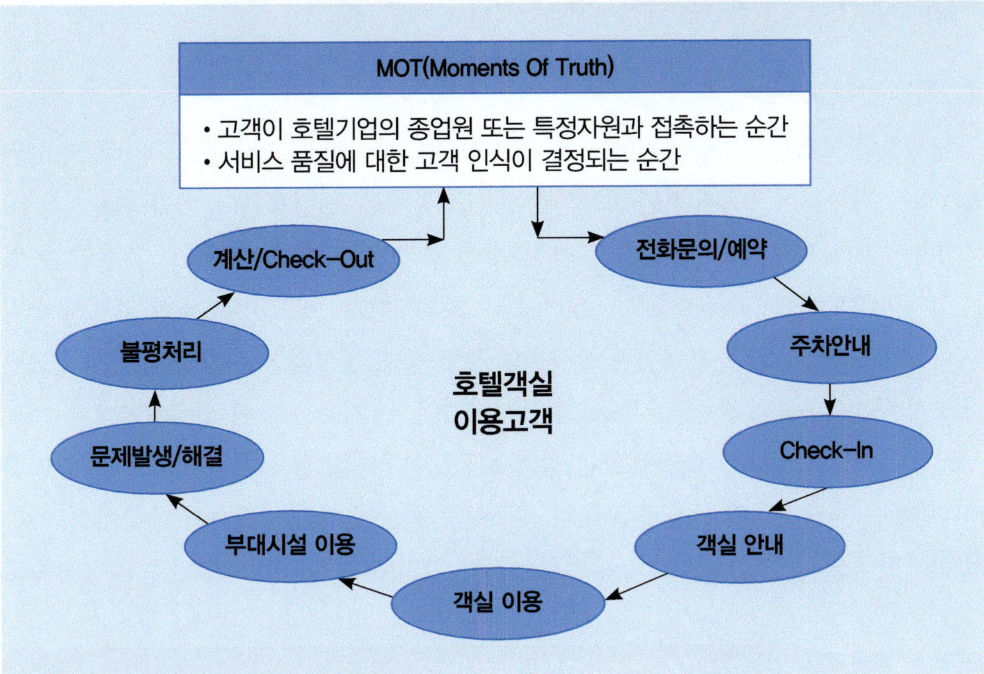

- 도어맨이 맞이하고 짐을 내려놓는다.
- 주차한다(대리주차, 주차의 편리성).
- 프런트에서 체크인한다(직원의 고객 환영 및 응대 태도).
- 벨맨이 객실로 안내한다.
- 엘리베이터를 탄다.
- 벨맨이 객실 문을 열고 객실 이용 안내를 한다.
- 깨끗이 정비된 객실로 들어간다.
- 투숙 기간 중 부대시설 이용 및 각종 인적 서비스를 경험한다.
- 체크아웃 신청을 한다.
- 짐을 내려놓도록 의뢰하고 프런트로 간다.
- 청구서를 건네받고 명세를 확인한다.
- 객실료를 지불하고 영수증을 받는다.
- 직원으로부터 감사인사를 받는다.

• 현관에 나와 차를 의뢰한다.

• 도어맨의 도움으로 짐을 싣고 차에 탄다.

정기적인 정량적 측정

체계적인 고객만족경영을 위해서는 정량적 접근방식이 필요하다. 고객만족 조사의 계량화는 과학적이고 체계적인 고객만족경영을 위해서 꼭 필요하다. 이를 위해서는 ① 고객만족 요소 및 각 요소의 중요도 설정과, ② 고객만족도를 체계적으로 측정할 수 있는 고객만족도지표(Customer Satisfaction Index, CSI)의 개발이 필요하다. 또한 고객의 소리(Voice of Customer, VOC), 고객접점 종사원의 보고 등의 정성적 자료를 객관적인 비교평가가 가능한 CSI 등의 정량적 자료로 전환시킬 수 있는 기초가 마련되어야 한다.

고객만족도의 정량적 조사·평가는 정기적으로 이루어질 필요가 있다. 서비스에 대한 고객만족은 경쟁기업의 등장과 고객의 욕구수준 향상에 따라 변화하기 때문이다. 따라서 고객만족도 측정이 정기적으로 이루어져야 과거 자료와의 비교평가로 시장만족도

그림 7-5 ● 고객만족경영과 고객정보 시스템

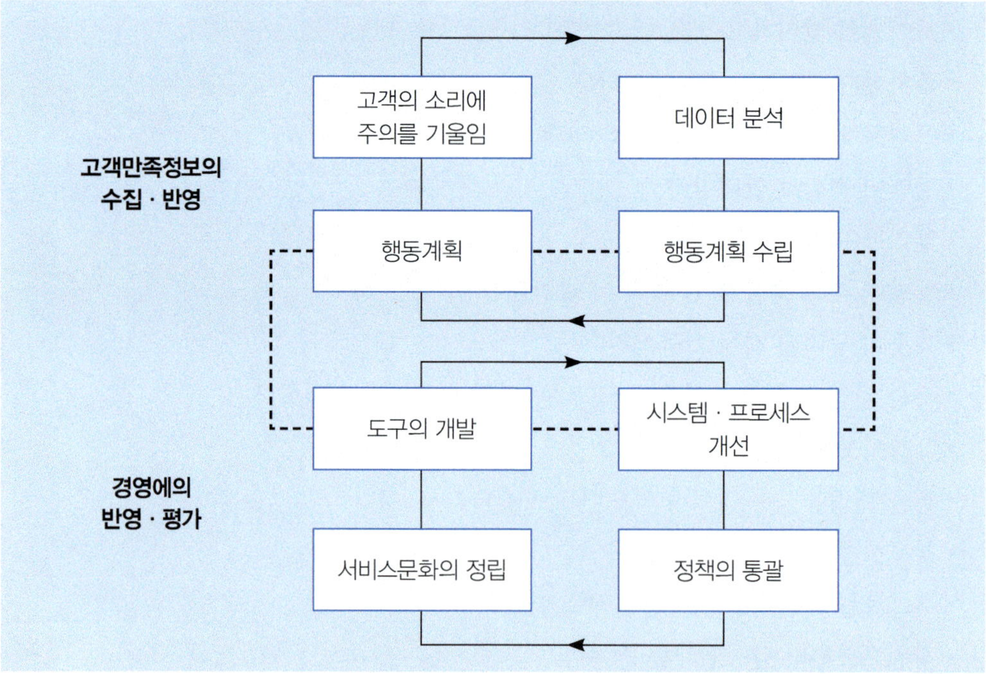

변화 추세를 파악하고 상황에 맞춰 대응책이 마련될 수 있다. 고객만족도 조사의 분석 결과는 현장에 피드백되어 일선 서비스 직원이 서비스 품질관리에 활용할 수 있도록 해야 한다.

경영자 · 관리자 주도

고객만족경영은 경영자와 관리자가 지대한 관심을 갖고 선두에 서서 추진해야 한다. 경영자의 인식이 이루어져야 고객만족을 위한 회사 차원의 전략 방향과 의사결정이 내려지고 지원시스템이 마련되기 때문이다. 고객서비스 혁신은 부서 간 이해관계가 얽혀 있을 수 있으므로 하부 부서 차원의 문제 제기만으로는 기업 전체의 거시적인 개선책을 끌어낼 수 없다. 따라서 경영자, 관리자가 고객만족을 달성하려는 강력한 의지를 가지고 상호 협조하에 개선계획을 세워 나가야 한다. 일본경영협회의 경영관리자 의식조사에 따르면, 응답자의 40퍼센트가 "CSM 추진에는 경영자의 인식과 이해가 가장 필요한 과제"라고 대답하였다.

3 고객만족관리의 실천 전략

(1) 고객 니즈의 파악

고객만족관리는 고객의 니즈(needs)를 파악하고 이에 대한 해결책을 제시함으로써 시작된다. 주의를 기울이지 않으면 그냥 지나쳐 버리고 말 고객의 작은 필요와 불편사항까지 발견해 내야 하는데, 이렇게 사소한 니즈의 불충족으로도 고객의 불만족과 상표전환이 발생할 수 있다. 고객의 니즈 파악은 고객만족관리의 핵심 포인트이다.

(2) 내부고객 만족

고객만족경영을 서비스기업에 성공적으로 정착시키려면 우선 내부고객, 즉 사내 서비스 직원들을 만족시켜야 한다. 자신의 직무에 만족하지 못하는 종사원은 고객에게 만족스러운 서비스를 창출하기 어렵다. 칼 알브레트는 그의 저서『Service America』에서 이렇게 말하였다. "만일 당신이 고객에게 직접 서비스를 제공하는 사람이 아니라면, 당신은 고객 서비스를 하는 접점 종사원에게 서비스를 제공해야 한다." 제록스사의 경험에 의하면, 내부고객의 만족도와 외부고객의 만족도는 90퍼센트 이상의 정의 상관관계를 갖는다. 이에 따라 서비스를 생산하는 종사원을 1차시장으로 보고 이들에게 마케팅적 접근방식을 취하여 직무동기를 고취시키는 내부 마케팅의 개념이 호텔과 같은 서비스업을 중심으로 크게 부각되고 있다.

그림 7-6 ● 대상에 따른 서비스 마케팅의 유형

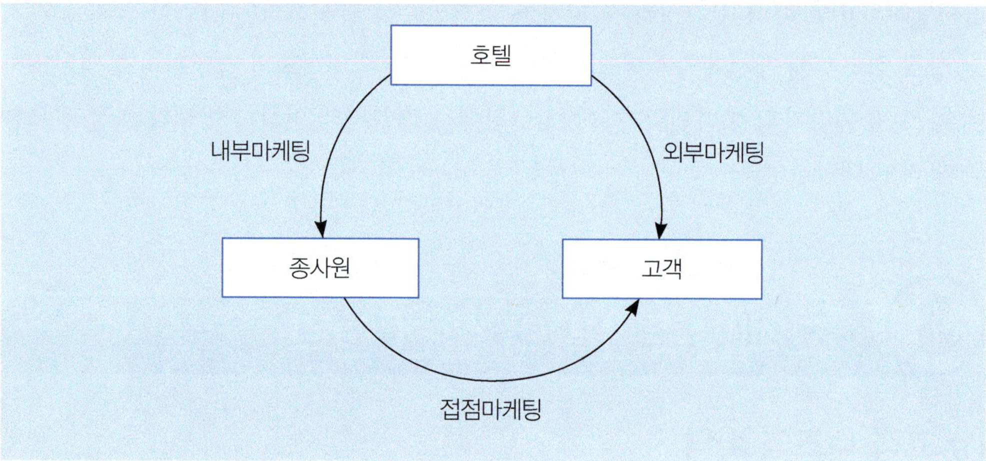

(3) 서비스 지원 시스템의 구축

서비스 접점 종사원이 고객에게 좋은 서비스를 제공하고 싶어도 만약 지원 시스템이 갖추어져 있지 않다면 고객만족은 달성하기 어렵다. 예를 들어, 호텔에서 대규모 국제회의가 개최되어 한꺼번에 고객 유입이 이루어질 때 프런트오피스 직원의 수가 절대적으로 부족하다면 신속한 체크인 서비스는 이루어질 수 없다. 고객의 선호도 파악에 따른 맞춤서비스 또한 고객 데이터베이스 시스템 없이는 불가능하다. 일선 접객 직원의 서비스를 지원해 주는 서비스 지원 시스템의 구축이 있어야 효율적인 고객만족관리가 가능하다.

표 7-3 호텔 고객 접점별 서비스 지원 시스템

고객 접점	지원 시스템 포인트	서비스 지원 전략
호텔에 예약 전화	• 충분한 전화선 확보 • 호텔 전화번호 광고 • 대표전화 교환원 및 예약직원	• 기억하기 쉬운 전화번호 확보 • 충분한 수의 예약직원 투입 및 교육 · 훈련
교환이 프런트로 연결 및 예약	• 대표전화 시스템 • 교환원의 수 • 고객 데이터베이스 • 예약관리 • 프로그램 및 시스템 용량	• 고객 데이터베이스화 • 효율적인 예약 시스템 도입
차로 호텔에 도착	• 호텔 위치 홍보 • 진입로 확보 • 주차공간 및 편리성 확보 • 대체 교통수단 확보 • 지하철 출입구 근거리 설치	• 숙련된 주차원의 안내서비스 • 충분한 수의 주차원 투입 • 리무진 등 대체 교통수단 제공
도어맨 서비스	• 도어맨의 수 • 현관의 수납 공간 • 현관의 주정차 공간 • 현관의 계단 여부 • 현관문 크기	• 도어맨 교육 · 훈련 • 현관 설계 검토
프런트에서 체크인 수속	• 프런트 직원의 수 • 접객태도 및 근무 효율성 • 예약관리 프로그램의 효율성 및 시스템 용량	• 예약관리 시스템과 고객 데이터베이스 연결로 차별적 서비스 제공 • 프런트 직원 서비스 교육
벨맨이 객실로 안내	• 벨맨의 수와 접객태도 • 고객요구 응대능력	• 적정 인원 배치 및 교육 · 훈련 • 외국어 능력 있는 벨맨 고용
엘리베이터를 탄다	• 엘리베이터의 수 및 연동 프로그램의 품질과 속도 • 엘리베이터의 내부환경	• 최적 엘리베이터 성능 산정 및 정기점검
객실로 입실	• 룸메이드의 수 및 가동 시스템 • 객실의 크기 및 배치	• 고객의 프라이버시와 편의를 위한 동선 설계 • 룸메이드 관리 및 교육 · 훈련
체크아웃	• 벨맨의 수와 접객태도 및 고객요구 응대 능력	• 적정 인원 배치 및 교육 · 훈련 • 외국어 능력 있는 벨맨 고용
캐셔에게 대금 지불	• 전산 요금청구 시스템 • 신용조회 시스템	• 신속, 정확한 시스템 도입 • 캐셔 서비스 교육
영수증 발급	• 영수증 발급 시스템	• 신속 · 정확성 확보 • 영수증 용지의 매력성 확보

고객 접점	지원 시스템 포인트	서비스 지원 전략
현관에 나와 차를 부름	• 근무원의 수 • 주차관리 시스템	• 적정 인원 배치 • 편리한 대기공간 확보
차를 타고 출발	• 도어맨 서비스 • 근무원의 수	• 진입로 확보 및 도로 진입 안내 및 차량 통제
공통	• 종사원 교육 · 훈련 시스템 • 인센티브 시스템 • 고객 데이터베이스 시스템 • 보안 시스템 • 부대시설	• 고객편의 서비스 시스템 구축 및 물리적 환경 조성

(4) 고객정보관리 시스템의 구축

고객에게 맞춤서비스를 제공하고 만족도를 증가시켜 그들과의 장기적인 관계를 형성하기 위해서는 효율적인 고객정보관리 시스템이 구축될 필요가 있다. 고객정보관리 시스템은 개인고객 정보 수집 및 관리뿐 아니라, 고객만족도 추이 분석 기능도 포함해야 한다. 미국의 Federal Express사는 SQI(Service Quality Indicator)라는 독자적인 지표를 개발하여 정기적인 고객만족도 측정을 실시한 뿐 아니라 서비스 품질 저하가 48시간 후의 시장점유율에 어떤 영향을 미치는지를 파악할 수 있는 초스피드 서비스 품질평가 시스템을 갖추고 있다. 일본의 카오사는 고객상담창구 '에코시스템'에 CCN(Computer Communication Network) 시스템을 구축하여 고객의 불만을 신속하게 처리할 뿐 아니라 고객의 불평 내용과 제안사항을 신상품 아이디어로 활용하고 있다. 이와 같이 체계적이고 효율적인 고객정보관리 시스템이 구축될 때 고객만족관리는 성공적으로 이루어질 수 있다.

(5) 고객믹스 관리

호텔서비스의 경우 다른 고객은 종종 서비스 상품의 중요한 일부가 된다. 사회 지도층 인사의 이용은 호텔기업의 명성과 이미지에 좋은 영향을 미치며 높은 홍보효과를 가져온다. 이러한 이유로 호텔기업들은 VIP 유치를 위한 특별 서비스를 마련하고 있다.

예를 들어, 호텔 리츠칼튼 서울은 미니바, 냉장고, 비디오 등을 갖춘 초호화 10인승 리무진을 구비하고 귀빈층 고객을 겨냥한 픽업 서비스를 제공하며, 부산 웨스틴 조선비치 호텔은 6인승 헬기를 전세로 빌려 VIP 고객에게 공항-호텔 에스코트 서비스를 제공하고 있다.

호텔 고객은 자신의 사회적 위치나 품격에 어울리는 고객들과 서비스 공간을 공유하기 원한다. 또한 서비스 이용 목적이 유사한 동질적인 고객집단을 선호한다. 예를 들어 기업 CEO 등 비즈니스 고객이 이용하는 호텔에 단체관광 고객이 함께 투숙하면 전자의 만족도는 하락한다는 것을 예상할 수 있다. 호텔기업은 시장세분화를 통해 자사에 가장 높은 수익을 가져다주고 성장가능성이 높은 세분시장을 선택할 필요가 있다. 고객믹스관리를 통해 자사의 주요 고객을 보호하고 고객 간의 부조화를 최소화해야 한다.

(6) 고객만족경영 시스템의 구축

서비스기업은 고객만족경영을 성공적으로 실시함으로써 고객뿐 아니라 사회의 인정과 존경을 받는 기업으로 성장하게 된다. 성공적인 고객만족경영을 추진하려면 고객

그림 7-7 ● 고객만족경영 시스템

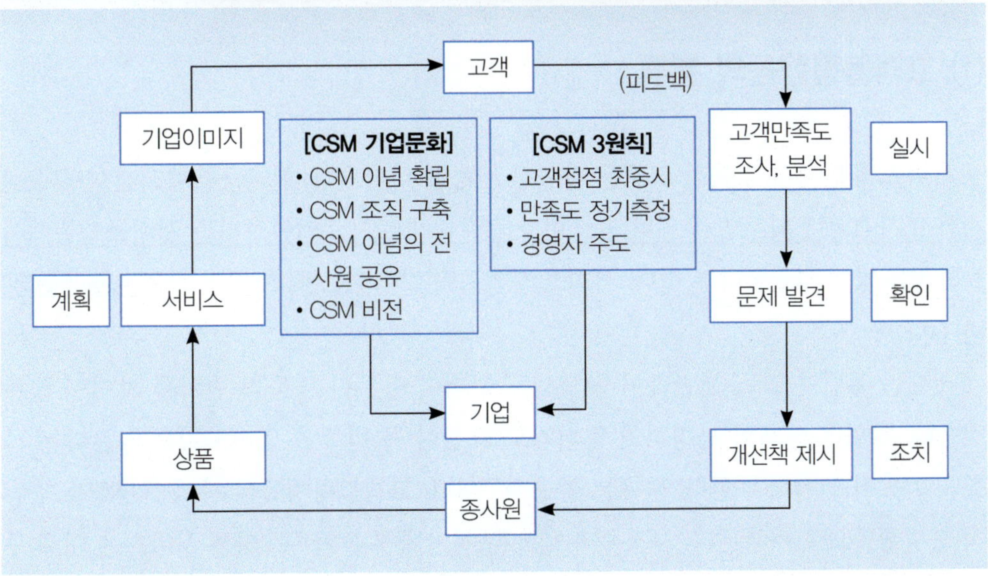

지향적인 새로운 경영 시스템이 구축될 필요가 있다. 고객만족경영은 그림 7-7 과 같은 형식을 취한다. 우선 기업 차원에서 최고경영자 주도로 고객만족경영 이념이 확립되면, 전 직원이 이러한 이념을 공유함으로써 기업풍토의 개혁이 이루어지고, 전사적 CSM 기업문화가 형성된다. 또한 기능 중심적 조직구조가 고객편의 중심적 CSM 조직구조로 개편되고, 앞에서 거론된 CSM의 3원칙에 따라 추진 방향이 설정된다. 이러한 시스템을 통하여 고객접점 서비스 종사원의 고객만족 아이디어 상품화가 활성화되고, 서비스 품질이 향상되며, 기업 이미지가 제고된다. 그 결과로 고객만족도는 향상되며 이는 다시 고객만족경영의 강화를 가져오는 선순환이 이루어지는 것이다.

4 고객불평행동관리

호텔기업이 무결점 서비스를 목표로 고객만족을 위해 최선을 다하더라도 고객불만족은 필연적으로 발생한다. 고객과의 의사소통이 제대로 이루어지지 않거나, 예기치 못한 상황이 발생하거나, 또는 직원의 실수 등에 의해서 서비스 실패가 발생하게 되는데, 이때 호텔기업은 고객의 불만을 효과적으로 처리하여 추가적인 손실을 최소화하는 노력이 필요하다.

(1) 고객불평행동의 분류

서비스에 만족하지 못한 고객은 다양한 반응을 나타낸다. 한국능률협회컨설팅이 실시한 조사결과에 따르면 우리나라 소비자들은 대체로 제조업종보다는 서비스업종에서 불만족을 많이 경험한다고 한다. 서비스 불만족이 발생했을 때 고객의 반응은 그림 7-8 과 같다.

첫째는 무반응으로, 불만족이 발생해도 고객이 아무런 행동적 변화를 보이지 않는 것이다. 기업은 고객이 불평하지 않더라도 그것이 꼭 만족을 의미하지는 않는다는 사실을 반드시 인지해야 한다. 둘째는 불평행동이다. 고객불평행동은 사적 불평행동과 공적 불평행동으로 구분된다. 사적 불평행동은 친지에게 불만족스러운 서비스에 대해 구전을 하거나 서비스 이용을 중단하는 행위를 의미한다. 공적 불평행동은 기업에 보상을 요구하거나 소비자 보호단체에 신고접수를 하고 사법소송을 제기하는 등의 행동을 포함한다.

그림 7-8 ● 불만족 발생 시 고객 반응

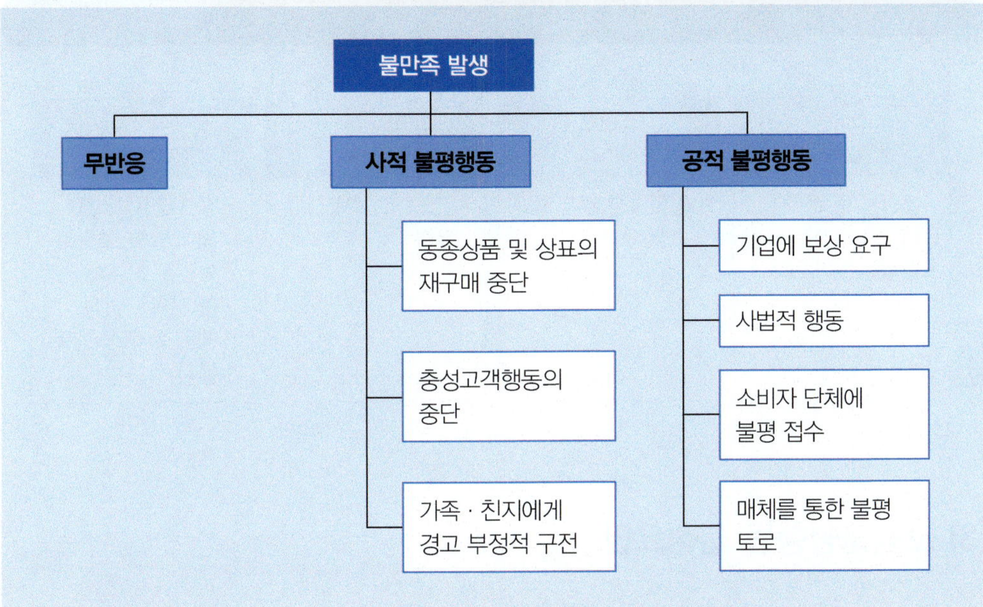

(2) 고객불만족 처리 유형

고객의 불만족 처리 유형에는 4가지가 있다.

첫째는 **소극형(passives)**이다. 소극형은 불만족상황이 발생해도 불만을 토로하지 않고 침묵하는 유형이다. 이러한 유형은 서비스업체에 직접 불평행동을 하지 않지만 다른 사람들에게 부정적 구전을 할 가능성이 있고, 표현하지 않고 구매행위를 중단하는 유형인만큼 주의가 요구된다.

둘째는 **표현형(voicers)**이다. 표현형은 서비스 종사원 및 업체 측에 불만족 요인에 대해 알리고 필요 시 합리적인 보상 요구도 할 수 있는 유형이다.

셋째는 **분노형(irates)**으로, 불만족을 경험할 때 이에 대해 분노하고 서비스 종사원에게 화를 내는 유형이다.

넷째는 **적극형(activists)**이다. 적극형은 소비자의식을 발휘하여 불만족 요인을 문제화하고 사적·공적 단체에 신고하며 필요하면 공적인 불매운동이나 법적 행동도 취할 수 있는 유형이다.

그림 7-9 고객의 불만족 처리 유형

소극형 (Passives)	표현형 (Voicers)	분노형 (Irates)	적극형 (Activists)
• 불만을 토로하지 않고 침묵하는 유형 • 말없이 돌아오지 않는 고객	• 불만족한 부분 항의 보상 요구	• 분노하고 화를 내는 유형	• 적극적인 소비자 의식 발휘, 불만족 요인을 이슈화 • 불매운동, 법적 행동 등 공적 행동 불사

(3) 고객불평행동 결정요인

고객의 불만족 처리 유형은 고객의 성격이나 과거의 불만족 처리 경험, 문제의 심각성, 업체 측의 시정가능성 등에 의해 영향을 받는다. 또한 고객의 연령이나 교육 수준, 소득 수준 등의 인구통계학적 변수들도 고객불평행동에 관여한다. 서비스 고객의 불평행동을 결정하는 결정요인은 다음과 같다.

- 불만족의 정도(발생한 문제의 심각성)
- 제품/서비스의 중요성(관여도, 가격, 거래중요성)
- 불평행동의 효익(불평행동을 했을 때 얻을 수 있는 혜택)
- 개인적 특성(성격/성향, 성별, 연령 등)
- 상황적 요인(고객의 일시적 감정·무드, 시간적 여유, 동행인 등)
- 고객충성도(서비스업체에 대한 고객의 애착심의 정도)

(4) 고객불평행동의 중요성

고객불평행동은 종종 서비스 관리에 중요한 정보와 시사점을 제공한다. 조사결과에 의하면, 불만족 고객들 중 단지 5~10퍼센트만이 불평행동을 통해 서비스기업에 불만족을 표시한다. 이것은 곧 서비스업체가 고객불만사항을 해결하여 만족고객으로 회복시킬 기회를 상실하는 사례가 많다는 것을 의미한다. 불만족한 고객이 불평행동을 하지 않는 경우, 기업은 원인도 모르는 채 고객 이탈과 매출 감소에 당면하는 결과에 이르게 된다.

고객만족관리에 있어 고객이 늘어놓는 갖가지 불만의 소리는 사실 호텔기업에게 중요한 기회 요인과 자산이 될 수 있다. 고객불평행동의 중요성은 다음과 같은 요인들로 간추릴 수 있다.

‡ 문제점을 조기에 파악, 해결할 수 있게 한다

한 고객이 불평을 할 때, 그는 종종 유사한 불만사항을 가진 수십 명의 다른 고객을 대변하는 것이다. 한 조사결과에 따르면 평균적으로 불평고객 한 사람 뒤에는 같은 문제를 경험한 고객 20여명이 있다고 한다. 따라서 기업은 고객불평을 접수함으로써 시장의 미충족 욕구와 서비스의 문제점을 파악한다는 것을 인식할 필요가 있다. 이러한 고객불평사항은 서비스 관련 정보와 아이디어로 활용하여 서비스 혁신을 위한 전략 수립에 사용될 수 있다.

또한 고객불평 덕택에 조기에 문제점 파악이 이루어지는 경우, 사후에 손해배상, 매출 감소로 이어지는 치명적 재정적 손실을 예방할 수 있다. 특히 상품의 상징성이 높은 호텔서비스의 경우, 조기에 고객불평에 귀를 기울임으로써 고객불만의 확산과 함께 초래되는 이미지 손상이라는 치명적 상황을 사전에 막을 수 있다. 고객불평요인이 간단한 서비스 속성과 관련된 경우, 기업은 많은 비용을 들이지 않고 직원 서비스 재교육 등을 통해 유사상황의 재발생을 예방하고 고객만족을 실현할 수 있다.

‡ 부정적인 구전효과를 줄인다

고객이 불만을 토로하는 경우 그것을 만족스럽게 해결해 주면 부정적인 구전효과를 줄일 수 있다. 구전효과에는 2가지 부정적인 편향(bias)이 있다. 첫째는, 사람들은 좋은 경험보다 나쁜 경험에 대해 더 많이 이야기한다는 것이다. 일본의 도요타자동차가 조사한 바에 따르면, 자신의 자동차에 만족한 고객은 평균 7.7명에게, 불만족한 고객은 15.9명에게 그 사실을 이야기하였다. 또 다른 조사결과에 따르면, 불만을 감추는 고객 26명 중 4명은 최고 20명 이상에게 나쁜 소문을 퍼뜨렸으며, 나머지 22명도 평균 5명에게 불만을 이야기했다. 둘째는, 듣는 사람은 좋은 이야기보다 나쁜 이야기에 대해 더 솔깃해하는 경향이 있다는 것이다. 이것은 부정적 상품정보가 긍정적 상품정보보다 진단성(diagnosticity)이 높다는 판단에 의해서다. 서비스에 대한 좋은 평가를 열 번 들었더라도 나쁜 이야기를 한 번이라도 들으면 그 부정적 구전에 의해 구매 결정이 종종 결정적인 영향을 받는다.

고객불만족의 시장 확산 현상을 인터컨티넨탈호텔 서울에서는 '메아리 효과'라고 표현한다. 이와 같이 시장에 부정적 구전을 널리 확산시키는 불만족 고객은 위치를 확인할 수는 없으나 시장 곳곳에서 기업의 이미지에 엄청난 타격을 입히고 다니는 테러리스트와도 같은 존재라고 할 수 있다. 부정적 커뮤니케이션을 최소화하기 위해서는, 불만족한 고객으로 하여금 기업에 불만을 토로하게 하여 불만족요인을 해결하고 만족을 회복하도록 하는 것이 중요하다.

그림 7-10 ● 불평행동 및 불평처리에 따른 고객 재구매 의도

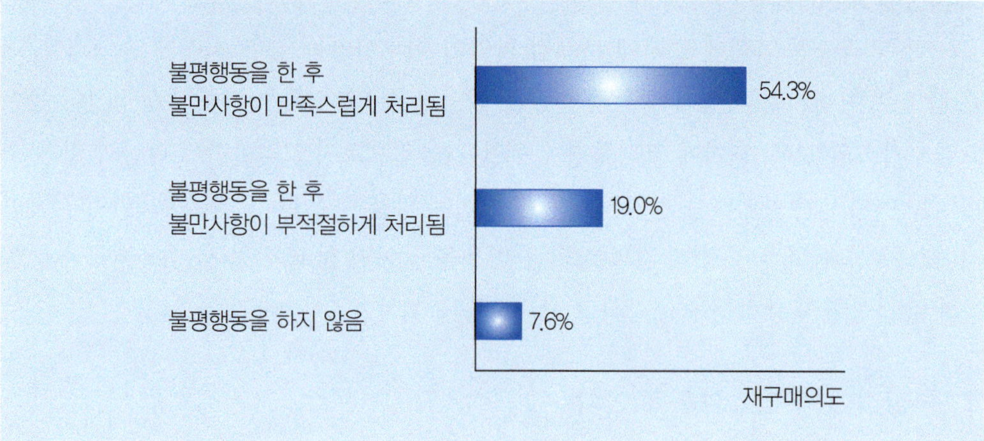

고객 이탈을 방지할 수 있다

호텔서비스에 있어 고정고객의 확보와 고객 재창출의 중요성은 아무리 강조해도 지나치지 않다. 고객이 불만을 토로하여 기업에서 적절한 조치를 취해 주는 경우, 고객의 만족도와 재구매 의도는 현저히 증가된다. 그런데 흥미로운 것은, 고객이 불평을 토로했으나 별다른 조치가 취해지지 않은 경우의 재구매 의도 또한, 불만족했으나 불평하지 않은 경우보다 두 배 이상 된다는 점이다. 이것은 곧 고객의 불평을 들어주는 것 자체만으로도 고객의 불만이 어느 정도 해소되고 고객 이탈이 감소된다는 것을 의미한다.

(5) 고객불평관리

고객불평행동의 유도

앞에서 말한 바와 같이, 고객불평행동은 서비스기업에 있어 단순히 '골칫거리'나 '필요악'이 아닌 고객관리의 중요한 구성요소이다. 기업은 불만족 발생 시 고객의 불평행동을 유도하여 불만족을 최소화할 필요가 있다. 고객의 불평행동을 유도하기 위해서는 편리한 불평행동환경, 즉 손쉽게 불만 토로를 할 수 있는 통로와 기회가 제공되어야 한다. 예를 들어 수신자 부담 고객 직통전화(hot line)를 두거나, 웹사이트에 '고객의 소리/건의함' 카테고리를 설정하거나, 고객불평 접수창구를 설치하여 서비스를 이용한 고객에게 만족 여부를 확인하는 등의 방법이 사용된다. 또한 고객의 불평을 접수받아 대응서비스가 이루어진 후에는 반드시 전화를 걸어(happy call) 불평 대응 처리가 만족스럽게 이루어졌는지를 확인하는 작업이 필요하다.

고객불평 처리과정

호텔기업의 고객불평 처리과정은 다음과 같다.

① 불평고객에게 다가가서 정중히 인사를 한다.
"안녕하십니까? 지배인 홍길동입니다. 어떻게 도와드릴까요?"

② 고객의 말을 경청한다.
절대로 고객의 말을 끊지 말고, 필요하다면 메모를 한다.

③ 정중하게 사과하고, 공감을 표시한다.

"정말 죄송합니다. 얼마나 실망하셨는지 이해하겠습니다."

④ 행동을 취한다.

• 바로 시정할 수 있는 것은 즉시 해결한다.

"즉시 바꾸어 드리겠습니다. 잠시만 기다려 주시겠습니까?"

• 관계 부서에 문의를 해 보아야 할 때는, 신속하게 알아본 후 해결책을 제시한다.

"즉시 알아보겠습니다. 잠시만 기다려 주십시오."

"기다려 주셔서 감사합니다. 새 방으로 바꿔 드리겠습니다."

⑤ 만족도를 확인한다.

"당직 홍지배인입니다. 새 방이 마음에 드시는지요?"

5 서비스 실패와 회복

(1) 서비스 실패

호텔서비스는 이질성과 인적 요소가 높고 수요의 굴곡이 심해 각 서비스 접점에서 서비스 실패(service failure)의 가능성이 항상 내재되어 있다. 또한 고객만족도가 고객 개개인의 기대치의 함수임을 고려할 때, 서비스 실패란 어쩌면 불가피한 현상일지도 모르겠다. 서비스 실패가 발생의 필연성을 안고 있다는 것을 감안할 때, 좀 더 중요한 문제는 호텔에서 서비스 실패가 발생했을 때 거기에 어떻게 대처하느냐는 것이다. 고객만족/불만족은 종종 서비스 실패 그 자체보다 서비스 실패 시의 기업의 대응 태도 및 문제해결 노력에 의해 결정된다.

(2) 서비스 회복

서비스 실패는 서비스기업에 있어 위기이지만 동시에 기회로 작용하기도 한다. 서

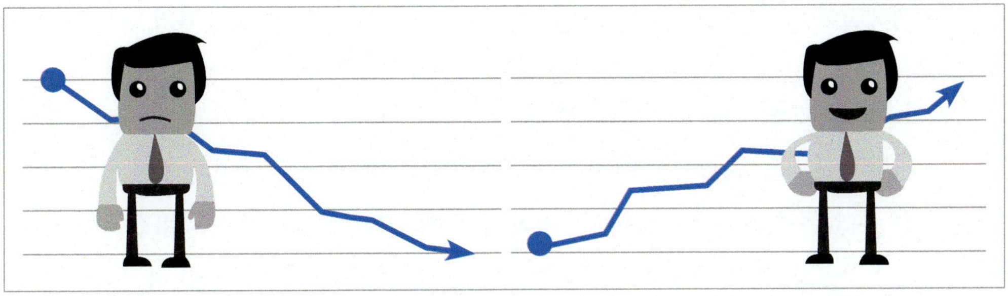

고객만족/불만족은 서비스 실패 자체보다 호텔기업의 대응 태도 및 문제해결 노력에 의해 결정된다.

비스 실패-회복 과정을 거치며 고객과의 관계가 더욱 밀착될 수 있기 때문이다. 서비스 회복(service recovery)이란 서비스 실패에 대응하여 기업이 취하는 행동을 의미한다. 서비스 회복과정에 있어 고객만족/불만족에 영향을 미치는 요인에는 불평행동의 용이성, 서비스 종사원의 초기 고객불평 접수 태도, 물리적 불평환경, 기업의 불평처리 노력, 불평처리 결과 측면이 있다. 서비스 실패가 발생했을 때 기업의 불평처리 프로세스에 따라 서비스 회복과 고객만족 여부가 결정된다.

서비스 회복과정에는 다음과 같은 실천전략이 요구된다.

서비스 회복 기회 추적

호텔기업은 적극적으로 고객불만족요인을 발견하려는 노력을 기울여 서비스 회복 기회를 찾아야 한다. 우선 고객이 불평을 토로하는 데 저해가 되는 요인들을 이해할 필요가 있는데, 많은 고객이 불평 절차가 불편하고 번거롭다는 이유로 불평행동을 하지 않는다. 이 경우 서비스기업 측은 불평 절차를 간소화하고 고객이용불편 직통 전화번호나 고객불평 접수 이메일 등 편리한 불평 통로를 개발할 필요가 있다. 또한 호텔 고객은 불만을 제기했다가 무례하게 대우받거나 회사 측이 조치를 취해 주지 않으면 도리어 감정이 상할 것 같아서 불평행동을 안 하는 경우도 있다. 따라서 호텔은 고객만족을 위해 최선을 다하는 고객 위주 서비스정신을 고객에게 인지시키고 고객의 불평사항에 적극적인 해결책을 제시하는 태도를 보여 주어야 할 것이다.

문제 발생 현장에서 즉시 처리

고객의 불만사항을 파악하면 최대한 신속하게 고객이 있는 현장에서 바로 문제를 처리한다. 문제해결이 늦어지면서 고객의 불만이 증폭되는 상황이 종종 발생하기 때문이다.

✝ 일선 서비스 종사원에게 권한위양

신속한 문제해결을 위해서는 서비스 접점 종사원에게 서비스 실패가 발생했을 때 즉시 대처할 수 있는 권한과 재량권을 부여할 필요가 있다. 호텔기업은 서비스 직원이 신속하고 적극적으로 고객의 문제해결을 할 수 있도록 제도적 지원을 마련하고 고객불평처리의 체계적 절차를 직원에게 내재화해야 한다.

✝ 서비스 종사원 훈련과 보상

효과적으로 고객불평처리를 하고 서비스 회복을 실현할 수 있도록 종사원 교육·훈련을 실시하고, 성공적으로 서비스 회복을 실천하는 종사원에게는 특별 보상이나 승진 기회를 제공하는 인센티브 시스템을 마련한다. 그랜드 힐튼 서울에서는 서비스 직원들을 대상으로 고객불평처리 및 문제해결 사례를 공모하여 우수 사례를 포상하고 호텔의 인트라넷을 통해 전 직원에게 회람시킨다.

✝ 서비스 프로세스의 개선

서비스 실패의 원천이 되는 근본적 원인을 발견하고 반복적으로 발생하는 문제에 대해서는 재발생 방지책이 수립되어야 할 것이다. 서비스 청사진을 분석하여 고객에게 서비스가 제공되는 과정에 있어 문제발생이 빈번한 지점을 발견하고, 일정 기간 동안 접수된 고객불평사항을 검토한 후 서비스 개선책을 마련하여 문제의 재발생을 원천적으로 제거한다.

(3) 서비스 회복 공정성

서비스 회복에 대한 고객만족도는 서비스 실패가 복구되는 과정에서 고객이 지각하는 공정성에 의해 크게 좌우된다. 회복 공정성이란 서비스 실패가 발생하여 불편함을 겪은 고객이 업체 측으로부터 공손한 사과를 받아 내고 원활하게 보상처리가 되어서 마침내 공정한 대우를 받았다고 느끼는 정도를 말한다. 서비스 회복과정에서 고객이 지각하는 공정성에는 다음과 같은 3가지 차원이 있다.

✝ 분배 공정성(Distributive Justice)

서비스 회복에 있어 분배 공정성은 기업이 서비스 실패에 대한 보상으로 고객에게 무엇을 제시하느냐에 대한 문제이다. 고객은 호텔기업의 서비스 실패로 인하여 자신이 경험해야 했던 경제적 손실, 시간적 손실, 심리적 불안감과 불쾌감 등에 대해 종종 실질적 보상을 받기를 원한다. 분배 공정성은 서비스 회복상황에서 고객에게 주어지는 보상이나 환불, 할인 등의 방법으로 실현될 수 있다. 예를 들어, 호텔 측의 잘못으로 객실 예약이 취소되었을 때 한 단계 업그레이드된 객실을 제공하는 방법이 있다.

✝ 절차 공정성(Procedural Justice)

절차 공정성은 서비스 회복의 절차적, 과정적 측면이다. 불평 접수 절차가 복잡하고 불편하다거나 서비스기업이 고객불평을 접수한 후 늑장 대응을 하면 고객은 절차 공정성을 느낄 수 없다. 절차 공정성이란 고객보상 절차, 방침, 기준, 효율성 등 기업의 서비스 회복과정에 대해 고객이 공정하다고 지각하는 정도를 의미한다. 서비스기업은 서비스 실패를 회복하고 문제를 처리하는 과정에서 고객이 또 한 번의 불편을 겪지 않도록 불평처리과정을 간소화하고, 최대한 신속하게 서비스 회복이 이루어지도록 노력해야 한다. 또한 서비스 회복이 진행되는 동안 고객에게 상황 보고를 하며 커뮤니케이션을 원활히 유지하는 것도 필요하다. 고객에게 문제해결 진행상황을 인지시키고 불안과 염려를 완화시킴으로써 절차 공정성을 증가시킬 수 있기 때문이다.

✝ 상호작용 공정성(Interactional Justice)

상호작용 공정성은 고객불평 접수를 하고 서비스 회복을 담당하는 직원이 고객에게 보여 주는 진실하고 정직하며 예의바른 태도에 의해 실현될 수 있다. 호텔기업의 서비스 실패로 불편을 겪은 고객에게 감정이입을 하며 진심 어린 사과를 하고 문제해결을 위한 적극적인 태도를 보여 주는 것은 매우 중요하다. 서비스 종업원은 고객의 입장에서 고객의 마음을 이해하고 고객이 당면한 문제에 대해 관심을 나타내며 문제해결 절차와 방법에 대해 친절히 설명할 수 있어야 한다. 많은 경우 고객불평처리에 있어 서비스 직원의 태도 문제로 고객의 불만이 더욱 증폭되는 상황이 빈번히 발생한다. 따라서 서비스기업은 종사원의 불평처리 태도와 커뮤니케이션 방법을 충분히 교육시키고 관리해야 할 것이다.

(4) 서비스 회복 패러독스

서비스 실패가 발생했다고 고객을 잃는 것은 결코 아니다. 서비스 실패가 발생했을 때 기업이 고객의 입장에 서서 적극적으로 문제해결을 하고 보상을 하는 등 효과적으로 회복 전략을 수행하면, 고객은 애당초 서비스 실패가 발생하지 않은 경우보다 오히려 더욱 충성스런 고객으로 전환될 수 있다. 이와 같이, 처음부터 실패 없이 서비스가 전달되는 경우보다 서비스 실패가 발생하고 회복된 경우에 고객만족도가 더욱 높아지는 역설적인 상황을 서비스 회복 패러독스(service recovery paradox)라고 한다. 호텔 고객은 때때로 기업 측이 적극적인 자세로 서비스 실패를 회복시키는 과정을 지켜보며 기업의 고객서비스정신을 확인하고 충성도를 더욱 확고하게 가지기도 한다.

그런데 서비스 회복 패러독스의 발생에는 몇 가지 관련 요인이 있다. 최초 서비스 실패의 심각성과 서비스 회복의 성과가 그것이다.

첫째, 서비스 실패가 고객에게 심각하고 치명적인 성격의 것이었다면 서비스 회복 패러독스는 기대하기 어렵다. 고객이 가장 중요하게 생각하는 핵심 서비스에 대한 오류가 발생하면 고객은 서비스기업에 대한 기본적인 신뢰를 잃기 때문에 아무리 사후보상이 이루어진다고 하더라도 서비스 회복 패러독스는 결코 발생하지 못한다.

둘째, 기업의 서비스 회복과정과 그 결과가 기대 이상으로 훌륭하여 고객이 감동할 만한 수준이 아니라면 서비스 회복 패러독스는 발생하지 않을 것이다. 그런데 서비스 실패에 대한 고객불만족을 만회하고도 남을 정도의 서비스 회복에는 종종 높은 비용이 수반된다. 이것은 곧 서비스기업이 무결점(zero defect)주의에 입각하여 서비스 제공에 있어 처음부터 최선을 다해 고객에게 실패 없는 서비스를 제공하는 것이 가장 안전한 방법이라는 것을 의미한다.

고객만족조사 설문지(인터컨티넨탈호텔 서울)

[GUEST SATISFACTION SURVERY]

(OVERALL OPINION)

Q1. Overall, how do you rate you stay in this hotel?

Excellent	Very Good	Fairly Good	Average	Fairly Poor	Very Poor	Extremely Poor
☐	☐	☐	☐	☐	☐	☐

Q2. Why? ____________________

____

(KEY FACILITIES AND SERVICES)

What is your overall opinion of the following?

Q3. Cleanliness of the public areas of this hotel

☐ ☐ ☐ ☐ ☐ ☐ ☐

Q4. Cleanliness of your room

☐ ☐ ☐ ☐ ☐ ☐ ☐

Q5. Cleaniness of your bathroom

☐ ☐ ☐ ☐ ☐ ☐ ☐

Q6. Quietness of your room

☐ ☐ ☐ ☐ ☐ ☐ ☐

Q7. Speed and eficiency of your check–in

☐ ☐ ☐ ☐ ☐ ☐ ☐

Q8. Safety and security of the hotel

☐ ☐ ☐ ☐ ☐ ☐ ☐

Q9. Temperature control in your room

☐ ☐ ☐ ☐ ☐ ☐ ☐

Q10. In–room entertainment

☐ ☐ ☐ ☐ ☐ ☐ ☐

Q11. Business services (if applicable)

☐ ☐ ☐ ☐ ☐ ☐ ☐

Q12. In–room PC/modern facilities (if applicable)

☐ ☐ ☐ ☐ ☐ ☐ ☐

(RESERVATION)

Q13. If you made your reservation directly with the hotel, please indicate how efficiently it was handled

☐ ☐ ☐ ☐ ☐ ☐ ☐

(STAFF SERVICE)

Q14. What is your overall opinion of the staff at this hotel?

☐ ☐ ☐ ☐ ☐ ☐ ☐

Q15. Why? ______________________________

____

Q16. Which statement best describes members of staff with whom you have had contact?

- Front Desk / Reception

☐ ☐ ☐ ☐ ☐ ☐ ☐

- Bell Staff / Porter

☐ ☐ ☐ ☐ ☐ ☐ ☐

- Room Attendant

☐ ☐ ☐ ☐ ☐ ☐ ☐

- Telephone Operators

☐ ☐ ☐ ☐ ☐ ☐ ☐

- Guest Relations

☐ ☐ ☐ ☐ ☐ ☐ ☐

- Bar Staff

☐ ☐ ☐ ☐ ☐ ☐ ☐

- Restaurant Staff

☐ ☐ ☐ ☐ ☐ ☐ ☐

- Room Service

☐ ☐ ☐ ☐ ☐ ☐ ☐

- Laundry / Valet

☐ ☐ ☐ ☐ ☐ ☐ ☐

- Business Center Staff (if applicable)

☐ ☐ ☐ ☐ ☐ ☐ ☐

- Fitness Center Staff (if applicable)

☐ ☐ ☐ ☐ ☐ ☐ ☐

- Swimming Pool staff(if applicable)

☐ ☐ ☐ ☐ ☐ ☐ ☐

(CONFERENCE / MEETING / SOCIAL FUNCTION)

Q17. What is your overall opinion of the service you received while attending the conference / meeting or social event in the hotel?

Q18. Why? ______________________________

____

Q19. How do you rate the following?

- Audio-visual facilities

☐ ☐ ☐ ☐ ☐ ☐ ☐

- Temperature in room

☐ ☐ ☐ ☐ ☐ ☐ ☐

- Seating comfort

☐ ☐ ☐ ☐ ☐ ☐ ☐

- Quality of food and beverage at event

☐ ☐ ☐ ☐ ☐ ☐ ☐

- Soundproofing

☐ ☐ ☐ ☐ ☐ ☐ ☐

(FOOD AND SERVICE)

Q20. What is your overall opinion of the hotel's restaurant(s)?

☐ ☐ ☐ ☐ ☐ ☐ ☐

Q21. Why? ______________________________

____

Q22. Which meal(s) have you taken in the hotel's restaurant(s)?

(Breakfast Lunch Dinner)

Q23. What is your opinion of each of the following?

- Quality of food

☐ ☐ ☐ ☐ ☐ ☐ ☐

- Variety of menu

☐ ☐ ☐ ☐ ☐ ☐ ☐

- Presentation of food

☐ ☐ ☐ ☐ ☐ ☐ ☐

- Availability of healthy choices

☐ ☐ ☐ ☐ ☐ ☐ ☐

• Quality of service

☐ ☐ ☐ ☐ ☐ ☐ ☐

• Quality of service

☐ ☐ ☐ ☐ ☐ ☐ ☐

• Atmosphere and ambience

☐ ☐ ☐ ☐ ☐ ☐ ☐

• Physical condition

☐ ☐ ☐ ☐ ☐ ☐ ☐

• Value for money

☐ ☐ ☐ ☐ ☐ ☐ ☐

Q24. To which restaurant(s) does this apply?

____

Q25. What is your overall opinion of the hotel's bar(s)?

☐ ☐ ☐ ☐ ☐ ☐ ☐

Q26. Why? ____

____

(ROOM SERVICE)

Q27. What is your overall opinion of the hotel's room service?

☐ ☐ ☐ ☐ ☐ ☐ ☐

Q28. Why? ____

____

Q29. What is your opinion of each of the following aspects of Room service?

• Quality of food and beverage

☐ ☐ ☐ ☐ ☐ ☐ ☐

• Variety of menu

☐ ☐ ☐ ☐ ☐ ☐ ☐

• Speed of service

☐ ☐ ☐ ☐ ☐ ☐ ☐

• Value for money

☐ ☐ ☐ ☐ ☐ ☐ ☐

(SIX CONTINENTS CLUB) – For club members only. Otherwise go to Q33.

Q30. What is your overall opinion of the six Continents Club?

☐ ☐ ☐ ☐ ☐ ☐ ☐

Q31. Why? ——— …………?

Q32. Which of these Six Continent Club Privileges did you receive during your stay?

	Received	Not received	Not required
• Priority waitlist reservations	☐	☐	☐
• Special check-in desk/area	☐	☐	☐
• Upgrade to superior room	☐	☐	☐
• Fresh fruit and mineral water	☐	☐	☐
• Single rate for double occupancy	☐	☐	☐
• In-room gift	☐	☐	☐
• Late check-out(4pm)	☐	☐	☐

(USAGE)

Q33. How often do you stay in Inter-Continental Hotels and Resorts?

First time	Once a year	2~3times a year	4 or more times a year
☐	☐	☐	☐

Q34. Why did you choose THIS hotel?

____

____

Q35. How likely is it that you would returen to THIS hotel?

Extremely Likely	Very Likely	Quite Likely	Neutral	Quite Unlikely	Very Unlikely	Extremely Unlikely
☐	☐	☐	☐	☐	☐	☐

Not likely to return to the city ☐

Q36. Have you stayed in other hotels IN THIS CITY that you consider to be better than this hotel?

Yes ☐ (Please name) ________________________

No ☐

Q37. Why? ____

____

Q38. What is your overall opinion of the following hotel chains?

	Excellent	Very Good	Fairly Good	Average	Fairly Poor	Very Poor	Extremely Poor	Not Stayed
Hilton	☐	☐	☐	☐	☐	☐	☐	☐
Hyatt	☐	☐	☐	☐	☐	☐	☐	☐
Marriott	☐	☐	☐	☐	☐	☐	☐	☐
Sheraton	☐	☐	☐	☐	☐	☐	☐	☐
Inter–Continental	☐	☐	☐	☐	☐	☐	☐	☐

(ABOUT YOURSELF)

Q39. What is the main purpose of your visit?

Individual Business	Meeting/ Conference	Individual Leisure	Group Leisure	Other(Please write in)
☐	☐	☐	☐	☐ ________

Q40. How many tripe have you made in the last 12 months which involved an overnight stay?

Less than 3	3~6	7~10	More than 10
☐	☐	☐	☐

Q41. Age

Less than 30	30~40	41~50	51~60	Over 60
☐	☐	☐	☐	☐

Q42. Sex

Male	Female
☐	☐

Q43. Where is your country of permanent residence? ____________________

(YOUR COMMENTS/SUGGESTIONS)

Q44. What did you particularly enjoy about your stay?

____

____

Q44. What could we have done to make your stay better?

____

____

– THANK YOU VERY MUCH –

HOTEL MARKETING

제8장 마케팅 조사와 마케팅 정보 시스템

마케팅활동을 전개함에 있어 시장정보의 역할은 절대적이다. 마케팅 조사의 역할은 시장상황, 경쟁환경, 고객 선호 변화 추이를 추적하고, 자사와 경쟁사의 마케팅믹스 변수들을 분석하여 최적의 마케팅 전략이 수립될 수 있도록 객관적 자료를 제공하는 것이다. 이러한 마케팅 정보는 빠르게 변화하는 시장환경 속에서 마케팅활동 의사결정에 필연적으로 수반되는 불확실성과 위험성을 감소시킨다. 마케팅 의사결정과 관련된 객관적이고 필수적인 정보를 획득하려면 잘 짜여진 조사계획이 필요하다. 또한 마케팅정보를 체계적으로 관리하고 필요한 자료를 효율적으로 인출하여 사용할 수 있는 마케팅 정보 시스템이 도입되어야 한다.

1 마케팅 조사의 정의 및 기능

마케팅 조사(marketing research)는 회사가 당면하고 있는 마케팅 문제와 관련된 정보를 체계적이고 객관적으로 수집, 분석, 보고하는 일련의 활동이다. 편향되지 않고 신뢰성과

표 8-1 마케팅 조사의 분야 및 세부 기능

분야	세부 기능
시장상황	• 시장의 매력도 조사 • 시장성장률 분석 • 시장잠재력 측정 • 고객의 특성 및 행동 조사, 분석 • 경쟁 분석 • 자사의 강점과 약점 분석 • 자사의 마케팅활동과 관련된 법률환경 조사
마케팅믹스	• 신상품 · 서비스의 수용과 잠재력 조사 • 기존 상품 · 서비스의 테스트 • 브랜드 인지도 및 애호도 조사 • 종업원(태도, 행동)에 대한 조사 • 광고 문안에 대한 조사 • 광고 매체에 관한 조사 • 각종 판촉 수단의 효과에 대한 조사
평가와 통제	• 광고 효과 분석 • 고객만족 수준에 대한 조사 • 판매 분석 조사 • 수익성 조사 • 마케팅믹스의 민감도 조사

타당성이 있는 자료가 수집되어 체계적으로 분석될 때, 이러한 시장 자료는 마케팅관리자에게 의미 있는 시장정보로 전환되어 전략 수립에 활용될 수 있다.

마케팅 조사의 주요 목표는 상황에 따라, 그리고 기업철학에 따라 달라질 수 있다. 예를 들어, 메리어트인터내셔널의 전 부사장인 카마초는 마케팅 조사의 최우선 목표를 시장세분화 및 규모 조사, 상품·서비스의 개념 개발 및 테스트, 고객의 가격민감성 측정, 광고·홍보 평가, 고객만족도 조사에 두었다.

마케팅관리자는 마케팅 조사를 통해 시장 및 고객행동에 대한 정확한 정보를 얻을 수 있으며, 마케팅믹스를 비롯한 제 마케팅활동의 평가 및 통제를 할 수 있다. 마케팅 조사의 분야 및 세부 기능은 **표 8-1**에 제시되어 있다.

2 마케팅 조사 과정

마케팅 조사 과정은 문제의 제기, 연구 목적 제시, 마케팅 조사 계획 수립, 자료 수집, 자료 분석 및 해석, 조사결과 보고 등의 단계로 이루어진다.

그림 8-1 ● 마케팅 조사 과정

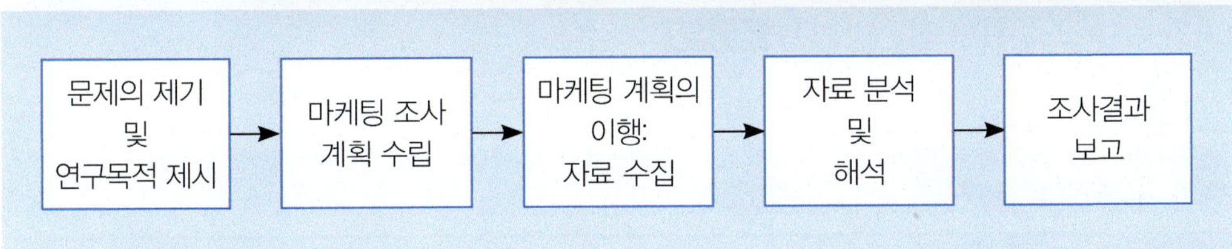

(1) 문제의 제기 및 조사 목적 설정

마케팅 조사에 있어 첫 단계는 문제의 제기 및 조사 목적의 설정이다. 조사의 주제와 목적이 초기에 명확히 정해지지 않으면 중도에 조사활동이 표류하게 된다. 조사 문제는 적정 범위 내에 설정되어야 마케터에게 전략 수립에 적용가능한 결과를 가져다줄 수 있다. 조사 문제가 너무 광범위하면 연구의 초점이 흐려지고, 자료 수집이 어려우며, 분석

결과의 깊이가 얕아지는 문제점이 발생한다. 반면에 조사 범위가 너무 협소하면 조사결과의 일반화와 마케팅 전략에의 적용가능성에 한계가 있다.

예를 들어, 어느 호텔에서 고객이 자기 호텔을 선택하는 동기를 조사한다고 하자. 이 호텔에는 객실 이용객뿐 아니라 다양한 부대시설 이용객이 있고, 개인 여행객과 단체 여행객이 있으며, 비즈니스 여행객, 위락 여행객, 컨벤션 참가자, 연회 개최자, 결혼식 하객 등 다양한 세분시장이 존재한다. 따라서 고객의 선택 동기를 파악하려면 호텔의 업장별로, 그리고 특정 세분시장별로 마케팅 조사를 실시해야 의미 있는 결과를 도출해 낼 수 있다.

(2) 조사 계획 수립

조사의 범위와 목적이 정해지면, 그다음 단계는 구체적으로 어떻게 조사를 실행할 것인지에 대한 계획을 수립한다.

자료원

① 1차자료

1차자료(primary data)는 조사자가 설문 조사, 면접 등을 통해 직접 수집하는 자료이다. 1차자료 수집을 위한 접근방법은 **표 8-2**와 같다.

표 8-2 1차자료 수집 접근방법

조사 유형	관찰, 실태 조사, 실험
조사 도구	설문지, 실험 도구 및 기계(초시계, 검류계, 카메라)
표본 설계	조사 대상, 표본 크기, 표본 추출 방법
접촉 방법	우편, 전화, 대인면접

② 2차자료

2차자료(secondary data)는 다른 연구자나 연구기관이 수집하여 이미 존재하는 자료를 의미한다. 호텔 마케팅과 관련된 2차자료의 정보원에는 한국관광공사, 한국은행, 한국관광연구원, 그리고 각종 호텔산업 관련 협회에서 발행하는 통계자료와 연구자료가 있다.

✝ 연구조사 유형

① 관찰(Observation)

관찰은 고객의 행동 반응과 시장상황 등을 조사자가 직접 유심히 관찰하여 자료를 수집하는 방법이다. 이 방법은 소비자의 가장 자연스러운 행동을 측정할 때 사용되는 것으로, 보통 조사 대상자는 자신이 관찰의 대상이 되었다는 사실을 인식하지 못한다. 만약 조사 대상자가 조사자를 의식하면 편향된 응답을 보일 가능성이 있다.

미국의 한 연구팀은 각 가정을 방문하여 설문조사를 한 결과 1가구당 1주일에 평균 2~3병의 맥주를 마신다는 결과를 얻게 되었다. 그러나 각 가정의 쓰레기통을 관찰하여 실제로 각 가정에서 먹고 버린 맥주병의 수를 세어 보니 평균 8~9병의 맥주가 소비되었음을 발견할 수 있었다. 이와 같이, 관찰방법은 사람들이 정보 제공하기를 꺼려하거나 정확한 정보를 제공할 능력이 없을 때 주로 사용된다.

② 실태 조사(Survey)

실태 조사는 서술적 자료(descriptive data)를 수집하기 위해 실시된다. 여기서 서술적 자료란 시장상황이나 고객행동에 대한 실태 자료를 뜻한다. 서술적 자료를 얻기 위한 설문 문항에는 직접질문 방식과 간접접근 방식이 있다. 예를 들면, 고객의 호텔 선택 속성을 조사하는 경우 "당신이 호텔을 선택할 때 고려하는 요인은 무엇입니까?"라고 묻는다면 이는 직접질문 방식이고, "당신은 사람들이 호텔을 선택할 때 어떤 요인을 중요하게 고려한다고 생각하십니까?"라고 묻는다면 간접접근 방식이다. 간접접근 방식을 사용하는 경우 오히려 응답자 본인의 솔직한 대답을 얻기도 한다 .설문 응답자가 타인에 대하여 이야기하는 형식으로 자신의 내재된 생각들을 드러내기 때문이다.

③ 실험(Experiment)

마케팅, 소비자행동론과 같은 사회과학에서 실험이란 두 개 이상의 변수 간의 상관관계나 인과관계를 규명하는 연구 유형을 의미한다. 실험은 주로 조사연구자에 의해 통제된 환경 내에서 실시된다. 실험을 할 때에는 일정 독립변수(영향을 주는 요인)와 종속변

수(영향을 받는 요인) 간에 어떠한 인과관계가 존재하는지에 대한 객관적 해석을 얻기 위해서 회귀분석, 변량분석 등의 통계분석이 사용된다.

연구 도구

자료를 수집하기 위해서는 다양한 연구 도구가 사용될 수 있다. 첫째, 마케팅 조사에 널리 쓰이는 연구 도구는 설문지이다. 설문지 문항에는 크게 자유응답식과 폐쇄식이 있다. 자유응답식 질문(open-ended questions)은 응답자가 주관적인 자기 생각을 제한 없이 나열하도록 하는 방식이다. 폐쇄식 질문(closed-ended questions)은 응답자가 해당 부분에 체크를 하도록 하는 방식이다. 폐쇄식 질문에는 **표 8-3**에 제시된 대로 다양한 유형이 있다.

둘째, 마케팅 조사에 사용되는 연구 기기에는 카메라나 시계, 검류계(galvanometer) 등이 있다. 이러한 기계들은 광고, 물리적 환경 등의 마케팅 자극에 대한 소비자의 행동반응(의사결정 시간, 체류 시간)이나 신체반응(시선 이동, 동공 확대, 피부 수축 등)을 측정하는 데 사용된다.

표 8-3 폐쇄식 질문의 유형

질문 유형	질문의 예
이분법	본인이 직접 예약하셨습니까? 예( ) 아니오( )
다항선다형	이번 A호텔 체류 시 동행인은? 일행 없음( ) 가족( ) 친구( ) 직장 동료( ) 기타( )
라이커트 척도	체인호텔은 비체인호텔보다 서비스의 수준이 높다. 절대적으로 동의 절대적으로 동의 못함 1 ·············· 2 ·············· 3 ·············· 4 ·············· 5 ·············· 6 ·············· 7
어휘 차별 척도	A호텔은? 현대적이다 중간이다 고전적이다 1 ·············· 2 ·············· 3 ·············· 4 ·············· 5 ·············· 6 ·············· 7
중요도 척도	호텔이용에 있어 객실 어메니티는? 매우 중요 조금 중요 전혀 중요치 않음 1 ·············· 2 ·············· 3 ·············· 4 ·············· 5 ·············· 6 ·············· 7

설문 문항 작성 시 유의점

1. 조사 목적에 관련된 질문만을 설문지에 포함시킨다.
2. 응답자가 대답하기 꺼리는 사적인 질문(예: 소득, 학력)은 가급적 피하고, 꼭 필요한 경우에는 설문지 뒷부분에 추가한다.
3. 응답자의 답변을 조사자의 의도에 따라 강요해서는 안 된다.

   예: 비싼 로열티를 지급하는 외국 체인호텔을 내국인들이 사용하는 것에 대해 어떻게 생각하십니까?
4. 응답자가 비교적 쉽게 답변할 수 있는 질문은 설문지 초반부에, 그리고 까다롭거나 어려운 질문은 후반부에 둔다.
5. 응답자가 이해하기 어려운 전문 용어는 피한다.
6. 실험의 경우, 조사연구의 가설은 조사가 종료될 때까지 응답자가 모르도록 한다. 유도효과(a demand artifact)가 나타날 수 있기 때문이다.
7. 한 문항에 두 개 이상의 질문을 포함시키지 않는다.
8. 질문을 모호하게 하지 않는다.
9. 응답자의 기억량을 초과하는 질문은 피한다.
   예: 작년 한 해 동안 특1급 호텔에서 귀하가 소비한 총금액을 1,000원 단위까지 기입해 주십시오.
10. 폐쇄식 질문에 있어 응답이 중복되거나 누락되지 않아야 한다.
    예: 점심값으로 평균 얼마를 소비하십니까?
    ① 5,000~1만원 ② 1만~1만5,000원 ③ 1만5,000~2만원 ④ 2만~3만원

▶ 10번 문항의 응답에서 5,000원 미만과 3만원 이상은 누락되었으며, 1만원, 1만5,000원, 2만원은 중복되었다. 10번 문항의 응답은 다음과 같이 수정될 필요가 있다.
① 5,000원 미만 ② 5,000~1만원 미만 ③ 1만~1만5,000원 미만
④ 1만5,000~2만원 미만 ⑤ 2만~3만원미만 ⑥ 3만원 이상

표본 설계

연구 도구가 결정된 후에는 구체적인 조사 대상자가 선정되어야 한다. 일반적으로 마케팅 조사연구에서는 전체 모집단(population)에서 모집단을 대표하는 표본(sample)을 추출하여 이들을 대상으로 자료 수집 및 분석이 이루어진다.

표본 설계에는 크게 3가지의 고려사항이 있다. 첫째는 조사 대상이다. 예를 들어, 가족 휴가 숙박지 의사결정에 대해 조사를 하는 경우, 조사 대상을 가장으로 할 것인지, 주부로 할 것인지, 가족 일원 모두로 할 것인지, 또는 여행사 직원으로 할 것인지에 대한 결정이 사전에 이루어져야 한다.

둘째는 표본의 크기이다. 일반적으로 표본은 그 크기가 클수록 신뢰도와 통계유의도가 높아진다. 그러나 자료 수집과 분석에 드는 비용을 감안하여 표본의 크기가 결정될 필요가 있다.

셋째는 표본 추출 방법이다. 표본 추출 방법에는 크게 확률표본 추출 기법(probabilistic sampling technique)과 비확률표본 추출 기법(non-probabilistic sampling technique)이 있다. 확률

표 8-4 표본의 유형

확률 표본	단순 무작위 표본	모집단의 모든 일원은 동일한 추출확률을 가지고 있다.
	층화 무작위 표본	모집단을 일정 기준에 따라 세분화한 후, 각 집단에서 표본을 무작위 추출한다. (예: 연령별로 20대, 30대, 40대 등으로 세분화하여 각 연령층에서 무작위로 표본 추출)
	군집 표본	모집단을 다수의 군집으로 세분화하여, 그중 몇몇의 집단을 표본으로 사용한다. (예: 총구매 액수에 따라 고객을 세분화한 후, 월 100만원 이상 구매 고객을 초청하여 초점집단 면접을 실시함)
비확률 표본	편의 표본	조사자가 단순히 자신의 편의대로 표본을 추출하여 자료를 수집한다. (예: 학생 표본, 근처 쇼핑몰 방문객)
	판단 표본	조사자가 자신의 판단에 따라 모집단을 대표하는 표본을 추출하여 사용한다. (예: 호텔을 이용할 만한 소득 수준이 될 것으로 판단되는 사람들을 조사에 참여시킴)
	할당 표본	조사자가 임의로 모집단을 여러 개의 군집으로 나누어 각 군집의 일정 인원을 표본으로 사용한다. (예: 미국인 50명, 중국인 30명, 일본인 20명……)

표본 추출은 전체 모집단에서 조사 대상자가 표본으로 추출될 확률을 알 수 있는 방법이나, 비확률표본 추출은 추출 확률을 산출할 수 없다. 각 표본 추출 방법에 의한 표본 유형은 **표 8-4** 에 제시되어 있다.

접촉 방법

자료 수집을 위한 응답자 접촉 방법에는 면담(personal interview), 우편, 전화, 인터넷 등이 있다. 면담은 조사자와 응답자 간의 의사소통에 융통성이 있으며, 심층면접(in-depth interview)을 통해 소비자의 심리, 구매 결정과정 등에 대한 깊이 있는 정성적 자료(qualitative data)를 수집할 수 있다는 장점이 있지만, 비용이 많이 든다는 단점이 있다. 우편은 저렴한 비용으로 많은 양의 자료를 수집할 수 있으나, 자료 수집 속도가 느리다. 전화는 우편에 비해 자료 수집 속도가 훨씬 빠르고 응답률도 높지만, 응답자 1명당 수집할 수 있는 자료의 양이 한정적이며 비용이 높다. 인터넷 조사는 많은 대상자를 상대로 신속하게 자료 수집을 할 수 있으나, 조사 대상이 네티즌에 한정된다는 문제점이 있다. 따라서 인터넷 조사를 하는 경우에는 표본의 대표성을 확인할 필요가 있다.

(3) 조사 실시

조사 계획이 완료되면, 그다음 단계는 조사 계획에 따라 자료를 수집한다. 자료 수집 단계는 마케팅 조사 과정 중 가장 비용이 많이 발생하고 오류가 생기기 쉬운 단계이다. 전화나 면담조사의 경우, 설문조사를 하는 조사원을 충분히 훈련시켜 조사 계획에 충실한 자료 수집이 이루어지도록 해야 한다. 자료 수집을 할 때 조사 대상자가 협조를 하지 않거나 무성의한 응답을 하는 경우가 종종 발생한다. 그래서 응답률과 응답의 성실성을 높이기 위해 조사 참여자에게 사은품을 제공하는 방법이 사용되기도 한다.

본격적인 조사 실시가 이루어지기 전에 소그룹 초점집단(focus group)을 사용하여 사전조사(pre-study)가 실시되는 경우도 있다. 사전조사 결과를 바탕으로 설문 항목의 문제점이 발견되면 항목 수정이 이루어진다.

(4) 자료 분석 및 해석

이 단계에서는 수집된 자료를 바탕으로 분석이 이루어진다. 자료는 기호화(coding)하여 데이터 파일로 전환시켜 컴퓨터에 입력된다. 그리고 나서, 입력된 자료에 대해 통계분석이 이루어지는데, 적절한 통계 기법이 사용되어야 정확한 분석 결과를 도출해 낼 수 있다. 조사자는 통계분석 결과를 해석하고 그것을 바탕으로 한 마케팅 시사점과 합의점을 발견한다.

(5) 조사결과 보고

마케팅 조사의 마지막 단계는 분석된 자료를 토대로 조사결과 보고서를 작성하는 것이다. 분석 결과와 시사점은 그 의미가 명확하게 전달되어, 관계자가 이해하는 데 어려움이 없어야 한다. 최고경영자층에게 경영 시사점을 제시하고 서비스 일선 종사원에게 실질적 도움을 줄 수 있는 조사결과 보고서가 작성될 필요가 있는 것이다. 마케팅 연구조사의 궁극적 목적은 시장밀착경영과 마케팅 전략 수립 및 실천이기 때문이다.

3 마케팅 정보 시스템

(1) 마케팅 정보 시스템의 정의

마케팅 정보 시스템(marketing information system)이란 조직 내외의 정보원으로부터 마케팅 의사결정에 유용한 정보를 효율적으로 수집, 보관하고, 보관된 정보를 신속하게 검색하고 분석하여 전략 수립에 활용하는 정보관리 시스템을 말한다. 마케팅 정보 시스템의 기능은 정보의 입수, 분류, 저장, 분석, 그리고 배포이다. 마케팅 정보 시스템의 개념에는 이러한 기업정보관리에 관여하는 인원과 기계 및 설비, 그리고 정보 처리 절차가 모두 포함된다.

호텔기업에서 필요로 하는 마케팅 정보는 고객의 인구통계적 특성, 개인적 취향, 추구 욕구, 구매 동기, 만족/불만족 요인, 호텔 이용 시기 및 행태 등 매우 다양하다. 이렇듯 생생한 시장정보를 얻기 위해서는 다양한 정보원이 필요하다. 마케팅 정보 시스템의 목적은 시장과 고객 행태에 관한 정보를 다량 확보하는 데 그치는 것이 아니라, 이러한 정보들을 토대로 시장에 대한 통찰력을 얻고 이를 마케팅 전략 수립과 고객관리에 유용하게 활용하는 데 있다.

(2) 마케팅 정보 시스템의 구성요소

마케팅 정보 시스템은 그림 8-2와 같은 요소로 구성되어 있다. 우선 정보의 필요성이 있는 분야에 대하여, 내부보고 시스템, 마케팅 조사 시스템, 마케팅환경정보관리 시스템, 정보분석 시스템 등을 통해 정보가 수집, 개발된다. 이것이 경영층에게 전달되면 경영관리자들 간의 의견 조율을 통해 마케팅 의사결정 및 전략 수립에 활용된다. 주요 마케팅 정보는 전사적으로 확산되어 조직원들에 의해 전달된다.

그림 8-2 마케팅 정보 시스템의 구성

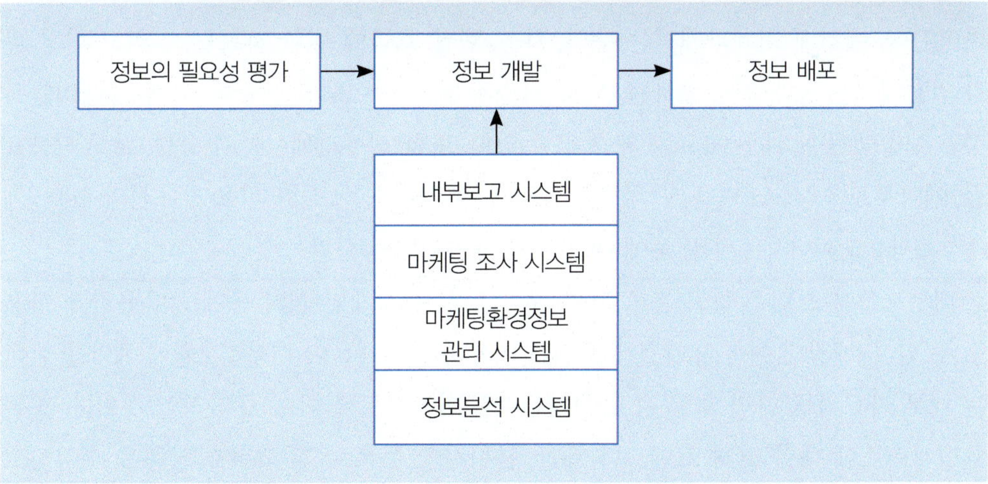

호텔 객실의 정보화

"어! 웬 케이크지? 꽃다발에 샴페인까지……." 존 홀렌 씨는 당황했다. 홀렌 씨의 호텔 객실 탁자 위에는 샴페인이 든 장미꽃 바구니가 케이크 상자와 나란히 놓여 있었다. 붉은색의 "Happy Birthday"라고 쓰인 생일축하 카드가 유난히 눈길을 끌었다. 바로 옆의 전용 팩스를 둘러봤다. 영어로 서비스되는 전화 음성사서함의 메시지도 확인했다. 인터넷에 연결해 전자우편도 찾아봤다. 미국 본사나 거래처로부터 온 업무 연락만이 몇 건 있을 뿐이었다. 그는 다시 한 번 놀랐다. 룸서비스에 전화를 걸자마자 상대방이 대뜸 "존 홀렌 씨, 생일 축하합니다!"라는 인사를 건넸기 때문이었다. 그는 하루 전 호텔 라운지에 쉬러 갔던 일이 떠올랐다. 소파에 앉자마자 어떻게 알았는지 자신이 좋아하는 기호품이 줄줄이 서비스됐다. 잘 익은 멜론, 블랙커피, '헤럴드 트리뷴'지 등……. 입이 절로 벌어졌다. 호텔신라에 묵은 한 외국인 투숙객의 체험담이다.

호텔업에 정보혁명이 불붙고 있다. 국내 특급호텔들이 최근 너나없이 첨단 정보통신 시스템으로 고객, 객실, 업장 정보관리에 나서면서 호텔 서비스에도 정보화 물결이 점차 넘치고 있다. 이 시스템은 호텔의 컴퓨터 시스템에 프런트데스크, 룸서비스, 라운지, 헬스클럽은 물론 각 객실과 음식점, 커피숍, 바 등의 포스(POS) 단말기나 PC, CATV, 센서 등이 통신 회선 하나로 엮인 컴퓨터 통신 시스템이다. 고객이 체크인, 체크아웃 할 때마다 각 단말기에서 수십~수백 개에 이르는 객실의 예약, 등록 현황은 물론 식당 등 각 업장의 예약 현황이 즉각 나타난다.

고객의 개인정보도 마찬가지. 직업이나 주소, 생년월일, 회원 가입 여부, 이용 횟수, 신용도 등의 기본 정보뿐 아니라 좋아하는 음식이나 담배, 커피, 과일, 술은 물론 신문 종류나 룸 형태, 심지어는 음식을 맵고 짜게 먹는지의 개인 취향과 습관에 이르기까지 거의 모든 개인정보가 뜬다. 객실이나 업장별로 일간, 주간, 월간, 연간 매출현황을 즉각 뽑아 보고, 각 상품별 베스트셀러를 가려 내 영업 전략에 활용한다.

내부보고 시스템

내부보고 자료(internal records information)는 호텔기업의 부서별 업무보고 및 자료로 이루어진다. 예컨대 회계과에서는 수익, 지출, 현금 흐름에 대한 자료를, 그리고 식당 등 각 업장에서는 총매출액, 종사원 1인당 매출액, 메뉴 아이템당 매출액, 고객수, 테이블당 평균 매출액 등에 대한 자료를 제공할 수 있다. 또한 객실과에서는 투숙률, 평균 지불요금, 예약부도(no-show) 비율, 단체고객 예약률, 예약취소율, 전환 비율(전화 문의에서 실제 객실 예약으로 이어지는 비율) 등에 대한 정보 제공이 가능하다.

내부보고 시스템은 광고·홍보 기획, 서비스 상품의 개념 개발 등에도 유용하게 사용될 수 있다. 예컨대 여름 휴가철에 호텔을 이용하는 고객들이 대부분 4월에 예약을 한다는 내부 자료가 있다면 호텔 광고 시기는 4월 이전으로 잡아야 효과적일 것이다. 또한 호텔서비스에 대한 고객 코멘트나 제안, 불평사항 등은 추후 서비스 상품을 수정하고 개발할 때 중요하게 고려될 수 있다.

호텔의 다양한 업장에서의 고객욕구와 행동에 대한 정보는 고객의 코멘트카드(voice

of customers, guest comment cards)를 활용할 수도 있지만, 보다 포괄적인 고객정보는 일선 종사원으로부터 얻어지므로 종사원이 적극적으로 현장자료를 보고할 수 있도록 인센티브를 제공하는 것이 중요하다.

✝ 마케팅 조사 시스템

마케팅 조사 시스템은 특정 마케팅활동 관련 문제를 해결하기 위하여 조사를 통해 자료를 수집하는 시스템이다. 예를 들어, 호텔 이용 고객의 서비스 상품에 대한 평가 및 만족도를 알고 싶은 경우, 혹은 새로운 서비스 상품의 콘셉트에 대한 고객의 수용 정도와 시장 기대가격을 파악하고 싶은 경우에 고객설문이나 표적집단 심층면담 등의 마케팅 조사를 통해 자료를 얻을 수 있다.

✝ 마케팅환경정보관리 시스템

지속적으로 변화하는 마케팅환경을 모니터하고 대처 방안을 마련하기 위해서는 특정 정보원이나 정보채널을 통해 외부환경에 대한 정보를 입수하고 관리하는 시스템이 필요하다. 경쟁호텔의 동향과 마케팅 전략에 대해 신뢰할 만한 정보를 입수할 수 있을 때, 이에 상응하는 대응전략의 수립이 가능하다. 자사 및 경쟁사 서비스의 강약점을 분석하기 위해서는 위장고객(mystery guest)을 투입시켜 정보를 수집하기도 한다. 이와 같이 마케팅환경정보관리 시스템은 마케팅 정보부(marketing intelligence)의 역할을 담당한다.

✝ 정보분석 시스템

정보분석 시스템은 다양한 통로를 통해 수집된 자료를 전산 시스템을 통해 통계분석하고 분석결과를 해석하여 관리자에게 활용가능한 정보로 전환시켜 주는 역할을 한다. 즉 단순한 숫자가 아닌 의미 있는 정보로 전환시켜 마케팅 전략을 수립하는 데 통찰력을 제공하는 것이다.

(3) 데이터베이스 마케팅

호텔서비스의 주요 고객을 효과적으로 관리하기 위해서는 고객 개개인의 특성과 니즈에 대한 정보를 관리하는 것이 필요하다. 이를 위해서는 고객 자료를 수집한 후 이를 데이터베이스화하여 필요할 때 편리하게 인출하여 활용할 수 있는 시스템이 갖춰져야 한다.

데이터베이스 마케팅이란 기업이 고객 정보를 수집하고 그 자료를 입력하여 데이터베이스를 만든 다음, 이러한 고객 정보를 마케팅믹스 전략 수립과 고객 개개인에 대한 맞춤서비스 제공에 활용하는 마케팅 정보 시스템의 한 기법이다. 고객 데이터베이스 시스템을 통해 수집, 관리되는 고객 정보는 고객 취향에 따라 맞춤서비스를 제공하는 고객만족경영에 이용되며, 선별된 고객을 대상으로 서비스 광고·홍보를 하거나 각종 기념일(생일, 결혼기념일 등)에 축하카드를 보낼 때에도 유용하게 사용된다.

호텔에서 수집해야 할 고객에 대한 구체적인 정보(guest history information)는 **표 8-5** 와 같다. 주요 고객 개개인에 대한 신상 정보, 호텔 이용 목적, 이용 시간, 이용 서비스, 대금 지불 방법, 그리고 특별 요구 등에 대한 내용이 여기에 포함된다.

표 8-5 고객 정보

고객 신상 정보	• 성명 • 직장/직위 • 주소(직장, 자택) • 전화번호(직장/자택/휴대폰) • 우편번호 • email 주소	• 구매 상품	• 객실(유형) • 식당 · 바 • 룸서비스/세탁서비스 • 헬스클럽 • 미니바 • 오락시설 • 기타
투숙 인원	• ( )명	• 체류 기간 및 시기	• ( )년 ( )월 ( )일 • ( )일/주/월간
여행 목적	• 상용(FIT) • 컨벤션/회의 참가 • 위락 관광 • 응급상황	• 도착 교통편	• 비행기 • 투어버스 • 자가용 승용차 • 택시/리무진 • 기차 • 렌트카
지불 방법	• 신용카드 • 현금 • 수표	• 도착 · 입숙 시간	• ( )시
예약	• 본인 • 직장 • 여행사	• 우수고객 회원권	• 호텔 • 항공사 • 신용카드회사
지불인	• 본인 • 소속 단체/직장	• 생년월일	• ( )년 ( )월 ( )일
특기사항	• 특별 요구사항 • 특별 주의사항 • 특별 선호/취향	• 결혼기념일	• ( )년 ( )월 ( )일

HOTEL MARKETING

제9장 호텔서비스 상품 전략

1 호텔서비스 상품의 개념

소비자는 자신이 필요로 하는 가치와 효용을 얻기 위해 대가를 지불하고 상품을 구매한다. 소비자가 구매하는 것은 물리적 제품뿐 아니라 즐거움, 편리함, 아이디어, 기술 등을 포함한다. 소비자가 값을 지불하고 얻을 가치가 있는 것이라면 무엇이든 구매와 소비의 대상이라고 할 수 있다.

호텔 고객은 호텔에서 과연 무엇을 구매하는 것일까? 호텔 서비스 상품의 가치를 결정하는 상품 구성 요소는 크게 유형적 요소와 무형적 요소로 구분할 수 있다. 유형 상품은 객실, 회의장시설, 레스토랑 음식, 부대시설 등과 같이 유형적으로 확인이 되는 물리적 측면이다. 무형 상품은 분위기, 친절성, 효율성, 명성, 편리성, 이미지 등과 같이 비물리적이고 추상적인 측면이다.

고객은 유형 상품과 무형 상품을 통합된 전체로서 지각하고 구매한다. 따라서 호텔 상품의 가치를 높이기 위해서는 유형과 무형의 상품믹스가 전략적으로 관리되어 고객에게 전달될 필요가 있다.

그림 9-1 ● 호텔서비스 상품의 구성

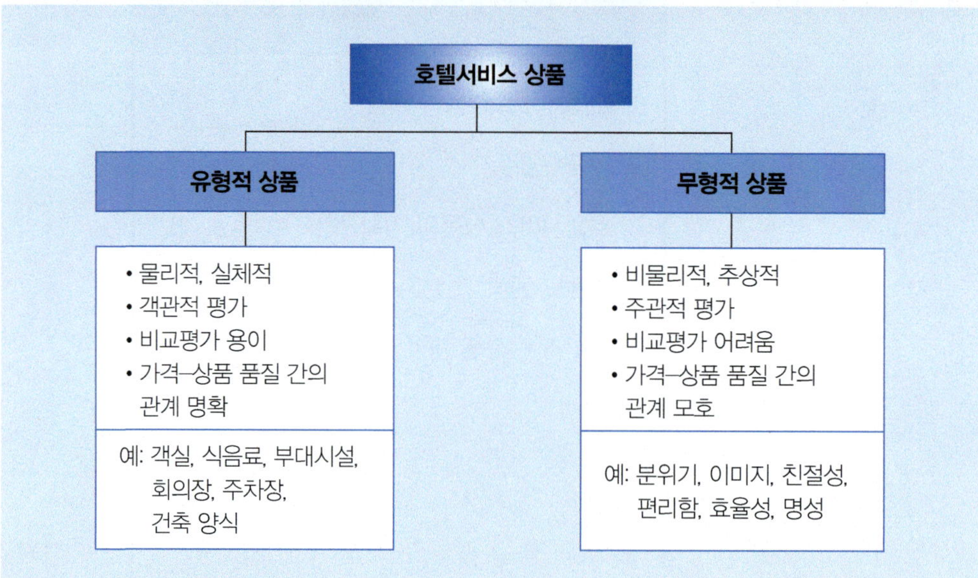

(1) 호텔서비스 상품의 차원

고객이 가격을 지불하는 개체로서의 호텔 상품은 그 기능에 따라 핵심 상품, 보조 상품, 포괄 상품으로 구분할 수 있다. 이 3가지 차원은 서로 통합하여 상품의 가치와 고객의 구매욕구를 결정한다.

✝ 핵심 상품

핵심 상품(core product)은 고객이 구매행동을 통해 얻으려고 하는 가장 근본적인 효익과 효용을 의미한다. 다시 말해 그 상품이 존재하는 본질적인 이유이다. 예컨대 호텔 객실 이용객에게 있어 핵심 상품은 안전하고 편안한 숙박 장소일 것이다. 레스토랑 이용객에게 있어 핵심 상품은 맛있는 음식과 즐거운 식사 경험이다.

✝ 보조 상품

보조 상품(supporting product)은 핵심 상품의 구매와 이용을 편리하고 편안하게 하기 위해 제공되는 보조적인 상품이다. 보조 상품은 핵심 상품의 내용을 확장시키고 가치를 더해 준다. 호텔 이용객을 위한 주차장시설, 신속한 체크인 서비스, 비즈니스 센터 서비스, 벨 서비스 등은 보조 상품이라고 할 수 있다. 이러한 주변 요인은 고객이 호텔을 찾는 근본적 이유가 될 수는 없지만 핵심 상품의 가치를 높여 주는 역할을 한다. 핵심 상품에서 가시적 차별화가 이루어지지 않는 경우, 종종 보조 상품에서의 차별화를 꾀할 수 있다.

✝ 포괄 상품

포괄 상품(augmented product)은 핵심 상품과 보조 상품 외에 호텔 서비스 상품의 가치

를 더해 주는 모든 배경 요인을 의미한다. 호텔의 접근성, 주변환경, 분위기, 객실의 바깥 전망 등이 포괄 상품의 범주에 포함될 수 있다. 예를 들어 호텔 객실 자체는 훌륭하더라도 호텔의 진입로 및 주변환경이 매력적이지 못하다면 전반적인 호텔 상품의 가치는 하락할 수밖에 없다. 호텔을 이용하는 다른 고객의 수준과 행동 또한 호텔 서비스 상품의 총체적 품질에 영향을 주는 포괄 상품의 구성 요인 중 하나라고 볼 수 있다. 최고급 호텔의 경우 동질적인 고객집단을 선호하는 고객의 특성을 고려할 때 고객믹스 관리는 호텔 상품 관리의 중요한 부분이다.

그림 9-2 ● 핵심 상품, 보조 상품, 포괄 상품

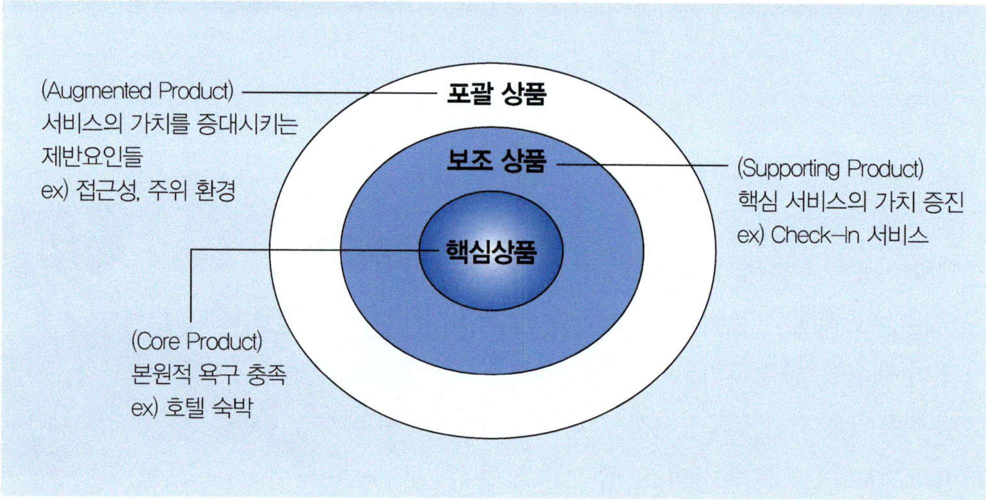

(2) 호텔서비스 상품의 역할

기능적 역할

호텔서비스 상품은 고객의 근본적 문제해결을 해 주는 기능적 역할을 한다. 예를 들어, 여행객에게는 숙박 문제를 해결해 주고, 컨벤션을 개최하는 협회나 단체에게는 회의장과 전시 공간을 제공한다.

✝ 상징적 역할

호텔 브랜드의 명성과 이미지가 고객 의사결정에 절대적인 영향을 미치는 것은 호텔서비스 상품이 가지는 상징성 때문이다. 호텔서비스 상품은 기능적 역할뿐 아니라 이용객의 사회적·경제적 위치를 대변하고 고객의 개성을 표현해 주는 상징적 역할을 한다. 이러한 이유 때문에 호텔 이용 고객은 종종 호텔의 브랜드에 의존한 구매 의사결정을 내린다.

✝ 감성적 역할

고객은 호텔서비스를 이용하는 데서 종종 감성적 만족을 얻는다. 호텔서비스 상품은 문화 · 예술적 본질을 가지고 있으며, 여기서 형성된 호텔의 분위기는 고객의 감각과 감성적 욕구를 충족시키는 역할을 한다. 따라서 호텔은 실내 장식과 조명, 음악 등의 물리적 환경과 종사원의 인적 서비스 등으로 고객의 감성 욕구에 부응하는 노력을 기울일 필요가 있다.

2 상품수명주기

고객의 욕구와 선호도는 시간에 따라 변화한다. 또한 시장에 새로운 기술과 경쟁 상품이 등장하면서 기존 상품에 대한 수요는 서서히 혹은 급속하게 감소하게 된다. 상품수명주기(Product Life Cycle, PLC)란 한 상품이 시장이 소개되어 시간에 따라 수요와 매출이 증가하다가 궁극적으로 쇠퇴하는 과정을 의미한다. 상품수명주기는 시간에 따른 매출을 기준으로 도입기, 성장기, 성숙기, 쇠퇴기의 4단계로 구성된다.

전형적인 상품수명주기 곡선은 그림 9-3 과 같은 S자 모양이지만, 상품의 성격 및 고객반응에 따라 그림 9-4 와 같이 일자형, 물결형, 꺾어진 화살형 등 여러 가지 형태를 띨 수 있다. 일반적으로 필수품은 일자형을, 계절상품이나 스타일은 시간에 따라 수요의 굴곡이 반복해서 발생하는 물결형을, 급속도로 확산되다가 일순간에 시장의 외면을 받는 일시적 유행(fad)은 꺾어진 화살형의 형태를 보인다.

그림 9-3 상품수명주기

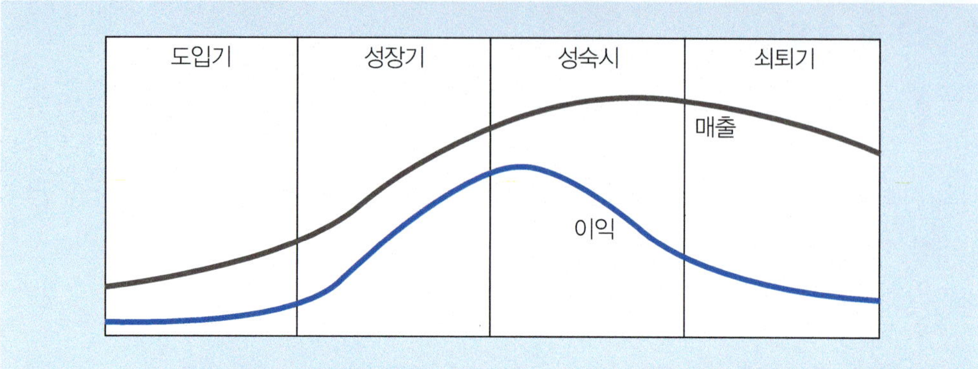

그림 9-4 다양한 PLC 형태들

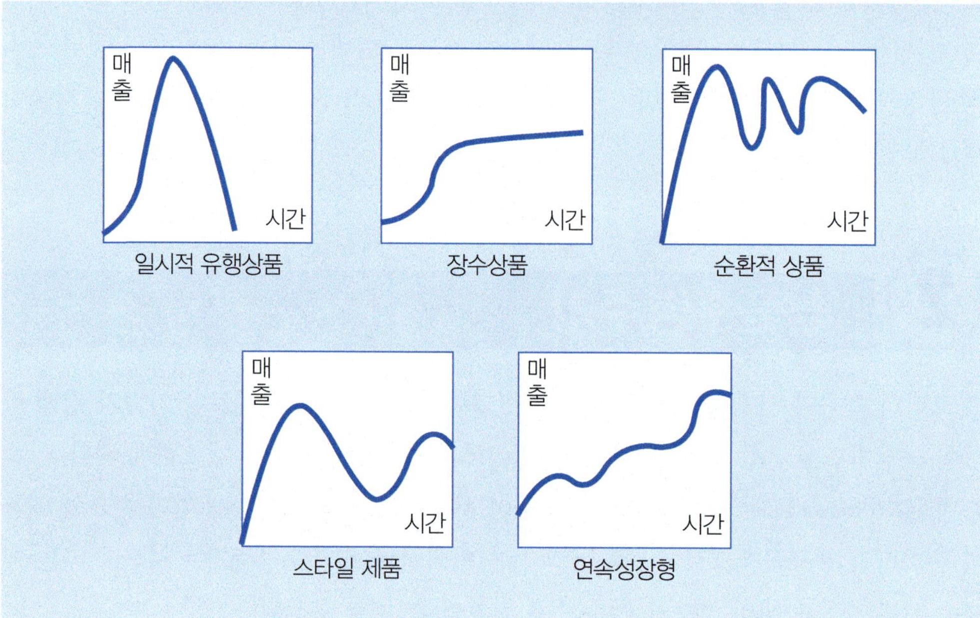

(1) 도입기(Introduction Stage)

새로운 상품이 처음 시장에 소개되는 단계에는 상품 개념에 대한 시장 인식이 제대로 형성되지 않고 유통 경로가 잘 개발되어 있지 않다. 이 시기는 예기치 못한 신상품의 문제점이 발생하기도 하다. 도입기는 아직 시장인지도가 낮아 판매량은 낮은 반면, 높은 광고·홍보비 지출과 상품 개념 개발 비용 때문에 수익이 매우 적거나 심지어 적자가 발생하기도 한다. 도입기에는 경쟁자의 수가 매우 적다. 그러나 서비스의 경우 모방의 속도가 매우 빠르기 때문에 서비스의 도입기는 유형 제품과 비교할 때 짧다고 볼 수 있다.

도입기의 시장 접근 전략은 촉진전략과 가격전략에 따라 급속 고가격전략, 저속 고가격전략, 급속 침투전략, 저속 침투전략으로 분류될 수 있다.

첫째, **급속 고가격전략(rapid skimming strategy)**은 도입기에 가격을 높게 책정하고 공격적인 촉진을 실시하는 전략이다. 시장인지도 확산을 꾀하면서, 도입기의 상품을 고가에 구매하는 시장 선도자들을 우선적으로 공략한다.

둘째, **저속 고가격전략(slow skimming strategy)**은 도입기에 가격을 높게 책정하되 촉진은 낮은 수준으로 하는 전략으로, 시장 선도자들을 중심으로 서서히 시장 확산을 꾀하는 방식이다. 상품이 대중적이지 않아 표적시장의 규모가 작을 때 구전을 통해 점진적으로 시장에 침투하는 전략이다.

셋째, **급속 침투전략(rapid penetration strategy)**은 저가격과 공격적 촉진 활동으로 급속히 시장에 침투하려는 전략으로, 시장의 가격민감성과 상품의 대중성이 높을 때 효과적으로 사용된다.

넷째, **저속 침투전략(slow penetration strategy)**은 도입기에 촉진과 가격 수준을 둘 다 낮은 수준에 책정하는 방법이다. 광고·홍보비를 줄임으로써 비용을 최소화하고, 저가격으로 시장에 침투하려는 전략이다.

그림 9-5 도입기의 마케팅 전략

		촉진전략	
		고	저
가격	고	급속 고가격전략	저속 고가격전략
	저	급속 침투전략	저속 침투전략

표 9-1 상품수명주기의 단계별 특징 및 마케팅 전략

	도입기	성장기	성숙기	쇠퇴기
판매량	• 낮은 수준 • 서서히 성장	• 급속히 성장	• 정점 도달 • 성장률 감소	• 감소
수익	• 낮은 수익률 • 적자	• 증가	• 높음 • 성장 속도 둔화	• 감소
고객	• 시장 선도자	• 초기수용층 및 중간 다수층	• 중간 다수층	• 후기 수용층
경쟁업체	• 소수	• 급격히 증가	• 다수	• 감소
마케팅 목표	• 상품 인지도 제고 • 상품 · 서비스 시용	• 시장점유율의 확대 • 경쟁우위 확보 • 브랜드 선호 유도	• 경쟁우위 확보/지속 • 이익극대화 • 점유시장 방어	• 비용절감 • 투자 수확 최대화 • 상품 개념 유지 또는 제거 여부 결정
상품전략	• 초기 개발 상품 • 기초 기능 확인	• 상품개념 확대 • 차별화 전략 • 품질관리 · 보증 제도 실시	• 다양화 • 차별화 • 보조 서비스 추가	• 취약 상품 철수
가격전략	• 고가 또는 저가	• 시장침투가격 • 가격차별화	• 경쟁대응가격	• 가격 인하
유통전략	• 유통경로 한정적	• 유통경로 확대	• 개발된 유통경로 최다	• 선별적 • 수익성 낮은 경로 폐쇄
광고전략	• 초기 수용층/유통 경로에 인지 형성 • 구전 자극	• 상표별 차이 강조	• 설득형 광고 사용 • 고객 유지에 필요한 수준으로 감소	• 최소한의 수준
촉진전략	• 시용 확보를 위해 판촉 활동 전개	• 수요 확대에 따른 판촉의 감소	• 판촉 활동 증가	• 최저 수준
고객관리	• 초기 수용자의 반응 확인 • 무차별 시장세분화	• 시장세분화 시작 • 충성고객 확보: 반복구매 유도	• 시장세분화 극대화 • 특정 세분시장에 집중	• 역세분화

(2) 성장기(Growth Stage)

성장기에는 시장인지도가 높아지고 수요가 증가하면서 매출이 빠른 속도로 성장한다. 또한 시장이 확산되면서 시장매력도를 인식한 경쟁업체의 진입이 활발해진다. 성장기에는 상품의 품질과 서비스업체의 이미지가 차별화되기 시작하므로, 이 시기에 경쟁우위를 확보하고 최적의 상품 포지셔닝이 이루어져야 성장곡선이 최대화된다. 상품이 성장기에 이르면 경험곡선효과(experience curve effect)가 나타나기 시작한다. 생산 경험이 축적됨에 따라 생산효율이 오르고 원가가 떨어지는 효과가 경험곡선효과이다. 성장기에는 가격 조정이 이루어지고 이익의 폭이 커진다. 매출과 수익률을 극대화하기 위해서는 수익성과 성장가능성이 높은 세분시장에 선택적으로 마케팅활동을 집중시킬 필요가 있다.

(3) 성숙기(Maturity Stage)

성숙기에는 판매증가율이 점차 완만하게 감소하면서 매출은 안정세를 보인다. 시장의 총수요는 더 이상 늘지 않는 데 비해 이미 많은 경쟁업체가 시장에 진입해 있으므로 치열한 경쟁 상태에 돌입하여 경쟁우위가 없는 업체는 도태되기 시작한다. 성숙기에는 시장 수정 전략과 상품 수정 전략, 그리고 마케팅믹스 수정 전략을 시도함으로써 시장에서의 경쟁력을 유지할 필요가 있다. 이와 같은 수정 전략들은 상호 연계하에 조화를 이루며 수립될 때 상승효과를 거둘 수 있다.

☨ 시장 수정(market modification)

이것은 표적시장을 좀 더 규모가 크고 수익성이 있는 집단으로 전환시키거나, 기존 고객을 보다 철저히 관리하고 욕구를 자극함으로써 그들로 하여금 구매량과 구매 빈도수를 늘리도록 유도하는 방법이다. 예를 들어, 가족 외식시장의 성장가능성을 인식한 베니건스는 술을 마시는 고객에 초점을 두던 기존 전략을 수정하여 식사를 주요 상품으로 찾는 가족 단위 고객을 표적시장으로 삼음으로써 패밀리 레스토랑으로의 변신에 성공하였다.

✝ 상품 수정(product modification)

상품 수정이란 상품의 품질 개선, 고급화, 다양화, 상품/서비스 속성 추가, 스타일 전환 등으로 새로운 수요를 창출하는 방법이다. 성숙기에는 경쟁의 강도가 최고조에 달하면서 상품에 의한 차별화가 불가피하다. 맥도날드는 초기에 햄버거, 치즈버거, 감자튀김 세 가지를 주 메뉴로 하였지만, 점차 빅맥, McBLT, 아침 세트 메뉴, 어린이 메뉴, 셀프서비스 토핑, 샐러드, 디저트, 지역주민의 입맛을 고려한 로컬 메뉴, 맥카페 등 새로운 상품의 소개로 다양한 고객욕구에 부응한 결과 오늘날까지 패스트푸드 레스토랑의 선도자적 위치를 지킬 수 있었다. 호텔업계의 경우, 감각적 소규모 부티크 호텔, 올스위트 호텔, 그리고 '토요코인'과 같이 '나홀로' 여행객을 겨냥한 싱글호텔 등의 등장이 성숙기에 다다른 호텔시장에서의 상품 수정을 시도하는 예라고 볼 수 있다.

✝ 마케팅믹스 수정(marketing mix modification)

성숙기에는 마케팅믹스 요소를 수정함으로써 좀 더 적극적인 시장 공략 전략을 펼칠 수 있다. 호텔기업의 공격적인 마케팅믹스 전략에는 패키지 상품 개발, 가격 인하, 경쟁업체와의 비교광고, 각종 이벤트 개최, 인적 판매 등 다양한 방법이 있다. 또한 새로운 유통 경로를 개발하여 고객의 접근을 보다 용이하게 만들 수도 있다.

(4) 쇠퇴기(Decline Stage)

고객의 선호도 변화와 신기술의 개발, 매력 있는 경쟁 신상품 개념의 등장은 기존 상품의 수요 감소를 가져온다. 쇠퇴기에는 시장이 포화 상태에 이르러 이에 따른 공급 과잉 현상으로 시장 규모가 축소되고 매출과 수익이 감소한다. 이 시기에는 철저한 원가 관리와 비용절감으로 마지막 자구책을 강구해야 한다. 쇠퇴기에는 주로 저가전략으로 시장의 후기 수용층에게 접근한다. 쇠퇴기에 이른 상품 개념 중 더 이상의 수익성을 기대하기 어렵고 수요의 재활성화 가능성이 희박한 상품은 시장에서 완전히 철수하고, 회생의 가능성이 있는 상품은 기존 시장의 다른 용도를 겨냥하거나 새로운 목표시장을 찾아 재활성화를 시도한다.

3 호텔서비스 상품의 기획관리

(1) 서비스 상품의 성과

호텔서비스 상품을 기획·관리하는 목표는 고객만족과 이에 따른 수요창출을 최대화하는 데 있다. 이를 위해서는 우선 호텔서비스 상품의 성과에 대한 고객지각에 대해 이해할 필요가 있다. 고객이 지각하는 서비스 성과(perceived performance)는 도구적 성과와 표현적 성과, 그리고 고객믹스에 의해 결정된다.

첫째, 도구적 성과(instrumental performance)는 서비스 상품의 물리적·기술적 차원의 성과를 의미한다. 호텔의 도구적 성과는 설비 수준과 물리적 환경, 전산화, 서비스 프로세스 등에 대한 고객의 평가에 의해 결정된다.

둘째, 표현적 성과(expressive performance)는 접객 종사원이 고객에게 표현하는 서비스 성과를 의미한다. 고객에 대한 접객 종사원의 관심과 배려, 친절성은 표현적 성과를 결정한다.

셋째, 고객믹스(customer mix)란 서비스 공간을 공유하는 다른 고객들을 의미한다. 타 고객의 수준과 행동은 고객이 전반적인 호텔 상품의 수준과 품질을 지각하는 데 중요한 영향을 미친다.

(2) 호텔서비스 상품 기획의 접근방법

고객의 관점에서 보라

서비스 상품을 기획하고 관리하는 데는 무엇보다도 고객의 시각에서 접근하는 것이 중요하다. 고객의 관점에서 발견된 가치는 곧 고객만족으로 이어진다. 성숙기에 이르러 포화 상태에 다다른 시장에서도 고객의 관점에서 보면 아직도 미충족된 니즈와 신상품 아이디어를 발견할 수 있다. 서비스 상품 기획의 기본은 시장과의 밀착성이다.

가시적 요소를 활용하라

서비스 상품의 도구적 성과와 표현적 성과를 높이기 위해서는 고객이 눈으로 확인하고 체감할 수 있는 가시적 단서를 활용할 필요가 있다. 호텔서비스 상품을 구성하는 가시적 요소들에는 내부 구조, 인테리어, 시설, 그리고 원활한 서비스 전달 체계 등이 있다. 이러한 가시적 요소는 고객에게 무형적 편익을 보다 효율적으로 확인시키고 고객의 주의를 환기시키는 효과가 있다.

이미지를 관리하라

이미지란 고객의 마음속에 저장된 브랜드의 종합적인 영상을 의미한다. 개별적 서비스 상품은 호텔기업의 전체 이미지의 후광을 받는다. 상징성이 높은 호텔서비스 상품의 경우 총체적인 브랜드 이미지는 상품 판매에 중요한 촉진제 역할을 한다.

구매 후 태도를 관리하라

호텔서비스 상품에 대한 고객의 평가는 매우 주관적이다. 서비스 성과에 대한 고객의 구매 후 태도는 시장에서의 구전활동에 많은 영향을 준다. 따라서 철저한 고객만족관리 및 사후 고객관리를 통해 고객충성도의 확보 및 유지에 주력할 필요가 있다.

패키징을 활용하라

패키징(packaging)이란 여러 개의 이질적 상품이 모여 하나의 상품을 이루는 것이다. 고객의 수요가 감소하는 비수기에는 시장의 복합적인 욕구를 한꺼번에 충족시키는 패키지 상품 개념을 활용함으로써 고객수요를 자극할 수 있다.

세분시장에 따라 다양화하라

호텔서비스 상품은 세분시장에 따라 니즈의 차이가 큰 폭으로 발생한다. 보다 포괄적인 시장침투를 위해서는 각 세분시장별 차별화된 상품 개념을 개발할 필요가 있다. 메리어트인터내셔널은 Fairfield Inn, Courtyard by Marriott, Residence Inn, Marriott Hotel, 그리고 Marriott Suite 등 다층화 전략을 사용하여 시장 확장을 꾀하였다. 하얏트는 표적시장에 따라 하얏트 리젠시, 그랜드 하얏트, 파크 하얏트 등 차별화된 브랜드 개념을 사용한다.

표 9-2 ● 하얏트의 브랜드별 특성

파크 하얏트	정의	고급스러운 인테리어의 소규모(보통 300객실 미만) 고품격 부티크 호텔
	시설	소규모 미팅이나 '갈라 디너' 이벤트를 위한 시설, 미식가들을 위한 고급 레스토랑
	서비스	정중하면서 세심한 배려가 느껴지는 개인별 서비스
그랜드 하얏트	정의	주요 도시의 중심부에 위치한 대규모(300객실 이상) 호텔로 다이내믹한 서비스를 제공
	시설	넓은 객실, 다양한 규모의 미팅룸과 볼룸, 선택의 폭이 넓은 레스토랑과 엔터테인먼트 시설
	서비스	즉각적이고 세심하며 한결같은 서비스
하얏트 리젠시	정의	주요 도시, 공항 및 리조트 지역 등에 주로 위치하며, 지역 특성에 잘 맞도록 디자인된 호텔
	시설	최첨단의 컨퍼런스 시설, 편안한 분위기의 레스토랑과 피트니스 센터
	서비스	친근하고 편안한 서비스

4 브랜드 관리

본래 브랜드는 본사의 상품을 경쟁사의 것과 식별하기 위한 목적으로 사용되었으나, 현대에 이르러 기업의 이미지를 고객에게 강하게 각인시키고 구매욕구를 자극하는 핵심적 마케팅 도구로 활용되고 있다. 브랜드는 상표명, 그림/로고, 문자디자인 등의 요소로 구성되는데, 기업은 이러한 브랜드 요소를 통해 경쟁사와의 차별화와 소비자의 인지도 제고를 시도할 수 있다.

브랜드는 호텔기업의 가장 중요한 자산 중 하나이며 고객이 서비스 상품의 가치를 지각하는 데 중요한 영향을 미치는 요인이다. 강력한 브랜드는 소비자의 주의 유발 효과가 있으며 고객의 신뢰도를 높이고 잠재고객을 유인하는 매력 요인이 된다.

(1) 브랜드 자산의 정의

브랜드는 소비자의 선호와 선택행동에 강한 영향을 미친다는 측면에서 기업의 자산으로서 중요한 가치가 있다. 브랜드 자산은 소비자의 기억 속에 바람직한 브랜드 지식이 저장되어 있을 때 발생된다. 소비자가 브랜드에 대해 친숙하여 브랜드 인지도가 높게 형성되고 긍정적인 이미지를 갖게 되면, 그 브랜드는 자산적 가치를 얻게 된다. 브랜드 자산(brand equity)은 브랜드에 의해 발생된 바람직한 마케팅 효과(높은 상표애호도 또는 시장점유율) 및 재정적 가치라고 정의할 수 있다.

(2) 브랜드 자산의 영역

회계학적 가치

회계학적 브랜드 자산이란 재무적 관점에서 본 브랜드의 판매가격이다. 기업의 총가치는 유형자산의 가치와 브랜드 자산의 가치로 이루어지는데, 브랜드 자산가치는 해당 브랜드를 가지고 있음으로 해서 발생되는 연평균 이익을 기초로 산출된다. 브랜드 자산의 회계학적 가치는 서비스기업의 인수합병 시 유용하게 사용될 수 있다.

브랜드에 대한 고객의 애착

브랜드 자산가치는 브랜드에 대한 소비자의 애착과 충성도의 정도로 결정될 수 있다. 이것은 브랜드 강도(brand strength)라고도 일컬어진다. 브랜드에 대한 소비자의 호의적 감정반응과 몰입, 그리고 의존성은 브랜드 강도를 높여 준다.

소비자의 브랜드 연상과 브랜드 신념

이것은 브랜드 이미지나 브랜드 지식이라고도 하는 개념으로, 소비자가 해당 브랜드와 관련하여 친숙하고(familiar), 호의적이고(favorable), 강력하고(strong), 독특한(unique) 브랜드 연상들을 갖고 있을 때 발생한다. 에를 들어 'W호텔'하면 젊고 개성이 강하며 자유로운 청년의 이미지가 연상된다. 또한 '호텔신라'하면 상류층 인사들과 성공한 비즈니스맨이 이용하는 호텔이라는 보편적 인식이 형성되어 있다.

브랜드 자산가치의 측정

브랜드 자산을 측정하는 방법에는 크게 재무적인 접근법과 마케팅적 접근법이 있다. 재무적인 접근법이란 주로 기업의 재무 또는 회계 데이터를 이용하는 반면, 마케팅적 접근법은 주로 고객들로부터 수집한 데이터를 이용한다는 특징을 갖는다.

1. 재무적인 접근법

재무적인 접근법은 어떤 기업이 어떤 브랜드를 갖고 있는 경우에 앞으로 얻을 수 있는 현금 흐름을 예측하고, 반대로 그 브랜드를 갖고 있지 않은 경우의 현금 흐름을 예측하여 이 두 현금흐름 사이의 차이를 브랜드의 자산가치로 추정하는 것이다. 재무적인 접근법 중 가장 널리 알려진 방법은 영국의 컨설팅 회사인 인터브랜드 그룹이 개발한 것으로, 이 방법은 다음과 같은 4단계의 절차를 거친다.

첫째, 해당 브랜드의 연평균이익을 계산한다.

둘째, 해당 기업이 해당 브랜드를 갖고 있지 않을 경우 해당 시장에서 거둘 수 있는 연평균이익을 추정한다. 즉, 그 기업이 해당 브랜드만 갖고 있지 않을 뿐, 다른 모든 자산은 갖고 있다고 가정할 때 거둘 수 있는 이익을 추정하는 것이다.

셋째, 앞의 두 단계에서 구한 이익 추정치의 차이를 구하는데, 이것이 해당 브랜드가 기업에 가져오는 추가적인 이익에 해당된다고 볼 수 있다.

넷째, 해당 브랜드에 적용할 배수(multiple)를 계산한다. 이 배수는 7개의 차원(리더십, 브랜드의 안정성, 시장의 안정성, 국제화 정도, 시장 추이, 촉진 비용, 법적인 보호)에 대한 객관적인 자료나 주관적인 판단에 의해 평가된다. 이 배수가 필요한 이유는 무엇일까? 그것은 앞의 세 번째 단계에서 구한 이익에는 해당 브랜드가 앞으로 가져오게 될 이익 흐름은 반영되어 있지 않기 때문이다. 미래의 이익 흐름을 반영하려면 향후 몇 년 또는 몇 십 년에 걸친 예측을 해야 하는데, 이것은 매우 어려운 일이다. 그러므로 인터브랜드는 미래의 이익 흐름을 직접 예측하는 대신에 현 시점에서 브랜드가 창출하는 추가적인 이익에 몇 배수를 곱해 주는, 일종의 '우회로'를 택하고 있는 것이다.

2. 마케팅적 접근법

재무적인 접근법이 주로 재무적인 또는 회계적인 데이터를 이용하여 브랜드 자산을 측정하는 반면, 마케팅적인 접근법은 주로 고객들로부터 수집한 데이터를 분석함으로써 브랜드 자산을 측정한다. 이에는 구성요소별 접근방식과 비구성요소별 접근방식이 있다.

• 구성요소별 접근방식 (Compositional Approach)

구성요소별 접근방식은 브랜드 자산을 구성하는 요소들, 예컨대 인지도나 연상 등을 개별적으로 측정한 다음, 이것을 결합해서 브랜드 자산 측정치를 도출하는 것이다. 이 방식을 이용하면 브랜드 자산의 구성 요소별로 자기 브랜드와 경쟁 브랜드의 강점 및 약점을 비교할 수 있으며, 복잡한 분석 기법을 사용할 필요가 없다는 장점이 있다. 그러나 따로따로 측정된 구성 요소들을 결합하는 과정이 자의적으로 이루어지고 있고, 그 결과로 얻어진 브랜드 자산 측정치는 대개 인덱스 형태로 표시되기 때문에 브랜드 자산 구축 활동의 성과를 재무적으로 표시하지 못한다는 단점도 갖고 있다.

• 비구성요소별 접근방식 (Decompositional Approach)

이 방식은 다음과 같은 세 단계로 이루어진다.

첫째, 고객집단이 특정 브랜드에 대해 보이는 선호도나 선택 확률을 측정한다.

둘째, 그 브랜드가 브랜드 구축 활동을 하지 않았을 때의 고객의 선택확률 혹은 선호도를 추정한다.

셋째, 둘째 단계에서 구한 선호도/선택확률과 첫째 단계에서 구한 선호도/선택 확률의 차이를 계산하고 이를 현금으로 환산한다. 현금으로 환산할 때는 시장의 규모 및 단위별 마진 등이 고려되어 선호도/선택확률의 차이이 기업의 수익에 미치는 영향을 추정하게 된다.

자료: 박찬수 (2007), "브랜드 자산의 진단과 측정," 제일 커뮤니케이션즈, 여름호(통권 53호), pp.17-21.

(3) 브랜드 개성

브랜드는 감성적, 자아 표현적 특성을 가지고 있다. 브랜드 개성(brand personality)이란 특정 브랜드가 갖고 있는 인간적 특성을 의미한다. 사람이 각자 고유의 특성인 개성을 가지고 있는 것처럼, 브랜드 역시 고유한 개성을 가지고 상품의 표현적·상징적 기능을 수행한다.

브랜드 개성과 브랜드 이미지라는 용어는 종종 상호 교환적으로 사용된다. 그러나 엄밀한 의미에서, 브랜드 이미지는 브랜드 개성을 포함한 더욱 포괄적인 개념이라고 볼 수 있다. 브랜드 이미지(brand image)는 브랜드 고유의 개성에 상품의 성격과 편익, 상품의 사용용도, 구매자, 상표 연관 감정 등이 더해져 종합적으로 형성된다.

브랜드 개성의 차원

Aaker는 37개 유명 브랜드의 개성특성 변수(personality traits)를 요인분석한 결과, 브랜드 개성의 5가지 차원을 발견하였다. 이 5가지 차원은 성실함(sincerity), 활기참(excitement), 유능함(competence), 세련됨(sophistication), 강함/억셈(ruggedness)이다. 사람의 개성이 개개인의 일관성 있고 지속적인 특성이듯이, 브랜드의 개성도 일관적으로 시장에 커뮤니케이션될 때 브랜드 정체성(brand identity)이 분명해진다.

표 9-3 브랜드 개성의 5개 차원과 각 차원별 측정 척도

성실함 (Sincerity)	활기참 (Excitement)	유능함 (Competence)	세련됨 (Sophistication)	강함/투박함 (Ruggedness)
꾸밈없는 가정적인 소도시의 정직한 성실한 실제적인 건강한 독창적인 즐거운 우수 어린 친근한	과감한 첨단 유행의 짜릿한 활기찬 신선한 젊은 환상적인 독특한 최신의 독립적인 현대적인	믿을 수 있는 열심인 안정적인 지적인 기술적인 대기업의 성공적인 선도적인 자신감 있는	상류층의 우아한 멋있는 매력적인 여성적인 부드러운	외향적인 남성적인 서부의 거친 투박한

✝ 브랜드 동일시

브랜드는 소비자가 자기 자신을 표현하거나 자아 개념을 향상시키는 중요한 표현방식이 될 수 있다. 소비자는 자신의 자아 개념과 브랜드 개성 간에 조화와 일관성에 근거하여 브랜드를 평가한다. 브랜드는 고객이 갖고 있는 핵심 가치를 성공적으로 전달하여 고객과의 감정적 교감이 이루어질 때 강력하게 구축된다.

개인의 자아 개념은 개인적 자아 개념과 사회적 자아 개념으로 구분할 수 있다. 첫째, 개인적 자아 개념(personal identity)은 개인이 자신의 성격특성에 따라 스스로를 범주화하는 것을 말한다. 즉 자신은 어떠한 성격을 가지고 있는 사람이라고 스스로를 지각하는 것이다. 둘째, 사회적 자아 개념(social identity)은 자기 자신을 특정 사회계층, 혹은 특정 라이프스타일 집단에 소속된 사람으로 범주화하는 것을 말한다. 사회적 자아 개념은 사회적 타인(social others) 또는 청중(audience)에게 표출되는 자아를 의미한다.

브랜드 동일시도 소비자의 자아 개념의 유형에 따라 개인적 브랜드 동일시와 사회적 브랜드 동일시로 구분될 수 있다. **개인적 브랜드 동일시**는 소비자가 일정 브랜드에 대

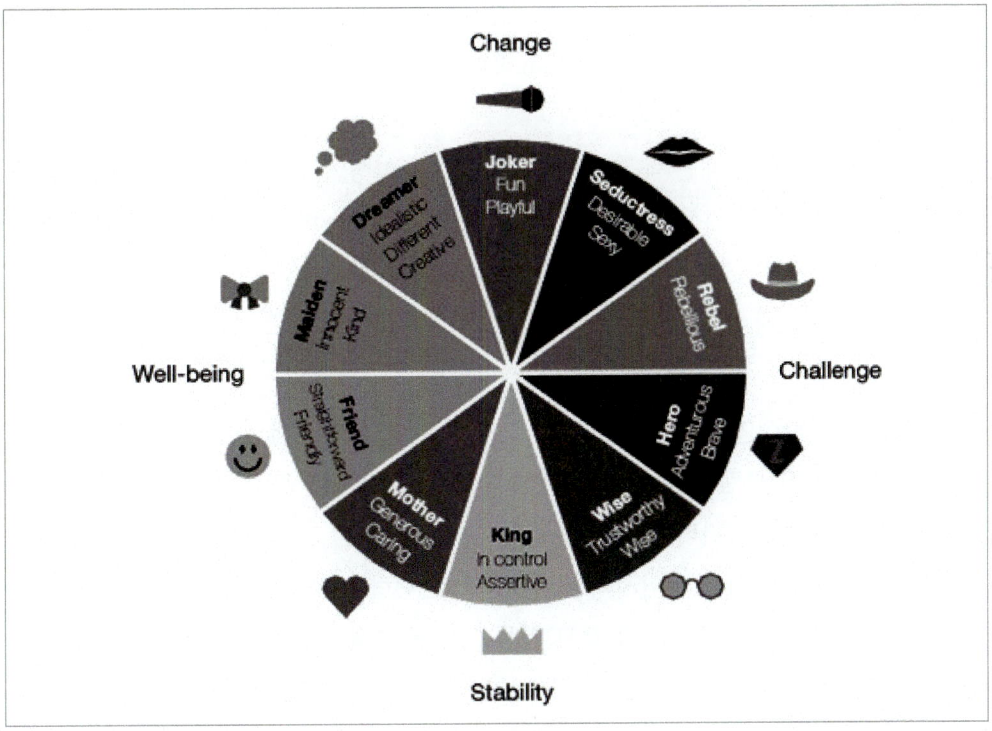

브랜드 아키타이프(Brand Archetypes)

해 자신과 유사성을 느낄 때 발생한다. **사회적 브랜드 동일시**는 브랜드가 소비자가 소속된 집단이나 열망집단을 표현하는 도구로서 작용할 때 높아진다.

소비자는 자신의 자아 개념을 반영하는 브랜드에 대해 일체감을 느끼고 그 브랜드를 선호하게 된다. 브랜드 동일시를 경험하는 소비자가 많아질수록 시장에서의 브랜드 인지도, 브랜드 연상 및 브랜드 충성도가 높아져 결과적으로 기업의 브랜드 자산은 증가하게 된다. 또한 브랜드 자산의 가치가 높은 브랜드일수록 소비자에게 더욱 매력적으로 인식되고 해당 브랜드를 소비자가 자신의 자아 개념과 병합할수록 브랜드 개성이 더욱 강해지는 선순환이 이루어진다.

(4) 브랜드 창출

힐튼, 리츠칼튼 등 세계적으로 뛰어난 브랜드 파워를 소유하고 있는 호텔기업들은 브랜드만으로도 고객을 유인할 수 있는 능력을 가지고 있다. 브랜드 창출이란 시장에서 강력한 고객유인 파워가 있는 브랜드를 개발, 유지하는 것을 의미한다. 강력한 브랜드를 창출하기 위해서는 다음의 노력이 필요하다.

- 브랜드명을 결정할 때는 독특성, 연관성, 기억 용이성, 유연성을 고려한다.
- 문자, 로고/그림의 색상 및 디자인 등 의장을 구성하는 요소의 시각적 효과와 차별성, 심미성, 브랜드 이미지 전달 능력을 검토한다.
- 자사와 경쟁사에 대해 고객이 가지는 브랜드 의미를 시장조사를 통해 지속적으로 평가한다.
- 차별성과 유사성이 결합된 브랜드 포지셔닝을 한다. 시장에 확립된 브랜드 영역과 너무 동떨어진 브랜드 전략은 위험성이 있다. 경쟁사와 보조를 맞춘 선에서 차별 포인트를 만들어 나간다.
- 일관된 브랜드 개성과 이미지의 커뮤니케이션 전략을 구사한다.
- 지속적인 브랜드 이미지 강화 홍보 활동을 통해 고객의 기억 속에 브랜드명을 환기시킨다.
- 브랜드와 연관된 자사 서비스의 품질과 상품 가치를 지속적으로 관리한다. 초일류

브랜드의 특징은 유형적·무형적 측면의 서비스 상품의 품질관리를 철저히 하여 브랜드에 대한 고객의 호의적인 태도와 신뢰를 확고히 보유하는 것이다.

- 서비스 종사원에게 자사 브랜드의 의미와 개성을 내재화하도록 교육시킨다.
- 브랜드 이미지와 부합된 가격 결정을 한다. 단기적 매출 신장을 위해 가격할인을 빈번히 해서는 안 된다.
- 브랜드 명성에 걸맞은 유통 경로와 광고매체를 사용한다. 예를 들어, 유명 체인호텔의 경우 홈쇼핑과 같은 대중적인 경로를 사용하여 판매하면 브랜드 명성에 손상을 입힐 가능성이 있다.

(5) 브랜드명 결정

브랜드명은 브랜드의 이미지를 결정하는 가장 핵심적 부분이다. 브랜드명을 결정할 때는 다음과 같은 요인을 고려할 필요가 있다.

‡ 독특성

브랜드명을 선정할 때는 경쟁사의 브랜드명과 확연히 구별되고 소비자의 뇌리에 강하게 인식되는 독특하고 독창적인 이름으로 결정할 필요가 있다. 독특한 브랜드명을 만들기 위해서는 소비자에게 쉽게 회상될 수 있는 단어(예: Sleep-Inn), 지명이나 인명(예: Caesars Palace), 합성어(예: Bellagio), 혹은 창업주의 이름(예: JW Marriott)이 사용될 수 있다.

‡ 연관성

브랜드명은 서비스 상품의 성격이 적절히 드러날 때 상품의 편익과 차별적 이미지를 고객에게 포지셔닝하는 데 도움이 된다. 브랜드명이 시사하는 이미지는 표적시장에 어필되는 것이어야 한다. 'Whatever/Whenever'라는 서비스 모토를 표현하는 W호텔은 W호텔만의 독특한 서비스의 특성을 함축적으로 표현한 예라고 볼 수 있다. 호텔신라 또한 브랜드명에서 한국의 전통적 이미지를 전달하고 있다.

‡ 기억/발음 용이성

브랜드명은 간결, 단순하여 발음하기 쉽고 기억하기 쉬운 것이라야 한다. 너무 길거나 발음하기 어려우면 고객의 기억 속에 머무르기 어렵다. International Business Machine 처럼 브랜드명이 긴 경우, 풀네임을 사용하기보다는 소비자의 기억이 용이하도록 짧게 축약된 약자(IBM)를 사용할 수 있다.

✝ 연상성

브랜드명은 기업 상품의 영역이나 인상을 제한시키지 않도록 결정되어야 한다. 일례로 자사의 브랜드명 발음이 바람직하지 못한 의미를 연상시키지는 않는지 주의할 필요가 있다. 현대자동차의 쏘나타는 처음에 소나타로 명명되었다가 항간에 '소나 타'라는 우스꽝스러운 의미로 오르내리자 '쏘나타'로 표기하기로 결정되었다. 세계화의 시대에 다국적기업은 각 나라의 언어를 고려해 브랜드명을 선정해야 한다. Nova 자동차는 남미에서의 자동차 판매율이 기대 이하인 것에 대해 고민하다가 스페인어로 Nova가 'Not Go'라는 의미라는 것을 알아내고 서둘러 남미시장에서 자동차 모델을 철수시켰다.

(6) 브랜드 확장 전략

브랜드 확장 전략(brand extension strategy)이란 기존의 성공적인 브랜드명을 다른 상품군의 신상품에 이용하는 브랜드 전략이다. 브랜드 확장 전략은 많은 기업이 브랜드 자산을 최대한으로 활용하기 위해 사용한다. 이미 확립된 브랜드를 활용하여 자사의 고객 기반을 바탕으로 신속히 시장 침투를 할 수 있고 높은 시장인지도를 확보할 수 있기 때문이다.

확장 브랜드(extended brand)는 다음과 같은 조건이 성립될 때 성공가능성이 높아진다.

- 기존 브랜드(original brand)에 대한 시장인지도가 높고 호의적인 태도가 형성되어 있을 때
- 기존 브랜드와 확장 브랜드 간의 기능적 적합성(fitness)과 유사성(similarity)이 높을 때 (예: 시계와 계산기)
- 기존 브랜드와 확장 브랜드 간의 무형적, 추상적 효익(예: 고객의 지위나 권위를 상징하는 정도)이 유사할 때(예: 명품의류와 향수)

호텔기업은 자사의 브랜드 파워를 레스토랑, 콘도미니엄, 리조트산업 등의 관련 사업으로 확장할 때 효과적으로 활용할 수 있을 것이다. 브랜드 확장 전략을 사용하면 새로운 브랜드 개발에 필요한 마케팅 비용을 절감할 수 있다.

5 서비스 신상품 개발

(1) 신상품 개발의 필요성

급속한 시장환경 및 고객취향의 변화로 제품·서비스의 수명주기는 날로 짧아지고 있다. 단축되는 상품수명주기는 기업에게 있어 위협 요인이도 하지만 동시에 기회 요인도 된다. 고객의 유동적 기호와 독특한 개성에 부응하는 신상품을 효과적으로 개발하면, 시장의 선도자로 발돋움할 수 있는 기회가 되기 때문이다. 새로운 상품 개념의 개발은 날로 심화되는 서비스 경쟁환경 속에서 경쟁사들과 차별화되고 경쟁우위를 확보·유지하는 중요한 방편이 된다.

고객의 호응을 받는 서비스 상품 개념이 개발되면 이는 매출과 수익 증대를 가져오며 서비스기업에 효자 노릇을 하지만, 신상품이 실패를 하면 재정적·시간적 비용과 함께 기업은 많은 손실을 입게 된다. 미국에서는 새로 개업하는 숙박시설 중 1년에 평균 500개의 호텔과 모텔이 실패한다고 한다. 또한 신상품이 개발되면서 기업의 기존 상품이 잠식되는 결과가 초래되기도 한다. 이러한 자체잠식현상을 식인종효과(cannibalization)라고도 부른다. 신상품 개발에 따른 위험성을 감안할 때, 새로운 서비스 상품 개념을 도입할 때는 시장과 밀착된 접근이 필요하다.

(2) 신상품 개발 과정

✝ 아이디어 창출(idea generation)

신상품 아이디어는 다양한 정보원을 통해 얻어질 수 있다. 첫째는 서비스 조직의 내부 원천이다. 고객과 매일 상호작용을 갖는 호텔 종사원은 서비스 수행 경험을 통해 훌륭한 상품 아이디어를 제시할 수 있다. 서비스 상품 개념은 고객과 분리시켜 생각할 수 없기 때문에 고객과 가까이 상호작용을 갖는 접객 종사원이 서비스 신상품 기획 과정에 반드시 관여하여야 한다. 둘째, 고객 또한 중요한 상품 아이디어 정보원이다. 고객만족 조사와 불평사항, 건의사항은 신상품 아이디어로 전환될 수 있다. 셋째, 경쟁사이다. 경쟁사 상품의 강약점을 분석함으로써 거기서 한층 더 개선된 상품 개념을 발견하는 것이다. 넷째, 여행사, 컨벤션 기획업체 등의 유통 경로로부터 새로운 서비스 상품 아이디어를 수집할 수 있다.

아이디어 추출(idea screening)

아이디어 추출 단계에서는 전 단계에서 창출된 아이디어 중 가장 타당성이 높은 아이디어를 선별한다. 아이디어를 선택할 때는 신상품 아이디어가 자사의 경영목표에 부합되는지, 상품 개발에 따르는 비용은 어느 정도인지, 자사의 축적된 경험과 기술, 그리고 시설과 인력자원을 활용할 수 있는지, 경쟁사에 대한 비교우위를 확보할 수 있는지, 시장에 잠재고객이 존재하는지에 대한 분석이 이루어질 필요가 있다.

상품 개념의 정립(specification of product concept)

상품 개념이란 추상적 상품 아이디어가 구체화, 형상화된 것을 의미한다. 서비스 상품의 아이디어가 구체적으로 어떤 형태로 고객에게 제시될지에 대한 결정이 이 단계에서 이루어진다. 상품 개념 정립 단계에서는 신규 서비스 상품의 명확한 개념과 특성에 대한 합의가 이루어져야 한다. 신규 서비스 상품 개념에 대한 분명한 정의가 내려진 후에는, 항목화된 서비스 프로세스와 장소 등이 구체적으로 제시되고, 신상품 개념에 반응할 개시 고객과 투입인력의 규모가 결정된다.

메리어트인터내셔널은 Courtyard by Marriott의 콘셉트를 결정할 때, 컨조인트 분석을 이용하여 잠재고객에게 여러 가지 객실 형태, 호텔시설, 객실의 어메니티 등의 조합을 보여 주고 표적시장에서 가장 선호되는 숙박시설 형태를 결정하였다. 컨조인트 분석(Conjoint Analysis)이란 다양한 상품 속성과 가격의 조합들을 마케팅조사 참여자에게 제시하고 참여자의 선호도 순위를 분석하여 가장 최적의 상품 개념 조합을 발견하는 통계기법이다.

그림 9-6 ● 신상품 개발 과정

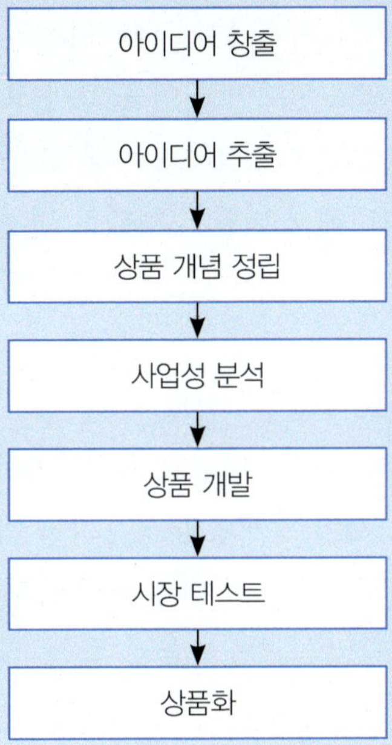

✝ 사업성 분석(business analysis)

사업성 분석 단계에서는 신상품의 수요 예측을 통해 판매량, 시장점유율, 수익성, 판매 방법 등이 평가된다. 잠재고객의 규모, 예상 매출액 및 수익성, 운영 측면에서의 실현 가능성에 대한 사정이 이 단계에서 이루어진다.

✝ 상품 개발(product development)

상품 개발 단계에서는 신규 서비스 상품에 대한 구체적 시행계획이 수행된다. 서비스 상품의 물리적 측면뿐 아니라 도식화된 서비스 청사진의 각 세부 항목에 충실한 서비스 개념이 개발된다. 또한 상품 개발 과정 중에 발견된 오류에 대해서는 상품 개념 수정이 이루어진다.

✝ 시장 테스트(test marketing)

시장 테스트 단계에서는 신규 서비스 상품을 시장에 본격적으로 소개하기 이전에 몇

몇의 소시장이나 제한된 범위의 고객들에게 시험적으로 신상품 개념을 소개한다. 이는 최종적으로 실제 고객의 피드백을 받아 상품의 세부사항에 대한 수정을 하고 신상품 실패 위험성을 최소화하기 위함이다. 예를 들어, 메리어트인터내셔널은 애틀랜타에 처음으로 Courtyard 호텔을 시험적으로 선보이고 이용 고객 코멘트를 분석한 결과, 당초 계획했던 것보다 객실 크기를 다소 작게 조정하기로 결정하였다. 또한 고객선호를 반영하여 붙박이장의 문을 여닫이 형태에서 미닫이 형태로 변경하기로 하였다. 그리고 추후 Courtyard 호텔체인을 전국적으로 건립할 때 이를 참고하였다.

† 상품화(introduction)

시장 테스트에서 얻은 자료와 경험을 바탕으로 신상품에 대한 최종 수정이 이루어진 후 본격적인 시판이 시작된다. 서비스 개념의 상품화가 이루어질 때는, 정확한 시판의 시점과 서비스 상품 규모, 표적시장 침투 방법 등이 면밀히 검토될 필요가 있다.

제10장 호텔서비스 품질관리

1 서비스 품질

(1) 지각된 서비스 품질

서비스 품질에 대한 정의는 접근 방법에 따라 객관적 품질과 주관적 품질, 두 가지 측면으로 이해할 수 있다. **객관적 품질(objective quality)**이란 상품의 기능적 우월성이나 견고함에 대한 객관적 기준에 의한 평가이다. **주관적 품질(subjective quality)**은 상품의 품질에 대한 고객 개인의 주관적 반응이다. 서비스 품질은 유형 제품의 경우와 달리 객관적 측정 기준이 모호하며 개인 고객 자신의 주관적 기준에 의해 평가되는 경우가 많으므로 주관적 품질이 더욱 의미가 있다고 볼 수 있다.

소비자행동론 분야의 서비스 품질 연구에서는 지각된 서비스 품질(perceived service quality) 개념이 종종 사용된다. 지각된 품질이란 서비스 상품의 전반적 우수성에 대한 고객의 주관적 판단으로 정의될 수 있다. 즉 지각된 품질은 상품의 가치에 대하여 고객이 판단한 보편적 우월성을 의미한다. 지각된 품질은 다음과 같은 특징을 지닌다. 첫째, 객관적·실질적 품질과 다를 수 있다. 둘째, 구체적 속성보다 추상성이 강하다. 셋째, 고객의 환기수준 내에 위치하는 주관적 판단이다.

그림 10-1 ● 지각된 서비스 품질

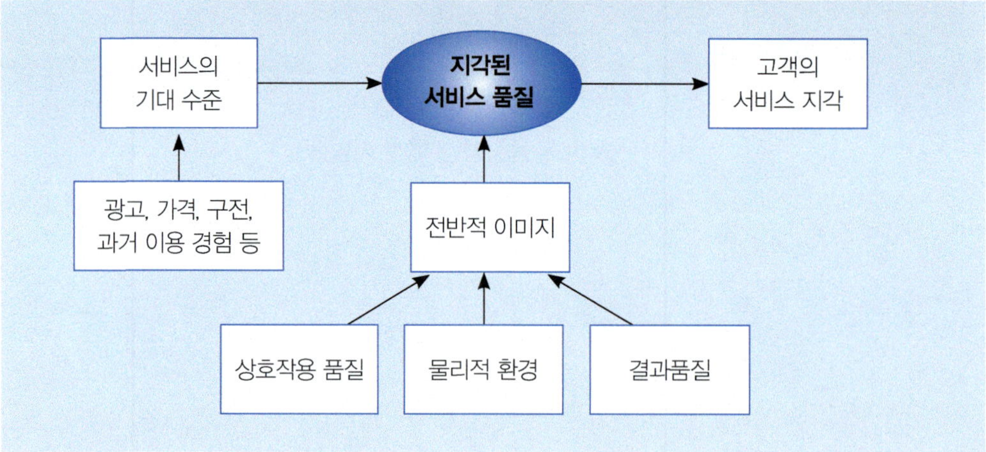

(2) 서비스 품질의 차원

2차원 모형

그뢴루스(Gronroos)는 서비스의 품질이 두 가지 차원으로 구성되어 있다는 2차원 모형(Two Component Model)을 제창하였다. 이 모형에 의하면, 서비스 품질에는 기술적 품질과 기능적 품질 2개 차원이 있다.

첫째, 기술적 품질(technical quality)은 고객이 서비스로부터 얻는 결과, 즉 '무엇(what)'에 해당하는 품질이다.

둘째, 기능적 품질(functional quality)은 고객이 서비스 상품을 얻는 과정, 즉 '어떻게(how)'에 해당하는 품질이다.

3차원 모형

Brady & Cronin은 3차원으로 구성된 서비스 품질구조 모형을 개발하였다. 이 모델에 의하면, 고객은 세 가지 측면에 근거하여 서비스의 품질을 지각한다. 이 3가지 품질차원은 상호작용 품질, 결과 품질, 물리적 환경 품질이라고 불린다.

첫째, 상호작용 품질(interaction quality)은 고객과 서비스 종사원 간의 대인적 품질(interpersonal quality)이나 소프트웨어적인 서비스 전달 과정을 의미한다. 인적 서비스의 친절성, 효율성, 공감성은 상호작용 품질에 해당된다.

둘째, 결과 품질(outcome quality)은 서비스의 결과물을 뜻한다. 예를 들어, 레스토랑에서 맛있고 질 좋은 스테이크가 나왔다면 결과 품질이 좋았다고 말할 수 있다.

그림 10-2 ● 서비스 품질 모형

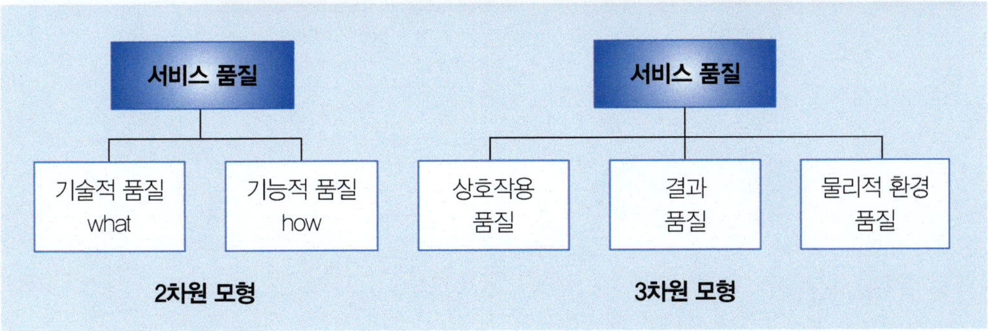

셋째, 물리적 환경 품질(physical environment quality)은 고객이 서비스를 전달받는 동안 물리적으로 처해 있는 서비스환경의 쾌적성, 심미성, 분위기 등을 의미한다.

3차원 모형은 2차원 모형에 고객이 서비스 품질의 단서로 종종 사용하는 가시적인 물리적 환경 측면을 추가한 것이라고 볼 수 있다.

(3) 호텔서비스 품질의 구조

호텔서비스의 품질이 형성되는 과정을 분석해 보면 여러 가지 구성 요소가 있음을 알 수 있다.

첫째, 고객이 직접 확인할 수 있는 가시적 요소에는 접객 종사원(contact personnel)과 서비스 체제(systems), 그리고 물리적 요소(physical component)가 있다. 이러한 가시적인 요소들은 고객과 직접적인 상호작용을 하며, 고객은 이러한 가시적 요소로 서비스 품질을 평가한다.

둘째, 가시적 요소들을 후방에서 지원하는 비가시적 요소이다. 비가시적 요소에는 경영관리 노하우를 총괄하는 경영 지원과, 전산 시스템·청구서 작성 등 서비스의 신속 정확성을 기하는 기능적 지원, 그리고 인력관리·건물관리 등 지적·기술적 지원이 있다. 이

그림 10-3 ● 호텔 · 컨벤션 서비스의 품질 구조

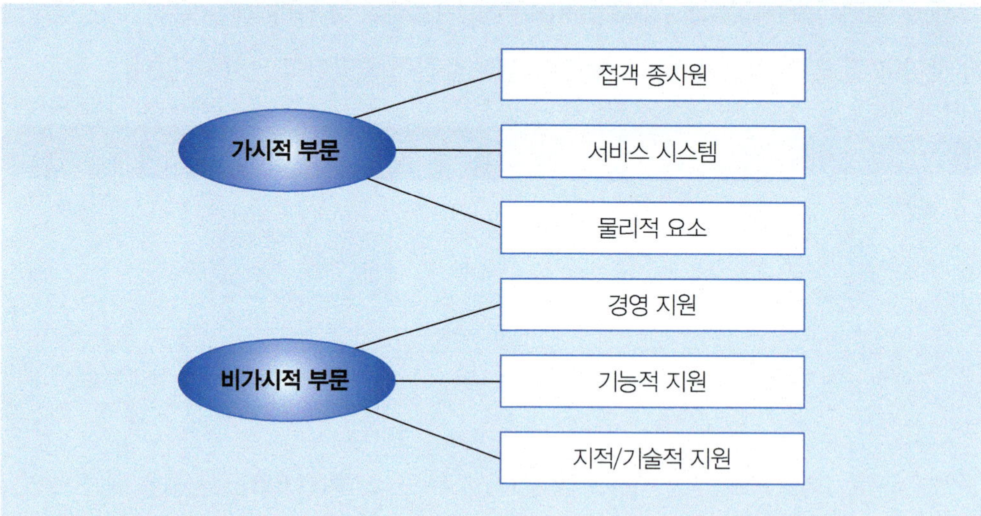

러한 비가시적 요소들은 일선 서비스 현장의 가시적 요소의 품질을 가능케 하기 위해 '무대 뒤에서' 지원을 하는 분야이다.

(4) 서비스 고품질의 효익

호텔기업이 우수한 서비스 품질을 유지함으로써 얻을 수 있는 효익은 다음과 같다.

첫째, 고객 유지이다. 서비스의 품질이 높게 유지되면 고객만족도가 향상되며, 높은 고객만족도는 재구매와 긍정적 구전을 활성화한다.

둘째, 가격경쟁을 서비스 품질로 이겨 낼 수 있다. 서비스 품질의 우수성이 고객에게 입증되면, 고가격을 지불하고라도 가치 있는 서비스를 구매하려는 욕구가 유발된다. 따라서 가격을 하락시키지 않으면서도 서비스의 품질로 고객수요를 창출할 수 있는 경쟁력을 갖추게 된다.

셋째, 종사원의 이직률이 감소된다. 연구결과를 보면, 우수한 품질의 서비스문화가 형성된 업체의 종사원은 그렇지 않은 업체의 종사원보다 이직률이 낮은 것을 발견할 수 있다. 서비스기업의 적극적 품질 혁신은 고객만족뿐 아니라 종사원의 직무 만족과 자부심을 향상시키며, 이것은 결과적으로 종사원의 이직률을 감소시킨다. 이직률이 감소되면 신입사원 채용 및 훈련에 필요한 비용이 절약된다.

넷째, 비용 감소이다. 서비스 품질 관리가 제대로 이루어지지 않아 발생하는 비용에는 내부 비용과 외부 비용이 있다. **내부 비용(internal costs)**은 고객이 불량 서비스를 받기 전에 서비스업체에서 이를 미리 발견하고 문제를 시정하는 데 드는 비용이다. 예를 들어, 호텔에서 냉·난방시설의 정비를 제대로 하지 않아 객실 고객을 받을 수 없는 처지에 놓였다면 이는 내부 비용이 발생한 경우이다. **외부 비용(external costs)**은 고객이 불량 서비스를 경험함으로써 발생되는 비용이다. 예컨대 호텔의 객실 이용객이 객실의 에어컨이 제대로 작동하지 않아 다른 객실로 바꿔 줄 것을 요구한 경우에 외부 비용이 발생했다고 볼 수 있다. 외부 비용은 서비스 회복을 위해 고객에게 보상하는 과정에서 더욱 많은 비용과 시간적 손실이 발생하고 시장에서의 부정적 파장효과가 크다는 면에서 내부 비용보다 고비용이라고 볼 수 있다.

2 서비스 품질 측정

호텔서비스와 같은 무형적 상품의 품질은 어떻게 측정할 수 있을까? 무형 서비스의 품질을 특정함에 있어서 고정화된 객관적 평가 기준은 큰 의미를 갖지 않을지도 모른다. 서비스의 품질은 그 서비스를 경험하는 고객이 개인적 판단 기준에 따라 주관적으로 지각하는 것이기 때문이다. 서비스의 품질 측정 모형에는 크게 SERVQUAL 모형과 SERVPERF 모형이 있다.

(1) SERVQUAL 모형

기존 모형(10개 차원 모형)

Zeithaml, Berry & Parasuraman은 서비스 품질의 다양한 측면에 대한 측정을 위해 SERVQUAL(Service Quality) 모형을 개발하였다(그림 10-4 참조). SERVQUAL 모형에 의하면, 고객은 서비스 품질을 평가하는 데 10가지 기준을 사용한다. 이 10가지 품질 지각 기준은 모두 고객의 시각과 이용 경험에 바탕을 둔 서비스 품질의 가시적 요소들이다. SERVQUAL 모형의 10개 차원과 각 차원의 정의는 표 10-1 에 제시되어 있다.

서비스 고객은 SERVQUAL 모형의 10개 항목에 대한 사전 기대와 실제 평가의 비교를 통해 서비스 품질을 지각한다. 그리고 서비스 품질에 대한 고객의 지각은 기대치와 성과의 차이에 의해 주관적으로 결정된다. 고객의 서비스 기대는 구전, 개인적 욕구, 과거의 서비스 이용 경험, 그리고 광고 등의 외부 커뮤니케이션에 의해 결정된다.

서비스 성과가 기대에 미치지 못하면 고객은 서비스의 품질을 부정적으로 지각한다. 반면에 서비스 성과가 기대치를 초과하면 고객은 서비스 품질을 우수하다고 지각한다. SERVQUAL 측정 항목은 2개 부분(기대 항목, 성과 항목)으로 구성되어 있으며, 고객 기대치와 성과의 차이를 분석함으로써 지각된 서비스의 품질을 측정한다.

서비스 품질 지각 = 서비스 성과 지각 − 기대치

표 10-1 서비스 품질 평가의 10차원

차원	정의
유형성(Tangibles)	서비스의 외형적 · 물리적 단서 예: 시설, 인테리어, 설비 · 장비, 건물 외관, 종사원 용모, 복장
신뢰성(Reliability)	고객과의 약속 이행, 서비스 오류 방지 예: 예약 엄수, 표준화된 서비스 수행, 서비스의 정확성
응답성(Responsiveness)	고객의 필요에 즉각적 반응 및 문제해결 예: 고객 문의나 요구에 즉시 응답, 신속한 해결책 제시
능력(Competence)	서비스 수행에 필요한 기술과 지식의 소유 예: 서비스 종사원의 업무수행 능력(정확성, 신속성)
예절(Courtesy)	접객 종사원의 예절성(친절성, 배려, 공손함) 예: 고객에 대한 종사원의 정중한 태도, 친절한 응대
신용도(Credibility)	서비스 기업 및 종사원의 진실성 및 정직성 예: 기업 평판, 고객에 대한 종사원의 선의, 정직성
안전성(Security)	위험 방지, 물리적 안전, 신체적 안전, 금전적 안전, 비밀 보장 예: 보안 · 경비체제, 정보 누출 방지
접근성(Access)	접근가능성, 접촉용이성, 물리적 위치 예: 전화 · 인터넷 예약의 용이성, 서비스 제공 시간 · 장소 편리성
의사소통(Communication)	정확한 의사전달, 고객과의 상호 커뮤니케이션 예: 외국어 소통, 서비스 설명, 고객의 의사 이해
고객이해(Understanding)	고객의 필요와 욕구에 대한 이해, 고객의 니즈에 대한 관심, 고객을 이해하려는 노력 및 의지

그림 10-4 SERVQUAL 개념 모형

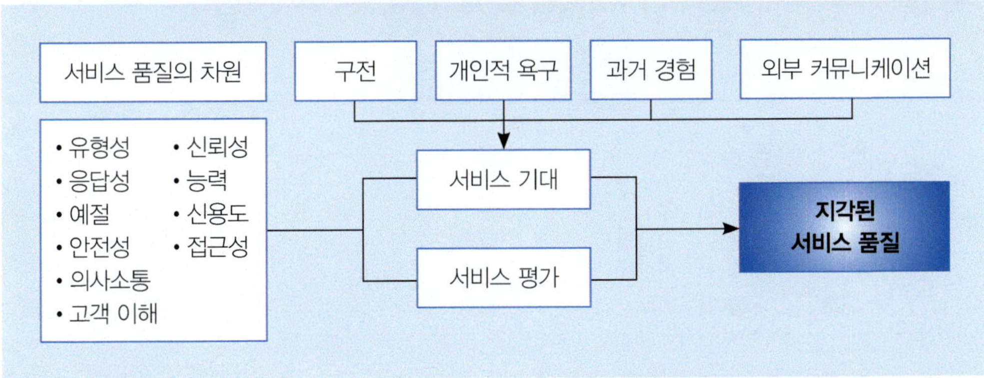

표 10-2 SERVQUAL 수정 모형의 5개 차원

5개 차원	정의	기존 10개 항목
유형성(Tangibles)	서비스의 물리적, 외형적 단서	유형성
신뢰성(Reliability)	믿을 수 있는 서비스, 오류/실패 없는 서비스	신뢰성
응답성(Responsiveness)	고객 요구에 즉각적 반응 및 문제해결 노력/의지	응답성
확신성(Assurance)	능력, 선의, 정직, 안전, 공손	능력, 예절, 신용도, 안전성
공감성(Empathy)	고객에 대한 이해, 편의 제공	접근성, 의사소통, 고객 이해

그림 10-5 SERVQUAL 수정 모형

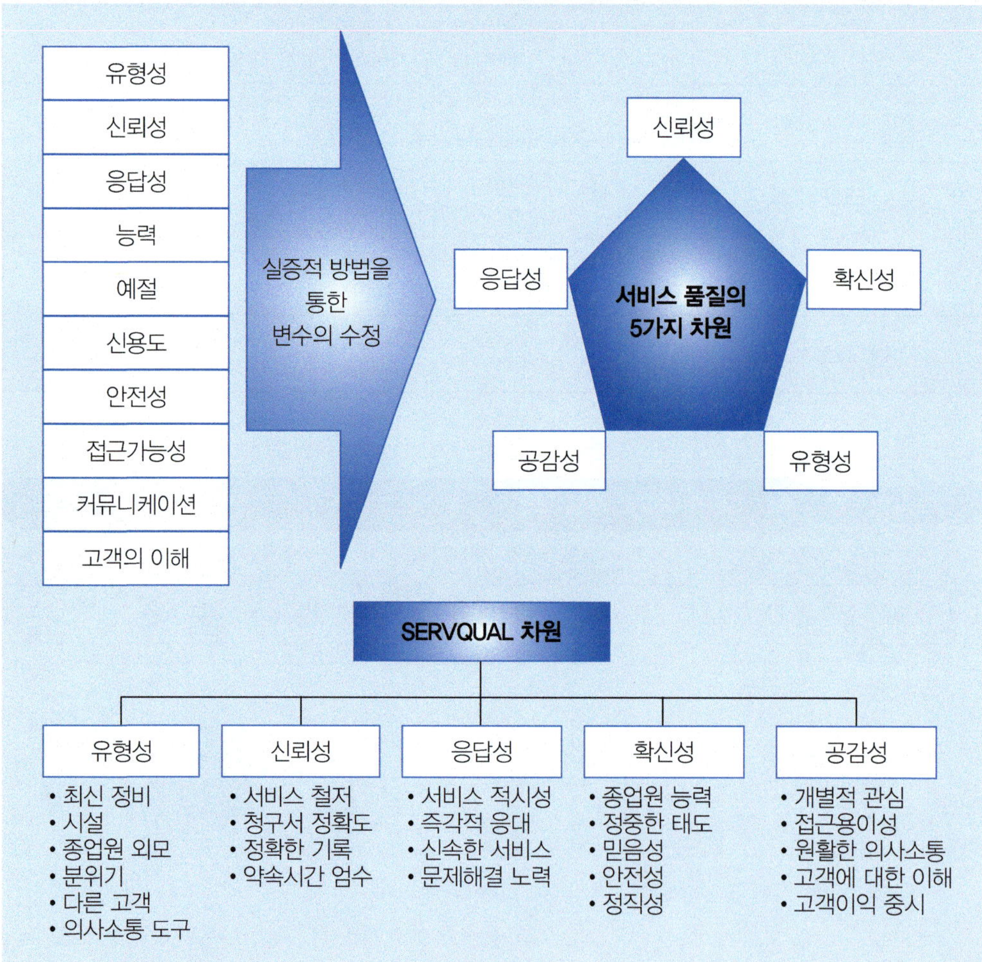

수정 모형(5개 차원 모형)

앞에서 설명한 10개 차원 SERVQUAL 모형의 측정 항목에는 개념상 중복되는 부분이 있다. 예를 들어, 의사소통과 고객 이해, 그리고 신용도와 안전성은 상호 의존성이 있다. SERVQUAL 수정 모형은 기존 모형의 10개 차원을 단순화하여 유형성, 신뢰성, 응답성, 확신성, 공감성 등의 5개 서비스 품질 결정 요인으로 정리하였다(그림 10-5 참조).

Knutson, Stevens, Patton & Thompson은 SERVQUAL 수정 모형을 호텔서비스에 적용하여 LODGSERV(Lodging Service Quality) 모형을 개발했다. 이들의 연구결과에 의하면, 고객의 호텔서비스 품질 평가에 있어 SERVQUAL 수정 모형의 5개 차원의 영향력은 신뢰성, 확신성, 응답성, 유형성, 공감성의 순으로 나타났다.

(2) SERVPERF 모형

Cronin & Taylor는 고객의 기대와 서비스 성과의 차이를 토대로 서비스의 품질 측정을 하는 SERVQUAL 모형의 유용성에 대한 의문을 제기하였다. 이들은 서비스의 성과에 대한 지각을 측정하는 것이 서비스 품질의 기대 일치/불일치를 측정하는 것보다 정확한 서비스 품질 측정 방법이라고 주장한다. 기대/성과의 차이를 측정하지 않고 고객의 서비스 성과에 대한 지각만을 측정하는 서비스 품질 측정 모형은 SERVPERF(Service Performance) 모형이라고 불린다. Cronin & Taylor는 서비스의 품질이 SERPERF 모형에 의해 측정되었을 때 고객만족이나 구매 의도 등의 변수와 더욱 유의한 상관관계를 나타냄을 입증하였다.

표 10-3 SERVQUAL 모형과 SERVPERF 모형의 비교

	SERVQUAL 모형	SERVPERF 모형
제안자	Parasuraman, Zeitham, Berry	Cronin & Taylor
모델의 구성	성과-기대	성과
기대의 정의	규범적 기대(제공해야만 할 수준)	기대 측정 안 함
측정자원	5개 차원 22개 항목	5개 차원 22개 항목

3 호텔서비스 품질관리

(1) 서비스 품질의 5가지 갭

갭(Gap) 분석 모형에 의하면, 서비스의 품질이 고객이 원하는 방향대로 종종 관리되지 못하는 이유는 고객의 기대에 대한 이해와 품질관리 구성 요소 간의 괴리(gap)가 발생했기 때문이다. 이와 같은 고객의 서비스 기대와 기업 측의 서비스 관리 방향 간의 갭은 고객의 만족 실현을 어렵게 만든다. 갭 분석 모형에서 발견되는 5가지 갭의 발생 원인과 발생 위치를 파악하면 호텔 서비스 품질관리의 틀을 마련할 수 있다. 갭 분석 모형은 서비스기업 경영자에게 고객 니즈에 충실한 서비스 품질 개선 방법을 제시해 준다.

그림 10-6 ● 갭 분석 모형

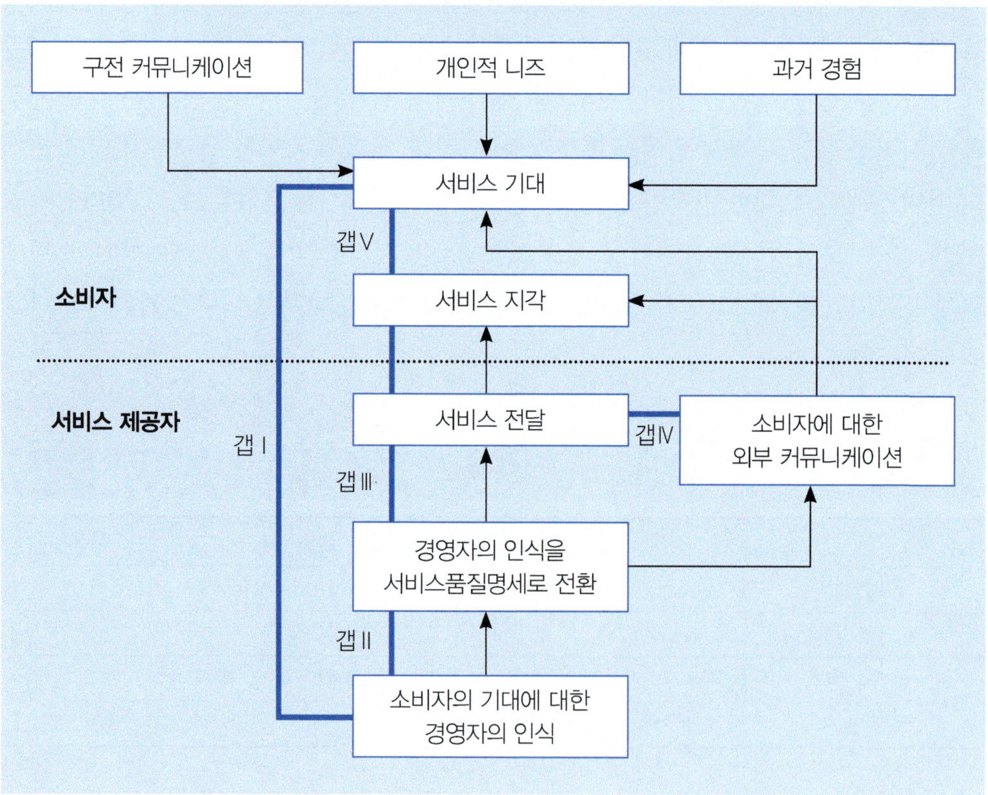

✝ 갭 I : 고객기대와 경영자의 인식 차이

갭 I 은 경영자가 고객의 기대를 제대로 파악하지 못하는 데서 발생한다. 서비스 품질에 대한 고객 기대와 고객 니즈에 대한 경영자의 인식은 차이가 있을 수 있다. 경영자는 때때로 고객의 필요와 기대를 정확히 이해하지 못하고, 고객이 원하지도 않는 불필요한 서비스 속성 관리에 노력을 기울이기도 한다. 예를 들면, 메리어트 호텔은 한동안 객실 화장실에 크리스털 욕조를 설치한 적이 있다. 그런데 조사결과, 호텔 측은 고객 대부분이 샤워로 그칠 뿐 크리스털 욕조를 거의 사용하지 않는다는 사실을 알게 되었다. 메리어트 호텔은 크리스털 욕조 대신 케이블 TV를 설치하였고, 이와 함께 고객만족도를 향상시킬 수 있었다.

이와 같이 갭 I 은 시장조사를 통해 고객에 대한 이해를 높임으로써 좁혀질 수 있다. 또한 갭 I 은 일선에서 고객과 상호작용을 하는 접객 종사원으로부터 상위 관리자로의 상향적 커뮤니케이션이 활성화될 때, 그리고 접객 종사원으로부터 최고경영자까지의 관리계층이 적을 때 최소화된다. 호텔기업은 적극적인 마케팅 조사를 통해 고객 기대를 발견할 수 있다. 고객을 모니터 요원으로 활용하거나 고객만족도 조사, 그리고 고객의 제안 카드 등을 통해 고객의 니즈를 파악하는 방법이다.

✝ 갭 II : 경영자의 인식과 서비스 품질명세 간의 차이

갭 II 는 고객의 필요와 욕구에 대한 경영자의 인식이 서비스 품질명세로 이어지지 않을 때 발생한다. 이것은 경영자가 고객의 기대를 정확히 파악하고 있다고 하더라도, 이에 부응하는 구체적 실행 수단을 개발하지 못하거나 개발하려는 노력을 기울이지 않는 경우이다.

갭 II 는 다음과 같은 방법으로 감소될 수 있다. 첫째는 서비스 고품질을 위한 경영자의 의지와 헌신에 의해서이다. 둘째는 가능성의 인식이다. 경영자가 고객의 기대 충족이 충분히 가능하다고 인식할 때 구체적 목표와 지침을 설정할 동기가 발생하는 것이다. 셋째는 업무표준화이다. 고객의 기대를 충족시키는 종사원의 표준화된 세부 행동규범이 개발될 필요가 있다.

갭Ⅲ: 서비스 품질명세와 실제 서비스 전달 간의 차이

갭Ⅲ은 서비스 성과의 갭(service performance gap)이라고 불리는데, 고객만족을 위한 서비스 품질명세가 만들어졌음에도 불구하고 종사원이 이를 실행하지 않을 때 발생한다. 갭Ⅲ이 발생하는 원인은 종사원이 서비스 품질명세를 숙지하지 못했거나, 품질 명세대로 서비스를 수행할 능력이 부족하거나, 수행할 여건이 갖추어지지 않은 데 있다.

갭Ⅲ를 최소화하기 위해서는 내부 마케팅 전략으로 접근할 필요가 있다. 우선 종사원 고용에 있어 서비스 적임자를 선발하고, 종사원–직무 간의 적합성을 고려하여 인력 투입을 한다. 호텔 종사원이 서비스 직무를 원활히 수행할 수 있기 위해서는 부서 내 직원들의 팀워크가 매우 중요하다.

또한 품질명세에 입각한 서비스가 성공적으로 고객에게 전달되려면, 종사원이 직무를 수행함에 있어 발생할 수 있는 역할갈등과 역할모호성이 제거되어야 한다. 서로 양립될 수 없는 두 가지 이상의 직무가 주어진다면 역할갈등이 발생한다. 또한 수행해야 할 업무의 지침이 종사원에게 명료하게 전달되지 않으면 역할모호성이 발생한다. 경영자는 종사원이 고객 서비스 품질명세에 충실한 직무수행을 할 수 있도록 직무 여건과 분위기를 조성해 주고 적절한 통제 시스템을 운영해야 한다.

갭Ⅳ: 실제 서비스 전달 내용과 외부 커뮤니케이션 간의 차이

갭Ⅳ는 과장된 광고 홍보가 이루어졌을 때 발생한다. 호텔·컨벤션 기업은 외부 커뮤니케이션에서 실제로 제공할 수 없는 서비스를 약속해서는 안 된다. 실제 서비스 전달 내용과 외부 커뮤니케이션 간의 차이는 서비스기업의 신뢰성을 떨어뜨리는 결과를 가져온다. 예를 들어, 미국의 Holiday Inn은 'No Surprises'라는 대대적 광고 캠페인을 통해 호텔 투숙객에게 어떠한 불평거리도 없도록 서비스하겠다는 약속을 한 적이 있다. 그런데 기대를 하고 온 Holiday Inn의 고객들은 광고의 약속과 달리 전혀 차별화되지 않는 서비스에 실망만 하고 돌아갔다.

서비스기업은 고객을 확보하고 경쟁에서 살아남기 위해 시장에 과대 약속을 하고 싶은 유혹을 이겨 내야 한다. 실제 서비스 품질로 뒷받침되지 않는 외부 커뮤니케이션은 고객의 기대치만을 상승시키고 그 결과로서 부정적 품질지각과 고객 실망을 낳기 때문이다.

✝ 갭 V: 고객의 서비스 기대와 서비스 지각 간의 차이

갭 V는 고객이 기대한 서비스 수준과 실제로 지각하는 서비스 수준의 차이를 의미한다. 갭 V의 방향과 크기는 앞에서 서술한 갭 I ~갭IV에 의해 결정된다. 갭 I ~갭IV의 크기가 크면 이에 따라 갭 V의 크기도 증가한다. 서비스 기대치는 구전, 개인적 요인, 과거 경험, 광고 홍보에 의해 결정되는데, 고객의 서비스 만족은 지각된 서비스가 서비스 기대치 이상일 때 형성되며, 지각된 서비스가 서비스 기대치에 미치지 못할 때는 낮은 품질지각과 고객 불만족이 초래된다.

(2) 호텔서비스 품질관리의 10대 원칙

호텔의 효율적인 서비스 품질관리 프로그램을 위해서는 상위 관리자와 서비스 생산 라인 간의 상호 협조가 요구된다. Denton은 서비스의 품질관리를 위해 다음과 같은 10가지 원칙을 제시하였다.

① 리더십

서비스 품질에 대한 비전을 가진 경영자는 그 비전을 부하 직원들에게 전달하여 충실히 실천하도록 선도하는 리더십이 있어야 한다. 훌륭한 리더는 서비스 품질에 대한 자신의 의지와 열정을 종사원과 고객에게 증명해 보인다. 메리어트인터내셔널의 Bill Marriott 회장과 리츠칼튼의 Horst Schulze 전 사장은 세부 서비스에까지 주의를 기울이며 호텔 고객 및 종사원과 친히 접촉할 시간을 충분히 가졌던 것으로 유명하다. 이들은 서비스 품질에 관한 한 타협을 하지 않았다. 최고경영자의 서비스 품질을 위한 단호함과 결단은 호텔 조직원들로 하여금 질 높은 서비스문화를 형성하도록 만들었다.

② 전체 조직을 마케팅 부서화하라

호텔기업의 마케팅 기능을 담당하는 것은 마케팅 부서의 직원만이 아니라 고객 서비스에 관여하는 전체 조직원이다. 마케팅활동을 마케팅 부서에만 국한시키지 말고 전체 조직을 통합적으로 참여시켜 전사적 마케팅 기능(total marketing function)이 수행되도록 해야 한다.

③ 고객을 이해하라

품질은 기업의 관점으로 평가하는 것이 아니라 '고객이 원하는 것'이어야 한다. 고객의 시각으로 서비스 품질을 평가하고 고객이 기대하고 원하는 수준에 맞추어 서비스 품질을 관리할 필요가 있다. 고객의 니즈에 민감하기 위해서는 고객의 작은 불평에도 귀 기울이고 그들이 손쉽게 호텔 측에 의사전달을 할 수 있는 통로가 개발되어야 한다. 또한 시장조사를 통한 정확한 고객정보와 이해를 바탕으로, 고객이 기대하는 방향대로 서비스 품질관리가 이루어져야 한다.

④ 자신이 소속된 서비스기업의 성격을 이해하라

서비스 제공자는 어떠한 체계로 서비스가 고객에게 전달되며 자사의 서비스가 고객에게 어떠한 의미를 주는지에 대해 전반적으로 이해할 필요가 있다. 호텔서비스의 기능과 가치에 대한 충분한 이해가 있을 때 종사원의 서비스 품질은 향상된다.

⑤ 서비스 전달 시스템을 갖추어라

품질 높은 서비스가 제공되기 위해서는 전달 시스템이 제대로 갖추어져야 한다. 호텔서비스의 경우, 효율적인 예약 시스템과 건물관리체제, 정보 시스템 등에 대한 경영지원이 선행될 필요가 있다. 서비스 전달 과정에 대한 시스템적 혁신이 있어야 서비스 흐름이 원활해진다.

⑥ 서비스의 융통성을 가져라

고객의 개별적 니즈를 충족시켜라. 고급 호텔의 고객일수록 개별화된 맞춤서비스(customized service)를 제공해야 만족시킬 수 있다. 고객의 기대에 부응하기 위해서는 고객 각각의 니즈에 맞춘 서비스를 제공하는 유연성을 가질 필요가 있다.

⑦ 기계화 · 전산화를 하라

효율적인 서비스 품질관리를 위해서는 기술이 도입될 필요가 있다. 호텔 시설을 인텔리전트 시설로 운영하고, 고객 안전을 위한 효율적 보안체제를 갖추기 위해서는 기계화·자동화가 필요하다. 고객에게 신속·정확한 서비스를 제공하기 위해서는 전산화가 필수적이다. 이러한 기술의 도입은 서비스의 품질 향상을 가져온다.

⑧ 인력관리에 힘쓰라

호텔산업에서 인적 서비스의 중요성은 아무리 강조해도 지나치지 않다. 종사원 선발, 교육 훈련, 직무동기 부여, 직무만족도 향상을 위해서는 내부 마케팅 전략으로 접근할 필요가 있다.

⑨ 서비스 품질의 평가 기준을 정하고 품질 향상의 유인책을 마련하라

상황에 따라, 종사원에 따라 유동적일 수 있는 서비스 품질을 관리하기 위해서는 일정한 품질 평가 기준이 마련될 필요가 있다. 객관적 품질 기준을 토대로 서비스 품질명세가 만들어지고 서비스 업무의 표준화가 이루어질 수 있다. 우수한 서비스를 창출하는 서비스 제공자에게는 적절한 포상이 주어져야 한다. 서비스 품질 향상을 위한 유인책이 있어야 종사원에게 동기가 부여된다.

⑩ 서비스 종사원에게 피드백을 제공하라

서비스 종사원은 자신의 업무 성과와 서비스 수준에 대한 피드백을 받을 필요가 있다. 피드백 제공은 서비스 종사원에게 동기 유발 요인이 된다. 종사원은 피드백 내용에 따라, 자신과 자신이 소속한 업장의 서비스 품질에 있어 부족한 부분에 대해서는 수정을 하고 만족스러운 부분은 강화시켜 나갈 수 있다.

(3) 호텔서비스 품질관리의 저해요인들

호텔의 서비스 품질을 떨어뜨리고 서비스 품질관리의 중요성을 간과하도록 하는 요인에는 다음과 같은 것들이 있다.

✝ 과대 홍보 및 고객 약속

호텔기업은 잠재고객에게 과장 광고를 하거나 실제로 제공할 수 있는 서비스 수준보다 더 많은 것을 약속해서는 안 된다. 기업이 제공할 수 있는 것 이상을 약속한다면 시장의 사전 기대 수준을 비현실적으로 상승시켜서 서비스 품질에 대한 실망과 부정적 고객지각을 초래하기 때문이다. 서비스 상품의 내용을 있는 그대로 고객에게 인식시키는 것은 기업 마케팅 윤리에도 부합되는 일이다.

서비스 교육의 부족과 비효율성

호텔 종사원이 서비스 업무를 효과적으로 수행하고 호텔기업이 목표로 설정한 서비스의 품질을 유지시키도록 하기 위해서는 적절한 서비스 교육훈련이 필요하다. 비용 절감을 위해 서비스 교육을 소홀히 하면 서비스 직원의 직무동기와 서비스 기술이 하락할 수밖에 없다.

개별 고객의 중요성 간과

호텔기업이 성장하면서 많은 고객을 보유할 때 간과하기 쉬운 것이 개별 고객의 중요성이다. 고객 개개인에 대한 중요성을 잊고 그들을 단순히 전체 시장 중의 작은 일부분으로만 여기면 개별 고객의 니즈에 대한 민감한 반응과 배려를 하지 않게 된다. 고객 개개인의 특화된 니즈를 무시하거나 고객 한 사람의 불만을 가볍게 여기기 시작하면 필연적으로 서비스 품질이 하락하고 고객은 등을 돌리게 된다.

서비스 종사원에 대한 부적절한 대우

자신의 직장과 업무에 불만족한 종사원은 고객에게 만족스러운 서비스를 제공하기 어렵다. 서비스기업이 종사원에 대해 부적절한 대우를 한다면 종사원은 고객에게 만족스러운 서비스를 제공하려는 동기가 감소된다. 근로 여건이나 급여, 승진 기회 등에 대해 직원 만족을 이루지 못하면 고객에 대한 품질 높은 서비스의 창출은 기대할 수 없을 것이다.

원활하지 못한 커뮤니케이션 및 팀워크 부족

마케팅 전략과 서비스 상품정보에 관한 사내 커뮤니케이션이 원활하게 이루어지지 못하거나 부서 내 팀워크가 부족하다면 서비스 종사원은 최상의 서비스 역량을 발휘할 수 없다. 상급자가 정확한 지침을 주지 않거나 동료직원의 협조가 부족한 경우 역할모호성과 역할갈등이 초래되어 인적 서비스의 품질은 하락한다. 또한 일선에서 고객과 상호작용하는 접객 종사원의 의견과 지적사항이 상부 관리층으로 원활히 전달되지 못할 때, 서비스 품질관리는 고객의 니즈와 괴리가 있게 된다.

✝ 단기 이윤의 강조

호텔기업이 단기 이윤을 지나치게 강조하면 고객 서비스를 최우선으로 여기지 않고 비용 절감에 치중하게 된다. 따라서 고객에 대한 서비스 품질관리는 우선권을 잃게 된다. 서비스 품질 향상의 수익 증대 효과는 장기적으로 나타나는데, 단기 이윤만이 강조되는 기업환경에서는 비용 절감과 단기적 고객 유인에 치중하므로 서비스의 품질 저하가 초래된다. 이러한 근시안적 경영방침은 브랜드 이미지의 하락을 초래해 장기적으로 매출과 수익률의 감소를 가져온다.

4 서비스 품질경영 혁신 기법들

호텔서비스의 품질경영을 위해서는 타 산업에서 활용하는 경영 혁신 기법들을 적용할 필요가 있다. 이 책에서는 그중 벤치마킹과 전사적 품질경영(TQM), 그리고 품질보증제도에 대해 설명한다.

(1) 벤치마킹

✝ 벤치마킹의 개념

벤치마킹(benchmarking)이란 원래 강물의 깊이를 측정하기 위한 수준기표를 의미한다. 기업경영에서 벤치마킹이란 막연하고 추상적인 기업경영 목표를 선도자적 위치에 있는 타 기업을 기준점으로 구체화하여 자사에 도입하는 프로세스를 의미한다. 기업은 '학습하는 조직(learning organization)'이며, 벤치마킹은 분야별로 경쟁력이 있는 업체를 표적으로 삼아 그 업체의 우수성을 배우는 학습 과정인 것이다.

✝ 적용 범위

도입 초기의 벤치마킹은 동종 경쟁회사와의 비교분석을 통해 배울 점은 배워 온다는 한정적 개념이었다. 그러나 최근 벤치마킹의 적용 범위는 크게 확대되어 산업을 불문하고 효율성이 뛰어난 어느 기업이든지 표적으로 삼게 되었다. 예를 들어, 미국의 Federal

Express사는 30분 내 배달 서비스로 유명한 도미노피자를 모델로 설정하여 속성 배달 시스템의 목표로 삼았다.

호텔기업의 벤치마킹

우리나라의 경우, 호텔신라는 서비스 개선팀 내에 벤치마킹 전담팀을 구성하여 수년간 호텔 서비스 부문 세계 제1위를 차지하고 있는 태국의 Oriental Hotel과 싱가포르의 Peninsula Hotel 등에 직원을 파견한다. 웨스틴 조선호텔은 마케팅, 인사, 기획 팀장 등 부서장급을 미국 웨스틴호텔 그룹 본사와 미주지역 주요 호텔에 파견하여 현지 호텔의 경영 기법을 전수받도록 한다. 또 밀레니엄 서울힐튼도 서비스, 식음료 부문 등 현업부서 직원을 유럽지역 주요 호텔에 3~4개월 이상 파견하여 경영 노하우를 습득하는 장기연수를 실시한다.

(2) 전사적 품질경영

TQM의 도입 배경 및 개념

과거의 기업 품질관리에는 다음과 같은 문제점이 있었다. 첫째, 최고경영층의 품질에 대한 인식 부족으로 품질경영이 중요한 관심사가 되지 못하였다. 둘째, 품질관리 분임조 활동만으로 품질에 대한 문제가 모두 해결된다고 믿었다. 셋째, 품질관리 활동은 QC(Quality Control) 담당자의 고유 영역으로 간주하였다. 넷째, 기능별 의사소통이 원활히 이루어지지 않아 부서가 협조를 요하는 품질 문제를 해결하기 어려웠다. 다섯째, 품질관리 활동의 평가 기준은 고객만족이 아니라 비용 절감 측면이었다.

이러한 문제점들을 극복하고자 선도 기업들이 앞다투어 도입하여 추진하기 시작한 전략 기법이 바로 전사적 품질경영(Total Quality Management, TQM)이다. 기업의 전 조직원을 품질관리에 참여시켜 상호 협조하에 품질 향상을 이룬다는 것이다. TQM은 다양한 고객욕구에 대응하기 위하여 기업경영의 최우선 과제를 품질 혁신에 두고, 전 사원을 참여시켜 지속적인 품질경영을 통하여 고객만족을 유도하고 경쟁력을 강화하고자 하는 품질경영 혁신 전략이다.

✝ TQM의 기본 원칙

TQM에서 강조되는 것은 조직 구성원의 전원 참여이다. 즉 최고경영자로부터 일선 종사원에 이르기까지 전원이 의식개혁을 하여 모든 부문의 품질 개선이 이루어지도록 노력해야 한다는 것이다. 이렇게 품질 향상이 전체적으로 이루어지기 위해서는 다음과 같은 품질 개념이 정착될 필요가 있다.

• 품질은 '좋은 것'이 아니라 '고객기대에 부응하는 것'이다

즉 품질 기준은 기업 내부의 품질관리 담당자가 정한 규격이 아니라 품질에 대해 민감하게 반응하는 고객이 요구하는 기대에 대한 응답이다. 품질에 대한 최종 평가는 기업이 하는 것이 아니라 고객이 하는 까닭이다. 따라서 고객에 중심을 두고 이들의 요구와 기대를 충족시킨다는 '마켓인(market-in)' 사상으로 품질관리가 이루어져야 한다.

• 품질은 예방이다

서비스 상품이 고객에게 전달되기 전에 결점을 찾아내는 것이, 고객이 서비스를 경험할 때 품질 문제가 발생하여 그것을 수정하는 것보다 훨씬 값싸고 안전하다.

• 품질경영의 수행 기준은 무결점(Zero Defect, ZD)이다

품질경영에 요구되는 자세는 불가피한 오류를 묵인하는 태도가 아니라, 추호의 결함도 없이 서비스 상품이 고객에게 제공되도록 만반의 준비를 다하는 것이다. 전 사원이 이렇듯 서비스 오류에 대한 무관용 태도와 서비스 무결점을 반드시 달성한다는 자세로 임해야만 서비스 품질 개선이 이루어진다.

✝ 호텔기업의 TQM 활동

호텔 품질관리는 기능적 측면과 감성적 측면, 그리고 유형적 측면과 무형적 측면 등 모든 부문에서 총체적으로 수행되어야 있다. 따라서 전 사원의 적극적 참여 없이는 서비스 품질관리가 불가능하다.

리츠칼튼은 일찍이 TQM 방식을 도입하여 고객만족을 실현하였다. 이 호텔의 부사장인 Jim DiChiara는 이렇게 말하였다. "우리에게 TQM이란 계속적인 서비스 혁신을 뜻합니다. 경쟁 호텔에서 하지 않는 서비스를 찾아 전 사원이 실행하는 것입니다. 우리는 ZD(Zero Defect)서비스에 100퍼센트 고객 보유를 목표로 합니다. 한 번 우리 호텔을 이용

한 고객은 평생고객으로 삼는 것이 우리의 목표입니다."

리츠칼튼은 임원급 품질관리 리더를 선두로 하여 전 사원을 서비스 품질관리에 참여시키는 근무체제를 갖추었다. 업장의 모든 접객 종사원은 서비스 생산일지를 작성하고, 고객 서비스에 장애가 되는 어떤 요인이든지 발견되는 대로 상부에 보고함과 동시에 즉시 수정이 이루어지도록 하였다. 전 세계 리츠칼튼의 사원은 서비스의 3단계, 리츠칼튼인의 신조, 리츠칼튼인의 기본 수칙을 숙지해야 한다.

리츠칼튼 서비스의 3단계(Three Steps of Service)

1. 따뜻하고 진실된 마음으로 고객을 맞이하며, 되도록 고객의 성함을 사용한다.
   (A warm and sincere greeting. Use the guest name, if and when possible.)
2. 고객의 원하는 바를 미리 예측하고 부응한다.(Anticipation and Compliance with guest needs.)
3. 따뜻한 작별인사로 고객에게 감사를 드리며, 되도록 고객의 성함을 사용한다.
   (Fond farewell. Give them a warm good-bye and use their names, if and when possible.)

리츠칼튼인의 신조(Credo)

- 리츠칼튼 호텔은 고객의 편안함과 고객에 대한 정성 어린 배려를 위하여 최선을 다하는 것을 가장 중요한 임무로 삼는 곳이다.(The Ritz-Carlton Hotel is a place where the genuine care and comfort of our guests is our highest mission.)
- 우리는 고객이 친절하고 품위 있는 분위기를 느낄 수 있도록 최선의 개별 서비스와 시설을 제공할 것을 다짐한다.(We pledge to provide the finest personal service and facilities for our guests who will always enjoy a warm, relaxed yet refined ambience.)
- 리츠칼튼 호텔에서 우리의 고객이 새로운 느낌과 만족감을 경험할 수 있도록 하며, 고객이 표현하지 않는 기대와 요구까지도 충족시켜 드린다.(The Ritz-Carlton experience enlivens the sense, instills well-being, and fulfills even the unexpressed wishes and needs of our guests.)

리츠칼튼인의 기본 수칙(The Ritz-Carlton Basics)

1. 신조는 우리 리츠칼튼의 기본적인 신념이다. 모든 직원은 리츠칼튼인의 신조를 숙지하고 자신의 것으로 만들어 행동한다.
2. 우리의 사훈은 "We are Ladies and Gentleman serving Ladies and Gentlemen"이다. 서비스 전문인으로서 우리는 우리의 고객과 동료를 존경심과 품위를 가지고 대한다.
3. 서비스 3단계는 리츠칼튼 서비스의 기본이다. 이 3단계는 고객만족, 고객보유, 그리고 고객의 충성도를 확고히 하기 위해 모든 고객과의 관계 속에서 반드시 적용되어야 한다.
4. 직원에 대한 약속은 우리 리츠칼튼의 근무 분위기를 위한 토대가 된다. 모든 직원은 이 약속을 존중한다.
5. 모든 직원은 자신의 직책에 대한 소정의 교육 과정을 매년 성공적으로 이수해야 한다.
6. 회사의 목표는 모든 직원에게 전달되어야 하며, 그 목표를 달성하도록 노력하는 것은 우리 모두의 책

임이다.
7. 모든 직원은 자부심과 즐거움이 있는 직장을 만들기 위해 그와 관련된 업무의 계획에 참여한다.
8. 모든 직원은 호텔 전반에 관한 문제점을 지속적으로 규명하도록 한다.
9. 우리 내 · 외부 고객의 요구가 잘 부응되도록, 팀워크와 측면 서비스가 원활하게 이루어지는 근무환경을 만드는 것은 모든 직원의 책임이다.
10. 모든 직원은 권한을 부여받는다. 예를 들어 고객이 문제가 있거나 특별한 일을 요구했을 때, 우리는 하던 일을 멈추고 그 문제를 해결해야 한다.
11. 절대 청결은 모든 직원의 책임이다.
12. 고객에게 최고의 개별 서비스를 제공하기 위해서 모든 직원들은 고객의 개별적 기호를 찾아내고 기록할 책임이 있다.
13. 절대 고객을 잃어서는 안 된다. 즉각적으로 고객의 불편사항을 해결하는 것이 직원의 임무이다. 고객의 불편사항을 접수한 직원이 직접 책임지고 고객이 만족할 때까지 해결한 후, 보고한다.
14. "미소를 짓는다. 우리는 지금 무대 위에 있다." 항상 부드러운 눈빛을 유지하고 우리의 내 · 외부 고객에게 예절 바른 언어를 사용한다.("Good morning", "Certainly", "I'll be happy to", "My pleasure"와 같은 언어를 사용한다.)
15. 호텔 안팎에서는 리츠칼튼을 대표한다는 생각으로 행동한다. 언제나 긍정적으로 말하며, 어떠한 문제든 적합한 사람을 찾아가 대화한다.
16. 고객이 원하는 곳은 방향만 알려 드리지 말고 직접 안내한다.
17. 리츠칼튼의 올바른 전화 예절을 갖춘다. 전화는 벨이 세 번 울리기 전에 '미소 띤 음성'으로 받는다. 가능한 모든 경우에 고객의 성함을 사용한다. 필요한 경우, "May I place you on hold?"라고 묻는다. 상대방에 따라 가려서 전화를 받지 않으며, 가능하면 고객의 전화를 다른 부서로 돌리지 않는다. Voice Mail 규정을 지킨다.
18. 자신의 외모에 관심을 쏟고 자신감을 갖는다. 모든 직원은 리츠칼튼의 복장 및 용모 규정을 준수함으로써 전문인다운 이미지를 전할 책임이 있다.
19. 먼저 안전을 생각한다. 모든 직원은 고객과 우리 자신을 위하여 안전하고 사고 없는 직장을 만들 책임이 있다. 화재 및 비상 시 행동 절차에 대해 숙지하고 어떤 안전상의 위험도 즉각적으로 보고한다.
20. 리츠칼튼 호텔의 자산을 보호하는 것은 모든 직원의 책임이다. 에너지를 절약하고 호텔을 적절히 관리, 보수하며, 환경을 보호한다.

(3) 품질보증제도

서비스 품질보증이란?

서비스 품질보증(service guarantees)이란 서비스 품질에 대해 기업이 고객에게 약속을 하는 것으로, 서비스 실패가 발생하면 기업은 고객에게 보상을 하는 제도이다. 품질보증제도는 고객에게 서비스 품질에 대한 신뢰와 확신을 주는 마케팅 도구이며, 고객이 무형 서비스를 구매할 때 종종 느끼는 지각위험도를 감소시키는 효과가 있다.

품질보증의 효익

서비스기업이 품질보증제도를 통해 얻을 수 있는 효익은 다음과 같다. 첫째, 서비스 보증제도의 실시는 서비스의 품질을 향상시키는 역할을 한다. 둘째, 서비스보증제도는 서비스 기업의 뚜렷한 서비스 품질 기준을 만들어 준다. 셋째, 서비스보증제도는 즉각적인 시장반응을 가져온다. 넷째, 서비스보증제도는 직원의 사기와 직무동기를 향상시킨다. 다섯째, 서비스보증제도를 통해 자사 서비스 품질의 변화 추이를 평가할 수 있다. 여섯째, 서비스보증제도를 통해 빈번한 서비스 실패 지점을 파악하고 실패 원인을 분석할 수 있다.

서비스 보증제도의 성공 요건

• 서비스 보증은 무조건적이어야 한다

서비스 보증의 효과는 부수적 조건과 단서가 많을수록 감소하게 된다.

• 서비스 보증제도는 이해하기 쉬워야 한다

고객에게 단순 명료하게 서비스 보증의 조건과 내용이 제시되어야 한다. 예컨대 '빠른 서비스'보다 '20분 내 서비스'가 고객에게 명확히 이해된다.

• 보증금액은 적정 수준이어야 한다

보상금액은 원가와 서비스 실패의 심각성을 고려하여 고객이 합리적이라고 느끼는 수준에서 책정될 필요가 있다. 도미노피자는 30분 이내에 배달되지 않으면 피자값을 받지 않겠다는 약속을 3불 할인으로 바꾸었다. 그 후 이 보증제도를 이용하는 고객이 증가하였다.

• 신속·용이하게 환불이 이루어져야 한다

환불이나 보상을 받기 위하여 복잡하고 긴 절차를 거쳐야 한다면, 불만족 서비스에 대해 클레임을 하는 고객이 더욱더 불쾌감을 느낄 수 있다.

• 서비스 보증에는 신뢰성이 있어야 한다

보증의 내용은 고객에게도, 그리고 서비스 제공자에게도 납득할 만한 것이라야 한다. 예를 들어 '1주일에 10Kg 감량 보장'이라는 다이어트 제품 광고문구는 누구도 신뢰하지 않는다.

햄튼 인의 서비스 보증 사례

햄튼 인(Hampton Inns)은 1990년 서비스 불만족이 발생할 때 하루치 객실 요금을 고객에게 반납하는 서비스 보증제도를 시작하였다. 처음에는 고객들이 객실료를 아끼려고 허위로 불평신고를 할 것이라는 우려의 소리가 높았다. 그러나 햄튼 인의 경영단은 고객의 정직성과 종사원 서비스 능력을 믿어 보기로 하였다. 햄튼 인의 내부 조사자료에 의하면, 고객의 85% 이상은 이 보증제도에 매력을 느꼈다. 고객의 2퍼센트는 단순히 이 보증제도 때문에 햄튼 인을 찾았는데, 이들에 의해서 700만불에 해당하는 15만 7,000실의 객실 판매가 이루어졌다. 또한 서비스 보증에 의해 요금 반납을 받은 후 다시 햄튼 인을 찾은 고객에 의해 발생된 판매액은 100만불에 달하였다. 1991년에 햄튼 인이 서비스 보증으로 지불한 비용은 35만불에 불과했지만, 이 보증제도에 의해 추가적으로 발생된 판매액은 1,800만불에 이르렀다.

햄튼 인의 이와 같은 서비스보증제도의 성공은 철저한 서비스 관리에 의해 가능했다. 서비스 보증을 하고서도 서비스의 품질관리가 잘 이루어지지 않으면 어떠한 낭패가 따르지 그들은 잘 알고 있었다. 햄튼 인은 서비스 품질관리를 철저히 하고 보증제도가 제대로 적용되는지를 확인하기 위하여, 본부의 직원을 고객으로 가장시켜 각 호텔에 보냈다. 이들은 호텔에 투숙하면서 불만족 요인을 발견하고 객실료 반납을 요구하며, 호텔 종사원이 어떻게 문제해결을 하고 서비스 보증을 제공하는지를 조사하였다.

서비스 보증제도는 호텔 종사원의 서비스 개선에도 적잖은 영향을 미쳤다. 전체 종사원의 50퍼센트 가량은 서비스 보증제도가 생긴 이후 더욱 열심히 고객을 위해 봉사하게 되었다고 응답하였다. 종사원들은 또한 고객의 만족을 위해서는 상관의 지시 없이도 스스로 문제해결에 나서게 되었다고 말했다. 지배인급 관리자들은 서비스 보증제도의 영향으로 종사원 직무동기와 사기가 향상되었다고 설명하였다.

서비스 보증제도를 악용하는 고객들에 대해서는 방지책이 마련되었다. 보증제도를 몇 번이나 부정직하게 이용하는 고객은 고객 데이터베이스 자료를 통해 밝혀내어, 이들에 대해서는 보증제도를 더 이상 적용하지 않았다. 그러나 이러한 허위 클레임은 전체의 5퍼센트에 불과했다. 즉 1명의 허위 신고자에 대해 19명의 정당한 요구자가 존재하는 것이었다.

햄튼 인은 이와 같은 서비스 보증제도를 다년간 실시한 후, 서비스 보증에 대한 다음과 같은 10가지 주요 교훈과 결론을 얻었다.

1. 고객의 필요에 초점을 두라.
2. KISS(Keep it simple, stupid): 보증 내용과 절차를 간단하게 만들어라. 그래야 고객이 활용한다.
3. 서비스 보증제도를 도입하는 데는 경영진의 서비스 확신이 필요하다.
4. 서비스 직원 권한위양이 서비스의 질 향상의 열쇠이다.
5. 훈련시키고, 훈련시키고, 또 훈련시켜라. 종사원 서비스 교육을 강화하라.
6. 실제 발생한 보증 관련 상황을 직원들에게 인지시켜라.
7. 진실의 순간을 포착하라.
8. 고객이 불평행동을 하도록 유도하라.
9. 허위 불평행동을 하는 고객을 추적하는 시스템을 갖추어라.
10. 보증제도에 의해 고객환불이 이루어진 사례들에 대한 정규적인 분석과 고찰을 하라.

HOTEL MARKETING

제11장 호텔의 물리적 증거 관리

1 서비스의 물리적 증거

호텔서비스 상품의 성격과 가치를 효과적으로 고객에게 납득시키기 위해서는 유형의 물리적 증거(physical evidence)를 제공할 필요가 있다. 물리적 증거란 서비스가 제공되고 기업과 고객의 상호작용이 이루어지는 환경을 구성하는 모든 유형적 요소를 포함한다.

물리적 증거에는 물리적 환경과 기타 유형적 요소가 있다. 서비스의 물리적 환경은 종종 서비스케이프(servicescape)라고 불리는데, 이는 Service와 Landscape를 합성한 용어로서 서비스가 전달되는 장소의 외부환경과 내부환경을 의미한다. 물리적 환경 외에 물리적 증거의 기타 유형적 요소에는 직원의 유니폼, 메뉴, 영수증, 팸플릿, 간판 등이 있다.

(1) 물리적 환경

물리적 환경이란 서비스기업과 고객의 상호작용이 이루어지는 서비스 전달 과정의 환경을 의미한다. 물리적 환경은 고객이 서비스 상품의 질을 평가하는 데 의존하는 단서이며 서비스 상품을 구성하는 유형적 요소이다.

호텔서비스의 물리적 환경에는 외부환경과 내부환경이 있다. 첫째, 외부환경은 호텔의 건물 외형이나 주변환경, 시설 입구/진입로, 주차장시설 등을 포함한다. 맥도날드는 고객에게 청결한 서비스의 느낌을 주기 위해서 매장 외부의 도로까지 깨끗하게 청소하고 쓰레기를 치운다. 둘째, 내부환경은 호텔 내부의 인테리어, 가구, 레이아웃, 조명, 음악 등 실내환경을 의미한다. 내부환경은 매장의 분위기와 고객의 감성적 반응에 중요한 영향을 미친다.

호텔의 물리적 환경은 종종 잠재고객에게 강력한 매력 요인이 된다. 두바이의 버즈 알아랍 호텔과 싱가포르의 마리나 베이 샌즈 호텔은 독특한 호텔 건축양식과 고급 인테리어로 세계적으로 많은 고객을 유인하고 있다. 특히 마리나 베이 샌즈 호텔의 초고층 옥상에 위치한 인피니티 수영장은 아찔한 야외 전망을 이용 고객에게 제공한다.

호텔기업에 있어 물리적 환경은 절대적 중요성을 갖는다. 그것은 물리적 환경 요소

두바이의 버즈알아랍 호텔

싱가포르의 마리나 베이 샌즈 호텔

가 고객의 구매 의사결정과 서비스 경험에 대한 평가 및 만족도에 중요한 영향을 미치기 때문이다. 또한 물리적 환경은 고객에게 서비스의 품질에 대한 정보적 단서를 제공한다. 고객은 무형 서비스에 대한 유형적 단서를 필요로 하는데, 가시적인 물리적 환경은 고객에게 효과적인 커뮤니케이션 역할을 하는 것이다.

(2) 기타 유형적 요소

물리적 증거를 구성하는 기타 유형적 요소에는 서비스 직원의 유니폼, 레스토랑 메뉴, 브랜드 로고, 명함, 컴퓨터 웹사이트 디자인 등이 있다. 이러한 요소 또한 서비스의 품질과 성격을 표현해 주는 유형적 단서가 된다. 예를 들어, T.G.I.프라이데이의 CI를 응용한 직원 유니폼과 메뉴, 표지판 등은 경쾌한 레스토랑의 분위기를 말해 준다. 이와 같은 물리적 증거 요소들은 브랜드 개성과 이미지를 형성하는 데 도움을 준다.

2 물리적 환경의 구성 요소

(1) 디자인 요인

디자인 요인(design factors)은 건축양식, 내부 인테리어, 브랜드 로고 등 시각적·심미적 측면을 말한다. 호텔서비스환경의 디자인 요인은 브랜드 이미지 형성에 절대적 영향을

경주 신라밀레니엄파크의 한옥호텔 라궁

미치며 차별화와 포지셔닝의 중요한 요인이다. 예컨대 아웃백스테이크하우스의 삐뚤삐뚤하게 걸린 액자들과 오스트레일리아 오지의 원산품으로 이루어진 실내 장식은 아웃백스테이크하우스만의 경쾌하고 독특한 분위기를 자아낸다.

경주 신라밀레니엄파크의 한옥호텔 라궁은 호텔 건물 전체가 우리나라 전통 건축양식으로 지어져 전통적 정취를 살리고, 객실도 온돌과 누마루, 안마당 등으로 구성되어 전통 한옥의 모양새를 갖추고 있다. 객실 내부에는 금장식이 있는 전통 가구가 놓여 있고 욕실 또한 노천 온천이다. 이 호텔의 독특한 한국 전통 양식 디자인은 투숙객에게 새로운 경험과 즐거움을 제공한다.

(2) 분위기 요인

분위기 요인(ambient factors)은 음악, 향기, 온도, 공기, 조명 등 서비스환경의 배경적 요인을 의미한다. 고객은 이러한 배경적 요인들을 의식하기도 하지만 종종 무의식적으로 영향을 받기도 한다. 예를 들어, 느린 템포의 음악환경에서는 빠른 템포의 음악이 나오는 경우보다 고객의 체류 시간이 길어진다. 따라서 호텔 레스토랑은 고객회전률을 높여야 하는 시간이면 빠르고 경쾌한 음악을 틀기도 한다. 또한 음악의 친숙성은 고객이 매장에 얼마나 머물렀는지에 영향을 미치기도 하는데, 고객은 자신에게 친숙하지 않은 음악을 들으면 더 오래 그 매장에 머물렀다고 느낀다.

분위기 요인은 고객의 정서적 반응과도 밀접한 관계가 있다. 매장의 조명과 온도, 향기, 음악 등은 이용객의 무드와 기분을 결정하는 데 중요한 역할을 한다. 은은한 조명과 부드러운 음악은 낭만적인 정서를 불러일으키며, 향기가 있는 환경에서는 기분이 좋아진다. 이와 반대로 이러한 분위기 요인이 적절히 관리되지 않으면 고객은 불편을 겪게 되는데, 너무 덥거나 추운 실내 온도, 귀에 거슬리는 음악, 유쾌하지 못한 냄새는 불쾌감을 초래하고 해당 서비스환경에의 기피행동(avoidance behavior)을 가져온다. 일식 레스토랑에서는 생선 비린내를 없애기 위해 주방을 철저히 청결하게 관리하고 레몬향 등을 사용하여 냄새를 철저히 제거한다. 또한 양식 레스토랑에서는 포도향을 은은하게 퍼지게 하여 레스토랑 이용 고객의 식욕을 자극하고 즐겁게 식사할 수 있도록 유도한다.

(3) 사회적 요인

사회적 요인(social factors)은 종사원이나 타 고객 등 서비스환경의 공간을 함께 공유하는 사람들을 의미한다. 서비스환경의 혼잡성 또한 서비스환경의 질을 결정한다. 우선 서비스 종사원의 유니폼 및 단정한 용모, 서비스 전달 태도와 행동은 서비스환경의 중요한 사회적 요인이다. 예를 들어, 레스토랑의 경우 주방장이 전통 요리장 복장을 하고 고객 앞에서 마치 쇼를 하듯 요리를 하는 모습은 고객에게 새로운 흥밋거리와 경험을 제공하며 레스토랑을 즐겁고 매력적인 공간으로 만들어 준다.

서비스를 함께 이용하는 다른 고객들도 물리적 환경의 중요한 사회적 요인이 된다. 물리적 환경의 다른 요소가 아무리 훌륭하더라도 그 공간을 공유하는 사람들의 행동과 교양이 호텔의 품위에 어울리지 않는다면 결코 유쾌한 서비스환경이라고 할 수 없다.

(4) 기능적 요인

기능적 요인(functional factors)은 공간적 배치와 기타환경 요인의 기능성 측면을 말한다. 실내 공간의 크기, 형태, 작업 공간의 위치, 가구의 배치 등은 종사원의 서비스 업무 효율성과 고객의 동선에 중요한 영향을 미친다. 고객이 직접 음식을 가져오는 뷔페 레스토랑의 경우 음식 진열대와 테이블의 레이아웃은 특히 중요하다. 내부 공간 배치와 공간의 확보가 적절히 이루어지지 않으면 동선의 흐름이 원활치 않아 고객이 서로 부딪치거나 골고루 음식을 가져다 먹을 수 없게 된다.

물리적 환경의 기능적 요인은 고객의 행동적 반응을 조절하는 역할을 한다. 패스트푸드의 딱딱한 의자는 고객의 체류 시간을 단축시키는 효과가 있다. 공항이나 버스터미널의 벤치가 종종 한쪽 방향을 향하도록 설치된 이유는 사람들이 장시간 벤치에 모여앉아 있지 않고 근처 카페나 커피숍으로 찾아가도록 유도하기 위함이다.

호텔 객실 건립 계획을 할 때 고려해야 할 기능적 측면들

1. 객실의 방향 및 채광
2. 승강기와 계단은 실내 안쪽으로 설계하여 객실의 창 밖 전망 확보
3. 객실과 연회장 등 기타 호텔시설과의 연결 및 동선
4. 고객과 호텔 종사원의 순환 및 이동이 용이하도록 설계
5. 린넨실, 자동판매기, 아이스 보관실, 쓰레기 처리실, 승강기 등의 위치
6. 장애인 고객을 위한 객실의 위치: 저층부 승강기에 가깝게 위치
7. 욕실 배관의 경제성: 나란히 붙은 객실의 앞뒤로 설계
8. 층간, 객실 간 소음 차단
9. 복도의 넓이 및 길이
10. 객실의 에너지 시스템: 단열 및 온도 조절 장치, 자동 환기 시스템

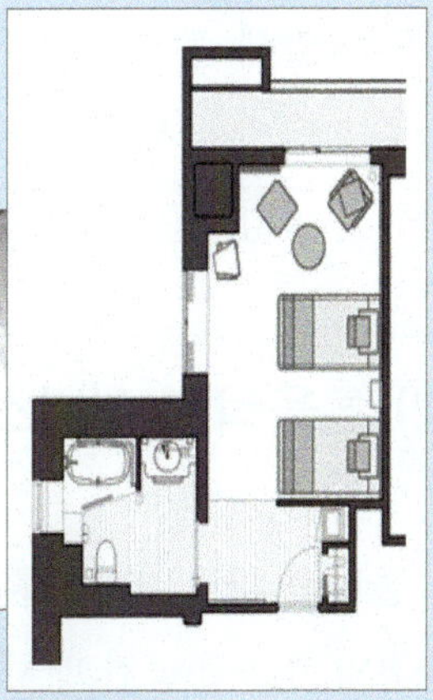

3 물리적 환경의 역할

(1) 커뮤니케이션

서비스 고객은 종종 서비스의 무형적 특성으로 인해 자신이 구매하는 서비스 상품을 평가하는 데 어려움을 느낀다. 서비스의 이러한 무형적 효용과 가치를 효과적으로 고객에게 표현하기 위해 물리적 환경 요소가 사용된다.

물리적 환경은 호텔의 서비스 수준을 말해 준다. 적절히 관리되지 않은 물리적 증거는 기업에 악영향을 미친다. 글자가 떨어져 나간 간판이나 몇 주 동안이나 불이 들어오지 않은 채로 방치된 네온사인, 어둡고 칙칙한 주차장, 시든 꽃 장식이나 바닥에 물이 흘러내린 화분은 그 호텔이 세세한 데까지 신경을 쓰지 않는다는 부정적 메시지를 고객에게 전달한다.

또한 물리적 환경은 서비스의 무형성을 극복하기 위해 효과적으로 활용될 수 있는데, 이는 무형적 서비스의 품질을 가시적으로 고객에게 표현할 수 있기 때문이다. 예를 들어, 호텔 객실의 음료수 컵을 깨끗한 비닐봉투에 넣어 놓거나 화장실 좌변기를 종이 리본으로 묶어 놓는 것은 호텔 객실이 청결하게 청소되었으며 청소 후 아무도 사용하지 않았다는 메시지를 고객에게 커뮤니케이션하는 것이다. 고급 인테리어와 은은한 조명, 흰색 테이블보와 린넨 냅킨은 그 레스토랑이 풀 테이블 서비스를 제공하는 고급 레스토랑임을 말해 준다. 반면에 밝은 형광등 조명과 플라스틱 컵, 얇은 종이 냅킨은 그곳이 저가로 간단히 식사를 하는 곳임을 대변한다. 이와 같이 물리적 환경 단서는 서비스의 첫인상을 형성하고 서비스의 성격을 고객에게 표현하는 데 중요한 역할을 한다.

(2) 효율적인 서비스 제공

물리적 환경은 종사원의 서비스 생산 활동 효율성에 중요한 영향을 미친다. 서비스 환경의 효율적 공간 배치와 쾌적성은 서비스 종사원의 직무 만족도를 높이고 서비스 생산성을 증가시킨다. 실내 공기, 온도, 음악 등은 서비스 종사원의 감정 차원과 직무 수행 효율성에 중요하게 관여한다. 또한 서비스 업장의 공간 배치는 종사원의 업무 수행 동선과 매장 내 고객의 동선, 그리고 안전성을 고려하여 설계되어야 한다. 최적의 환경이 제공되어야 서비스 직원이 효율적으로 고객에게 서비스를 제공할 수 있다.

사무실 공간에서는 책상 배치를 어떻게 하느냐에 따라 직원의 상호작용과 동료 직원과의 관계 형성, 사회화, 협력의 정도가 달라진다. 사무실 천장의 높이가 높으면 작업의 창의성이 높아진다는 연구보고도 있다.

물리적 환경은 고객의 편의를 제공하기 위해 세분시장에 따라 적절히 조절될 필요가 있다. 최근에는 노년층 고객이 증가하는 추세에 따라 이들을 위한 객실을 특별히 마련한 호텔이 생겨나고 있는데, 실버마켓을 위한 객실에는 욕실의 미끄럼 방지시설과 화장실의 응급 호출 버튼이 설치되어 있으며, TV 리모컨 버튼의 크기와 전화기의 숫자를 크게 하여 노년층의 이용에 불편이 없도록 하고 있다.

(3) 차별화와 시장세분화

물리적 환경은 경쟁사와 차별화하는 근거가 된다. 또한 물리적 환경관리를 통해 시장세분화가 가능하다. 서비스의 물리적 환경은 고객에게 그 서비스 상품이 누구를 위한 것인지에 대한 단서를 제공하기 때문이다. 서비스기업의 물리적 환경은 기업 이미지를 형성하는 데 있어서도 매우 중요하다. 뉴욕의 Waldorf-Astoria 호텔, 싱가폴의 Marina Bay Sands 호텔 등은 웅장하고 독특한 외관과 인테리어로 주위의 다른 호텔과 차별화된다. 과테말라의 Casa Santo Domingo 호텔은 16세기 수도원의 유적 위에 건설되었는데, 이 호텔의 수천 개의 빛나는 촛불로 둘러싸인 지붕 없는 신전은 결혼을 앞둔 예비부부에게 독특한 분위기의 이브닝 웨딩 장소로 인기가 높다.

고객은 종종 가시적인 물리적 증거들에 의거하여 서비스업체의 이미지를 지각하고 브랜드 정체성을 판단한다. 예컨대 멕시칸 레스토랑 치폴레(Chipotle)는 주방의 조리 과정이 들여다보이도록 설계를 하고 매장 분위기를 저가의 패스트푸드점과 고급 멕시칸 레스토랑의 중간 정도의 분위기로 디자인하였다. 그 결과 고객들은 매장의 환경만으로도 치폴레가 '타코벨'과 같은 패스트푸드점보다는 음식의 질이 높고, '치치즈'나 '온더보 더'보다는 캐주얼하고 가격대가 상대적으로 낮은 중간 가격의 멕시칸 레스토랑임을 쉽게 인지한다.

(4) 고객만족도 제고

서비스의 물리적 환경은 고객만족도와 불가분의 관계를 가진다. 물리적 환경은 서비스의 품질을 결정하는 핵심 요인 중 하나이기 때문이다. 서비스 상품은 물리적 환경과 서로 연결되어 통합된 패키지 형태로 고객에게 제시되므로, 물리적 환경에 대한 만족도와 서비스에 대한 만족도는 서로 불가분의 관계라고 볼 수 있다.

물리적 환경은 서비스 실패가 발생했을 때 고객의 귀인행동(attribution)에도 영향을 미친다. 여행사 서비스의 물리적 환경에 대한 한 연구는 서비스 실패가 발생했을 때 매력적인 물리적 환경의 업장에서는 그렇지 못한 업장에서보다 고객들이 보다 관대한 태도를 보인다고 보고하였다. 고객은 서비스의 물리적 환경과 서비스 종사원의 단정한 용모, 그리고 직원의 업무 능력을 종종 한꺼번에 묶어서 통합적으로 지각한다. 정돈되지 않고 매력적이지 못한 서비스환경에서는 고객이 서비스 실패의 원인을 회사의 과실 혹은 종사원의 잘못으로 단정할 가능성이 높다. 그러나 매력적이고 질서 있는 서비스환경에서는 서비스 실패가 발생했을 때 통제 불가능한 요인에 의해 야기된 것으로 인식하는 경우가 많다.

(5) 분위기 조성

서비스의 물리적 환경에 의해 서비스 공간의 분위기와 고객의 무드 및 환기 수준이 결정된다. 서비스 공간의 색채와 소리, 장식물의 질감 등은 고객의 감정적 반응을 이끌어 낸다. 예를 들어, 라스베이거스의 플라밍고 힐튼 호텔 프런트데스크는 호텔의 카지노 업장에 인접한 곳에 위치해 있다. 체크인을 하는 사이에 카지노 업장에서 들려오는 소리를 들으며 고객은 자연스럽게 카지노 업장으로 주의가 환기된다. 카지노 업장의 화려한 내부와 조명, 그리고 소음과 같은 고부하환경은 고객의 환기 수준(arousal level)을 높이고 더욱 게임에 몰입할 수 있도록 만든다.

(6) 고객행동 조절

물리적 환경은 고객행동 반응에 영향을 미친다. 레스토랑에서는 향기와 색상을 사용하여 고객의 식욕을 자극할 수 있다. 예를 들어, 포도향이나 붉은 색상은 식욕을 불러일으킨다. 패스트푸드 레스토랑의 딱딱한 의자는 고객이 매장 내에 머무르는 시간을 짧게 하여 테이블 회전율을 높이는 효과가 있다.

실내음악의 템포 및 친숙도는 매장 내 고객의 이동 속도 및 체류 시간과 관계가 있다. 친숙한 음악이 나오는 서비스환경에서는 친숙하지 않은 음악이 나오는 환경에서보다 고객은 자신의 체류 시간을 짧게 지각한다. 또한 빠른 템포의 음악이 나올 때 슈퍼마켓 고객의 경우 매장 내 이동 속도가 빨라지며, 레스토랑 고객의 경우에는 체류 시간이 짧아진다. 호텔에서는 아침식사 시간이나 점심시간에 고객회전율을 높일 필요가 있을 때 다소 빠른 템포의 음악을 틀기도 한다.

호텔의 효율적인 물리적 공간 배치는 고객의 불량행동을 감소시키는 효과도 있다. 미국의 한 호텔은 객실에서 지하 주차장으로 바로 내려갈 수 있도록 승강기가 설치되어 있었는데 객실료를 지불하지 않고 떠나는 스키퍼들이 빈번히 발생하자 객실 승강기를 1층까지만 운행하도록 구조 변경을 하였다. 객실에서 승강기를 타고 1층으로 내려와 체크아웃 카운터를 통과해야 지하 주차장 승강기를 탈 수 있도록 말이다. 그 결과 스키퍼의 비율은 크게 감소되었다.

4 웹사이트환경

호텔의 웹사이트는 호텔이 제공하는 서비스 상품의 성격과 다양한 업장 및 시설, 각종 이벤트와 행사 등을 고객에게 인터넷 공간에서 시각적으로 보여 주는 유형적 단서의 역할을 한다. 잠재고객이 호텔의 이미지를 형성하고 서비스의 가치를 지각하는 데 있어 웹사이트는 유용한 물리적 증거가 된다.

호텔 웹사이트의 물리적 환경은 호텔서비스의 구매가 이루어지기 전에 서비스의 수준을 구체적으로 파악할 수 있게 함으로써 잠재고객의 호텔 이용 의사결정에 중요한 영향을 미친다. 따라서 호텔의 실제 물리적 환경을 관리하는 것과 마찬가지로 웹사이트 가상공간의 환경을 관리하는 것 역시 매우 중요하다. 인터넷 웹사이트환경관리에 있어 고려해야 할 요인들은 다음과 같다.

첫째는 디자인 측면이다. 웹사이트를 디자인할 때는 심미적 요소를 중요하게 고려해야 한다. 시각적으로 매력 있고 조화로운 디자인의 웹사이트는 이용자를 유인하는 효과가 있으며, 이는 호텔의 전반적 이미지 형성과도 직접적인 연관성이 있다. 웹사이트의 색상과 전반적인 톤, 구성 콘텐츠의 구도, 그림/사진의 크기 및 나열 방법 등은 모두 이용자에게 중요한 시각적 자극이 된다.

둘째는 콘텐츠와 정보성이다. 웹사이트에서 제공되는 다양하고 구체적인 정보는 이용자에게 흥미를 유발하고, 신뢰도를 높이며, 웹사이트의 활용도를 증가시킨다. 특히 호텔의 경우는 객실과 각종 부대시설, 회의실 이용에 관련된 핵심 정보를 풍부하게 제공해서 구매결정이 이루어지기 전에 잠재고객이 지각하는 위험도(perceived risk)와 불안감을 최소화하여야 한다.

셋째는 이용 편의성이다. 페이지 간의 원활한 이동과 페이지 펼치기의 속도, 정보검색의 용이성, 메뉴의 가시성, 정보의 체계적인 정렬, 주요 정보의 현출성 등을 고려하여 이용자가 웹사이트 내에서 손쉽고 원활하게 자신이 필요한 정보에 도달할 수 있도록 체계적으로 디자인되어야 할 것이다.

넷째는 오락성과 흥미성이다. 웹사이트 이용자가 지속적으로 흥미를 갖고 재방문을 하도록 유도하는 재미거리를 만들 필요가 있다. 각종 경품대회와 게임, 동영상, 그리고 이용자가 호텔을 직접 방문한 듯한 착각을 일으키게 하는 가상방문(Virtual Tour) 등은 이용자에게 즐길 거리와 흥밋거리를 제공한다.

제12장 호텔서비스 프로세스

1 호텔서비스 프로세스

(1) 서비스 프로세스란

호텔서비스는 일련의 과정을 거쳐 고객에게 전달된다. 세탁 서비스나 컴퓨터 수리는 결과가 중시되는 서비스지만, 호텔서비스는 고객이 일정 시간 동안 호텔시설에 머무르며 서비스를 몸소 경험하는 과정 중심적(process-based)) 특징이 있다고 말할 수 있다. 그러므로 서비스 프로세스란 고객에게 서비스가 전달되는 일련의 과정이나 흐름을 의미하고, 서비스 프로세스 관리란 이러한 일련의 서비스 활동이 원활히 그리고 효율적으로 이루어질 수 있도록 서비스의 흐름을 관리하는 것이다.

옷이나 자동차와 같은 유형 제품의 경우, 소비자는 제품의 생산 과정에 대해 관심을 가질 필요가 없다. 그러나 호텔 이용객은 객실 예약을 하고, 호텔에 도착해서 발레 파킹을 하고, 입숙 수속을 하고, 객실로 안내를 받고, 객실과 기타 호텔시설들을 이용하고, 체크아웃을 하는 모든 과정에 직접 참여하게 된다. 서비스가 전달되는 모든 과정에 대한 고객 경험과 만족을 관리하는 것이 중요하다는 말이다.

서비스 프로세스는 일련의 서비스가 전달되는 과정으로서 그 과정의 어느 한 단계에 문제가 발생하더라도 전체 서비스의 품질은 하락하고 고객의 구매 의사결정에 부정적 영향을 미치게 된다. 예컨대 호텔 예약을 하는 과정에서 예약 직원이 호텔 상품에 대한 충분한 지식이 없어 고객 문의사항에 대해 적절히 답변을 하지 못한다면 호텔에 대한 고객의 신뢰가 떨어지고 고객의 문의가 구매로 연결되지 못할 것이다. 또한 레스토랑에서 종사원이 주문을 받을 때 고객의 요구사항을 정확히 주방으로 전달하지 않으면 서비스의 실패와 지체가 발생하게 된다.

(2) 호텔서비스 흐름도

호텔서비스는 대부분 동태적 요소로 구성된다. 즉 호텔서비스는 일련의 순서에 의해 고객에게 전달되는데, 이것이 원활하게 이루어지려면 우선 서비스의 흐름에 대한 이해가 있어야 하겠다. 고객의 관점에서 어떠한 순서로 서비스 종사원의 안내와 도움을 받는지를 고려하면 서비스의 흐름도를 만들 수 있다.

그림 12-1 은 개략적인 호텔서비스의 흐름도이다.

그림 12-1 ● 호텔서비스 흐름도

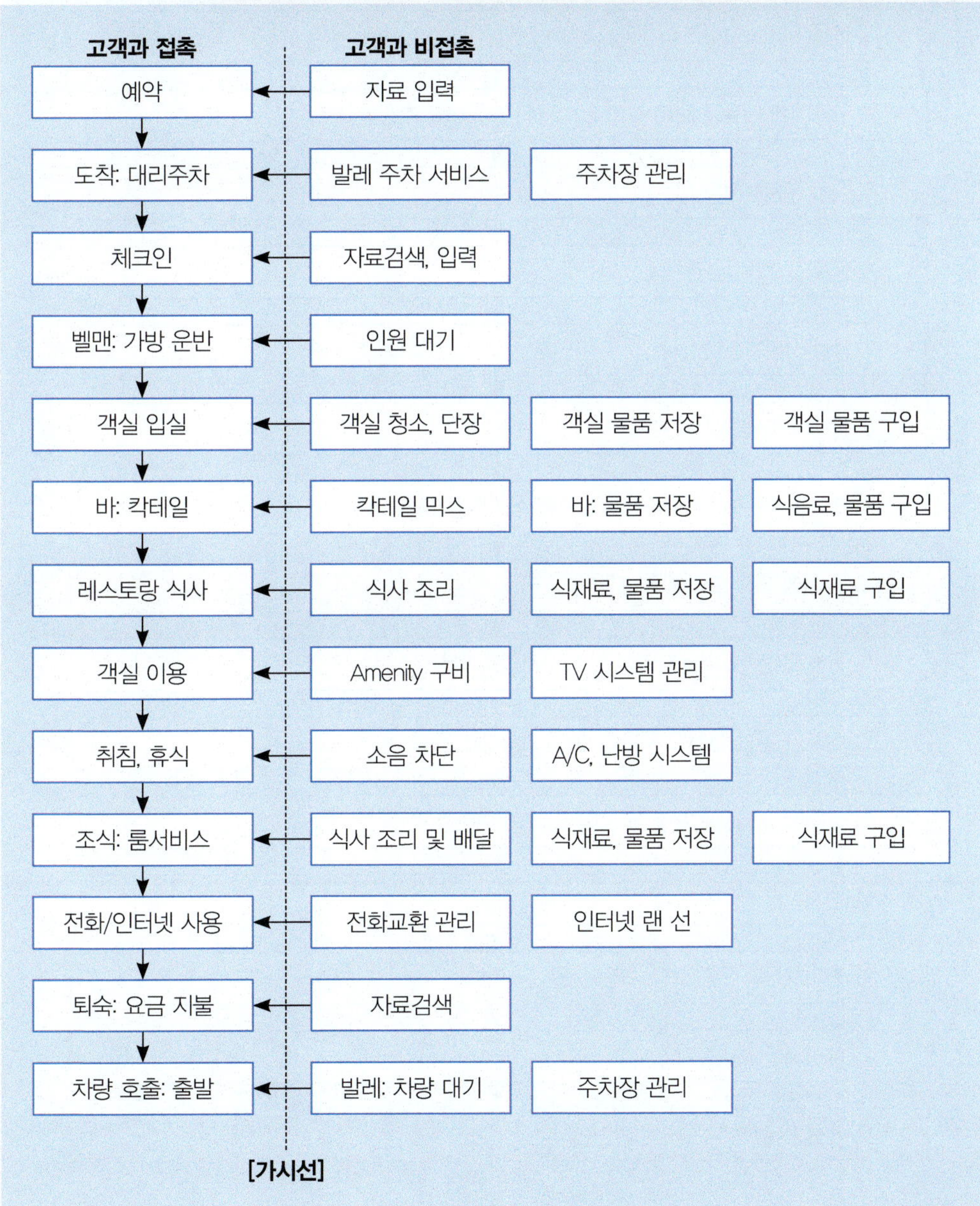

그림 12-2 ● 호텔 양식당 서비스 흐름도

1. 손님을 영접하고 자리로 안내한다.
2. 냅킨을 펴 드리고 인원수에 맞춰 테이블 세팅을 한다.
3. 물을 서비스한다.
4. 고객에게 메뉴를 보여 드리고 그날의 스페셜을 추천한다.
5. 식사 주문을 받는다.
6. 음료 및 와인을 권한다.
7. 빵을 서비스한다.
8. 음료나 와인을 서브한다.
9. 고객의 주문에 맞춰 식사에 필요한 식기류를 정리한다.
10. 순서에 의해 요리를 서브한다.
11. 식사가 만족스러운지와 추가 요구사항을 확인한다.
12. 식사가 끝난 접시를 치운다. 물을 보충해 드린다.
13. 고객에게 디저트 메뉴를 보여 드리고, 주문을 받는다.
14. 디저트를 서비스한다.
15. 커피/차, 티스푼, 설탕, 크림 등을 준비한다.
16. 계산서를 준비한다.
17. 계산 완료 후 따뜻하게 환송한다.

그림 12-1 을 통해 호텔 투숙객이 예약을 위해 호텔과 첫 접촉을 하고 그 후 직접 호텔을 방문하여 객실 및 기타 부대시설을 사용한 뒤 요금을 지불하고 출발하기까지의 개략적인 흐름을 알 수 있다. 고객에게 서비스가 오류 없이 제공되기 위해서는 가시선 너머 고객과 직접적인 접촉을 갖지 않는 부문에서의 철저한 지원체계가 갖춰져야 한다. 그림 12-2 는 호텔 양식당 서비스의 흐름도의 예이다.

2 서비스 프로세스의 매뉴얼화

호텔서비스의 품질을 일관적으로 유지하기 위해서는 서비스 프로세스의 표준화를 시도할 수 있다. 매뉴얼 시스템은 서비스 프로세스와 종업원의 접객행동을 요소별로 분해한 후, 종사원의 동작, 언어 사용, 서비스 행동 등에 대해 기준을 정하여 명문화하고 종업원의 서비스 실행을 통제하는 방법이다. 표 12-1 부터 표 12-8 까지는 호텔 레스토랑 서비스 매뉴얼의 예이다.

표 12-1 호텔 레스토랑: 영업 전 준비 업무

영역	직무 수행	표준 상태	비고
Hall Room	1. 의자를 털어 두고 예약된 수에 따라 의자 확인 2. 바닥은 청소, 테이블 밑동은 젖은 걸레로 먼지를 닦아 냄 3. 액자의 먼지를 깨끗이 제거 4. Station을 깨끗이 청소, 필요한 기물을 챙겨 가지런히 Item별로 정돈(Menu, 재떨이, 주문서, Bill Cover 등) 5. Wine은 항상 체크하여 떨어지는 품목이 없도록 함 6. Table Set-up 상태 점검	청결하고 쾌적한 분위기 유지	• 청소 및 준비사항은 영업 전후로 하며 고객에게 방해가 되지 않도록 조용히 준비한다. • 업장 분위기에 맞추어 조명을 조절한다(불이 나간 전구 점검). • 호텔 매뉴얼에 의거하여 음악 등의 볼륨을 조절한다. • 레스토랑 오픈 10분 전에 직원은 모두 양치질을 하고 오픈 1시간 후에는 물로 한 번 더 양치한다.
메뉴 확인	1. Menu Stand 위에 Menu가 잘 놓여 있나 확인 2. 지저분한 Menu는 빼냄 3. Beverage Menu와 Food Menu에서 Out of stock된 Item이 없나 확인하고 모든 직원에게 알림	항상 깔끔한 메뉴 확보	• 주별, 월별 세트 메뉴 및 오늘의 스페셜을 확인한다.

서비스 표준화와 매뉴얼화는 서비스의 생산 프로세스와 품질을 관리하기 위한 것이지만, 이것은 종업원 서비스 실행의 표준이며, 이를 기준으로 하여 경우에 따라 고객에 맞춘 개별 서비스를 제공할 수 있다. 고객 개개인의 유형에 적응하여 차별적 서비스를 제공하도록 종업원을 훈련시키는 것 또한 서비스 프로세스 관리의 일환이다.

표 12-2 호텔 레스토랑: 예약 서비스

행동 요령 / 직무 수행 절차	대화 / 서비스 용어	주의 사항 / 비고
1. 전화벨이 세 번 울리기 전에 받는다. 2. 수화기를 들면 먼저 인사말을 하고, 레스토랑 이름을 밝힌다. 3. 고객의 이름, 전화번호, 시간, 인원을 기록하고 특별한 사항(생일, 기념일) 등을 공손하게 여쭈어 본다. 4. 예약 내용을 확인하고 본인 이름을 말씀 드리고 감사의 인사로 마무리한다. 5. 예약이 불가능할 경우 시간대 조정이 가능한지 여쭈어 보고 다른 시간대로 예약을 유도한다. 6. 예약의 취소는 검은색 펜으로 두 줄을 긋고 예약이 취소된 것임을 표시한다. 7. 10명이 넘는 예약은 필히 확인함을 원칙으로 하며, 확인이 되었다면 재확인되었다는 기록을 남겨야 한다.	"안녕하십니까? 메디치입니다." "예약은 어느 날로 하시겠습니까?" "시간은 언제로 하시겠습니까?" "존함이 어떻게 되십니까?" "모두 몇 분 되십니까?" "연락처를 주시면 감사하겠습니다." "특별한 날이면 말씀해 주십시오. 저희가 기념 케이크를 준비해 드리겠습니다." "O월 O일, 저녁 O시에 OOO님 앞으로 8분 예약되셨습니다." "예약해 주셔서 대단히 감사합니다. 좋은 하루 되십시오." "대단히 죄송합니다만, 지금 빈 좌석이 없습니다." "8시 이후에는 예약이 가능합니다만, 어떠신지요?" "지난번에 예약하신 내용을 확인 드리려고 합니다."	• 예약을 받은 직원이 누구인지 확인할 수 있도록 예약 받은 날짜, 받은 사람의 서명이나 이름을 남겨야 한다. • 단골고객의 경우 성함만으로도 연락처 등 신상을 알 수 있는 고객카드를 작성하여 예약 때마다 매번 묻는 불편을 없애야 한다.

표 12-3 호텔 레스토랑: 메뉴 제공

행동 요령 / 작업 수행 절차	대화 / 서비스 용어	주의 사항 / 비고
1. 일행이 모두 착석하고 나면 인사하고 고객의 우측에서 메뉴를 드린다. 2. 고객이 이야기 중일 때는 방해하지 않고 기다리다가 대화가 끝나면 메뉴를 제공한다. 3. 오른손으로 연장자, 여성, 남성 순으로 드린다.	"실례합니다." "메뉴 보여 드리겠습니다"	• 고객에게 메뉴를 드리기 전에 메뉴가 깨끗한지와 메뉴 속의 이상 유무 확인 • 가능하면 호스트가 누구이고 초대받은 이가 누구인지 미리 파악하여, 초대받은 이에게 먼저 메뉴를 건네 드린다.

표 12-4 호텔 레스토랑: 주문받기

행동 요령 / 작업 수행 절차	대화 / 서비스 용어	주의 사항 / 비고
1. 항상 Order bill과 볼펜을 지참하여 즉시 주문을 받아 적는다. 2. 주문 기록은 통일된 약자로 정확히 기재하며 반드시 Repeat 하여 확인한다. 3. 주문은 고객의 좌측에서 받는다. 4. 주문을 받을 때는 양발을 모으고 양팔을 겨드랑이에 자연스럽게 붙이며 양손은 주문서와 볼펜을 쥐고 가슴 앞으로 하며 허리를 15도 정도 숙이고 고객의 좌측에서 얼굴을 주시하며 공손히 받는다. 5. 주문받는 순서는 시계 방향으로 연장자, 어린이, 여자, 남자, Host 순으로 받는다.	"식사주문을 받겠습니다." "주문하시겠습니까?" (조리 시간이 오래 걸리는 메뉴를 주문한 경우)"주문하신 요리는 OO분 정도 걸립니다. 괜찮으시겠습니까?"	• 메뉴에 대한 풍부한 상품지식과 세련된 판매기법을 습득하도록 한다. • 특별한 주문이 있을 경우 주방과 신속히 연락하여 확인한 후 주문을 결정한다. • 주문서는 고객과 주방의 대화매체이다. 주문서에는 요리 항목을 알아보기 쉽게 기입한다. • 주문을 한꺼번에 받는 경우에는 서브하는 순서대로 요리 항목을 기입하고 순서를 구분하여 선을 긋는다(예: 전채요리는 맨 윗칸, 주 요리는 다음 칸, 후식은 맨 아랫칸). • 글로 표현하기 힘든 내용은 직접 주방에 정확히 전달한다. • 시간이 오래 걸리는 요리는 주문받을 때 고객에게 소요시간을 반드시 말씀 드려야 한다.

표 12-5 호텔 레스토랑: 메뉴 추천하기

행동 요령 / 작업 수행 절차	대화 / 서비스 용어	주의 사항 / 비고
1. 메뉴를 추천하기 전에 가능한 한 신속히 고객의 유형을 파악하여 적응하며 최대한 구매의욕을 유발시킨다. 2. 단골고객인 경우 사전에 기호를 숙지하여 고객의 기호에 맞는 아이템 추천으로 고객과의 호의적 관계 유지를 한다. 3. 고객에게 고가품을 강매하는 인상을 주어서는 결코 안 된다. 4. 추천 상품은 주로 그날의 특별요리, 수익성이 높은 상품을 선택한다. 5. 음료 주문과 추가 주문은 매출 증대와 이윤의 많은 비중을 차지하므로 적극적으로 추천하도록 한다.	"오늘 런치 스페셜은 필레미뇽과 바다가재 요리입니다."(요리 설명) "한번 드셔 보시겠습니까?" "식사하시면서 콜라나 시원한 맥주를 같이 하시겠습니까?" "콜라, 다 드셨습니까? 더 가져다 드릴까요?"	• 메뉴를 추천할 때 너무 아는척을 하여 고객에게 불쾌감을 주지 않도록 주의하여야 한다. • 고객의 의사결정을 돕기 위해 친절히 제안하는 정도로 대화를 조절한다.

표 12-6 호텔 레스토랑: 음료 서비스

행동 요령 / 작업 수행 절차	대화 / 서비스 용어	주의 사항 / 비고
1. 음료 서브 시에도 반드시 쟁반을 이용한다. 2. 병뚜껑이 있는 음료는 테이블로 가져오기 전에 미리 따서 가져와 서브한다. 3. 와인 시음을 제외한 모든 음료의 서비스 역시 여성 고객을 우선으로 한다. 4. 모든 음료수는 손님의 오른쪽에서 오른손으로 서브한다. 5. 유리잔은 위생상 반드시 1/3 하단을 손끝으로 가볍게 쥔다. 6. 테이블에 유리잔을 놓을 때 소리가 나서는 안 된다. 7. 다른 손님의 얼굴을 가로막으며 와인을 따르는 일이 없어야 한다. 8. 맥주와 맥주잔은 반드시 차갑게 보관된 것을 서브한다.	"주문하신 OO 입니다." "맛있게 드십시오."	• 병뚜껑을 오픈하고 나서 병목 주위를 깨끗한 타월이나 냅킨으로 닦는다. • 손님 대화에 불편을 주면서 꼭 오른쪽 서비스를 고집하지 않는다. • 유리컵을 내려놓을 때는 새끼손가락이 먼저 테이블에 닿도록 해서 유리컵이 테이블에 부딪치는 소리가 나지 않도록 해야 한다. • 손님이 담뱃불을 원할 때, 손님의 눈이 즐거울 수 있는 배경 쪽으로 담뱃불을 켜 준다. 무의식중에 시선이 간 레스토랑의 좋은 풍경은 손님에게 좋은 인상을 준다.

표 12-7 호텔 레스토랑: 식사 서비스

행동 요령 / 작업 수행 절차	대화 / 서비스 용어	주의 사항 / 비고
1. 빵은 신선한 상태로 보관하고 고객이 착석하면 Bread basket에 담아서 테이블 위에 올려놓는다. 2. Olive Oil은 두 사람 기준으로 하나씩 테이블에 올리며 Bread Basket 옆에 놓는다. 3. 빵을 집을 때는 반드시 Serving Spoon이나 Bread tongs을 사용해야 한다. 4. 샐러드는 고객의 우측에 놓는다. 5. 메뉴상 선택이 가능한 드레싱은 주문 시 여쭈어 본 후 샐러드 위에 얹어 드린다. 6. 수프 볼은 미리 뜨겁게 준비한다. 7. 수프는 고객의 우측에서 서브한다. 8. 파스타 소스는 고객의 왼쪽에서 서브한다. 9. 고객이 음식을 몇 번 드신 후 음식의 만족도를 체크한다.	"드레싱은 어떤 것으로 하시겠습니까?" "OO드레싱과 OO드레싱이 준비되어 있습니다." "(요리 이름) 시저 샐러드입니다." "맛있게 드십시오." "손님, 접시가 뜨겁습니다. 조심하십시오." "(요리 이름) 라자니아 어떠십니까?" "감사합니다. 맛있게 드십시오."	• 수프를 언더라인에 흘리지 않도록 주의한다. • 수프를 서브할 때 수프 볼 안쪽에 엄지손가락이 들어가서는 절대 안 된다. • 접시요리를 다루거나 서브할 때는 접시의 가장자리나 날개 부분을 잡도록 한다(엄지를 펴서 날개 부분 2cm 안으로 침범하지 않도록 함). • 유리잔을 잡을 때는 바닥이나 중간 부분을 잡도록 한다. • 손가락을 유리잔 안에 넣거나 컵의 가장자리를 손으로 만지는 일은 서브할 때나 치울 때라도 절대 있어서는 안 된다. • Silver ware를 다룰 때는 손잡이 또는 하단 부분을 잡도록 한다. • 라자니아 같은 뜨거운 접시는 고객에게 주의시켜 드린다. • 서비스 직원은 영업시간 중에 머리를 긁거나 얼굴을 매만지는 등의 행동을 삼간다.

표 12-8 호텔 레스토랑: 계산/환송 서비스

행동 요령 / 작업 수행 절차	대화 / 서비스 용어	주의 사항 / 비고
1. 식사가 끝나면 테이블에 계산서를 갖다 드린다. 2. 고객이 수표로 계산을 할 경우 수표 뒷면에 고객의 성함과 주민등록번호를 기재하도록 한다. 3. 신용카드로 계산할 때는 승인번호를 받고 청구서의 금액을 확인한 후 서명을 받는다. 4. 서명 후 카드 청구서 중 고객용 Copy와 계산서의 영수증을 반듯하게 접어서 드린다. 5. 후불일 경우에는 고객의 명함을 받아 점장의 허락을 받는다. 6. 현금 계산일 경우는 영수증을 반듯하게 접어서 잔돈과 함께 드린다. 7. 계산이 끝나면 감사인사를 한다. 8. 담당자는 고객이 일어날 때 즉시 의자를 빼 드리고 테이블 주위에 빠뜨린 물건이 없는지 확인한다. 9. 고객에게 이용해 주신 데 대한 감사를 표시하며 출구 쪽을 향해 방향을 제시하고 정중히 인사를 드리고 배웅한다. 10. 담당자나 점장은 고객이 맡긴 보관품을 찾아 드리고 이용해 주신 것에 대하여 감사를 표시한다. 11. 주차 확인 도장을 찍는다.	"식사는 맛있게 하셨습니까?" "불편한 점은 없으셨습니까?" "지금 계산해 드릴까요?" "여기 영수증과 거스름돈입니다." "이용해 주셔서 감사합니다." "다음에 또 뵙겠습니다." "감사합니다. 또 오십시오."	• 계산서는 반드시 Bill Cover에 넣어서 고객에게 드린다. • 계산서를 고객에게 드리기 전에 기재사항을 확인한다. • 고객에게 감사함을 표시하며 따뜻하게 인사를 드린다. • 고객이 앉았던 자리에 남겨진 옷/물건이 없는지 확인한다. • 고객을 안내할 때는 손바닥은 펴고 손등은 아래로 오도록 하며 방향을 제시한다. 고객의 통행이 방해가 되지 않도록 고객 우측 2~3보 전방에서 고객과 보조를 같이하며 안내한다.

3 고객참여 유도

(1) 서비스 프로세스에서의 고객 활용

고객은 서비스 생산의 참여자이다. 호텔기업이 고객에게 최적의 할당량만큼의 역할을 부여하면 고객은 적극적으로 그리고 자발적으로 서비스 생산에 참여하게 된다. 이런 의미에서 고객은 호텔조직을 돕는 임시 직원과도 같다. 호텔은 서비스 프로세스에 고객을 인력으로 활용함으로써 비용을 절감할 수 있고, 서비스 수용 능력을 높일 수 있다. 또한 고객을 서비스 품질관리에 적절히 참여시킴으로써 고객만족도를 향상시킬 수 있다.

셀프서비스 기술은 고객을 서비스 프로세스에 참여시켜 생산성을 증진시키는 수단이다. 컴퓨터와 기계 작동에 익숙한 고객이 많은 오늘날에는 전산화된 서비스 시스템을 활용하여 고객이 서비스 직원을 거치지 않고 필요한 서비스를 직접 받을 수 있도록 유도할 수 있다. 예를 들어, 자동 체크인/체크아웃 시스템이 있는 호텔에서는 고객이 직접 입·퇴숙 키오스크로 가서 예약 번호를 입력하여 열쇠를 받고 퇴숙 시에는 신용카드로 결제를 한다.

레스토랑에서는 일손이 부족한 시간에 뷔페식 운영을 하기도 한다. Hampton Inn은 아침에 투숙객을 위해 조식 뷔페를 제공하는데, 고객이 자발적으로 원하는 음식을 자유롭게 가져다 먹을 수 있으므로 고객만족도도 향상되고 인건비도 절감할 수 있었다. 피트니스 센터에서는 회원카드를 입력하면 사물함 열쇠가 나오는 기계를 설치하고 고객이 직접 타월을 가져갈 수 있도록 함으로써 노동비용을 절약할 수 있다.

고객을 서비스 프로세스에 참여시키면 비용 절감으로 인해 가격을 인하할 수 있다. 또한 고객참여로 발생된 이익은 고객을 위한 추가 서비스로 사용될 수 있으므로, 고객의 저항과 서비스 품질 저하가 발생하지 않는 범위 내에서 적절히 운영되기만 한다면 서비스 프로세스에의 고객 활용은 고객과 호텔조직 모두에게 윈윈전략이 될 수 있다.

(2) 고객참여 관리 방안

적절한 교육

고객이 스스로 서비스 생산에 참여할 수 있도록 서비스기업은 고객을 적절히 교육시키고 안내해야 한다. 예를 들어 미국 덜레스 공항의 American Airline 항공사는 고객이 직접 체크인하고, 좌석 배치를 받고, 보딩패스를 받아가도록 하는 셀프 체크인 시스템을 도입했는데, 항공사 직원을 항시 대기시켜 이러한 자동 시스템에 능숙하지 않은 고객을 도와주도록 하였다. 고객 교육이 충분히 이루어지면 직원의 도움을 요청하는 사례가 점차 감소하고 고객 셀프서비스 시스템이 정착될 것이다.

✝ 단골고객 보유

반복구매를 하는 단골고객은 서비스 임시 직원으로서의 가치가 높다. 서비스에 대한 경험과 지식이 풍부하고 서비스 프로세스에 익숙하기 때문이다. 신규고객 유치보다 단골고객을 보유하는 데 초점을 두는 관계마케팅 전략으로 고객의 재방문을 유도하고 이들에게 서비스 전달 과정에 대한 관여도와 참여도를 높이면, 고객은 서비스 생산에 대한 높은 통제력을 행사할 수 있고 더욱 많은 즐거움을 경험할 수 있다.

✝ 고객 세분화

서비스 프로세스의 참여 의도는 고객에 따라 크게 달라질 수 있다. 셀프 서비스 시스템에 익숙하고 자발적으로 참여하는 고객이 있는가 하면, 인적 서비스에의 의존도가 높은 고객도 있다. 고객군을 세분화하여 각자 자신에게 편리한 방법을 선택할 수 있도록 서비스 사양이 제공되어야 한다. 예컨대 셀프 체크인 시스템을 갖춘 호텔일지라도 체크인 카운터에는 직원을 두고 전통적 서비스를 선호하는 고객의 입숙절차를 담당하도록 해야 한다.

✝ 보상

셀프서비스 프로세스에 참여한 만큼 고객에게 적절한 보상을 줄 필요가 있다. 고객이 혜택을 지각할 수 있어야 참여도가 높아진다. 보상에는 가격할인과 같은 금전적 보상뿐 아니라 시간적 보상과 심리적 보상 또한 있다. 셀프서비스를 할 때 보다 신속하게 서비스를 받을 수 있거나 종사원과 상호작용을 하는 번거로움을 피할 수 있는 것, 프라이버시를 지킬 수 있는 것 등은 모두 고객에게 보상으로 작용한다.

4 서비스 대기 관리

대기(waiting)상황은 고객이 호텔서비스를 이용하는 과정에 있어 종종 필연적으로 발생한다. 대기란 고객이 서비스를 받기 위해 기다리는 상황을 의미하는데, 호텔에서는 객실 체크인을 할 때, 레스토랑을 이용할 때, 그리고 기타 호텔 부대시설을 이용할 때 종종 발생한다.

대기는 일반적으로 고객이 바람직하게 여기는 상황은 아니지만, 대기 환경이 충분히 쾌적하고 대기 시간이 적절한 수준이라는 전제하에서는 고객의 서비스 기대감을 높이고 서비스의 가치를 높게 지각하도록 만드는 긍정적 효과도 있다. 그러나 고객이 줄을 서서 기다리는 시간이 길어질수록 부정적 고객반응이 나타날 가능성이 높아지므로, 서비스기업은 효과적으로 대기 행렬을 관리하여 고객 불만족과 대기 이탈을 최소화하도록 해야 한다.

Maister는 대기상황 관련 고객심리를 다음과 같이 열거하였다.

- 아무것도 안 하고 가만히 있는 시간은 더욱 길게 느껴진다.
- 서비스 개시 전 대기는 서비스 개시 후 대기보다 더 길게 느껴진다.
- 염려와 불안이 있을 때 대기 시간은 더욱 길게 느껴진다.
- 대기 시간이 얼마나 될지 모르고 기다릴 때 대기 시간은 더욱 길게 느껴진다.
- 대기 원인을 모르고 기다릴 때 대기 시간은 더 길게 느껴진다.
- 불공평한 대기 시간은 공평한 대기 시간보다 더욱 길게 느껴진다.
- 서비스의 가치가 적게 지각될 때 대기 시간은 더 길게 느껴진다.
- 혼자 기다릴 때 대기 시간은 더 길게 느껴진다.

이와 같은 고객 대기 심리를 토대로 이유재 교수는 다음과 같은 서비스 대기관리 기법을 제안하였다.

볼거리와 즐길 거리를 제공하라

점유되지 않은 시간은 더욱 지루하게 느껴지는 법이다. 그러므로 고객이 대기 시간을 즐겁게 보낼 수 있도록 다양한 즐거움을 제공할 필요가 있다. 쇼보우트 호텔은 프런트데스크에서 체크인을 하기 위해 기다리는 고객을 위해 마술사를 고용했다. 고객이 마술사의 묘기를 보는 동안 대기 시간은 빠르게 지나간다. 아웃백스테이크하우스와 같은 패밀리레스토랑은 기다리는 고객을 위해 TV를 틀어 주거나 잡지를 비치해 둔다. 또한 대기 시간이 길어지면 간단한 음료를 제공하기도 한다.

예약을 활용하라

고객이 같은 시간대에 한꺼번에 몰려 오래 기다려야 하는 상황을 방지하기 위해서는 예약 제도를 활용할 수 있다. 이것은 첫째로 고객 분산 효과가 있고, 둘째로 고객이 오기 전에 미리 서비스를 준비하였다가 고객 도착과 함께 신속히 서비스를 진행시킬 수 있다는 장점이 있다.

디즈니월드와 같이 다양한 놀이기구에서 대기상황이 발생하는 테마파크에서는 FastPass라는 예약 시스템을 사용한다. 자신이 타고자 하는 놀이기구를 미리 찾아가서 각각의 놀이기구에 대한 예약시간을 확보한 후에, 예약된 시간에 맞춰서 차례로 그 놀이기구를 찾아다니며 즐길 수 있도록 하는 시스템이다. 이러한 예약 시스템 덕택에 공원 이용객은 대기 시간을 크게 단축시킬 수 있다.

커뮤니케이션을 활용하라

이것은 고객에게 혼잡한 시간과 한가한 시간을 사전에 알려주는 것이다. 손님이 많지 않은 시간에 할인가격이 적용됨을 광고·홍보를 통해 고객에게 알려줌으로써 고객 수요를 다양한 시간대로 분산시키는 방법이다.

레스토랑에서는 경우에 따라서 서비스 순서가 뒤바뀔 때가 있다. 예를 들어, 6인 일행이 먼저 와서 기다리고 있는데 2인 일행이 먼저 테이블로 안내되는 경우이다. 이는 6인용 테이블보다 2인용 테이블이 먼저 났기 때문인데, 이 경우 상황을 이해하지 못하는 고객은 레스토랑 측에 항의할 수 있다. 이럴 때 서비스 직원은 고객이 납득할 수 있도록 고객과 커뮤니케이션할 필요가 있다.

공정한 대기 시스템을 구축하라

대기 행렬에 혼란이 있어 다른 고객이 새치기를 하거나, 자기가 서 있는 줄이 유난히 프로세스가 되지 않거나, 자신이 서비스를 받을 차례에 종사원이 다른 전화를 받느라고 또다시 기다려야 한다면 고객은 불공정한 대우를 받았다고 생각하고 짜증을 내게 된다. 따라서 고객이 공정하다고 느낄 만한 대기 시스템을 만들 필요가 있다. 이러한 이유로 레스토랑에서는 고객이 도착하는 대로 이름을 기입하고, 은행이나 병원에서는 번호표를 사용하여 순번에 따른 서비스를 제공한다. JW 메리어트호텔 서울은 고객의 불공정한 대기를 피하기 위해서 프런트데스크의 전화를 모두 치우고 직원이 체크인 업무에만 집중할 수 있도록 하였다. 체크인 데스크가 여러 개 있는 공항에서는 승객을 한 줄로 서게 한 후 기도 요원이 대기 행렬을 관리하고 순서대로 체크인 데스크로 안내한다.

✝ 서비스가 시작되었다는 느낌을 주라

서비스 프로세스가 시작되기 이전에 기다려야 하는 상황은 서비스 과정 중의 대기보다 고객에게 더욱 길게 느껴진다. 예컨대 호텔 레스토랑의 경우, 고객이 오면 우선 리셉셔니스트가 고객을 영접하는 것이 필요하다. 테이블이 나기까지 대기해야 하는 상황일지라도 일단 서비스 직원이 고객이 기다리고 있음을 인지하고 있다는 것을 알면 고객은 대기 시간을 덜 지루하게 느끼게 된다.

✝ 예상 대기 시간을 알려 주라

휴가철의 디즈니월드에는 어딜 가나 줄이 길게 늘어서 있다. 이렇게 긴 대기상황을 고객이 견뎌 낼 수 있는 것은 공원 측의 배려가 있기 때문이다. 대기선의 여러 지점에는 "여기서부터 30분," "여기서부터 20분" 등의 팻말이 있다. 얼마나 기다려야 하는지를 모르고 기다리는 것보다는 예상 대기 시간을 알고 기다리는 것이 훨씬 덜 지루하고 긴장감이 덜하다. 고객에게 예상 대기 시간은 다소 여유 있게 제시하는 것이 좋다. 예상보다 빨리 서비스를 받게 되면 고객이 기뻐하기 때문이다. 그러나 예상 대기 시간보다 더욱 오래 기다려야 하는 상황이 발생하면 서비스기업에 대한 신뢰가 떨어지고 고객은 언짢아하게 된다.

✝ 이용되고 있지 않은 자원은 보이지 않도록 하라

고객이 서비스를 기다리고 있는 상황에서 자기를 도와주지 않고 무관심하게 있는 직원이 보이면 짜증이 난다. 이 직원은 업무 소관이 다르거나 직무 시간이 아직 시작되지 않았을 수도 있다. 그러나 고객의 부정적 인식을 최소화하기 위해서는 서비스 업무를 하지 않는 직원이나 고객과 상호작용하지 않는 직원은 고객의 눈에 띄지 않는 곳으로 이동시키는 것이 좋다. 모든 서비스 직원이 고객을 위해 최선을 다해 봉사한다는 인식을 고객으로 하여금 갖도록 해야 한다.

✝ 대기환경을 쾌적하게 관리하라

고객 대기환경은 최대한 쾌적하게 관리할 필요가 있다. 고객 대기가 빈번히 발생하는 서비스업장에서는 대기 공간을 적절히 확보하여 고객이 편안하게 기다릴 수 있도록 배려해야 한다. 앉을 자리가 없거나 너무 좁고 혼잡하거나 하여 물리적으로 쾌적하지 못한 환경에서 고객은 대기 행렬에서 이탈하기 쉽다. 대기환경 또한 고객을 위한 서비스 공간이라는 것을 인식해야 한다.

5 호텔서비스의 청사진

(1) 서비스 청사진의 개념

서비스 청사진(blueprint)이란 서비스 시스템에 엔지니어링 개념을 도입하여 각 단계별로 세분화된 서비스 전달 과정을 일목요연하게 도식화한 서비스 흐름도이다. 서비스 청사진은 서비스 프로세스의 각 단계와 과업, 과업이 수행되는 수단, 고객과 종사원의 역할, 고객이 경험하는 물리적 환경 요소 등을 동시에 보여 준다. 이 청사진에는 서비스 생산 및 전달 과정의 모든 활동이 포함되어 있어, 서비스 실패가 빈번히 발생하는 지점(fail points)과 서비스 흐름의 병목(bottleneck)현상이 나타나는 지점을 발견하고 이에 대한 교정과 개선을 가능하게 한다. 또한 서비스 청사진은 신입사원에게 서비스의 내용과 과정을 효율적으로 전달해 주는 역할을 한다.

(2) 서비스 시스템의 구성 요소

청사진의 개념을 서비스에 도입한 Shostack은 서비스 시스템의 구성 요소를 과정, 방법, 그리고 물리적 증거의 3가지 요인으로 구분하였다.

첫째, **과정(process)**이란 서비스의 고객 접촉 부문과 지원 부서에서 서비스가 생산되고 전달되기까지의 연속적인 단계를 뜻한다. 서비스 청사진에서 전체 화살표의 흐름은

이 서비스 과정을 가리킨다.

둘째, **방법(means)**은 서비스 과업에 사용되는 인적·물적 자원을 의미한다. 서비스 청사진을 보며 각 서비스 지점에 적합한 자원을 투입하고 자원의 재배치를 시도함으로써 서비스의 흐름을 재구성하고 구조의 개선을 꾀할 수 있다.

셋째, **물리적 증거(evidence)**란 고객이 서비스의 질을 평가할 때 기준으로 삼는 물적 단서들을 뜻한다. 물리적 서비스환경, 접객 종사원 등은 고객에게 서비스의 질을 대표하는 물리적 증거이다.

(3) 서비스 청사진의 효익

서비스 청사진을 사용함으로써 서비스기업이 얻을 수 있는 효익은 다음과 같다.

- 서비스 생산방법과 전달과정을 효과적으로 표현할 수 있다.
- 서비스 과정 및 각 단계별 문제점을 파악하고 통제하는 데 도움이 된다.
- 서비스 실패 지점과 비효율성 발생 지점을 확인할 수 있다.
- 서비스 상품을 체계화함으로써 보다 효율적인 상품관리가 가능해진다.
- 서비스 과정의 단계별 개선을 통해 상품 기획과 신상품 아이디어를 얻을 수 있다.
- 서비스 직원의 전반적 서비스 전달체계에 대한 이해를 돕고 서비스 프로세스에서 자신의 위치와 역할을 확인하게 한다.
- 서비스의 구성 요소와 연결고리를 보여 줌으로써 합리적인 서비스 설계 및 전략 수립에 도움을 준다.
- 서비스의 각 요소별로 투자된 원가 및 수익을 분석하는 기초 자료가 된다.

(4) 청사진의 개발

서비스 청사진을 개발하기 위해서는 먼저 구체적인 서비스 전달 사례를 이용해야 한다. 고객이 서비스를 받는 과정을 추적하여 서비스의 흐름을 파악한다. 둘째, 청사진의 범위를 설정해야 한다. 셋째, 서비스의 구성 과정을 도식화하여 흐름도(flowchart)를 작성한다. 서비스 흐름도에는 연속적인 사건 발생과 단계별 투입 요소가 분명히 제시되어야 하며 서비스 전달 시간과 표준 실행 시간이 정의되어야 한다.

청사진에는 대화 지점과 문제해결 지점, 서비스 실패 지점, 그리고 분산 지점이 파악될 필요가 있다.

첫째, **대화 지점(dialogue points)**은 고객과의 대화 및 정보 교환이 이루어지는 지점이다. 이 지점에서는 효율적으로 고객과 대화하는 방법과 그 표본이 준비되어야 한다.

둘째, **문제해결 지점(problem points)**은 문제 발생 시 이에 대한 해결책을 찾아야 하는 지점으로 직원의 재량이 요구되는 시점이다. 예를 들어, 고객이 예약한 객실이 초과 예약되었을 때 프런트데스크 직원이 행사할 수 있는 재량권의 범위가 제시될 필요가 있다.

셋째, **서비스 실패 지점(fail points)**은 서비스 실패와 고객불만이 자주 발생하는 지점

그림 12-3 ● 호텔서비스 청사진의 예

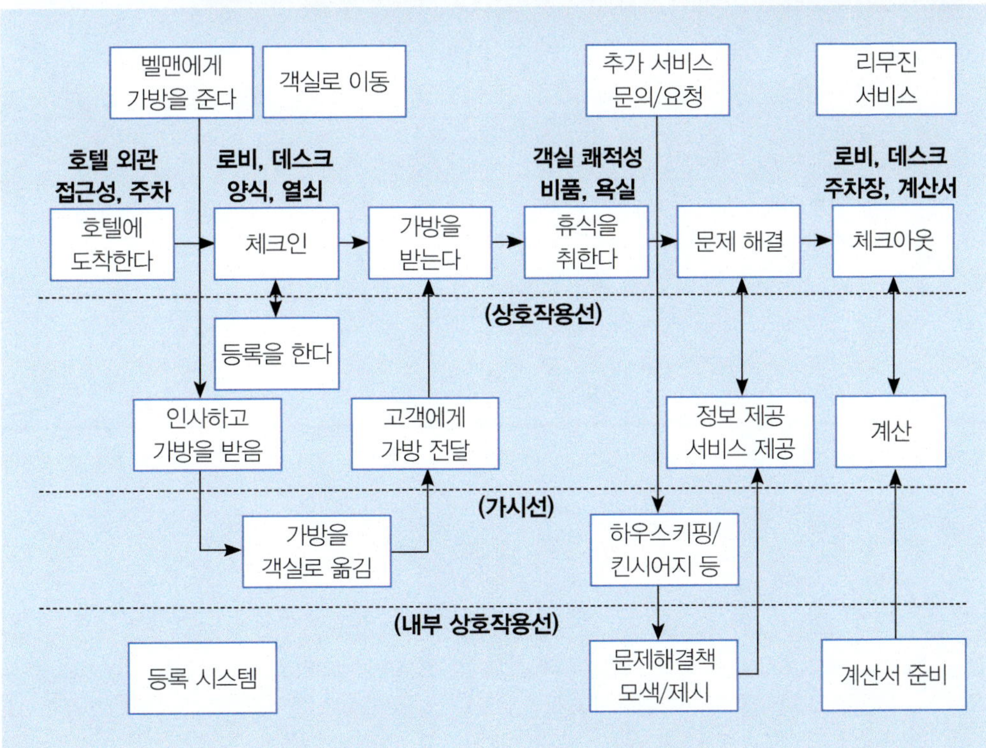

을 말한다. 서비스 실패 지점은 확인되는 대로 서비스 인원 교체나 충원, 재교육, 자동화 등의 구조적 개선책이 마련되어야 한다.

마지막으로, **분산 지점(divergence points)**은 고객의 개별적 요구에 따라 차별적 서비스가 제공되어야 하는 지점이다. 이 지점에서는 고객의 개별적 요구 유형과 그에 대한 대응 방법이 제시될 필요가 있다.

HOTEL MARKETING

제13장 호텔서비스 가격전략

가격은 고객이 구매의사 결정을 할 때 가장 민감하게 반응하는 마케팅 자극 중 하나이다. 호텔서비스의 가격전략은 시장에서의 경쟁우위 원천인 동시에 잠재고객 유인 및 고객믹스관리의 수단이다. 또한 가격은 호텔의 이미지와 고객의 서비스 품질 지각을 결정하는 핵심 요인이기도 하다.

1 호텔서비스 가격의 특성

서비스 상품 가격의 역할과 서비스에 대한 고객의 가격지각은 유형 제품의 경우와 비교할 때 다음과 같은 특성을 갖는다.

호텔서비스 가격은 무형 서비스의 통합적 가치를 반영한다

유형 제품은 일반적으로 상품 개발 비용과 원가가 가격 결정에 큰 비중을 차지하지만, 호텔서비스 가격은 개별 원가뿐 아니라 편리성, 인적 서비스의 효율성 및 전문성, 물리적 환경의 쾌적성, 분위기, 브랜드의 상징성과 명성 등 서비스의 통합적인 가치를 반영한다. 따라서 호텔서비스 상품의 가격을 결정함에 있어서는 고객에게 제공되는 무형적 가치들을 포함시켜야 한다.

고객은 가격에 의거하여 서비스 품질을 평가한다

서비스의 가격은 유형 제품의 가격보다 고객의 품질 연상에 더욱 큰 영향을 미친다. 서비스는 무형재이며 고객이 직접 경험한 후에야 그 품질을 가늠할 수 있는 경험재이므로 구매 전에 고객이 품질을 평가하는 데 어려움이 있다. 따라서 고객은 구매의사 결정을 할 때 종종 가격에 의존하여 서비스 품질을 평가한다. 고품질 서비스라도 가격이 적정 수준 이하로 낮으면 잠재고객은 서비스의 품질이 낮은 것으로 기대하므로 오히려 역효과가 발생할 수 있다. 일례로, 영국의 Gosforth Park Hotel은 객실료를 인상한 이후 오히려 투숙률이 증가하였다. 객실료가 적정 수준이 되자 여행객이 호텔서비스의 수준을 높게 지각하였던 것이다.

고객의 서비스 준거가격은 유동적이다

준거가격이란 소비자가 상품에 대해 적정 수준이라고 여기고 기준점으로 삼는 가격을 말한다. 그런데 고객이 호텔서비스에 대해 갖는 준거가격은 개인에 따라 매우 유동적이고 종종 실제가격과 큰 차이를 보인다. 서비스는 그 가치를 형성하는 요소가 시간, 상징성, 명성, 편리성 등 주관성이 높아, 개인에 따라 가치의 차이가 크게 벌어질 수 있다. 개인에 따라 가치평가 기준이 다르므로 고객의 준거가격에 차이가 발생하는 것이다.

2 고객의 가격지각

서비스 가격에 대한 고객의 지각은 시장에서 서비스기업의 이미지를 결정하며, 서비스 상품 선택에 있어 중요한 잣대 역할을 한다. 그런데 고객이 주관적으로 지각하는 가격, 즉 '비싸다', '싸다', '적당하다' 등의 고객의 가격지각(price perceptions)은 단순히 서비스기업이 제시하는 가격 수준을 토대로 결정되는 것은 아니다. 고객의 가격지각은 가격에 대한 고객의 기대, 기대가격과 실제가격의 일치 여부, 가격-품질 간의 연상관계, 가격제시 순서(저가상품에서 시작하여 고가상품으로 이동, 혹은 고가상품에서 시작하여 저가상품으로 이동) 등에 의해 영향을 받는 복합적인 인지과정이다.

(1) 고객의 가격기대(Price Expectations)

기대가격 범위

호텔의 객실을 예약하기에 앞서 고객은 호텔의 객실요금이 10만원부터 100만원에 이르기까지 다양하다는 사실을 미리 기대할 수 있다. 이와 같이 고객이 시장에서 발견할 수 있을 것으로 기대하는 가격의 총범위를 기대가격 범위(expected price range)라고 말한다.

수용가능가격 범위

고객이 기대가격 범위를 전부 수용할 수 있는 것은 아니다. 고객은 일정 범위의 가격들을 수용가능한 것으로 받아들이는데, 이를 수용가능가격 범위(acceptable price range)라고 한다. 서비스 상품에 대한 경험과 지식이 적은 고객은 그렇지 않은 고객에 비해 수용가능가격 범위의 하한선, 즉 최저 수용가능가격을 낮게 설정하는 경향이 있다. 고객의 수용가능가격 범위의 상한선을 벗어나는 가격대는 기대가격 범위 내에 있을지라도 고객의 구매행동에 거의 영향을 미치지 않는다.

유보가격

그림 13-1 은 객실을 구매하려는 한 고객의 기대가격 범위와 수용가능가격 범위를 보여 준다. 이 고객의 최저 수용가격은 20만원이며 최고 수용가격은 50만원이다. 수용가능가격 범위 내에서 고객이 지불할 용의가 있는 최고 가격을 최고 수용가격 또는 유보가격(reservation price)라고 한다. 소비자는 유보가격을 초과하는 상품은 '너무 비싼 상품'이라고 생각하며, 최저 수용가격에 못 미치는 상품은 자신에게 적절치 않은 저품질 상품이라고 판단한다. 마케터는 표적시장의 유보가격을 좀 더 높은 수준으로 끌어올리거나, 고객이 유보가격에 근접한 상품을 구매하도록 유도한다.

그림 13-1 ● 기대가격 범위와 수용가능가격 범위

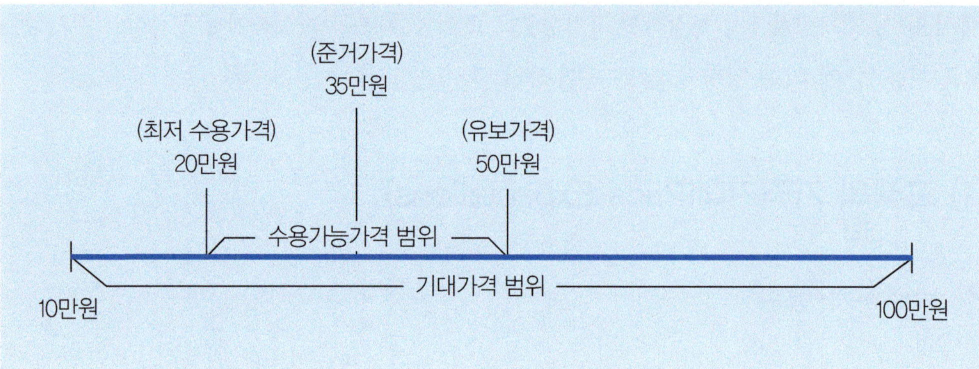

준거가격

수용가능가격 범위 중 고객이 자신에게 가장 적절하다고 기대하는 수준을 준거가격(reference price)이라고 한다. 준거가격은 고객이 서비스 상품대안의 가격을 비교하는 데 이용되는 준거틀 또는 기준의 역할을 한다. 준거가격은 준거의 기준이 어디 존재하느냐에 따라 내적 준거가격과 외적 준거가격으로 구분할 수 있다. 내적 준거가격은 고객이 과거에 지불한 실제가격 혹은 고객 개인이 주관적으로 정당하다고 느끼는 가격을 의미한다. 외적 준거가격은 구매상황에서 관찰된 자극에 의해 형성되는 가격 수준을 의미하는데, 구매 의사결정 시에 관찰되는 모든 경쟁상품의 가격에 의해 결정된다.

(2) 동화효과와 대조효과

고객이 구매결정상황에 직면했을 때 준거가격과 실제가격이 일치하지 않는 경우가 종종 발생한다. 동화–대조이론(assimilation–contrast theory)은 준거가격과 실제가격 간의 차이에 직면한 소비자의 반응을 다음과 같이 설명한다. 실제가격과 준거가격 간의 차이가 크지 않고, 실제가격이 소비자의 수용가능가격 범위 내에 속한다면 동화효과(assimilation effect)가 작용한다. 즉 소비자는 자신의 준거가격을 실제가격에 근접한 쪽으로 이동시킬 것이다. 이 경우 준거가격의 이동과 함께 수용가능가격 범위와 기대가격 범위도 같은 방향으로 이동할 가능성이 높다.

이와는 대조적으로, 실제가격과 준거가격 간의 차이가 크고, 실제가격이 소비자의 수용가능가격 범위를 큰 폭으로 벗어나면 대조효과(contrast effect)가 발생한다. 소비자는 이러한 상품을 터무니없다고 생각하며 고려 대상에서 제외해 버린다. 준거가격과 실제가격 간의 차이에 대한 소비자반응은 비대칭성을 나타낸다. 대조효과는 실제가격이 준거가격보다 낮을 때보다 높을 때 더욱 빈번히 발생한다.

(3) 가격–품질 연상심리(Price–Quality Association)

서비스 고객은 종종 가격을 품질의 척도로 삼는다. 이러한 가격–품질 연상심리(price–quality association)는 '역시 가격이 높으면 품질이 좋더라' 내지 '싼 게 비지떡'이라는 과거의 경험에 의해 형성되며, 이미 구매한 서비스의 가치를 평가하는 데도 영향을 미친다.

고객의 가격–품질 연상심리는 상품에 대한 정보와 지식의 영향을 받는다. 상품 관련 정보를 충분히 갖지 못한 소비자는 정보를 충분히 갖고 있는 소비자에 비해 더욱 강한

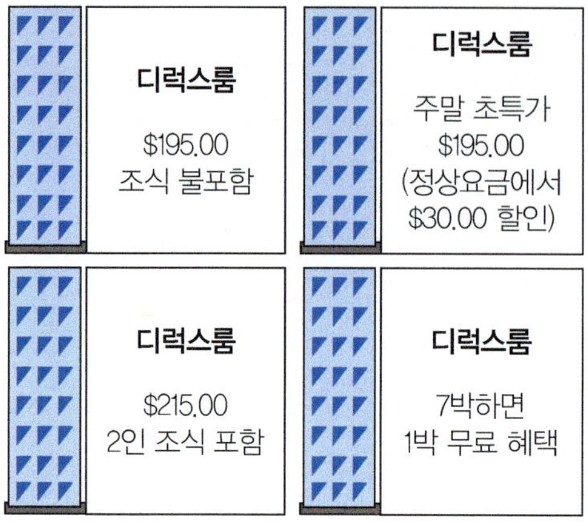

같은 가격수준이라도 상품을 어떻게 보여 주느냐에 따라 고객은 달리 판단할 수 있다
(The Framing of Sales Promotions)

가격-품질 연상심리를 갖는다. 상품특성에 관한 충분한 정보를 갖고 있는 소비자는 가격 외 속성들(상표명, 인지도, 서비스 품질, 입지성 등)을 종합적으로 고려하여 품질평가를 한다.

고객은 또한 상품대안에 따라 품질 차이가 크다고 지각할 때 강한 가격-품질 연상심리를 갖는다. 전기나 전화통신 등 표준화된 서비스 상품의 경우, 가격은 품질을 반영한다기보다 원가를 반영하는 지표로 판단한다. 또한 시장에 나와 있는 경쟁상표 간에 가격차가 큰 경우에 고객은 가격을 품질의 척도로 사용한다. 그러나 가격 차이가 근소할 때는 가격 차이가 곧 품질의 차이를 말해 준다고 인식하지 않는다.

3 가격결정 구성 요소

서비스 상품의 가격결정 구성 요소에는 3C라고 통칭되는 원가(cost), 경쟁사(competitor), 그리고 고객(customer)이 있다. 첫째, 원가는 서비스의 가격 하한선을 결정한다. 둘째, 고객은 주로 서비스 가격의 상한선 결정에 영향을 미친다. 셋째, 경쟁사의 가격은 서비스 가격 수준의 최종 결정에 영향을 준다.

(1) 원가

원가는 고정원가, 준변동원가, 그리고 변동원가로 구성된다. **고정원가(fixed costs)**는 서비스 판매량과 무관하게 일정하게 발생하는 비용으로, 건물 임대료, 설비비, 감가상각비, 급여 등을 포함한다. **준변동원가(semi-variable costs)**는 판매량과 무관하게 발생하는 고정원가와 판매량 변화에 따라 단위당 일정 비율로 증가하는 변동원가 두 부분으로 구성된 원가이다. 증분설비, 초과근무수당, 전기료·난방비 등이 준변동원가에 해당된다. **변동원가(variable costs)**는 서비스 판매량과 비례하여 증감하는 원가로, 식음료 재료비가 이에 포함된다.

호텔서비스의 경우 변동원가는 전반적으로 낮은 반면 고정원가의 비율은 매우 높은 편이다. 서비스의 가격결정에 있어 원가를 추정하는 일은 매우 어려운데, 그것은 첫째로 서비스의 원가가 고객이 지각하는 서비스의 가치와 직접 연결되지 않는 경우가 있기 때문이다. 둘째로 서비스의 구성 요소가 명확한 원가 산출이 가능한 계량적(quantitative) 제품 원료보다 편리함, 쾌적함 같은 정성적(qualitative) 품질 요소를 다수 포함하고 있기 때문이다.

(2) 경쟁

서비스 가격정책은 경쟁에 기초할 필요가 있다. 가격결정에 있어 경쟁사의 가격을 고려하는 이유는 가격의 상대성 때문이다. 자사의 상품가격에 대한 시장의 반응이 경쟁사의 가격에 의해 상대적으로 다르게 나타나며, 또한 자사의 가격정책에 따라 경쟁사는 새로운 전략으로 반응한다.

가격의 준거로 사용되는 경쟁의 개념은 보다 포괄적인 접근이 필요하다. 즉 동일 상품 개념의 경쟁브랜드만을 고려해서는 안 되며, 대체상품과 관련 기타 상품의 개념을 모두 적용하여 가격 수준과 소비자에게 제공되는 가치를 함께 평가해야 한다.

(3) 고객

가격결정 시 고객을 고려한다는 것은 시장의 수요와 고객이 추구하는 가치에 충실한 가격전략을 채택한다는 것을 의미한다. 가격전략은 상품전략과 불가분의 관계에 있다. 표적시장이 원하는 서비스 상품의 수준을 결정하고 고객이 수용할 수 있는 가격 범위 내에서 가격이 결정될 필요가 있다. 시장수요는 가격 수준에 따라 변화하므로 초기 가격 수준 결정이나 가격 인하/인상에 있어 소비자의 반응을 예측하고 시장의 가격탄력성을 고려해야 한다.

4 가격결정 요인

(1) 내부 요인

기업목표

호텔서비스 상품의 가격 수준은 기업이 어디에 목표를 두느냐에 따라 달라진다. 호텔의 가격목표에는 이미지 제고, 시장점유율 극대화, 시장에서의 선도자 위치 확보, 시장 개척 및 확대, 신상품 확산, 이윤극대화, 가격경쟁력 확보, 경쟁호텔의 고객 유인 등 여러 가지가 있을 수 있다. 가격목표는 표적시장의 특성 및 서비스 상품의 특성, 그리고 시장상황에 따라 적절히 설정되어야 한다.

원가

시장에서 가격경쟁력을 가지고 수익을 최대화하기 위해서는 원가 절감과 인적·물리적 자원의 효율적 운용이 필요하다. 비용을 최소화할수록 가격결정의 선택폭은 커질 수 있다.

마케팅믹스 전략

마케팅믹스의 4요소는 서로 상호작용을 한다. 상품전략, 촉진전략, 유통전략은 모두 가격전략과 직결된다. 어떠한 마케팅 전략을 채택하느냐에 가격결정은 영향을 받을 수밖에 없다. 예컨대, 급속으로 시장에 침투하기 위해 공격적인 광고·홍보 전략을 펼치는 경우, 혹은 최상위 계층을 표적시장으로 선정하는 경우 가격수준은 상승한다.

(2) 외부 요인

시장수요

원가가 가격 범위의 하한선을 결정한다면, 시장수요는 가격의 상한선 결정에 영향을 준다. 가격결정의 중요한 요소 중 하나는 시장수요의 가격탄력성이다. 수요의 가격탄력성(price elasticity)은 가격변화에 대한 수요량의 변화율을 의미한다.

$$\text{수요의 가격탄력성} = \frac{\text{수요량의 변화율(\%)}}{\text{가격 변동률(\%)}}$$

일반 제품의 경우 가격과 수요는 그림 13-2 와 같은 역의 관계를 갖는다. 그러나 호텔 서비스와 같이 개인의 명성/체면과 관련성이 높고 사회적 신분을 상징하는 상품의 경

그림 13-2 ● 수요의 탄력성/비탄력성

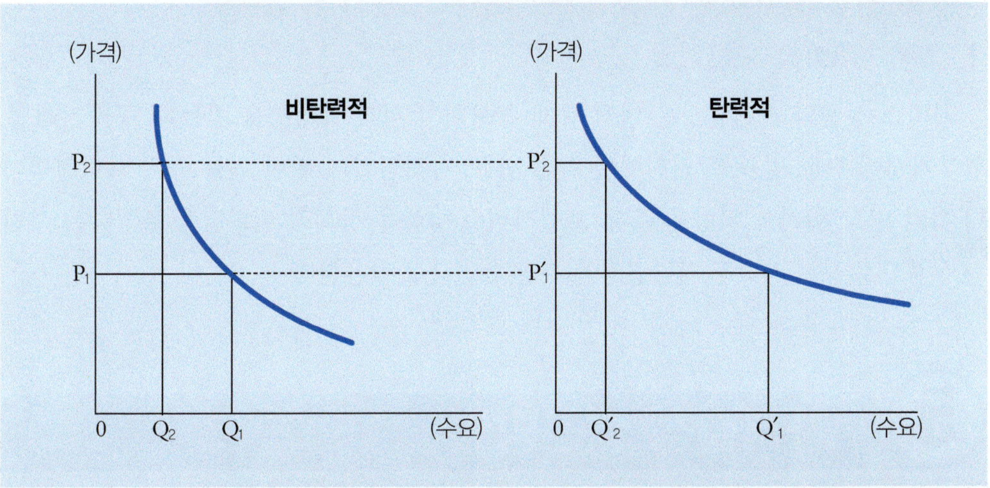

그림 13-3 ● 상징적 상품의 수요탄력성

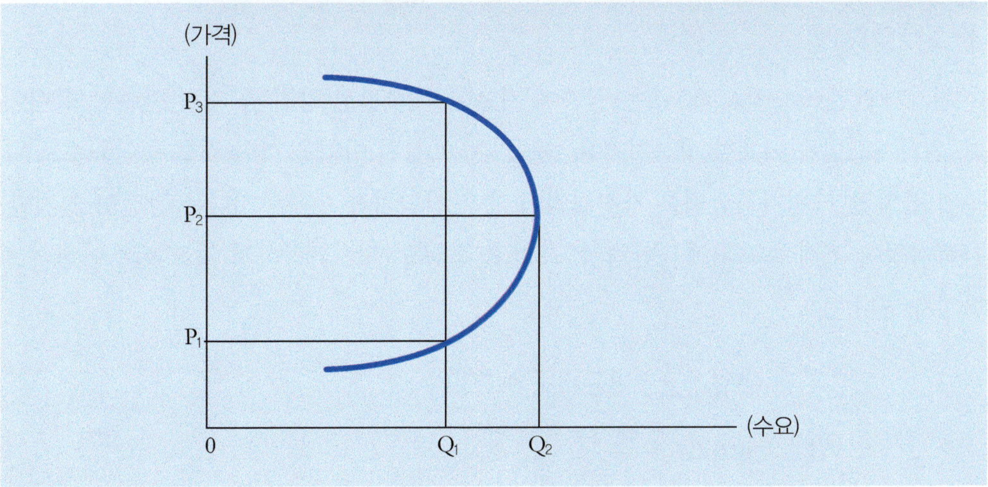

우, 가격인하가 곧 수요 증가를 가져오지는 않는다(그림 13-3 참조). 적정 수준 이하의 가격은 서비스의 품질 저하 지각을 가져오므로 고객수요가 오히려 위축되기 때문이다.

경쟁 요인

독점적 위치를 가진 서비스 선도기업은 독자적으로 가격을 설정할 수 있다. 그러나 완전경쟁시장에 있는 추종기업의 가격정책은 경쟁가격을 준거로 하여 결정된다. 한 서비스기업의 가격결정은 다른 기업에게 신호(signal)의 역할을 한다. 경쟁기업으로부터 신호를 받은 서비스기업은 경쟁사의 가격을 근거로 가격정책을 수립한다.

법적 · 사회적 요인

서비스 상품의 가격결정은 법적 규제나 사회적 시각에 영향을 받는다. 공정거래법, 할부거래에 관한 법률, 할인판매에 관한 법률, 가격담합에 관한 법률 등은 가격결정이나 가격 인상/인하에 영향을 준다. 호텔서비스 상품을 사회적 위화감을 조성하는 사치성 상품으로 보는 시각도 가격결정에 부담 요인으로 작용한다.

5 가격결정 접근방법

(1) 원가 중심 가격책정 방법

원가가산법

원가가산법(cost-plus pricing)은 원가에 기초한 가격결정 방법 중 가장 단순한 형태이다. 원가가산법을 이용한 상품가격은 총원가에 예정된 이익을 더한 것을 총단위수로 나누어 결정된다. 원가가산법은 가격결정이 매우 간단하게 이루어진다는 장점이 있지만, 가격책정이 고객수요와 가격탄력성, 그리고 경쟁요인을 고려하지 않고 이루어진다는 한계가 있다.

$$\text{총원가} = \text{총변동비} + \text{총고정비}$$

$$\text{가격} = \frac{\text{총원가} + \text{예정이익}}{\text{총단위수}}$$

목표수익률 가격책정법

목표수익률 가격책정법(target profit pricing)은 기업이 일정한 투자수익률(Return on Investment, ROI)을 정해 놓고 이를 달성할 수 있을 만한 수준에서 가격을 책정하는 방법이다. 목표수익률 가격책정법이 원가가산법과 다른 점은 예상판매량을 계산에 포함시켜 손익분기점(break-even point: 수익과 비용이 일치되는 점)을 발견하고 여기에 목표수익을 가산시킨다는 점이다.

$$\text{ROI} = \frac{\text{이익}}{\text{투자액}} = \frac{\text{이익}}{\text{판매량}} \times \frac{\text{판매량}}{\text{투자액}}$$

$$\text{가격} = \text{단위원가} + \frac{\text{투자액} \times \text{목표수익률}}{\text{예상판매량}}$$

$$\text{단위원가} = \text{변동비} + \frac{\text{고정비}}{\text{예상판매량}}$$

그림 13-4 ● 손익분기점 차트

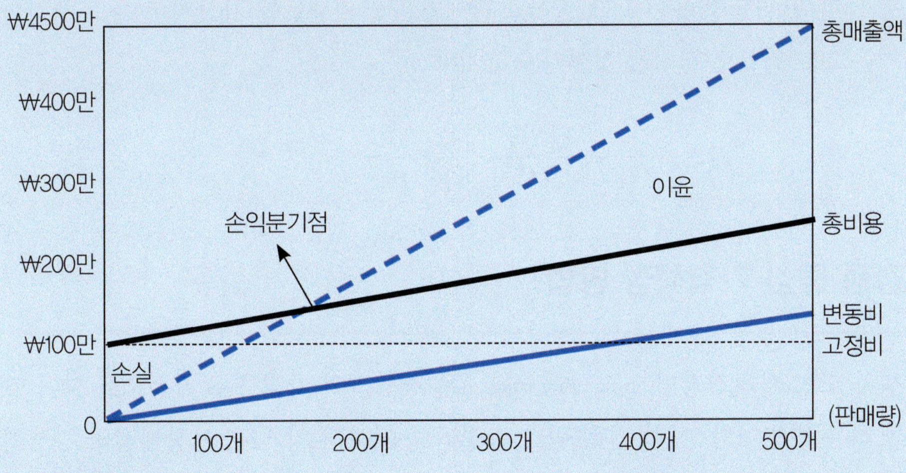

고정비=₩1,000,000
변동기=₩2,500
판매가=₩10,000

예를 들어, 총투자액이 10,000,000원인데 20퍼센트의 투자수익률을 목표로 하는 경우, 고정비가 1,000,000원이고, 변동비가 단위당 2,500원이며, 예상판매량이 400개라면 판매가는 10,000원에 책정되어야 할 것이다(그림 13-4 참조).

$$\underset{\text{(변동비)}}{₩2{,}500} + \underset{\text{(단위당 고정비)}}{\frac{₩1{,}000{,}000}{400}} + \underset{\text{(단위당 목표수익)}}{\frac{₩10{,}000{,}000 \times 0.2}{400}} = ₩10{,}000$$

가산치 가격책정법

가산치 가격책정법(markup pricing)은 단위당 원가를 계산한 후 예상 가산치(markup)를 합산하여 가격이 결정되는 방법이다. 여기서 가산치는 비용(원가)이 아닌 판매가격의 비율로서 표현되는데, 이렇게 판매가의 비율로서 계산하는 것은 운영상 편리성이 있기 때문이다. 그것은 비용과 이익이 판매가의 비율로서 계산되므로 판매상황에서 이윤 계산이 용이하다는 점과, 경로 구성원과 고객에 대한 할인행사를 계획할 때 가격할인폭을 원가의 비율이 아니라 판매가의 비율로 손쉽게 계산할 수 있다는 편리성이다. 가산치 가격책정법의 산정 방식은 다음과 같다.

예를 들어, 단위당 비용이 1,500원이고 판매가의 25퍼센트를 가산치 비율로 책정한다면 가격은 2,000원으로 결정될 것이다(₩1,500/0.75).

$$\text{가격} = \frac{\text{단위당 비용}}{(100 - \text{가산치 비율})/100}$$

(2) 경쟁 중심 가격책정 방법

경쟁사 모방 가격결정법(going-rate pricing)은 경쟁사의 가격을 준거점으로 삼아 가격책정을 하는 방법이다. 이 방법은 원가 측정이 용이하지 않거나, 시장에서의 경쟁기업 반응이 불안정할 때, 그리고 서비스 상품의 특성과 질이 경쟁사의 것과 필적하다고 판단될 때 주로 사용된다. 경쟁사 모방 가격결정법은 시장을 주도하는 선도기업을 추종하는 후발업체에 의해 주로 채택되는 방법이다.

(3) 수요 중심 가격책정 방법

✝ 고객기대 기준 가격책정법

고객기대 기준 가격책정법(perceived value pricing)은 미국의 화학회사 듀폰이 새로이 개발된 신소재 상품의 가격결정을 할 때 주로 사용하는 방법이다. 이는 상품의 특성과 우수성을 정확히 이해한 고객들의 기대가격을 기준으로 가격책정을 하는 방법이다. 원가계산에 명확히 포함되지 않으나 서비스의 상품성과 직접적인 연관성이 있는 상징성, 분위기 요인, 편리성, 명성 등의 무형적 가치는 고객의 가치판단에 의존할 수 있다.

고객이 지각하는 상품의 가치가 가격 산정 과정에 투입되므로, 고객기대 기준 가격책정법은 다양한 가격 수준에 따라 변화하는 수요탄력성과 다양한 가격대에 따른 시장의 차별화된 반응에 대응할 가격경쟁력을 갖게 한다. 그러나 이 방법을 사용할 때는 가격결정 과정에 참여한 포커스 그룹이 서비스 상품의 표적시장을 대표하며, 충분한 상품 관련 지식과 가치인식을 갖추었음을 확인할 필요가 있다.

✝ 수요조정 손익분기분석

수요조정 손익분기분석(demand-modified break-even analysis)은 다양한 가격대안에 따른 수요량의 변화를 분석하여 가장 높은 이윤을 창출하는 최적가격을 선택하는 방법이다. 과거의 경험과 자료에 근거하여 다양한 가격 수준에서의 손익분기점을 분석하고, 수익이 최대화되는 가격-수량믹스를 도출하는 것이다. 이 방법은 가격대별 시장반응과 수요예측이 정확히 이루어져야 실효성이 있다. 표 13-1의 예에서, 가격이 8만원에 책정될 때 이윤이 최대화됨을 알 수 있다.

표 13-1 수요조정 손익분석

가격대안	수요량	총수익	총비용	이익 (손실)
50,000원	300개	15,000,000원	16,200,000원	(1,200,000)원
60,000원	280개	16,800,000원	16,000,000원	800,000원
70,000원	260개	18,200,000원	15,800,000원	2,400,000원
80,000원	230개	18,400,000원	15,500,000원	**2,900,000원**
90,000원	200개	18,000,000원	15,200,000원	2,800,000원

6 고객창출을 위한 가격전략들

(1) 가격차별화 전략

호텔기업은 동일 서비스 상품에 대하여 시장상황과 세분시장에 따라 가격 수준을 차등적으로 적용할 수 있다. 구매시간, 세분시장, 구매량 등에 따라 차별적 가격을 적용하는 것을 가격차별화 전략이라고 한다. 가격차별화 전략을 실행함에 있어서는 다음과 같은 요인을 고려해야 한다.

• 정당성

고객이 수긍할 수 있는 정당한 기준과 적절한 수준의 할인폭을 적용하여 고객이 차별화된 가격의 정당성을 지각할 수 있어야 한다. 예를 들어, '20명 이상의 단체는 15퍼센트 할인'은 누구나 납득할 수 있다. 그러나 '항공사 여승무원은 음료 60퍼센트 할인'과 같은 가격제도는 기타 세분시장의 거부감을 유발하고 정규가격을 지불하기 억울하다는 반응을 불러일으킬 수 있다.

• 보완성

차등가격에 따라 각 세분시장의 고객수요가 조절되어 미충족된 부분에 대한 상호보완이 이루어져야 한다. 호텔 객실 판매의 경우, FIT 고객, 단체여행객, 호텔패키지 이용객, 여행사 블록 판매, 항공사 직원 등 각 세분시장에 차별화된 가격을 적용하여 전체 객실판매율과 수익률이 최대화되는 수준에서 가격차별화가 이루어져야 할 것이다.

• 세분시장 규모

가격 수준에 따라 세분화된 시장들은 일정 수준 이상의 규모가 되어야 한다. 너무 적은 수의 고객에게만 적용되는 가격은 가격정책의 혼란을 야기할 뿐이다.

• 일관성

가격정책의 일관성을 유지하여 고객이 차별된 가격들에 대해 혼란을 일으키지 않도록 해야 한다. 또한 차등 가격이 적용되었더라도 서비스의 수준은 일관성을 유지하도록 관리해야 할 것이다.

시간에 따른 가격차별화

시장의 수요를 최대한 평평하게 유지하기 위해서, 그리고 남은 상품을 처리하기 위해서 시간에 따라 가격을 탄력적으로 운영하는 예는 호텔서비스에서 종종 발견할 수 있다. 가격차별화는 이용 시간에 따라, 그리고 구매 시간에 따라 이루어진다.

첫째, 구매 시간에 따른 가격차별화는 미리 예약하는 고객에게 할인된 가격을 제공하는 방법으로, 서비스 수요의 재고화를 위해 사용된다. 호텔 객실의 경우 예약 없이 들어오는 Walk-in Guest에게는 객실의 정규요금(rack rate)을 부과한다. 그러나 2개월 이상 미리 예약하는 고객에게는 특별 할인율을 적용시키기도 한다.

둘째, 이용시간에 따른 가격차별화는 성수기와 비수기에 따라 객실료를 차별적으로 부과하거나, 시간대에 따라 레스토랑/바의 메뉴가격을 달리 책정하는 방법이다. 대부분의 호텔은 특정 요일과 시간대에 해피아워 등의 행사를 진행한다. 예를 들면, 서울 플라자호텔의 델리 플라자에서는 저녁 8시 이후에 빵과 패스트리를 30~50퍼센트 저렴하게 판매한다. 또한 롯데호텔서울의 와인 바 & 레스토랑 '바인'은 매주 월요일과 토요일을 고객이 자기 와인을 가져와 자유롭게 마실 수 있는 날로 정하고, 고객이 요리를 주문하면 와인 잔과 디캔터 등을 무료로 준비해 준다. 밀레니엄 서울힐튼의 호텔 바 '오크룸'은 평일 저녁 6시~8시 30분에 해피아워 행사를 열어 야외에서 구워 주는 바비큐와 생맥주를 저렴한 가격에 무제한 즐길 수 있도록 한다. 그랜드 힐튼 서울은 주중 웨딩 패키지를 마련해 하객 250명 이상의 주중 결혼식에는 피로연 음식 15퍼센트 할인 등 각종 혜택을 제공한다.

구매자에 따른 가격차별화

서비스 상품에 대한 가격민감도와 구매력은 소득 수준, 연령, 구매 목적, 구매량 등에 따라 다르게 나타난다. 구매자에 따른 가격차별화는 시장을 세분화하여 각 세분시장별로 가격을 다르게 부과하는 방법이다.

우리나라 특1급 호텔은 고객의 유형에 따라 세분시장별 가격차별화를 실시하고 있다. 예를 들면 고객이 호텔과 계약을 맺은 항공사 승무원이냐 일반 FIT냐에 따라 객실요금은 두 배 이상 차이가 날 수 있다. 코엑스 인터컨티넨탈 호텔 로비바는 직업군별로 할인요일을 정해 명함만 제시하면 주류를 25퍼센트 할인해 주고, 스낵 뷔페도 무료로 즐길 수 있도록 한다. 스파게티아는 시장잠재력이 있으나 가격민감도가 높은 28세 이하 젊은 층을 위한 회원제도를 만들어 특별 디스카운트를 제공하고, 워터파크 씨랄라는 로컬주민들에게 할인된 요금을 적용한다.

구매량에 따른 가격차별화

구매량에 따른 가격차별화란 구매량이 증가함에 따라 할인된 가격을 적용하는 방법이다. 반복구매를 하는 단골고객이나 한꺼번에 많은 양을 구매하는 고객에게는 종종 할인요금이 적용된다. 구매량에 따라 가격을 차별화하는 것은 고객으로 하여금 대량 구매를 하도록 유도하고 일반 고객으로 하여금 재구매를 하도록 만들어 단골고객으로 전환시키는 효과가 있다. 이 방법은 다른 가격차별화 방법보다 가격 불평등에 대한 소비자 불만의 소지가 최소화된다는 장점이 있다.

구매량에 따른 가격차별화는 구매량에 따라 가격을 달리 매기는 비선형 가격정책이다. 비선형 가격정책은 이중요율, 이단계요율, 전량수량할인으로 구분된다.

첫째, **이중요율(two-part tariff)**은 기본가격과 단위가격이 부과되는 가격체계로, 기본요금에 주행요금이 더해지는 택시요금제도가 대표적이다. 소비자는 구매량에 상관없이 기본요금을 지불하고 구매량이 증가함에 따라 단위당 가격을 추가적으로 지불한다. 구매량이 증가함에 따라 기본가격이 구매량에 분배되므로 평균단가는 감소하게 된다.

그림 13-5 ● 이중요율

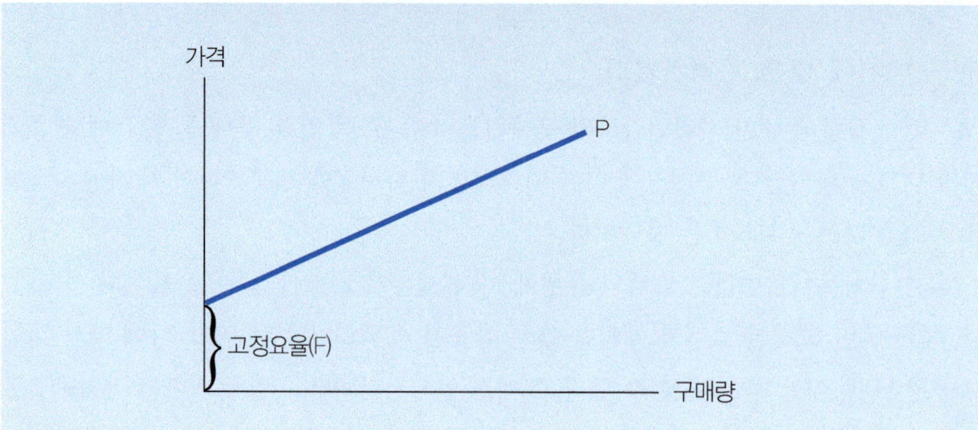

그림 13-6 ● 이단계요율

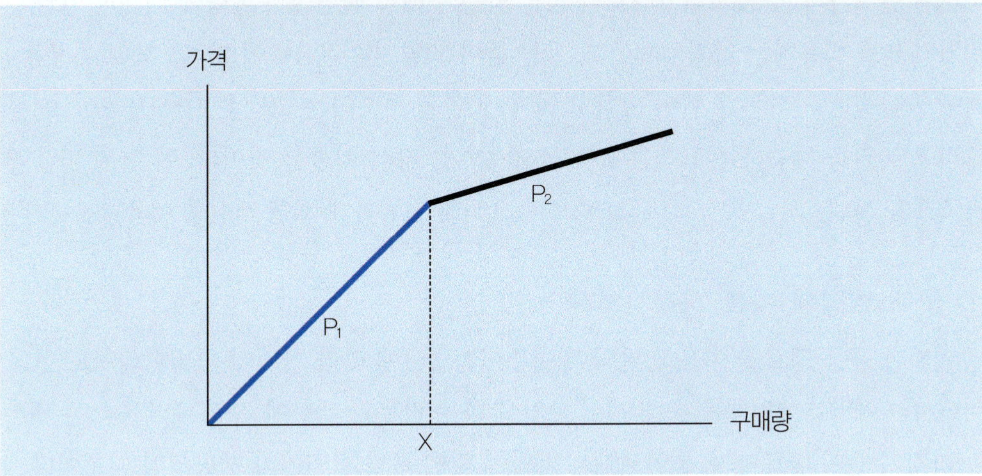

그림 13-7 ● 전량수량 할인

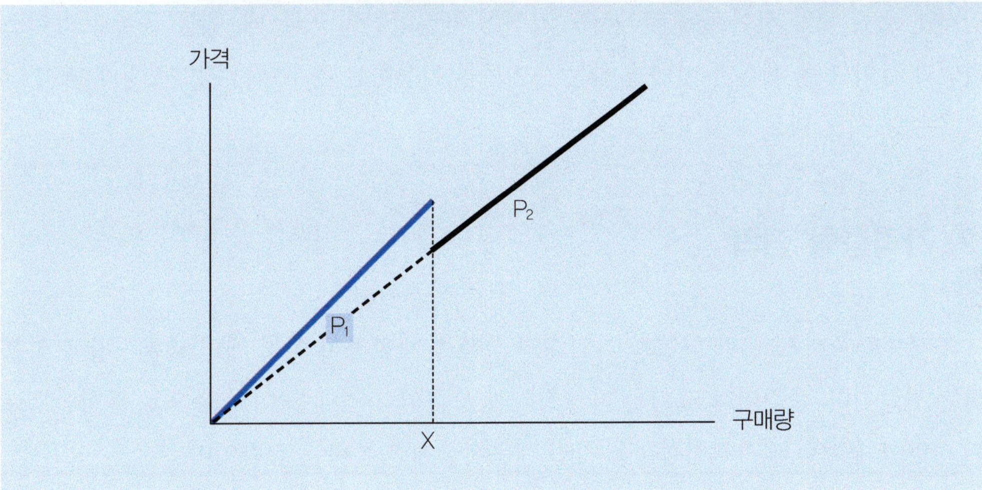

둘째, **이단계요율(two-block tariff)**은 특정 구매량 X를 기준으로 하여 X보다 적은 구매량과 X를 초과하는 구매량에 대해서 차별된 단위가격을 적용하는 방법이다. 매릴랜드 주의 Hagerstown Sleep Inn은 3주 이상 투숙하는 이용객에게 3주를 초과하는 날짜에 대해 특별할인요금을 적용한다. 예를 들어, 총 4주를 묵는 투숙객이라면 마지막 1주분에 대해서 특별할인이 적용된 객실요금을 지불하는 것이다.

셋째, **전량수량 할인(all-units quantity discount)**이란 기준 구매량 X보다 적은 양을 구매하면 단위가격 P_1을, 그리고 X보다 많은 양을 구매할 때면 총구매량에 대해 할인된 단위가격 P_2를 적용하는 가격체계이다. 예를 들어 30일 미만은 1박에 100불, 30일 이상은 1박에 90불을 부과하는 호텔이 있다고 하자. 10일을 투숙하는 고객은 1,000불(100×10)을, 그리고 30일을 투숙하는 고객은 2,700불(90×30)을 각각 지불할 것이다. 이 경우 30일 투숙고객($2,700)은 28일 투숙고객($2,800)보다 오히려 저렴하게 호텔 객실을 이용할 수 있다.

구매 방법에 따른 가격차별화

어떠한 유통 경로를 이용해 예약이 이루어지느냐에 따라 가격이 차별화되기도 한다. 여행사나 예약대행업체를 통해 객실 예약을 하는 경우와 개인이 직접 예약을 하는 경우는 가격 수준이 다르다. 유통업체에는 계약에 의해 특별 할인가가 제공되기 때문이다.

인터넷을 사용하여 예약을 하는 경우도 정식요금보다 저렴하다. 인터넷 이용고객은 다양한 경쟁사 요금 정보에 손쉽게 접근할 수 있으므로 일반적으로 가격민감성이 높다. 인터넷 호텔 예약 사이트에 따라서도 가격이 차별화될 수 있는데, 예를 들어 프라이스라인과 같이 호텔 객실가 비딩을 하는 사이트를 이용하는 경우에는 경매상황에 따라 가격 수준이 사뭇 다르게 결정될 수 있다.

(2) 가격층화 전략

가격층화(price lining)란 다양한 가격대의 상품을 개발하여 여러 개의 세분시장에 접근하는 전략이다. 품질이나 크기를 다양화하여 상품의 가격대를 여러 층으로 분화함으로써 다양한 구매력과 가격민감성을 가진 세분시장에 침투하는 전략이다.

호텔산업은 시장에 존재하는 다양한 고객층을 흡수하기 위하여 호텔 상품을 다층화(tiering)한다. 그리고 제공되는 서비스 상품의 수준에 따라 가격층화를 하여, 각 세분시장이 자신에게 가치가 최대화되는 호텔을 사용할 수 있도록 한다. 가격층화 전략은 고객에게 선택의 폭을 넓혀 주며, 저렴한 가격대의 서비스 상품을 이용하여 고객충성도를 형성시킨 후에 점차 높은 가격대로 이동시키는 효과가 있다.

그림 13-8 ● 미국 주요 호텔기업의 다층화 전략

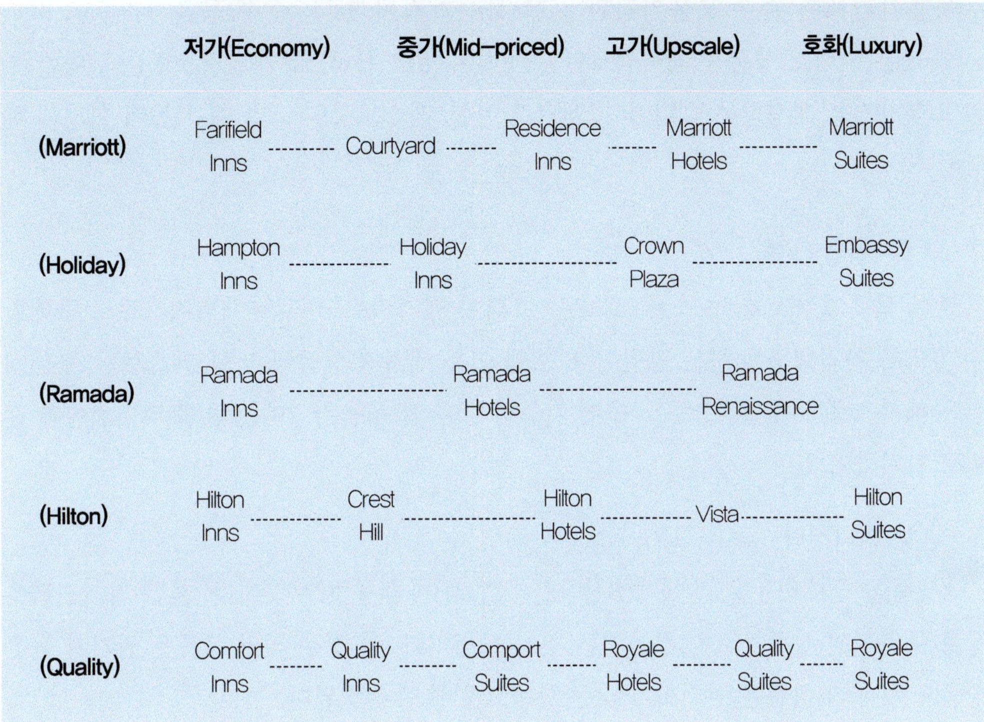

(3) 묶음가격 전략

묶음가격(price bundling) 전략이란 둘 이상의 제품·서비스를 특가 패키지의 형태로 하나로 묶어 소비자에게 제공하는 전략이다. 호텔의 휴가철 패키지(객실+식당 이용권+부대시설 이용+외부 오락·문화시설 이용)는 이러한 묶음가격 전략의 한 예이다.

묶음가격은 때때로 인기 있는 상품과 수요가 떨어지는 상품을 하나로 묶어 제공한다. 그러나 이러한 패키지 상품은 그 안에 포함된 상품을 별도로 구매했을 때의 총액보다 훨씬 저렴하므로, 고객은 종종 그 가격체계에 유인된다. 묶음가격은 고객의 대량구매 촉진을 위하여, 그리고 고객의 이용률이 떨어지는 서비스 상품의 수요창출을 위하여 사용된다. 묶음가격 전략은 서비스업체와 고객 모두에게 이득이 돌아가는 윈윈전략이 될 수 있다.

순수 묶음가격

묶음가격에는 순수 묶음가격과 혼합 묶음가격이 있다. 순수 묶음가격(pure price bundling)은 서비스 상품을 패키지로만 구매할 수 있도록 하고, 개별적으로는 구매할 수 없도록 가격을 책정하는 방법이다. 패키지 여행, 레스토랑의 코스 메뉴 등이 여기에 해당된다.

혼합 묶음가격

혼합 묶음가격(mixed price bundling)은 고객이 패키지로도 혹은 개별적으로도 구매할 수 있도록 가격책정을 하는 방법이다. 호텔 여름 패키지 상품의 객실, 레스토랑, 부대시설은 패키지로도 개별적으로도 구매 가능하다. 혼합 묶음가격에는 혼합 리더전략과 혼합 결합전략이 있다.

- 혼합 리더전략(mixed leader bundling)

A상품을 구매하는 고객에게 B상품을 할인하여 제공하는 것이다. 혼합 리더전략은 상호 보완적인 상품들로 이루어지는 것이 보통이다. 이 경우 리더 상품은 인기가 높은 상품으로, 추가 상품은 인기도가 낮은 상품으로 주로 선정된다.

- 혼합 결합전략(mixed joint bundling)

두 개 이상의 상품을 고정가격으로 묶어 제공하는 것이다. 패스트푸드 레스토랑의 콤보 메뉴나 호텔의 휴가철 패키지 상품이 여기에 해당된다.

(4) 유인가격 전략

유인가격 전략(leader pricing)은 전략적으로 몇몇 상품에 대해 파격적 가격인하를 하여 소비자의 반응을 유도하는 전략이다. 유인가격 전략에는 종종 손실유도품(loss leader)이 사용된다. 손실유도품이란 원가 이하로 가격이 설정되어 그 자체로는 판매 손실이 발생하지만 고객을 유인하는 주도적 역할을 하는 상품을 말한다. 예를 들어, 호텔 커피숍은 커피를 파격적으로 싼 가격에 책정하여 고객을 유인하기도 한다.

(5) 심리적 가격결정 전략

심리적 가격결정 전략(psychological pricing)은 가격에 대한 소비자의 인지적·행동적 반응을 심리학적 관점에서 접근하여 최종가격을 결정하는 방법이다.

단수가격

단수가격(odd pricing)은 가격을 10,000원, 100,000원 등 딱 떨어지는 숫자 대신 9,700원이나 97,000원 등 거기에 약간 못 미치게 책정하는 방법이다. 단수가격을 사용하면 가격상의 큰 차이가 없음에도 불구하고 소비자는 훨씬 저렴하게 지각한다.

점화가격

점화가격(threshold price)이란 가격을 인상하거나 인하할 때 고객이 인지하는 문턱(threshold) 역할을 하는 가격 수준 또는 변화폭을 의미한다. 가격의 변화폭이 점화수준에 이르지 않으면 고객은 가격 차이를 쉽게 인지하지 못하나 점화수준을 넘어서면 가격 차이에 반응을 할 가능성이 높아진다. 일반적으로 가격을 인상할 때는 점화가격에 조금 못 미치는 수준에서, 가격할인이 이루어질 때는 점화가격을 초과하는 수준에서 가격 책정이 이루어지는 것이 바람직하다. 점화가격은 초기 가격이 얼마였느냐에 따라, 그리고 가격변화의 단위에 따라 달라진다. 예를 들어, 고객은 30만원에서 2만원 인상되는 경우에는 가격 차이를 크게 지각하지 않겠지만, 3만원에서 2만원이 인상된다면 큰 폭으로 가격이 올랐다고 느낄 것이다. 또한 가격이 16,000원에서 19,000원으로 인상되는 경우와 19,000원에서 22,000원으로 인상되는 경우, 가격의 변화폭은 동일하지만 소비자는 전자보다 후자에 더 민감하게 반응한다. 앞자리 수가 변화됨에 따라 가격 차이가 더 크게 지각되기 때문이다.

명성가격

고급 호텔서비스 상품이나 디자이너 의류 등과 같이 고객이 자신의 지위나 명성과 관련성을 높게 느끼는 상품은 가격이 상승하면 수요가 줄어든다는 합리적 가격-수요 공식이 적용되지 않는 경우가 종종 발생한다. 명성가격(prestige pricing) 설정은 가격이 높은 경우에 고품질을 기대하며 오히려 구매욕구가 생기는 소비자 심리를 이용하는 가격

전략이다. 고소득층을 겨냥한 명품에는 명성가격이 종종 사용된다.

미끼효과

새로운 가격 수준의 신상품을 제시하면 소비자의 선택이 변화한다. A(3만원), B(5만원), C(7만원) 이렇게 세 개의 상품이 있는 경우, 상품 A, B, C의 구매율이 각각 30퍼센트, 50퍼센트, 20퍼센트였다고 하자. 이때 D(10만원)라는 고가의 상품이 옵션에 추가되면, 상품 C의 구매율은 기존의 20퍼센트에서 더 높은 수준으로 증가할 가능성이 높다. 이렇게 잘 판매되지 않으나 기존 상품의 구매율에 영향을 미치는 신상품을 '미끼상품'이라 하고, 미끼상품이 고객의 선택행동에 미치는 효과를 '미끼효과(decoy effect)'라고 한다. 미끼상품은 고객의 상품선택을 상향 조정하기 위해 주로 사용된다.

표 13-2 미끼효과의 예

기존 상품 믹스		A상품	B상품	C상품	
	가 격	30,000원	50,000원	70,000원	
	구매율	30%	50%	20%	
미끼상품 추가		A상품	B상품	C상품	D상품(미끼)
	가 격	30,000원	50,000원	70,000원	100,000원
	구매율	20%	40%	40%	0%

(6) 특별홍보가격 전략

특별홍보가격(special promotional price)은 크리스마스, 연말연시, 휴가철 등 특정 계절이나 휴일에 수요극대화 및 신규고객 창출을 목적으로 한시적으로 채택된다. 특별홍보가격 전략은 촉진전략과 연계하여 수행된다. 특별홍보가격은 한시적으로 이루어지는 특별 가격할인이므로, 정규가격을 인하시킬 때 발생할 수 있는 상품 이미지 추락 위험을 최소화할 수 있다.

7 호텔서비스 가격관리에 있어 유의할 점들

호텔기업이 이윤을 최대화하고 수요를 창출하는 가격구조를 가지기 위해서는 다음과 같은 요인에 주의를 기울일 필요가 있다.

첫째, 지나치게 원가 중심의 가격체계가 이루어져서는 안 된다. 호텔서비스 상품의 경우 원가보다 가격에 대한 시장의 수요탄력성을 고려해야 한다.

둘째, 가격정책이 너무 경직되어서는 안 된다. 호텔서비스의 가격전략은 시장상황과 경쟁상황, 그리고 마케팅환경에 따라 탄력적으로 운영될 필요가 있다.

셋째, 가격은 다른 마케팅 전략과 독립적으로 결정될 수 없다. 서비스 상품의 품질과 가치, 기업의 촉진활동, 유통 경로 등 다른 마케팅믹스들을 통합적으로 고려하여 조화로운 가격결정이 이루어져야 한다.

넷째, 가격결정 과정에 있어 호텔서비스 상품에 대한 고객의 가치에 초점을 맞추어야 한다. 표적시장이 어떠한 고객으로 구성되었는지를 분석하고 이들이 기대하는 서비스 수준과 지각하는 서비스 가치에 합당한 가격대를 발견해야 한다.

다섯째, 호텔서비스 상품의 가격결정은 시장과 밀착된 마케팅 관점에서 접근되어야 한다. 시장수요와 각 세분시장의 니즈에 대한 이해에서 창의적인 서비스 상품의 개념과 시장 선도적 가격이 결정된다.

HOTEL MARKETING

제14장 호텔서비스 유통경로

유통경로(distribution channel)는 상품을 생산자로부터 최종소비자까지 전달하는 역할을 한다. 고객이 적절한 시간에, 접근 가능한 위치에서, 적절한 수량을 손쉽게 구매할 수 있도록 효용을 창출하는 것이 유통경로의 기능이다. 구매 편의성과 고객 접근성이 강조되는 현재의 시장상황에서 유통의 기능과 역할은 갈수록 그 중요성이 더하고 있다.

호텔서비스 상품은 시간 내에 소비되지 않으면 소멸되므로 시장의 수요를 자극하고 고객유입을 원활하도록 도와주는 유통의 중요성이 강조된다. 호텔산업의 경우 제조업보다 적은 수의 중간상이 존재하며 유형 제품에 비해 유통경로가 비교적 짧고 간결하다. 그러나 시장수요의 창출과 호텔서비스 상품의 이용접근성 증진이라는 유통의 기능을 고려할 때, 유통관리는 호텔 마케팅믹스 관리의 핵심적인 한 부분이라고 할 수 있다.

호텔산업의 경우, 유형 제품과 달리 상품이 고객이 있는 곳으로 이동하는 것이 아니라 고객이 서비스가 제공되는 곳으로 이동한다는 특징이 있다. 고객이 호텔서비스 상품에 원활하게 접근하도록 통로가 되어 주는 것이 유통경로이다. 호텔이 서비스가 생산되는 '심장'이라면, 유통은 고객의 계속적인 흐름을 관할하는 '순환계'에 비유될 수 있다. 혈관이 막혀 있으면 피가 통하지 않는 것처럼, 호텔서비스의 접근성을 제공하는 연결고리 통로가 개발되어 있지 않으면 원활한 고객 흐름을 기대하기 어렵다.

1 유통경로의 효용

(1) 유통경로의 필요성

유통경로는 크게 두 가지 측면에서 그 유용성을 설명할 수 있다. 그것은 거래의 효율성과 분업의 원리이다.

거래 효율성

유통업자의 존재는 상품정보 수집 등 서비스 구매 과정의 효율성을 높여 준다. 유통업자가 없는 경우에는 각 서비스업체로부터 개별적으로 상품정보 수집이 이루어지지만, 유통경로가 존재하면 고객은 유통업체를 통하여 다수의 서비스 상품에 대한 정보를

그림 14-1 ● 유통의 역할

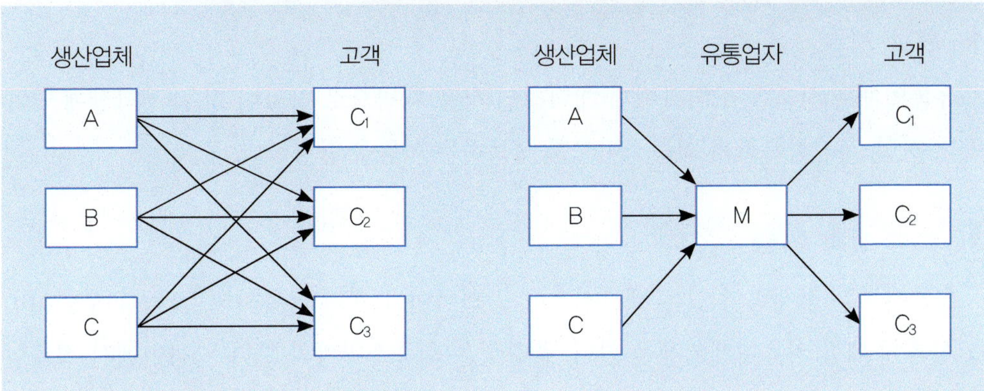

단번에 손쉽게 얻을 수 있다. 그림 14-1 은 중개업자가 거래의 효율성을 제공하는 메커니즘을 보여 준다. 유통업자가 존재하지 않는 경우, 소비자는 각각의 생산업체에 대한 정보를 따로따로 수집하고 개별적으로 각각의 생산업체와 거래를 해야 한다. 그러나 유통업자가 존재하는 경우, 소비자는 유통업자(Middleman, M)를 통해 손쉽게 다양한 상품정보를 접할 수 있고, 생산자 또한 거래를 크게 단순화할 수 있다.

분업의 원리

중간상은 위험 부담 기능, 수급 조절 기능, 정보 수집 기능, 고객 접촉 기능 등 다양한 기능들을 수행한다. 이를 서비스 생산업체가 직접 수행한다면 전문성이 결여될 수밖에 없으며, 고비용·저효율 체제가 될 가능성이 높다. 이러한 기능들을 유통업체에게 전담시킴으로써 분업에서 얻을 수 있는 전문성과 능률성을 높일 수 있다.

(2) 유통경로의 기능

정보 전달 기능

유통업체는 고객과의 접근성이 높기 때문에 시장환경정보를 보다 손쉽게 접할 수 있다. 유통업체는 시장정보를 생산업자 측에, 그리고 상품정보를 최종소비자에게 전달하는 통로의 역할을 한다. 이와 같이 유통업자는 시장정보와 상품정보를 수집하고 배포하는 기능을 담당한다.

홍보 기능

유통업체는 상품을 소비자에게 매력적인 상품 개념으로 만들어 각 세분시장에 맞게 포장, 진열, 촉진함으로써 최종소비자를 설득하는 기능을 담당한다.

고객 접촉 기능

유통업체는 잠재력이 있는 세분시장을 발견하여 고객과 접촉하고, 그들과 호텔서비스 상품에 대한 커뮤니케이션을 한다. 중간상은 최종소비자와 보다 가까이에서 접촉할 수 있으므로 생산업자를 대신해서 상품 이용 방법, 장단점 등 다양한 상품정보를 제공할 수 있다.

거래 규모의 조절 기능

유통업체는 여러 종류의 호텔 상품(예: 객실) 및 여행 상품(예: 비행기 좌석)을 대량으로 구입하여 확보해 두었다가, 적절한 규모와 수준으로 쪼개어 최종고객에게 전달한다.

협상 기능

유통업체는 호텔기업과 최종고객 사이에서 서비스 상품의 가격, 성격, 지불 방법 등 다양한 거래 조건을 협상하고 조정하는 기능을 한다.

비용 부담 기능

유통업체는 고객이 서비스 상품에 접근하기까지의 과정에 수반되는 각종 유통활동에 필요한 비용을 부담한다.

위험 부담 기능

유통업체는 고객수요가 호텔이나 항공사 등 서비스 공급업자의 공급량에 미치지 못할 때 발생하는 서비스 재고의 위험을 부담하는 기능을 담당한다.

2 호텔산업의 유통경로

제조업은 생산업자와 최종소비자 간에는 도매업자, 중간 연결업체, 소매업자 등 다양한 유통경로가 존재하지만, 호텔서비스 상품의 유통경로는 비교적 그 길이가 짧다고 볼 수 있다. 고객의 접근성을 높이는 호텔서비스 상품의 유통경로 형태는 크게 ① 프랜차이즈 형태, ② 인터넷 등 온라인 전자경로, 그리고 ③ 호텔 상품을 고객에게 알선해 주는 여행사 혹은 브로커나 에이전트 등 오프라인 매체 등 3가지로 분류할 수 있다.

고객의 호텔서비스로의 접근을 도와주는 유통 구조는 주로 한 단계로 간결한 전달이 이루어지지만, 구체적인 유통 매체의 종류는 매우 다양하게 개발되어 있다.

(1) 여행사

여행사는 관광객의 여행 목적지 선정 및 호텔 선택에 큰 영향력을 행사한다. 호텔은 홍보물과 뉴스레터를 여행사에 보내고 상품정보와 특별할인 행사 등에 대해 알림으로써 최종고객에게 호텔을 홍보하고 판매하도록 유도한다. 여행사는 호텔 상품의 예약 대리 업무를 수행하고 호텔로부터 일정 수수료를 지급받는데, 때에 따라서는 일정 기간, 일정 수량의 호텔 객실을 할인된 가격에 블록으로 구입하여 확보하고 여행 패키지 상품을 개발하여 관광객에게 판매하기도 한다.

카지노산업의 경우 카지노 전문 알선업체(junket reps)가 일반 관광여행에 있어서의 여행사의 역할을 담당한다. 카지노 전문 알선업자들은 주요 갬블러의 명단을 확보하고 그들을 특정 카지노업체에 연결시키는 기능을 하는데, 카지노 고객 1인당 일정 금액 혹은 카지노 고객이 발생시킨 매출액의 일정 비율을 카지노업체로부터 수수료 형식으로 지급받는다.

호텔과 여행사는 상호 밀착된 장기적 신뢰관계를 유지하는 것이 매우 중요하다. Travel Weekly지의 조사에 의하면, 여행사가 호텔을 선택하는 데 있어 가장 중요하게 고려하는 요소는 예약의 신뢰성과 평판이다. 여행사가 호텔과 거래를 할 때 주요 고려 사항은 **표 14-1**과 같다.

표 14-1 여행사가 호텔과 거래할 때 고려하는 요인들

• 호텔의 신용(예약 실행 정도)	90%*
• 고객 서비스에 대한 호텔의 명성과 평판	83%
• 신속한 커미션 지불	77%
• 객실료	76%
• 호텔 예약 시스템의 효율성	70%
• 커미션 비율	64%
• 특별 할인가격 적용	61%
• 전산 예약 시스템의 사용	48%
• 호텔 판매 담당 직원과의 인적 관계	31%
• 특정 호텔체인에서 포인트를 적립하려는 고객의 요구	26%

(* 해당 요인을 중요하게 고려한다고 밝힌 여행사의 비율)

(2) 여행도매업자

여행도매업자(tour wholesalers)는 다수의 관광객을 위한 여행 패키지를 종합적으로 기획하여 여행사, 혹은 개인 여행객에게 판매한다. 이러한 여행 패키지에는 교통편, 호텔 숙박 및 식사, 오락 등이 포함되는데, 여행도매업자들은 위락 관광여행에 필요한 모든 거래를 맡아 총괄적으로 체결하는 역할을 담당한다. 또한 여행사가 관광객을 여행도매업자에게 연결시켜 주는 경우, 여행도매업자는 소개의 대가로 여행사에 커미션을 지불한다. 국제 휴양지들이 새로이 개발되고 장거리 위락 관광객의 수가 국제적으로 증가함에 따라 여행도매업자는 여행상품 유통경로상에서 강력한 영향력을 행사하고 있다.

(3) 컨소시엄

호텔업자들은 상호 동맹을 맺어 통합 예약 시스템을 구축하는 컨소시엄(consortium)을 구성하기도 한다. 컨소시엄이란 회원 간의 공동 편익을 추구하며 제휴관계를 체결한 호스피탈리티 조직의 집합이다. 이들은 서로 제휴를 맺어 예약·판매망을 공동으로 운영할 뿐 아니라, 상호 협력하에 마케팅 및 광고·홍보 활동을 펼쳐 시너지효과를 거두기도 한다. 컨소시엄은 광범위한 마케팅활동을 전개하며 회원 호텔로부터 가입비와 연회비를 지급받는다. 로지 드 프랑스(Logis de France)는 프랑스에서 3,200개 이상의 소규모 호텔로 구성된 대형 컨소시엄이다. 이 컨소시엄에 소속된 호텔들은 자사가 로지 드 프랑스의 회원이라는 사실을 호텔 홍보자료에 표기하여 고객 유입 효과를 거두고 있다. 쉐라톤은 인도의 웰컴 그룹(Welcome Group)과 제휴하여 인도대륙의 쉐라톤 호텔을 관리하고 있다.

컨소시엄이라고 일컬을 정도의 규모는 아니지만 호텔은 다른 호텔과 제휴를 통해 마케팅 경쟁력을 증가시키고 보다 강력한 예약 시스템을 개발하기 위해 다각적으로 노력한다. 예를 들어, 메리어트는 뉴오타니 호텔과 제휴를 맺고 북미를 방문하는 일본인 여행객에게는 메리어트를 홍보하고, 일본을 방문하는 미국 여행객에게는 뉴오타니 호텔의 객실 예약을 촉진시키는 상호 윈윈전략을 수립하였다. 또한 한화그룹 계열 호텔인 서울 플라자는 미국 칼슨그룹 래디슨 호텔체인과 공동 예약 및 마케팅을 비롯해 기술과 교육, 서비스 등의 상호 협력을 주요 내용으로 하는 제휴계약을 체결했다. 그 결과 국제적 명성 및 마케팅 능력이 다소 부족한 로컬 호텔의 한계를 안고 있던 서울 플라자 호텔은 국제적 인지도를 높이고 객실 예약률을 향상시킬 수 있었다.

(4) 예약대행업체

호텔 예약대행업체는 전 세계 호텔 예약망을 구축하고 고객이 여행하는 지역의 최적 호텔 객실을 소개하며 대신 예약해 주는 기능을 담당한다. 호텔 예약대행업체에는 SRS, Utell, Supranational 등이 있다. 이 중 유텔(Utell)은 세계 6,500여개의 호텔과 제휴를 맺고 객실 예약과 판촉 업무를 담당하는데, 인터넷을 통해 세계의 호텔 시설을 한눈에 확인할 수 있는 'UtellVision'이라는 시스템을 통해 매년 130만개의 객실을 판매한다. 해마다 유텔이 발생시키는 호텔 객실 매출은 14억불을 상회한다. 호텔 예약대행업체들은 전 세계 고객을 대신해서 객실 예약을 하는 강력한 구매력 때문에 호텔 측과의 가격 협상 능력이 매우 강하다.

(5) 호텔 예약사무실

호텔은 잠재고객이 다수 존재하는 지역시장에 예약사무실(hotel representatives)을 설치한다. 때로는 호텔의 직원을 파견시키는 것보다 현지인으로 이루어진 예약 용역원을 고용하는 것이 비용효율적이다. 예를 들어, 휴스턴에 위치한 한 호텔은 멕시코인 고객을 흡수하기 위하여 멕시코시티에 예약사무실을 개설하고 현지인을 고용하여 홍보, 예약 업무를 맡기고 있다. 필리핀 세부의 임페리얼 팰리스 호텔은 한국에 예약사무실을 설치하여 한국인 여행객을 유치한다. 예약사무실의 직원에게는 판매량에 따라 커미션만을 지급하거나, 고정급여와 성과급을 동시에 지급하거나, 고정급여를 지급한다.

(6) 글로벌 유통 시스템

글로벌 유통 시스템(Global Distribution Systems, GDS)은 원래 항공사에서 판매를 증진하기 위해 개발된 항공사 예약 시스템(airline-based reservation systems)이다. 이 시스템은 호텔의 컴퓨터 예약 시스템(computerized reservation systems, CRS)과 연계되어 객실 예약이 가능하다. 현재 운영 중인 주요 글로벌 유통 시스템에는 아마데우스(Amadeus), 갈릴레오(Galileo), 세이버(Sabre), 월드스팬(Worldspan), 그리고 아폴로(Apollo) 등이 있다. 이 중 루프트한자와 에어프랑스의 아마데우스가 가장 규모가 큰 시스템이라고 할 수 있는데, 이들은 7만5,000개의 여행대리점과 7만8,000여개에 이르는 호텔과 연계 네트워크를 가지고 있다. 유통 경쟁력이 부족한 독립운영 호텔은 글로벌 유통 시스템과 연계하여 시장 노출을 확대하고 객실 예약률을 증가시킬 수 있다.

(7) 인터넷

호텔의 인터넷 웹사이트는 현재고객 및 잠재고객이 자유롭게 서비스기업에 접근할 수 있는 매우 중요한 통로이다. 고객은 인터넷 웹사이트를 통해 각종 서비스 상품에 대한 정보도 수집하고 직접 예약도 할 수 있다. 힐튼 호텔은 자체 웹사이트를 통해 매년 35억 불에 상당하는 객실 예약을 받는데, 호텔 웹사이트를 이용한 예약률은 갈수록 증가하는 추세이다. 고객의 웹사이트 방문 및 활용도를 증가시키고 인터넷 고객의 이용만족도 및 충성도를 높이기 위해서는 웹사이트의 콘텐츠/정보성, 신뢰성, 사용편의성을 높이고 전체 화면의 색상, 사진과 문구의 레이아웃 등을 고려하여 매력적으로 디자인해야 한다.

여행 관련 예약 솔루션 개발회사인 리얼타임 트래블 솔루션(Realtime Travel Solution,

RTS)은 전 세계 120여개국 3만개가 넘는 호텔과 유럽 철도를 인터넷을 통해 실시간으로 예약할 수 있는 시스템을 개발했다. 프라이스라인(Priceline)이나 핫와이어(Hotwire) 등 인터넷상에서 경매를 통해 호텔 객실을 운영하는 사이트도 존재한다. 이러한 인터넷 경매 시스템은 비딩(bidding)을 통해 객실을 예약하는 시스템인데, 저가에 낙찰이 되면 매우 저렴하게 호텔을 이용할 수 있다는 장점이 있지만, 객실 예약을 할 때 특정 호텔을 선택할 수 있는 것이 아니라 지역과 호텔 등급만을 지정할 수 있고 일단 예약이 이루어지면 예약 변경이 거의 불가능하다는 단점을 가지고 있다. 그러나 호텔 측에는 미판매된 객실을 공실로 내버려 두지 않고 처분할 수 있다는 이점을 가져다준다.

최근 호텔의 유통구조는 인터넷, SNS 등의 전자유통경로로 빠르게 바뀌고 있다. 전자유통경로는 하루 24시간 쉬지 않고 운영되며 어디에서나 쉽게 접근할 수 있다는 장점이 있다. 체인호텔의 경우, 인터넷 이용자는 호텔 웹사이트에 접속하여 전 세계에 흩어져 있는 호텔지점들의 위치를 확인하고 특별 패키지상품 및 가격 정보를 제공받으며 호텔시설의 비디오투어를 한다. 또한 호텔은 웹사이트를 운영함으로써 인건비를 절약할 수도 있는데, 인터넷으로 객실이나 다양한 서비스 상품들을 예약할 때 고객은 마치 호텔의 예약직원과 같은 역할을 담당하는 것이다.

그동안 호텔스닷컴(Hotels.com), 리얼타임 트래블 솔루션, 트래블로시티(Travelocity) 등의 인터넷 유통업자들은 호텔과 직접 경쟁하고 때로는 호텔의 웹사이트에서 판매하는 요금보다 저렴하게 객실을 판매하였다. 그러나 최근에 들어 호텔들은 호텔서비스 상품에 대한 가격 통제력을 갖기 위해 많은 노력을 기울이고 있다. 예를 들어, 인터컨티넨탈 호텔은 인터넷 유통업자가 체인의 최저가격보다 저렴하게 판매하지 않는다는 조건으로 거래를 하고 있으며, 이러한 조건에 동의하지 않으면 해당 유통업자의 웹사이트에서 호텔 객실 상품을 철수시켰다. 또한 많은 체인호텔들은 고객이 중개기관을 통하지 않고 호텔에 직접 예약하도록 유도하기 위하여 호텔 웹사이트에 직접 예약할 경우에만 포인트를 제공하고 온라인상의 최저가격을 보장해 준다.

(8) PCO

PCO(Professional Convention Organizer: 컨벤션 전문 기획업체)는 각종 국제 컨벤션 및 회

의의 개최 업무를 행사 주최 측으로부터 위임받아 컨벤션의 원활한 진행을 위해 컨벤션 메뉴 선택 및 숙박시설 예약, 의전 등 각종 업무를 수행한다. 국제회의는 회의장, 객실, 연회 등의 매출로 한 번에 높은 수익을 발생시키고 참가자 1인당 매출이 다른 세분시장에 비해 매우 높은 시장이므로 호텔은 국제회의를 유치하기 위해 많은 노력을 기울인다. 1억달러에 육박하는 국제 컨벤션 기획을 담당해 온 PCO, Don Walter에 의하면 호텔과의 거래에 있어 장기적인 신뢰관계를 형성하는 것이 매우 중요하다. 호텔의 컨벤션 유치 능력과 서비스 수준을 신뢰할 수 있을 때 재구매가 가능하다는 것이다. PCO의 주요 업무는 **표 14-2**와 같다.

표 14-2 PCO의 주요 업무

주요 업무	세부 내용	
기획	• 컨벤션 추진 계획서 작성 • 예산서 작성 • 행사 안내 전문요원 모집	• 회의장 및 숙박 장소 선정 • 행사 준비 일정표 작성 • 행사 결과보고서 작성
숙박	• 객실 확보 계획 수립 • 호텔 예약 및 예약금 접수 • 호텔에 예약 명부/예약금 전달	• 호텔과 객실 사용 계약 체결 • 숙박장소별 자료 처리 • 객실 배정 계획 수립
회의 준비	• 각종 회의장 확보 • 회의 진행 시간표 작성 • 전문인력 확보 및 교육	• 회의장 배치도면 작성 • 프로그램 기획 및 제작 • 각종 기자재 수급
등록	• 등록절차 계획 수립 • 참가등록서 전산입력/자료관리 • 등록 안내요원 모집 및 교육	• 등록 시 소요물품 목록 작성 • 현장 등록장소 선정 및 배치도 작성 • 현장 등록대 설치 및 운영
교통/관광	• 관광, 수송 및 종합 관광계획 • 관광 프로그램 개발 및 신청접수	• 관광지 선정 및 답사 • 항공교통/지상교통 알선
의전	• 출입국 절차(여권, 비자, 통관) • 미수교국 참가자 입국 절차/경호	• 공항 영접대 설치 • 참가자 출국 확인
홍보/출판	• 홍보계획 수립 • 회의 프로그램 디자인 및 제작	• 컨벤션 안내책자 제작 및 배포 • 뉴스레터 제작 및 배포
사교행사	• 초청인사 선정 및 초청 • 행사별 프로그램 작성	• 사교행사장 설비 및 장비 점검 • 행사장 도면 및 진행계획
재정	• 전체 예산에 따른 실행계획 수립 • 회계장부 작성 및 출납관리	• 자금 확보 및 지원계획 • 대회 결산보고서 작성

3 프랜차이징

호텔의 유통경로는 주로 고객이 서비스 상품이 있는 곳으로 접근하도록 도와주는 형태이지만, 호텔기업 또한 고객의 이용가능성을 높이기 위해 수요가 있는 곳으로 분산 이동한다. 호텔기업이 시장으로 근접하는 유통전략에는 직영채널 운영과 프랜차이징이 있다. 직영채널은 본사가 직접 시설에 투자하고 본사 직원을 파견하여 호텔을 직접 운영 관리하는 체제이다. 반면에 프랜차이징은 호텔 본사에서 시장 확대를 위해 체인을 구성하고 가입자와 계약을 맺어 일정 로열티를 받고 본사 브랜드명으로 영업할 수 있는 권한을 부여하는 것을 말한다. 많은 호텔과 외식업체가 재정위험을 최소화하면서 시장 확장을 꾀할 수 있는 프랜차이징(franchising) 방식을 활용한다.

(1) 프랜차이징의 개념 및 유형

서비스 유통경로는 생산업체−도매상−소매상−고객의 구조를 가진 전통적인 형태보다 생산업체와 도·소매상이 연합된 형태의 수직적 마케팅 시스템(Vertical Marketing System, VMS)을 주로 도입하고 있다. 수직 마케팅 시스템 중 호텔산업에서 주로 사용되는 형식은 프랜차이징이다.

프랜차이징(franchising)이란 복수점포 전략의 한 형태로, 본부(franchiser: 프랜차이저)가 가맹점(franchisee: 프랜차이지)으로부터 로열티를 받고 브랜드명을 사용할 권리 및 서비스, 판매기술, 마케팅 노하우를 전수하는 형식을 말한다. 새로운 사업을 시작할 때 성공률은 20퍼센트 미만이라는 속설이 있지만, 프랜차이징은 창업성공률을 끌어올리고 실패 위험을 최소화할 수 있으므로 호스피탈리티 서비스산업에서 투자자들에게 인기 있는 사업 방식이다.

프랜차이징은 그 성격에 따라 상표명 프랜차이징, 사업 형태 프랜차이징, 전환 프랜차이징 등의 형태가 있다. 호텔기업의 프랜차이징은 주로 사업 형태 프랜차이징이나 전환 프랜차이징 형태를 띤다.

상표명 프랜차이징

상표명 프랜차이징(trade-name franchising)은 가맹점이 본부의 제품을 본부가 등록한 상표명으로 판매하는 형태이다. 즉 본부는 가맹점에 대해 브랜드네임을 사용하는 대가로 로열티를 받는데, 이러한 형태의 프랜차이징은 콜라, 자동차와 같은 유형 제품의 경우에 주로 사용된다.

사업 형태 프랜차이징

사업 형태 프랜차이징(business format franchising)은 본부가 브랜드, 경영 노하우, 서비스, 마케팅 운영 방식 등을 가맹점에게 제공하고 가맹점으로부터 가입금, 로열티, 마케팅 비용을 받는 형태이다. 호텔의 경우 가맹점이 본부에 지급하는 가입비는 객실당 250불부터 500불, 로열티는 총객실 판매액의 4~7퍼센트, 마케팅 비용은 총객실 판매액의 1~5퍼센트 등 다양하다. 예컨대 래디슨(Radisson)은 프랜차이지(franchisee)에게 최소 5만불의 가입비를 부과하고 객실 총수입의 4퍼센트의 로열티와 객실 총수입의 1.75퍼센트을 마케팅 비용으로 지급받는다.

전환 프랜차이징

전환 프랜차이징(conversion franchising)은 독립적으로 운영되던 점포를 프랜차이즈 시스템에 참여시키는 형태이다. 독립적으로 운영되던 토종 호텔은 시장에서 경쟁력을 갖추기 위해 체인호텔의 프랜차이즈 시스템에 참여하여 브랜드 인지도/명성, 예약망, 서비스 상품 개념, 운영 방식을 공유하는 혜택을 누리게 된다.

표 14-3 호텔 프랜차이즈 비용

호텔 체인	가맹비	로열티	마케팅 비용
Ramada Worldwide	$36,000	매출액의 4%	매출액의 4%
Best Western	100실까지 $51,000	협의 후 결정	객실당 $4.54
Embassy	$75,000	협의 후 결정	매출액의 4%
Marriott Fairfield Inn	$50,000 혹은 객실당 $400 중 큰 금액	매출액의 4.5%	매출액의 2.5%
Holiday Inn Worldwide	$50,000부터	매출액의 4.3%	매출액의 2.5%
Hyatt Place	$60,000	매출액의 4%	매출액의 3.5%

자료: Kotler, Bowen, & Makens (2010), Marketing for Hospitality and Tourism(5th Edition), Prentice Hall.

(2) 프랜차이징의 장점

✝ 본부

프랜차이즈 본부는 프랜차이징을 통해 시장의 영역과 유통망을 확대하고, 인지도를 증대시키며, 가맹금, 로열티, 마케팅 비용 등 가맹점으로부터 수입을 얻을 수 있다. 프랜차이즈 브랜드는 고객에게 지명도를 높여 신뢰를 줄 수 있고, 고객과의 지속적 관계를 유지하게 하는 원동력이 된다. 호텔 체인 네트워크 형성을 통해 고객 기반이 확대되고 시장점유율이 증가하면 규모의 경제(economy of scale)효과를 누릴 수 있다. 프랜차이징을 하는 것은 직접운영 사업체를 증가시키는 것보다 재정적 위험이 적고, 경영의 유연성을 가질 수 있다.

✝ 가맹점

프랜차이즈 가맹점은 프랜차이징을 함으로써 사업의 실패 확률을 줄일 수 있다는 이점이 있다. 축적된 경험이 없는 가맹점은 본사로부터 경영 노하우, 서비스 상품관리, 입지 선정, 건축 계획, 마케팅활동에 관한 지원을 받을 수 있다. 또한 브랜드 인지도의 효과를 누릴 수 있고 본사의 예약망과 고객 기반을 공유할 수 있으므로, 단시일에 사업 안정화를 꾀할 수 있다.

✝ 이용 고객

체인호텔 이용 고객은 프랜차이즈 가맹호텔의 표준화된 서비스로 인하여 호텔 시설과 인적 서비스 수준에 대한 확신을 얻고 구매 결정 시 지각위험도와 탐색비용을 줄일 수 있다.

(3) 프랜차이징의 단점

✝ 본부

프랜차이지가 서비스의 수준과 서비스 상품 개념의 일관성을 유지하는지 지속적으로 확인해야 한다. 만약 프랜차이지가 본사의 매뉴얼을 지키지 않고 서비스의 수준을 유지하지 않는다면 브랜드네임은 손상을 입게 된다. 이러한 이유에서 힐튼 호텔은 본사에서 실사팀을 각 체인호텔에 파견하여 모든 서비스가 힐튼의 표준에 의해 수행되는지를 철저히 평가하고 기준에 미치지 못하는 부분에 대해서는 시정을 요구한다.

또한 프랜차이징은 운영상의 변경사항이 있는 경우, 본사 측이 프랜차이지에게 요구할 수 있는 능력에 한계가 있다는 단점이 있다. 이 경우 새로운 운영방침에 대한 프랜차이지의 동의를 이끌어 내지 못하면 서비스 개념의 통일성과 본사의 통제력이 감소하게 된다.

가맹점

프랜차이지는 종종 고액의 가입비, 로열티 및 수수료를 본사에 지급해야 한다. 또한 본사로부터의 통제와 간섭을 받고, 인사와 회사 운영방침에 대한 결정권이 독립 운영체제보다 약하다는 단점이 있다. 또한 일부 프랜차이지는 본사의 광고·홍보활동의 혜택을 제대로 받지 못한다거나 본사와 운영방침상의 합의점을 찾지 못해 갈등을 빚기도 한다.

4 유통관리 전략

(1) 통제전략

통제전략(control strategies)은 서비스기업이 가맹점이나 중간상에게 강력한 영향력을 지니고 업무 수행에 있어 많은 통제력을 행사하는 것이다. 이 전략은 브랜드파워가 강력하고 고객 수요와 충성도가 높은 시장선도적 기업의 경우에 가능하다. 이름만으로 고객 수요를 발생시킬 수 있는 브랜드는 시장에서 경제적 파워가 있으므로 유통경로에 있어서도 강력한 통제권을 갖는다. 예를 들어, 유명 브랜드 프랜차이저가 프랜차이지의 서비스 질을 규칙적으로 통제하면서 서비스의 성과가 기준에 미치지 못하면 처벌을 하거나 계약 갱신을 해 주지 않는 식이다. 호텔과 예약대행업체의 경우, 여행사의 고객 유치 실적이나 단체 여행객의 질을 점검하고 호텔이 기대하는 수준에 이르지 못한다고 판단되면 거래를 제한시킨다.

통제전략의 장점은 서비스기업이 자사가 정해 놓은 서비스의 표준을 유지하고 시장과 유통 과정에서 통제권과 영향력을 갖는다는 것이다. 그러나 서비스기업이 지나친 통제력을 행사하면 상호 신뢰관계가 아닌 일종의 주종관계가 형성되어 중간상의 입장과 아이디어가 존중되지 않아 반발을 살 수 있다는 위험성이 있다. 또한 시장상황이 변화하여 브랜드파워가 감소했을 때 중간상의 협조를 기대하기 어렵다.

(2) 재량권 부여전략

재량권 부여전략(empowerment strategies)은 서비스기업이 유통경로에 충분한 통제권을 갖고 있지 못할 때 주로 사용된다. 이 전략은 서비스기업이 중간상에게 업무 관련 지식과 기술을 비롯한 서비스 표준화 자료는 제공하되, 지점 운영의 많은 측면에 자율적 재량권을 부여하는 방식을 취한다. 예를 들어, 프랜차이저가 프랜차이지에게 서비스 매뉴얼과 운영 수칙은 제시하지만 직원의 고용과 교육, 공급업체 선정 등에 있어서는 프랜차이지가 자율적으로 관리할 수 있도록 하는 것이다. 재량권 부여전략은 프랜차이지가 사업운영과 서비스관리에 충분한 경험이 있고 자발적으로 서비스 표준을 지켜 내려는 의지가 있는 경우에 효과적이다.

(3) 파트너 전략

파트너 전략(partnering strategies)은 본사와 지점이 동등한 위치의 시장 참여자라는 시각으로 상호 협조하는 파트너 관계를 형성해 나가는 전략이다. 이 전략은 본사와 지점이 각자의 강점과 재능을 활용하고 신뢰관계를 형성시킬 수 있다는 장점이 있다. 파트너 전략이 사용될 때 본사와 지점은 의사결정 과정에 함께 참여하는데, 지점은 사업운영 정책 수립과 서비스 개선을 위한 아이디어를 제시하고, 본사는 적극적으로 지점의 비즈니스를 돕기 위해 컨설팅과 마케팅 협조를 제공한다. 또한 프랜차이징 계약 해지 및 로열티에 있어서도 쌍방의 의견이 자유롭게 반영된다. 이 전략이 효과를 거두기 위해서는 관계 초기에 본사와 지점의 목표가 일치되고 서로 적극적으로 정보를 공유하고 협조하려는 자세가 필요하다. 그렇지 않으면 의견 조율에 많은 시간이 소요되고, 서비스 표준이 확립되지 못하며, 비즈니스 운영방침에 있어서도 혼란이 야기될 수 있다.

5 호텔 입지 선정

호텔서비스에 있어 입지 결정은 무엇보다도 중요한 문제이다. 고객이 서비스를 받기 위해서는 직접 방문해야 하는 호텔서비스의 '비분리성'이라는 특성 때문이다. 다른 마케팅 요소가 아무리 훌륭하다 할지라도 호텔의 입지 조건이 바람직스럽지 못하다면 원활한 고객 유입을 기대하기 어렵다. Statler 호텔의 창설자 Ellsworth Statler는 "호텔의 성공에 필요한 3가지 요소가 있다. 그것은 입지 조건, 입지 조건, 입지 조건이다(location, location, location)"라고 말하였다.

고객이 호텔서비스에 손쉽게 접근할 수 있도록 하기 위해서는 최적의 서비스시설 입지가 선정되어야 한다. 최적의 입지 선정을 위해서는 다음과 같은 4단계의 타당성 검토가 필요하다.

(1) 표적시장에 대한 이해

입지 선정의 1단계는 표적시장을 이해하고 회사의 시장접근전략을 결정하는 일이다. 표적시장이 누구인가에 따라 최적 입지는 달라질 수 있다. 따라서 주요 고객의 핵심 추

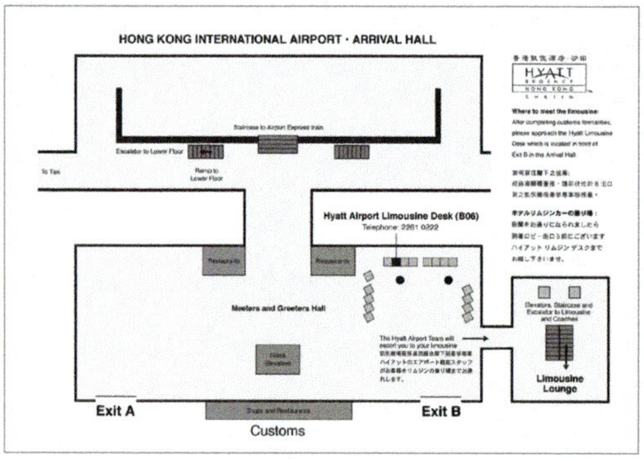

공항리무진 운행을 안내하는 홍콩 하얏트 호텔의 게시판(왼쪽)과 도로변에 위치한 라킨타 호텔체인(오른쪽)

구 가치, 이용 목적, 주요 활동 반경 및 거래처, 도착 교통편, 구매력 등에 대한 정확한 파악이 필요하다.

하얏트는 항공기로 도착하는 여행객과 비즈니스 고객을 주요 표적으로 삼고 있다. 따라서 공항 근처나 주요 상업지구에 호텔이 위치한 경우가 많다. 반면에 라킨타 호텔(La Quinta Inn & Suites)은 자동차로 여행하는 가족 단위 여행객이나 중간 계층 출장 여행객들이 주요 고객이다. 따라서 주요 도시지역 교외의 도로변에 입지 선정을 하여 이용객에게 접근성과 편리성을 제공한다.

(2) 도시 분석

타 도시에서 호텔 건립을 계획하는 경우, 도시 매력성에 대한 분석이 이루어질 필요가 있다. 이 단계에서는 관광통계를 이용하여 그 도시를 방문하는 내방객의 수와 특성을 파악하며, 도시 내 객실 수급상황, 경제 기반, 도시 매력성, 사회간접자본, 공항 접근성, 교통 시스템, 경쟁상황 등에 대한 분석이 이루어져야 한다. 또한 향후 도시의 발전가능성과 자본 유입, 인구 유입상황을 감안해야 할 것이다. 리조트 호텔의 경우 날씨와 기후 변화, 그리고 치안과 안정성도 중요한 고려 요인이다.

(3) 지역 분석

도시 결정이 이루어지면 그 도시 내의 유망 지구(district)를 선택해야 할 것이다. 이 단계에서는 지역의 주민과 비즈니스, 기업체의 수 및 규모, 지역 재개발계획 및 도로건설계획 등에 대한 검토가 이루어진다. 또한 문화 공간, 박물관, 공원 등 그 지역이 갖고 있는 매력물의 방문객 유인력 및 자연환경이 평가되어야 한다. 지역의 현재 경제적 가치와 앞으로의 발전가능성, 그리고 부동산 가치의 미래전망 또한 중요하게 분석될 필요가 있다. 비즈니스호텔은 주로 번화가의 오피스 중심지나 쇼핑몰 주변 등 상업지구에 건립된다. 그러나 단체 관광객을 표적시장으로 삼는 호텔들은 투자비용을 최소화하기 위해 도심에서 벗어난 교외 혹은 놀이공원, 박물관 등 관광 매력지 주변에 입지를 선정할 것이다.

(4) 최종 부지 선택

최종 부지(site)를 선택할 때는 교통 접근성 및 교통량, 근처 상업지구의 성격과 이미지, 쇼핑 및 위락시설, 식당 등의 유인 요인, 그리고 주위의 소음이나 외부 전망의 매력성 등 주변환경을 구체적으로 평가해야 한다. 호텔의 보안과 교통소음 문제를 고려하면 주요 도로에서 조금 떨어진 곳이 바람직스러우나, 교통 편의성을 고려한다면 대로변, 특히 지하철역에 인접한 곳이 호텔 이용객의 접근에 도움이 될 것이다. 마지막으로, 최종 입지를 선택할 때는 부지 내 다른 경쟁호텔들의 위치, 그리고 자사의 자금력과 시장에서의 경쟁우위가 중요하게 고려되어야 할 것이다.

HOTEL MARKETING

제15장 호텔서비스 촉진전략

1 호텔서비스 촉진믹스

촉진(promotion)이란 시장에 있는 기존고객과 잠재고객에게 자사의 존재와 상품을 알리고 자사의 서비스를 통해 얻을 수 있는 혜택이 무엇인지를 일깨워 줌으로써 구매욕구를 자극하는 마케팅활동이다. 촉진의 목적은 시장에 정보를 제공하고(inform), 호의적인 태도를 가지도록 설득하며(persuade), 최종적으로 고객행동에 영향을 주어(influence) 구매행동을 이끌어 내는 것이다.

촉진 커뮤니케이션 방법은 크게 광고, 판매촉진, 인적판매, 홍보의 4가지로 나누어 생각해 볼 수 있는데, 이는 촉진믹스(promotion mix) 혹은 마케팅 커뮤니케이션 믹스(marketing communication mis)라고 부른다.

그림 15-1 ● 촉진믹스

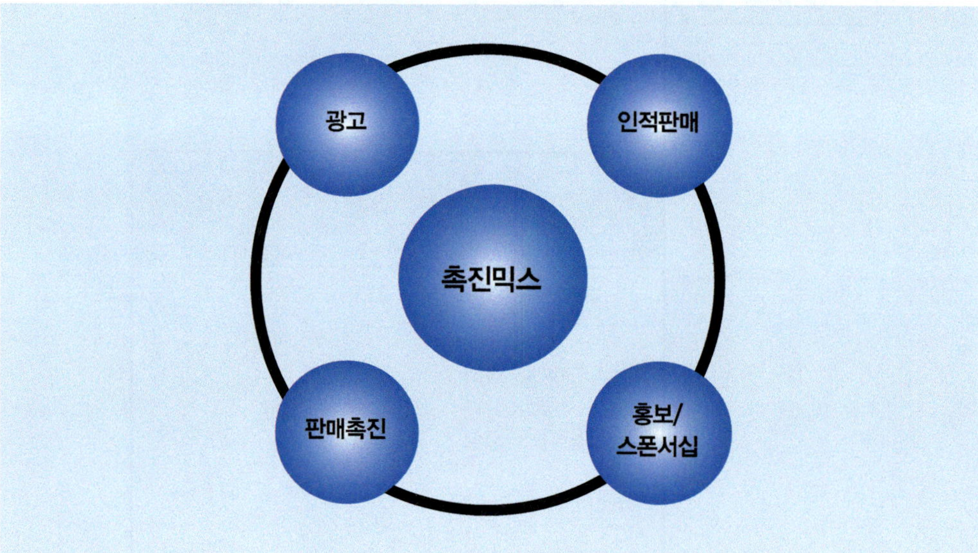

(1) 광고

광고(advertising)는 TV, 라디오, 신문, 잡지 등의 비인적 대중매체를 통해 상품촉진 메시지를 전달하는 방법이다. 다수를 대상으로 짧은 시간에 접근할 수 있으며, 광고노출 인구 1인당 비용이 비교적 저렴하다는 장점이 있다. 그러나 전달할 수 있는 정보의 양이 제한적이며 일방적 커뮤니케이션이 이루어진다는 단점이 있다.

(2) 판매촉진

판매촉진(sales promotion)은 세일이나 홍보물 등 단기 유인책으로 구매를 자극하는 방법이다. 판매촉진 방법에는 가격할인, 세일, 샘플, 쿠폰, 프리미엄, 경품, 경연대회, 단골 고객 특별 프로그램, 홍보물자 제공 등이 있다.

(3) 인적판매

인적판매(personal selling)는 판매원, 홍보과 직원 등의 인적자원이 직접 고객을 찾아가 일대일 대화를 통해 상품 홍보를 하고 구매를 유도하는 방법이다. 인적판매 방법은 고객과 직접 접촉이 이루어지므로 상황에 따라 적응할 수 있는 유연성이 있고, 고객의 선호와 서비스 상품에 대한 확신, 구매결정을 유발시키는 데 가장 효과적인 촉진 수단이라고 볼 수 있다. 그러나 촉진의 속도가 상대적으로 느리고, 고객 1인당 소요되는 비용이 크며, 판매원 교육·훈련비용이 발생한다는 단점이 있다.

(4) 홍보

홍보/스폰서십 마케팅(publicity)이란 서비스기업이 현금/물품/서비스를 제공함으로써 스포츠 스타 등 유명 인사나 단체, 행사를 지원하거나, 기업정보를 기사화하여 뉴스나 신문 등에 내보냄으로써 시장에서 인지도와 이미지를 높이는 방법이다. 홍보는 신뢰성이 높게 지각되는 장점이 있지만, 기업이 임의로 통제하기 어렵다는 문제점이 있다.

표 15-1 ◎ 촉진믹스의 유형별 특성

	도달 범위	노출인구 1인당 비용	장점	단점
광고	광범위	낮다	• 메시지 전달 신속 • 다수에 도달	• 효과 측정의 어려움 • 정보의 양 한계
판매촉진	광범위	높다	• 인지도 향상 • 즉각적 효과	• 경쟁사 모방 용이 → 비용 증가
인적판매	협소 (개별고객)	높다	• 커뮤니케이션의 유연성 • 정보의 양과 질 우수	• 높은 비용 • 느린 메시지 전달 속도
홍보/스폰서십 마케팅	광범위	무료/유료	• 높은 신뢰성	• 통제의 어려움

2 촉진예산 책정

(1) 가용자원법

가용자원법(affordable Method)은 기업의 재정이 허락하는 범위 내에서 여유자금을 촉진비용으로 지출하는 방법이다. 이 방법은 산출이 간단하다는 장점이 있지만, 촉진활동을 통해 달성하려는 목표와 무관하다는 데 문제점이 있다.

(2) 매출액 비율법

매출액 비율법(percentage–of–sales method)은 실무에서 가장 널리 사용되는 방법으로, 현재매출액 또는 예상매출액의 일정 비율을 촉진예산으로 책정하는 방법이다. 이 방법 또한 촉진이 판매에 영향을 미치는 것이 아니라, 판매량이 촉진의 강도를 결정한다는 동의반복적(tautology) 한계점을 안고 있다.

(3) 경쟁사 기준법

경쟁사 기준법(competitive parity method)은 경쟁사의 촉진활동을 자사의 촉진 강도의 준거점으로 삼는 방법이다. 경쟁사 기준법은 책정 방법이 비교적 간단하고 경쟁사들의 촉진전략에 대응한다는 장점이 있다. 그러나 자사가 처해 있는 환경과 현재 가지고 있는 자원, 인지도, 경쟁력, 그리고 촉진목표가 경쟁사와 다른 것을 고려할 때, 촉진의 강도를 무조건 경쟁사의 수준에 맞춘다는 것은 너무 수동적이라는 평가를 내릴 수 있다.

(4) 목표과업법

목표과업법(objective-and-task method)은 우선 ① 촉진의 목표를 설정하고(예: 점유율 향상, 이미지 제고), ② 이 목표를 달성하기 위해 수행되어야 하는 과업들을 결정한 후(예: 촉진 매체, 노출 빈도수), ③ 이 과업들을 수행하는 데 드는 비용들을 기초로 촉진예산을 산출하는 방법이다. 이 방법을 사용하기 위해서는 기업이 설정한 촉진목표와 이 목표를 달성하는 데 사용되는 매체 및 비용 간의 관계에 대한 자료가 체계적으로 갖추어져야 한다.

3 촉진믹스 결정

촉진믹스의 수단은 각각 상이한 기능을 가지고 있다. 마케팅관리자는 각 촉진 요소의 효과와 비용 등을 파악하고 현재의 시장상황에 가장 적합한 촉진믹스를 구성할 필요가 있다. 최적의 촉진믹스를 설계하기 위해서는 다음과 같은 요인을 고려해야 한다.

(1) 상품 · 시장의 유형

일반적으로 다수의 고객을 대상으로 하는 대중적 소비재는 광고 의존도가 높은 반면에, 조직구매자가 대량으로 구입하는 산업재나 고가이며 구매위험 부담이 큰 무형 서비

그림 15-2 ● 촉진믹스의 결정 요인

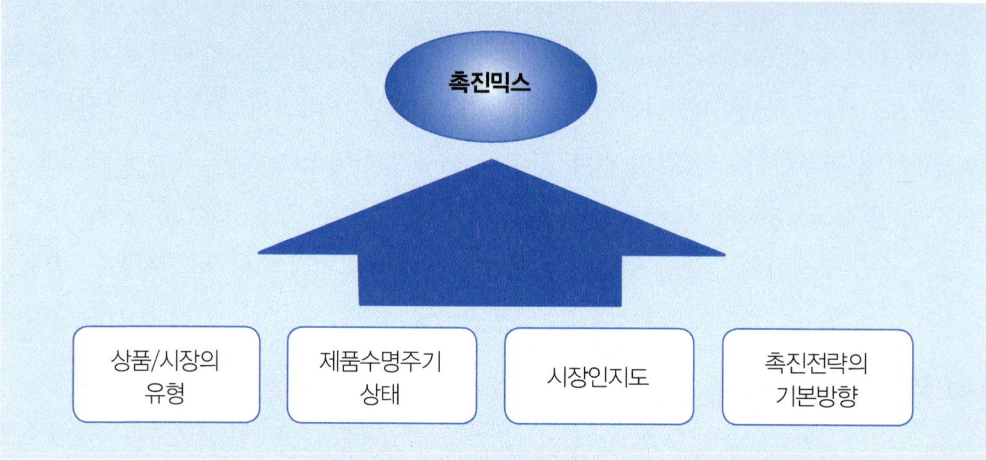

스는 인적판매 의존도가 높다. 호텔서비스의 경우, 고객은 구매 의사결정을 할 때 불확실성과 위험부담을 줄이기 위해 친지나 동료와 같은 인적 정보원에 의존하는 경향을 보이므로 호텔기업에 있어 비인적 광고의 활용도는 일반적으로 낮은 편이다.

비즈니스 조직을 표적으로 하는 경우, 인적 판매가 주요 촉진의 방법이 된다. 예를 들어 호텔에서 대형 국제회의를 유치할 때는 마케팅 담당자가 컨벤션 개최 측이나 회의 기획자를 직접 만나 호텔 회의시설 및 장비, 객실, 기타 부대시설에 대하여 설명하고 쌍방 커뮤니케이션을 통해 특별 요구사항을 검토하며 거래 협상을 하는 식이다. 항공사 등의 기업체를 대상으로 일정 기간 객실 이용 계약을 체결할 때 또한 호텔의 마케팅/판매 담당자의 역할이 강조된다.

(2) 상품수명주기 상태

상품수명주기(Product Life Cycle, PLC)는 도입기, 성장기, 성숙기, 쇠퇴기로 세분될 수 있다. 도입기에는 공격적인 광고와 PR를 활용하여 시장의 인지도와 관심을 높이고 상품의 차별적 위치를 확보하는 것이 중요하다. 도입기와 성장기에 신규고객으로 하여금 서비스를 이용하도록 유도하기 위해서는 한시적 가격할인이나 각종 이벤트 등의 판촉 방법이 사용된다. 브랜드 인지도가 충분히 형성되고 판매가 원활하게 이루어지는 성숙기에는 고객의 기억과 주의를 환기시키는 정도의 광고를 하며, 쇠퇴기에는 일반적으로 모든 촉진활동이 위축되고 가격할인에 주로 의존하게 된다.

(3) 촉진의 방향

기업의 촉진전략은 그 기본 방향을 밀기전략(push strategy)으로 하느냐, 끌기전략(pull strategy)으로 하느냐에 따라 촉진믹스를 달리한다.

밀기전략은 서비스기업이 유통업체에게 적극적으로 상품을 촉진하여 최종고객을 유인토록 하는 방법이다. 밀기전략이 사용될 때는 판매촉진과 인적판매의 비중이 크다. 상품이 판매되도록 시장에 밀어내기 위해서는 중간상에게 인센티브를 제공해야 하는데, 예컨대 Continental Plaza Hotels & Resorts는 여행사에 통상적으로 지급되는 예약수수료에 10불을 더 지불하는 방법으로 객실 판매를 촉진한다.

끌기전략은 서비스기업이 최종고객에게 촉진 메시지를 전달하여 자사의 상품을 요구하도록 하는 방법이다. 끌기전략에는 광고의 역할이 강조된다. 예를 들어, 호텔 패키지 상품을 개발하여 여행잡지나 인터넷에 광고를 하면 소비자는 그 광고를 보고 호텔에 문의를 해 올 것이다.

그림 15-3 ● 밀기전략과 끌기전략

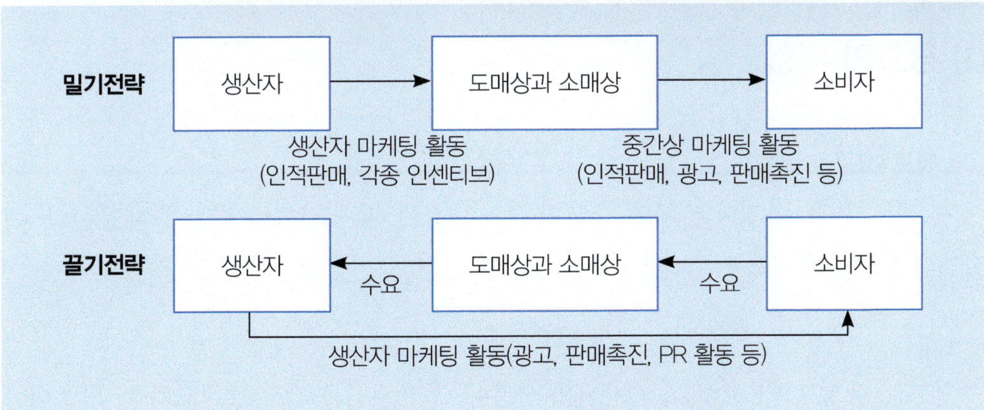

(4) 시장인지도

시장인지도가 낮을 때는 단시일에 많은 사람들에게 노출되는 광고나 판촉행사를 이용하여 잠재시장의 인지도를 높인다. 홍보, 스폰서십 마케팅도 브랜드 지명도와 이미지를 제고하는 데 도움이 된다. 시장의 인지도가 높아지면 실제 구매행동을 유도하는 인적판매의 비중이 높아진다. 인적판매는 구매 의사결정과정에서 고객이 최종 구매결정을 하는 시점에 결정적인 역할을 한다.

4 광고

광고는 짧은 시간 내에 많은 대중에게 노출되어 브랜드 인지도를 높인다는 장점이 있다. 그러나 광고 메시지에 대한 피드백을 시장으로부터 즉각적으로 받을 수 없고, 한 번 광고 개발을 하고 광고캠페인을 실시하는 데 종종 고비용이 지출된다는 문제가 있다.

호텔 고객시장은 규모가 한정적이고 선별적이므로 무차별적으로 대중에게 노출되는 광고매체는 잘 사용되지 않고 있다. 그 대신 경제 관련 잡지나 신문, 여행 관련 잡지, 그리고 항공기 잡지 등에 선별적으로 광고를 싣는다.

(1) 광고의 역할

• 정보 제공

광고는 서비스업체의 존재와 상품의 특 · 장점에 대한 정보를 시장에 제공한다. 즉 고객에게 인지적 자극을 준다.

• 설득

광고는 잠재고객으로 하여금 자사의 상품에 대해 관심을 갖고 브랜드와 기업에 대한 호의적 태도와 이미지를 형성하도록 설득한다.

• 회상

광고는 고객으로 하여금 광고된 상품을 기억하고 회상하도록 하는 역할을 한다. 반복적으로 회상된 상품은 고객이 구매상황에 처했을 때 쉽게 기억에서 인출되어 고려상품군에 포함될 가능성이 높다.

• 구매행동 유도

광고의 역할은 궁극적으로 소비자의 상품 구매행동을 유발시켜 판매를 증진시키는 것이다.

(2) 광고매체

광고매체에는 4대 매체(TV, 라디오, 신문, 잡지) 외에도 인터넷, 옥외광고, 직접우편, POP 광고 등이 있다. 광고매체들는 다음과 같이 각각 차별화된 효과와 기능을 가지고 있다.

• 인쇄매체

호텔서비스의 경우, 외국인 고객의 유치를 위해서는 외국에서 발행되는 신문이나 잡지에 광고를 한다. 신문·잡지의 성격에 따라 광범위한 독자층 혹은 특정 세분시장에 선별적으로 도달할 수 있다.

• 전파매체

광고의 도달 범위가 넓고 광고메시지가 청중에 빨리 전달된다는 장점이 있으나, 노출 시간이 짧아 깊이 있는 상품정보의 전달이 어렵다.

• 인터넷

시간과 공간의 제약이 없이 다수의 사람에게 노출될 수 있으며 쌍방 커뮤니케이션의 효과를 누릴 수 있으나, 사용자층이 제한적이고 광고효과를 측정할 수 있는 수단이 미흡하다.

• 옥외광고

공항–주요도시 주요 도로나 교차로에 광고판을 설치함으로써 도로 여행자의 주의

표 15-2 광고매체 유형별 특성

매체	유형	판매 단위	광고료 결정 요인	장점	단점
TV	• 전국 • 지역 • 유선	• 15초 • 20초 • 30초 등	• 시간대 • 광고 길이 • 시청률 • 도달 범위 • 프로그램	• 빠른 전달력 • 광범위한 청중 • 시청각을 모두 사용 • 주의력이 강함 • 전국 광고 가능	• 고비용 • 광고 변경 어려움 • 노출시간이 짧아 복잡한 정보전달이 불가능
라디오	• AM • FM	• 15초 • 20초 • 30초 등	• 시간대 • 광고 길이 • 청취율 • 도달 범위 • 프로그램	• 빠른 전달력 • 비용이 적게 소요 • 광고 변경이 용이	• 청각적 메시지만 전달 가능 • 짧은 메시지 수명 • 청취자 집중률 낮음
신문	• 조간 • 석간 • 주간 • 인터넷	• 광고행수 • 단어수 • 1란 인치수 • 인쇄행수	• 도달 범위 • 빈도수 • 컬러/흑백 • 광고면 위치 • 발행 부수	• 독자층이 광범위함 • 신속한 광고 • 많은 양의 정보 제공 • 신문 종류에 따라 표적시장화 가능	• 짧은 수명 • 다른 광고물과 혼합되어 독자가 간과하기 쉬움
잡지	• 각종 잡지	• 페이지 • 행란 길이	• 발행 부수 • 청중 유형 • 광고 크기 • 광고 위치 • 컬러	• 특정 고객층에 소구 • 긴 광고 수명 • 반복광고 가능 • 신뢰성 높음 • 복잡한 정보전달	• 비용이 많이 소요 • 적시광고가 어려움
인터넷	• 홈페이지 • 배너광고 • 콘텐츠광고 • 팝업 광고 • email 등	• 경우에 따라 다름	• 플래시 여부 • 동영상 여부 • 방문자수 • 크기 • 위치 • 빈도수	• 빠른 전달력 • 쌍방향 커뮤니케이션 가능 • 시간과 공간의 제약 없음	• 네티즌에게만 한정 • pop-up 광고나 원치 않는 email 광고의 경우 저항 • 불쾌감 초래
옥외광고	• 포스터 • 간판광고	• 크기 • 면적	• 광고 크기 • 위치	• 반복 노출 • 낮은 비용 • 지역적 선택성 • 높은 가시성	• 메시지 짧고 단순 • 선택적 노출 불가능
직접우편	• 전자우편 • 편지/쿠폰 • 카탈로그 • 소책자	• 국내 • 국외	• 우편요금 • 생산비용	• 표적시장에 선택적으로 전달 • 광고효과 측정 용이	• 광고대상 1인당 고비용 • 쓰레기 우편물로 취급되기 쉬움

를 끌 수 있다. 짧은 시간 동안 노출되므로 깊이 있는 상품정보의 제공이 어려우나, 단순한 정보(예: 브랜드명)를 제시함으로써 인지도를 높이는 데 효과적이다.

• 직접우편(DM)

고객 데이터베이스를 근거로 우편을 통해 잠재고객에게 직접적으로 소구하는 방법이다. 표적시장에 서신을 띄우는 형식으로 광고 메시지가 전달된다. 선별적인 시장에 초점을 맞출 수 있다는 장점이 있으나, 쓰레기 우편물로 취급될 가능성이 있다.

• POP(Point of Purchase) 광고

판매 단계의 광고로, 호텔의 경우 프런트데스크나 객실, 로비라운지 등 고객의 눈에 잘 띄는 장소에 식음료부서, 부대시설에 대한 각종 브로슈어나 리플릿을 전시하여 호텔의 서비스 상품에 대해 알리는 광고 방법이다. POP 광고는 고객의 즉각적인 구매결정을 유도한다. POP 광고물은 시각적으로 어필하는 사진과 그림이 있을 때 보다 효과적이다.

• 노벨티

호텔 이용객에게 제공하는 판촉물로(예: 볼펜, 재떨이, 달력, 수첩 등), 호텔서비스 상품의 광고 메시지를 담고 있다.

(3) 광고개발 과정

① 표적청중의 결정

광고개발의 첫 단계는 광고의 대상 즉 표적청중(target audience)을 누구로 할 것인지를 결정하는 것이다. 호텔 광고의 표적청중은 비즈니스 여행자, 위락 관광여행자, 여행사, 기업체의 예약담당자, 신혼부부 등 경우에 따라 다양하다. 표적청중이 선정되면, 이들이 추구하는 핵심 편익을 파악하여 그것을 표적시장에 효과적으로 표현할 수 있는 방법을 모색한다. 또한 광고표적의 노출빈도수가 높은 매체를 발견하고, 이들에게 어필될 수 있는 소구 방법과 광고모델을 결정한다.

② **광고목표의 설정**

고객은 다단계의 의사결정 과정을 거쳐 구매 결정을 한다. 단 한 번의 광고로 이 모든 단계에 영향을 미치기란 어려우므로, 시장상황에 따라 목표를 설정하여 거기에 초점을 집중할 필요가 있다.

효과단계모델(hierarchy-of-effects model)은 광고목표 설정에 주로 활용되는 모델이다. 이 모델은 고객 구매결정의 단계를 인식, 지식, 호의, 선호, 확신, 구매의 6단계로 세분화한다. 여기서 인식과 지식은 인지(cognition) 영역에, 호의, 선호, 확신은 감성(affect) 영역에 포함시킬 수 있다. 광고의 목표는 상품의 도입-확산 과정이나 서비스 상품에 대한 현재의 시장 반응에 따라 차별적으로 설정될 수 있다.

표 15-3 효과 단계 모델

영역	효과 단계	커뮤니케이션의 목표 및 방향
인지	인식(awareness) 지식(knowledge)	기업과 상품의 존재를 인지시킨다. 고객에게 상품 관련 정보와 지식을 제공한다.
감성	호의(liking) 선호(preference) 확신(conviction)	고객이 호의적인 태도와 이미지를 형성하도록 한다. 경쟁사 상품과 비교하여 차이를 지각하게 만들고 선호도를 이끌어 낸다. 자사상품의 경쟁우위에 대해 확신을 갖게 한다.
행동	구매(purchase)	구매욕구를 자극하고 구매행동을 촉구한다.

③ **메시지 작성**

광고의 표적청중과 목표가 정해지면, 소구 대상에게 효과적으로 전달되어 의도하는 반응을 이끌어 낼 수 있는 메시지가 작성되어야 한다. 광고 메시지를 작성할 때는 메시지의 주의환기 능력과 흥미유도 능력, 고객의 구매욕구 자극 능력, 그리고 구매행동 유발 능력이 검토될 필요가 있다. 이와 같이 광고 메시지를 작성할 때 고려되는 4개 요인은 AIDA(Attention, Interest, Desire, Action) 모델의 구성 요소이다.

그림 15-4 AIDA Model

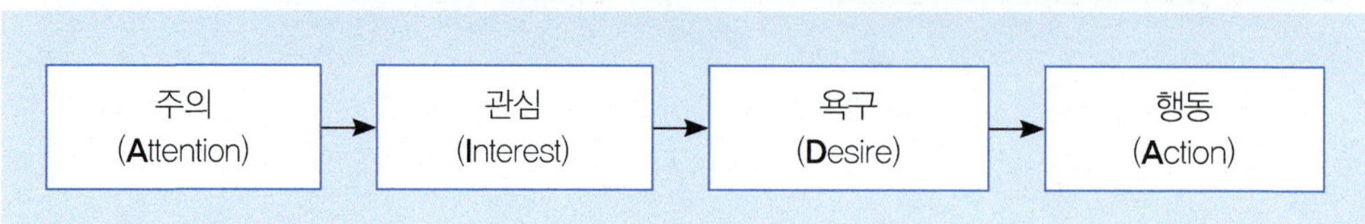

광고 테마 및 크리에이티브 요소 결정

광고 메시지 작성에 있어 우선적으로 결정되어야 할 사항은 표적청중에게 전달되어야 할 핵심 내용(key message)과 표현 방식이다. 광고의 기본 테마는 크리에이티브 개념으로 실체화되고 구체적으로 표현된다. 크리에이티브 과정(Creative process)이란 광고의 핵심 주제를 설정하여 청중에게 전달될 광고 메시지를 독특하고 설득력 있게 만드는 광고 아트워크, 레이아웃, 실행 결정 등 광고 창안 과정 전반을 의미한다. 예를 들어, 힐튼 호텔은 비즈니스 고객을 위한 호텔이라는 메시지를 전달하기 위하여 "America's Business Address"라는 광고문구와 함께 성공을 상징하는 열쇠의 그림을 광고에 실었다.

광고 크리에이티브에 대한 평가를 위해서는 다음과 같은 요인을 고려할 필요가 있다.

그림 15-5 ● 크리에이티브 전략의 실행 과정

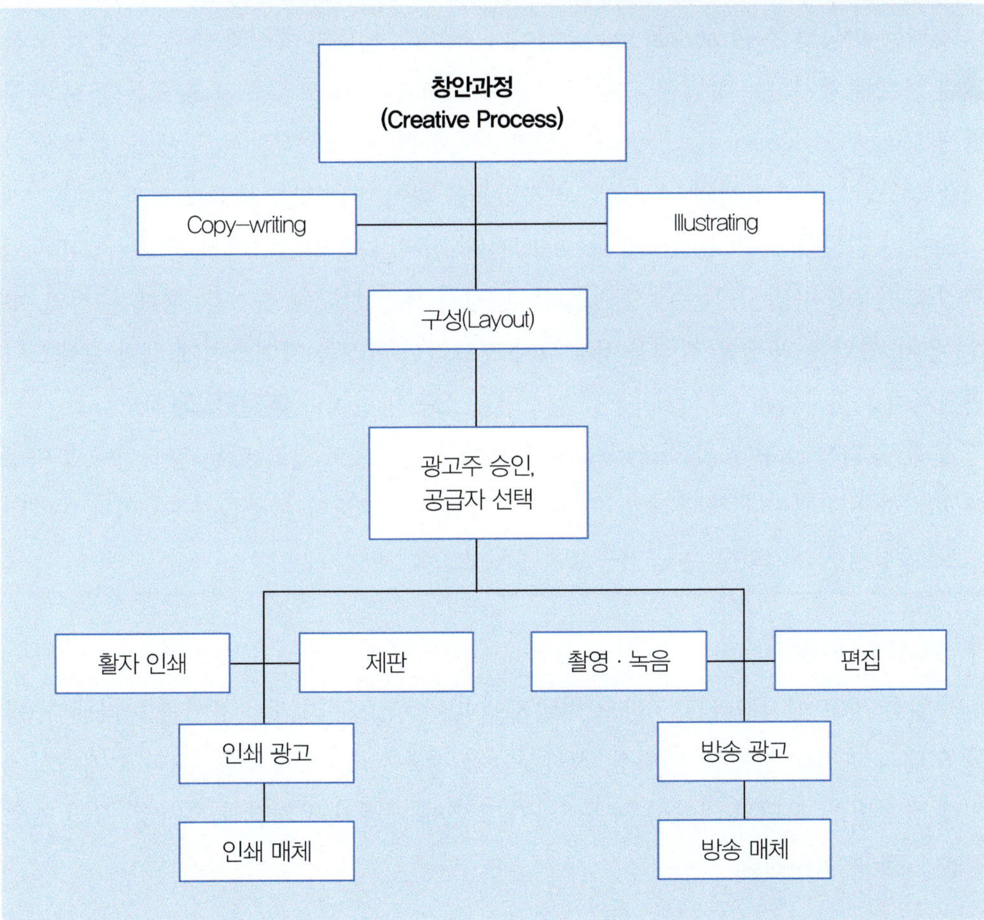

- 처음 보았을 때 시선이 집중되는가?
- 광고 내용에 대해 다시 회상하게 하는가?
- 독특한가/참신한가?
- 청중이 이해할 수 있는가?
- 설득력이 있는가?
- 메시지 전개 및 아트워크/레이아웃이 정교한가?
- 기업의 전체 마케팅전략과 조화를 이루는가?
- 오래 사용할 수 있는가?

메시지의 소구점

광고 메시지의 소구점에는 크게 3가지가 있다.

첫째는 **이성적 소구(rational appeals)**이다. 서비스 상품의 특성과 종류, 위치 등 상품 관련 정보를 제시하는 방법이다. 속성 중심 광고(attribute-based advertising), 또는 정보 제시형 광고(rational advertising)는 상품의 속성을 서술하여 그것의 객관적, 구체적, 기능적 가치를 강조함으로써 고객의 긍정적인 인지반응을 얻어 내는 것을 목표로 한다.

둘째는 **감성적 소구(emotional appeals)**이다. 정서적 광고나 이미지 광고는 소비자의 감성적 반응을 유발시키는 데 초점을 둔다. 정서 유발 광고는 즐거움, 행복감, 정열, 향수, 유머, 활력 등과 같은 감정을 유발시키고 그러한 감정을 자연스럽게 해당 브랜드와 연결시켜 소비자들의 호의적 반응을 일으키는 소구 방법이다(그림 15-6 참조).

셋째, **도덕적 소구(moral appeals)**는 인간이 기본적으로 갖고 있는 양심이나 도덕성에 호소하는 방법이다. 도덕적 소구는 일반 상업적 광고보다 이웃돕기운동이나 마약퇴치, 교통질서 지키기와 같은 공익광고에 주로 쓰인다.

메시지 전달자

동일한 광고 메시지라 할지라도 전달자에 따라 광고의 효과는 차이를 나타낸다. 광고 모델의 파워는 전문성, 신뢰성, 적합성(상품/상표 이미지와의 조화), 그리고 매력성에 의해 결정된다. 모델의 매력성은 소비자가 모델에 대해서 친밀감과 유사성, 그리고 호감을 느낄 때 높아진다.

그림 15-6 ● 감성적 소구

"It's
amazing - a new restaurant
called Paolo & Ping's
at the Royal Crowne Plaza located in the heart of Orchard Road.
The food's delicious.
Paolo's from Italy and Ping's from China, so they've got
this incredible menu that brings together both cuisines. And
believe me,
that's not all! There's
al fresco dining at the Palm Terrace. And a musical quartet to soothe all your
senses while you indulge at Café Vienna or relax in the
Lounge Bar. I'll see you there!"
ROYAL
CROWNE PLAZA™
SINGAPORE
A Fresh Approach
25 Scotts Road, Singapore 228220. Tel: (65) 737 7966 Fax: (65) 737 6646 Web site: http://www.crowneplaza.com
Formerly the Royal Holiday Inn Crowne Plaza Singapore.

⸸ 메시지 실현

광고 메시지 실현(execution)이란 광고 문안을 표현하는 양식을 뜻한다. 이는 결정된 광고 소구점을 실제로 어떻게 표현하는지를 결정하는 과정으로, 광고 소구의 하위 개념으로 볼 수 있다. 메시지 실현 양식에는 다음과 같은 여러 가지 유형이 있는데, 광고가 목표로 하는 효과를 유발시킬 수 있는 양식을 선택해야 한다.

• 생활의 단면(slice-of-life)

일반인들이 처할 수 있는 일상적인 상황을 광고 세팅으로 사용하는 것이다. 예를 들어, 베니건스 광고는 일반인 모델로 사용하여 친구들이 베니건스에서 식사하는 자연스러운 상황을 연출하였다.

• 라이프스타일(lifestyle)

광고에 특정 라이프스타일의 일면을 보여 주는 방법이다. 동일한 라이프스타일을 가진 고객이나 광고에 등장하는 라이프스타일을 이상적으로 생각하는 청중에게 어필되는 광고이다.

• 판타지(fantasy)

현실적으로는 거의 불가능한 드라마틱하고 환상적인 장면을 연출하여 고객의 감성을 자극하는 방법이다. 큐나드의 Sea Goddess 유람선 광고에는 턱시도 차림의 서비스 직원이 바다를 가로질러 걸어와 에어매트에 누워 있는 여성에게 칵테일을 건네는 사진을 싣고 있다(광고 15-7 참조).

• 무드/이미지(mood/image)

행복감, 고요함, 아름다움, 청명함 등의 분위기를 연출하여 광고에 대한 정서적 반응과 이에 따른 서비스 상품에 대한 호의적 감정을 유발하는 방법이다.

• 뮤지컬(musical)

TV 광고나 라디오 광고에서 CM송으로 핵심적인 광고 메시지를 전달하는 방법이다.

• 상징적 인물(personality symbol)

브랜드나 상품을 대표하는 상징적 인물이나 캐릭터를 지속적으로 사용하여(예: 맥도

그림 15-7 판타지 광고

Ever wondered what the view is like from on top of the world?
the Regent
Hong Kong
A Four Seasons · Regent Hotel
AUCKLAND. BANGKOK. BEVERLY HILLS. CHIANG MAI. FIJI. HONG KONG. JAKARTA.
KUALA LUMPUR. MELBOURNE. SINGAPORE. SYDNEY. TAIPEI.
FOUR SEASONS • REGENT. DEFINING THE ART OF SERVICE AT 40 HOTELS IN 19 COUNTRIES.

날드의 로날드 맥도날드) 그것만 보면 상품을 곧 떠올릴 수 있도록 하는 방법이다.

• 기술 전문성(technical expertise)

자사가 가진 기술과 전문성을 강조하고 상품 기능의 우수성을 부각시키는 방법이다.

• 과학적 증거(scientific evidence)

자사 상품의 우수성을 과학적 증거나 시장조사 자료 등 객관적인 정보를 제시함으로써 입증하는 방법이다.

• 증언(testimonial evidence)

서비스 상품을 경험한 고객이 상품의 우수성과 자신의 만족감에 대해 증언하도록 하는 형식이다. 증언광고는 모델의 신뢰성이 높을 때 효과적이다.

• 비교광고(comparative advertising)

경쟁우위형의 소구 방법에 가장 적합한 유형으로, 상표의 위상정립 전략에 적합한 광고 방법이다. 비교광고는 자사 상품의 속성별 경쟁우위를 경쟁사와 비교하여 입증함으로써 고객의 선호와 확신을 이끌어 내는 데 그 목표가 있는데, 시장 선도업체보다는 추종업체가 주로 사용한다.

광고매체와 일정의 결정

① 노출범위, 노출빈도, 노출효과의 결정

노출범위(reach)란 일정 기간 동안에 자사의 광고에 한 번 이상 노출된 사람들의 전체 수를 의미한다. 노출빈도(frequency)는 일정 기간 동안에 표적청중이 광고에 몇 번 노출되는지를 뜻한다. 노출효과(impact)는 광고에 한 번 노출될 때 그 광고의 질적 가치 및 강도를 의미한다.

② 매체 유형의 결정

광고매체는 저마다 특성과 장단점이 있으므로 다음과 같은 요인을 고려하여 신중히 결정될 필요가 있다.

첫째, 표적청중의 매체이용 습관(media habits)을 파악해야 한다. 표적청중의 노출빈도 수가 높은 매체가 선택되어야 한다.

둘째는 전달하고자 하는 메시지의 내용이다. 상품 관련 정보를 자세하게 전달하고 싶으면 전문잡지나 직접우편이 적합할 것이며, 빠른 시일 내에 브랜드명을 널리 알리고 시장인지도를 높이려면 간단한 내용의 메시지를 작성하여 신문이나 방송매체를 사용하는 것이 효과적이다.

셋째, 상품의 특성이다. 대중성이 있는 패스트푸드 레스토랑의 경우처럼 광고의존도가 높고 시장이 넓은 지역에 산재되어 있을 때는 방송매체 광고가 적합하지만, 호텔서비스와 같이 시장의 규모가 한정적이고 특정 부류에 집중되어 있을 때는 전문잡지나 직접우편이 효과적이다.

넷째, 비용이다. 광고비용의 척도로는 1,000회 노출을 달성하는 데 소요되는 비용인 CPM(Cost per Thousand Exposures)이 사용된다. 마케팅관리자는 매체의 상대적 노출효과와 CPM을 비교하여 광고의 목표를 가장 비용효율적으로 달성해 주는 매체 유형을 선택해야 한다.

③ 광고 비클의 선정

매체 유형이 결정되면 결정된 매체 수단 내에서 가장 적합한 광고 비클(vehilcle)을 선정한다(예: Business Week, Meetings & Conventions). 광고 비클 선택에 있어서는 CPM, 독자층, 청중, 발행 부수, 시청률, 편집 능력 등이 고려될 필요가 있다. 또한 잡지 선택 시에는 발행 부수뿐 아니라 독자의 직업별 분포, 소득분포, 지역적 분포, 신뢰성, 권위 등에 대한 평가가 이루어져야 한다.

④ 광고 일정의 결정

광고 일정을 결정할 때는, 우선 광고 예산을 연간 광고계획 기간 동안 어떻게 배분할 것인가를 정한 후에, 구체적인 날짜와 시간을 결정한다. 광고 일정의 유형에는 다음과 같은 것들이 있다.

첫째, 지속형(steady)은 총광고예정 기간 동안 고르게 광고를 하는 방법이다. 예를 들어, 매달 같은 월간잡지에 광고하는 것은 지속형이라고 할 수 있다.

둘째, 계절형(seasonal pulse)은 수요가 계절에 따라 변화하는 경우, 계절별로 광고의 양을 증감시키는 유형이다.

셋째, 주기형(periodic pulse)은 연중 일정한 간격을 두고 광고하는 유형으로, 고객의 주의를 주기적으로 환기시킬 목적으로 광고를 할 때 사용된다.

넷째, 불규칙형(erratic pulse)은 필요에 따라 불규칙한 간격으로 광고를 하는 방식으로, 매번 투입되는 광고비도 일정하지 않다.

다섯째, 초기 집중형(start-up pulse)은 새로운 광고 캠페인을 시작하거나 신상품을 소개할 때 광고량을 집중시키는 유형이다.

마지막으로, 판촉 지원형(promotional pulse)은 판촉활동을 지원하기 위해 판촉과 동시에 광고를 시작하는 것이다.

광고 효과의 측정

광고 프로그램의 효과를 측정하는 데는 첫째로 광고 커뮤니케이션의 효과를 측정하는 방법과, 둘째로 광고가 판매에 미치는 효과를 측정하는 방법이 있다. 이러한 측정은 광고 실시 전(pretesting)이나 광고 실시 후(post-testing)에 수행될 수 있다.

① 커뮤니케이션 효과의 측정

광고의 커뮤니케이션 효과 측정이란 측정광고의 메시지가 얼마나 효과적으로 청중에게 전달되어 그들의 기억, 인지도, 상품지식, 선호, 태도 등에 영향을 미쳤는지를 알아내는 것이다. 광고 실시 전에 실행되는 커뮤니케이션 효과의 **사전 테스트**에는 다음과 같은 3가지 방법이 있다.

첫째, **직접평가(direct rating)**는 소비자 패널, 또는 광고 전문가들에게 광고물을 보여준 후 "이 중 어떤 광고가 가장 효과적으로 고객의 구매욕구를 자극하겠는가?"와 같은 단도직입적인 질문으로 광고 효과를 평가하는 방법이다.

둘째, **포트폴리오 테스트(portfolio test)**는 소비자를 새로이 개발된 여러 개의 광고에 충분한 시간 동안 노출시킨 다음, 광고에 대한 기억 테스트를 실시하는 것이다. 이 방법

표 15-4 광고 효과 측정 방법

	사전	사후
커뮤니케이션 효과	직접평가 포트폴리오 테스트 실험실 테스트	회상 테스트 재인 테스트 소비자 의견조사법
판매 효과	시장실험법	광고비 대비 판매량 통계분석

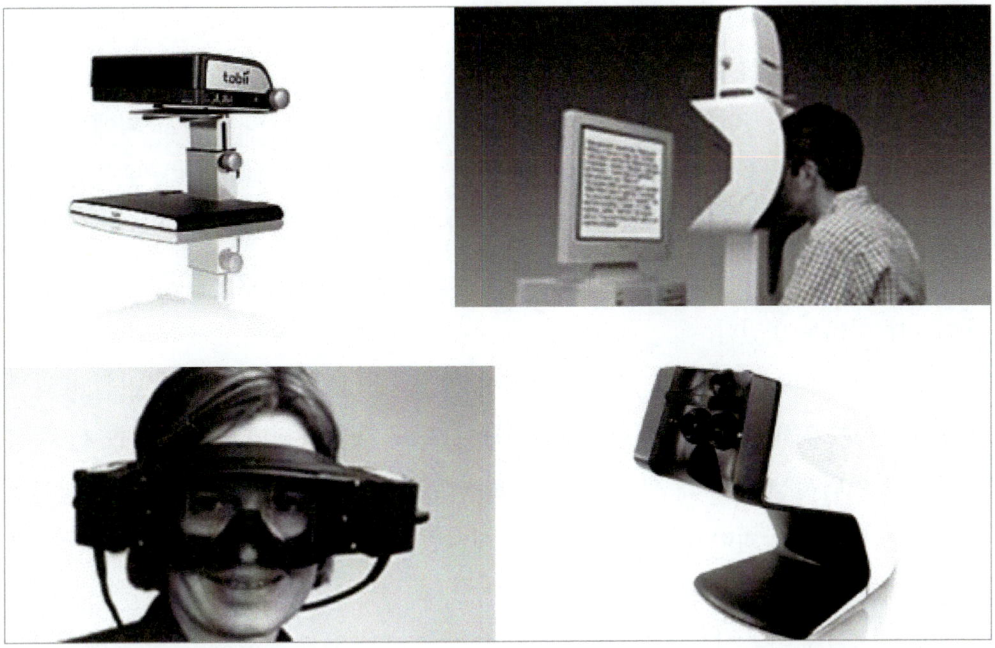

시선 측정 도구(Eye-tracking devices)

은 어느 광고가 가장 많이 기억되고 정확히 이해되는지를 측정한다.

셋째, **실험실 테스트(laboratory test)**는 광고에 대한 소비자의 생리적 반응(예: 시선, 혈압, 맥박, 동공의 확대 등)을 분석한다. 이 방법을 통해서 광고의 주의환기 능력을 측정할 수 있다.

커뮤니케이션 효과의 **사후 테스트**, 즉 광고가 실시된 이후 실시하는 효과 측정 방법에는 회상테스트, 재인테스트, 그리고 소비자 의견조사법이 있다.

첫째, **회상 테스트(recall test)**는 자사의 광고가 실린 매체에 노출된 고객들이 그 매체에 실린 자사의 광고를 얼마나 타인의 도움 없이 스스로 회상할 수 있는지를 조사하는 것이다.

둘째, **재인 테스트(recognition test)**는 자사의 광고가 실린 매체에 노출된 고객에게 다시 광고카피를 보여 주며 본 기억이 나는지를 알아보는 방법이다. 재인 테스트는 소비자가 광고를 기억하는지의 여부와 얼마나 정확히 메시지를 이해하는지를 측정한다.

셋째, **소비자 의견조사법(opinion test)**은 이미 실시된 여러 개의 광고카피를 소비자에게 보여 주며, 광고의 신뢰성, 설득력, 흥미 등에 대한 순위를 매기도록 하는 방법이다.

② **판매 효과의 측정**

광고의 판매 효과를 정확히 측정하기란 매우 어렵다. 광고의 효과는 광고 캠페인이 종료된 후에도 불특정한 기간 동안 판매에 반영되며, 상품 판매량은 광고 외에도 기타 요인들(예: 가격, 경쟁사의 전략, 경제환경 등)에 의해 영향을 받기 때문이다. 또한 광고의 유형에 따라서도 판매 효과 측정의 용이성이 달라진다. 예를 들어, 직접우편광고의 경우에는 측정이 비교적 용이하나, 기업이미지 광고의 경우에는 기간 내 판매 효과를 측정하는 데 어려움이 있다.

광고가 본격적으로 실시되기 전에, 새로이 개발된 광고가 장차 판매에 미칠 효과를 미리 예측하기 위해서는 시장실험법(market experiments)이 사용된다. 이것은 비슷한 특성의 소규모 지역시장을 몇 개 선택한 후 각 시장별로 광고활동에 차등을 두어 판매실적을 비교·분석하는 방법이다. 듀폰사가 처음 실시한 이 시장실험법은, 그러나 시간이 오래 소요되고 비용이 많이 든다는 단점이 있다.

광고가 본격적으로 실시된 후 사후 판매 효과 측정을 하기 위해서는, 상품 매출액과 해당 연도의 광고비 지출액의 관계를 분석하는 회귀분석 또는 시간별 광고비 지출액의 증감과 매출액 증감을 분석하는 시계열분석 등의 통계분석 기법이 사용된다. 이러한 통계분석 기법은 상품 판매실적을 광고비와 기타 변수의 함수로 표시하여, 그중 광고가 판매량에 미치는 단독 효과를 발견한다.

(4) 직접마케팅

직접마케팅(direct marketing, DM)은 기업이 중간업체를 거치지 않고 최종고객에게 직접 커뮤니케이션을 하여 고객과의 관계를 관리하고 구매행동을 자극하는 방법으로, 호텔기업에서 선별된 표적시장을 대상으로 종종 사용된다. 전에는 우편에 전적으로 의지하여 직접우편광고(direct mailing)라는 명칭이 사용되었지만, 최근에는 전화, FAX, email 등 다양한 통로로 실시되면서 직접마케팅이라는 용어가 통용되고 있다.

직접마케팅은 호텔의 고객 데이터베이스를 바탕으로 실시된다. 고객자료에 기초하여 주요 고객을 발견하고, 이를 대상으로 각종 특별 혜택을 제공하며 서비스 상품을 소개, 판매하는 것이다.

직접마케팅에는 다음과 같은 장점이 있다.

첫째, 정교한 표적시장화가 가능하다. 선택된 고객군에게 선별적으로 광고 메시지를 전달하므로 TV, 신문 등 다른 광고매체를 사용할 때보다 가장 잠재력이 높은 고객집단에 초점을 맞출 수 있다.

둘째, 고객자료를 바탕으로 개인의 취향과 욕구에 부응하는 맞춤서비스를 개발하여 제공할 수 있다.

셋째, 각 개인의 타이밍에 맞춰 시의적절하게 광고메시지를 전달할 수 있다. 예를 들어, 개인고객의 경우에는 생일이나 결혼기념일 등에 맞춰 DM을 발송할 수 있으며, 컨벤션 기획자의 경우에는 회의 일정을 미리 파악한 후 개최 장소 의사결정이 이루어지는 시점 즈음에 DM을 발송하여 홍보 효과를 거둘 수 있다.

넷째, 경쟁호텔에 자사의 신상품과 마케팅 전략을 노출시키지 않고 표적고객에게만 선별적으로 커뮤니케이션할 수 있다.

다섯째, 직접마케팅의 효과는 비교적 단시일에 나타나며, 효과의 측정도 다른 매체의 경우보다 용이하다.

(5) 인터넷 광고

인터넷 광고의 유형

인터넷의 대중화와 함께 인터넷 광고가 활발하게 사용되고 있다. 인터넷 광고의 형태에는 다음과 같은 것이 있다.

① 홈페이지 광고

호텔기업은 자사의 홈페이지를 통해 방문자들을 대상으로 서비스 상품을 홍보할 수 있다. 홈페이지의 방문객수를 증가시키기 위해서는 경품 이벤트를 실시하거나, 인기 타사이트와 연결시키는 방법을 사용할 수 있다. 홈페이지 광고의 효율성을 최대화하기 위해서는 방문객의 정보를 파악하고, 방문객의 웹사이트 참여와 기업 측과의 상호작용을 유도하는 것이 중요하다.

② 배너광고

배너광고(banner ads)는 인터넷 포털사이트 등에 유료로 게재하는 띠 형태의 광고이다. 이용자가 클릭을 하면 광고주 사이트나 특별 이벤트 홍보 사이트로 이동된다.

③ 콘텐츠 광고

콘텐츠 광고(contents ads)는 특정 사이트에 대해 스폰서가 되는 협찬 광고이다. 네티즌이 자주 방문하고 높은 관심도를 보이는 정보 및 콘텐츠를 사용하여 광고를 하는 형식이다.

④ 팝업 광고

인터넷 정보탐색 과정 중 검색 결과가 나오기 전에 튀어나오는 광고를 팝업 광고(pop-up)라고 한다. 최근에는 '크리테오' 광고라 하여, 인터넷 사용자가 상품을 검색하거나 인터넷 쇼핑몰에서 특정 상품을 클릭하면 쿠키정보가 저장되었다가 나중에 그 상품을 팝업 광고의 형태로 다시 보여 주는 리타깃팅 광고가 종종 사용되고 있다.

⑤ email 광고

이것은 광고주가 전자우편을 이용하여 광고 메시지를 전달하는 것이다. 표적시장에 선택적으로 보낼 수 있다는 장점이 있지만, 수신자가 원하지 않는 경우 일반우편광고와 마찬가지로 쉽게 스팸메일로 처리될 가능성이 있다.

인터넷 광고의 특성

① 쌍방 커뮤니케이션

인터넷 광고는 광고를 하는 기업 측과 소비자의 쌍방 커뮤니케이션이 가능하다는 특징이 있다. 소비자는 광고 메시지를 받을 뿐만 아니라 기업 측에 질문, 의뢰, 불만 제기 등을 할 수 있다.

② 시간과 공간 무제약

인터넷 광고는 시간과 공간의 제약이 없다. 소비자는 인터넷이 연결되는 아무데서나 컴퓨터를 사용하는 어떤 시간이든지 인터넷 광고에 노출된다.

③ 구매결정 과정의 단축

인터넷 광고에 대한 소비자 반응은 다른 매체의 경우보다 일반적으로 빠르다. 광고에 노출되는 즉시 온라인상에서 상품 비교평가 및 의사결정을 하고 그 자리에서 예약 및 주문이 가능하기 때문이다.

인터넷 광고 개발

인터넷 광고 가치의 구성 요소는 정보성과 오락성이라고 할 수 있다. 홈페이지 방문객의 충성도(e-충성도)를 높이는 광고를 개발하기 위해서는 ① 디자인, ② 콘텐츠/정보성, ③ 사용 편의성, ④ 신뢰성, ⑤ 흥미성을 중요하게 고려해야 한다.

호텔신라 홈페이지: 글로벌 홈페이지로 새 탄생

호텔신라(www.shilla.net)는 대대적인 개보수와 발맞춰 홈페이지를 새로 오픈했다.

'글로벌 일류기업 구현' 이라는 경영방침 아래 세계 최고의 호텔들과 어깨를 나란히 하기 위해 작년 피트니스클럽&스파, 면세점, 아케이드 등을 필두로 내년 5월까지 연회장과 로비 부분의 개보수를 진행하고 있는 호텔신라는시설적인 부분의 리노베이션과 더불어 홈페이지도 글로벌 지향적인 이미지로 새롭게 단장하게 된 것. 샌프란시스코에 있는 디자인 기업 랜도(Landor)에 BI, 인쇄물, 홈페이지 등의 전반적인 디자인 가이드를 의뢰했으며 그 첫 작품으로 홈페이지가 탄생했다.

호텔신라 홈페이지는 리뉴얼 시 크게 3가지 부분에 중점을 뒀다.

1. 디자인에 중점을 둔 홈페이지

비즈니스호텔로서의 아이덴티티를 강화하고 리딩 호텔로서의 브랜드 이미지를 부각시키기 위해 최소한의 이미지와 플래시를 쓰는 대신 사용되는 이미지를 고급화하고 여백의 미를 최대한 강조했다.

2. 글로벌 지향적인 홈페이지

과다한 플래시, 이미지 용량이 무거운 한국 호텔 웹사이트 이미지를 탈피, 해상도를 최대한 고려해 세계 어느 나라에서도 쉽고 빠르게 접속 가능한 글로벌 웹사이트를 탄생시켰다. 또한 콘텐츠 부분에서도 불필요한 정보는 과감히 버리고 꼭 있어야 할 요소만을 새롭게 편집해 깔끔하고 정확한 정보 보기가 가능해졌다.

3. 고객 편의 기능이 강화된 홈페이지

한 번의 로그인으로 서울/제주/면세/노블리안 사이트를 모두 이용할 수 있으며, 한 페이지 안에서 모든 정보검색을 가능케 했다. 실시간 객실 예약 등 온라인 예약 기능이 강화됐으며, 각종 호텔신라 멤버십에 가입된 고객은 홈페이지에서 마일리지 관리가 가능하다.

웹사이트에는 경품, 설문조사, 각종 이벤트/행사를 제공하는 등 유인책을 마련함으로써 네티즌의 방문 빈도수를 높일 수 있다. 방문자의 직접 참여 및 상호작용이 가능한 웹사이트를 설계하여 네티즌의 관여도를 높이는 것이 중요하다. 또한 고객과 직접 접촉할 수 있는 고객서비스용 전자우편 주소록을 만들어 온라인 고객관리를 하고 쌍방 의사교환 및 정보교환을 활성화하는 노력을 기울일 필요가 있다.

(6) PPL 광고

영화나 TV 드라마에는 내용 구성과 관련해서 수많은 상품이 등장한다. 이때 의도적으로 특정 상품을 노출하는 것을 PPL(Product Placement)이라고 한다. PPL 광고는 상업적인 의도를 드러내지 않고 반복적인 노출이 용이하다는 점 때문에 새로운 광고 수단으로서 주목을 받고 있다. PPL 광고의 효과는 소비자 기억과 구매행동에 간접적이나 유의한 영향을 미친다는 데 있다. PPL 광고는 브랜드에 대한 인지도와 긍정적 태도, 그리고 명시적·암묵적 기억을 높인다.

명시적 기억(explicit memory)이란 기억 속에 저장된 정보를 인출할 수 있는 경우를 의미한다. 예를 들어, 호텔 예약을 할 때 호텔신라의 광고를 머리에 떠올리거나 과거 호텔신라를 이용했을 때의 서비스 경험을 기억해 내는 것은 명시적 기억이다. 명시적 기억에는 회상과 재인이 있다. 회상(recall)은 외적인 도움 없이 개인의 기억 속에 저장되어 있는 정보를 스스로 인출해 내는 것이다. 반면에 재인(recognition)은 해당 광고물이나 상품을 보고서 과거에 그것을 보았다는 사실을 기억해 내는 것이다.

반면에 **암묵적 기억(implicit memory)**이란 소비자가 의식하지 못하는 무의식 속의 기억을 뜻한다. 예를 들어, 호텔신라가 PPL로 등장한 영화를 본 관객은 영화 속에 호텔신라가 배경 처리된 것을 명시적으로 기억해 내지는 못하나, 무의식 속에 호텔신라의 브랜드명과 이미지가 입력되어 있을 가능성이 있다. 이는 자신도 모르는 사이 무의식 속에 저장된 암묵적 기억이다. 암묵적 기억은 회상이나 재인을 측정하는 방법으로는 잘 드러나지 않으므로 '어근완성법'이나 '문장완성법,' '단어조각 검사,' '투사법' 등을 사용해서 측정한다.

Hotel in Drama: PPL 광고

특급 호텔들의 '드라마 마케팅'이 한창이다. 몇 년 전까지만 해도 '고객 불편'을 내세워 드라마 장소 협찬에 인색했던 특급 호텔들이 이젠 앞다투어 장소를 빌려 주고 있다. 일부 호텔은 제작비 일부를 지원하면서까지 장소를 제공한다. 서울 플라자호텔 관계자는 "드라마가 뜨면 호텔 인지도가 확 올라가고 해외간접광고 효과도 크다"고 말했다. "겨울연가"(KBS)를 촬영했던 서울 플라자호텔은 몇 년 간 "겨울연가 패키지"를 판매했다. 이 상품은 2년 반 동안 5억여원어치가 팔려 이 호텔의 최장수 상품이 됐다. 외국인 레지던스호텔로 일반인에게는 생소했던 오크우드 프리미어 호텔은 "파리의 연인"(SBS)에 등장하면서 대중에게 널리 알려졌다.

인기 드라마를 잡으려는 호텔의 경쟁도 점차 치열해지고 있다. SBS 드라마 "올인"의 경우 원래 대본에는 롯데호텔제주에서만 촬영하도록 되어 있었다. 그러나 나중에 제주신라호텔이 뛰어들면서 드라마 내용이 일부 바뀌었다. 주인공인 탤런트 이병헌이 한라호텔(신라)의 주인이 되어 지성의 호텔(롯데)과 겨루는 것으로 설정이 바뀐 것이다. 호텔들은 몇 년 전까지는 드라마 촬영에 호텔을 빌려 주며 임대료를 받았지만 최근엔 음식값만 받고 이용료는 받지 않는 경우도 많다. 인기를 얻을 것으로 보이는 드라마에는 아예 협찬료 명목으로 수천만원대를 주기도 한다.

- 롯데호텔제주와 제주신라호텔: "올인"(SBS)으로 가장 유명해진 곳이 롯데호텔제주이다. 극중 "중문호텔"로 소개됐고, 드라마에 자주 등장했던 풍차는 3층짜리 레스토랑 건물. 극중 카지노 장면 대부분도 이 호텔 카지노에서 촬영되었다. "올인"에서 주인공들이 무선인터넷을 하는 장면은 "쉬리벤치"로 유명한 신라호텔 정원에서 촬영되었다.

- 플라자호텔: "겨울연가"(KBS) 덕을 톡톡히 보고 있다. 플라자 스위트룸은 준상의 방으로 나왔고, 극중 상혁(박용하)과 준상(배용준)이 만나 이야기를 나누던 장면은 카페 "폰타나"에서 촬영되었다. "아일랜드"(MBC)도 이 호텔 로비와 중식당, 슈페리어룸 등에서 촬영되었다. "쾌걸춘향"(KBS)에서 극중 한단희와 방지혁이 결혼식을 올린 곳은 그랜드 볼룸이다.

- 오크우드 프리미어 코엑스센터: 서울 삼성동의 레지던스호텔로, "파리의 연인"(SBS) 덕에 유명해졌다. 이 드라마의 초반에 주인공인 박신양의 파리 빌라로 등장했던 장소가 하룻밤 이용료가 800만원에 이르는 이 호텔의 펜트하우스다.

- 서울 신라호텔: "슬픈연가"(MBC)에서 연정훈이 귀국한 김희선에게 숙소로 마련해 준 곳이 이 호텔이 스위트룸이다. 김희선과 연정훈 가족이 상견례를 한 곳은 일식당 "아리아께"이고, 김희선과 권상우가 데이트한 팔각정도 이 호텔 정원이다.

- 밀레니엄 서울힐튼: "아내의 반란"(SBS)에서 호텔 객실 지배인 변정수의 활약상을 보여 주는 공간으로 주로 등장했던 곳이 이 호텔의 이태리 식당 "일폰테"다.

- 롯데호텔서울: 여러 드라마에 약혼식, 결혼식 장소로 수시로 등장하고 있다. "홍콩 익스프레스"(SBS)에서 송윤아와 차인표가 약혼식을 한 곳은 크리스탈 볼룸이다. 연회장 아테네 가든은 "한강수타령"(MBC)에서 최민수와 김혜수의 약혼식장, "세잎클로버"(SBS)에선 류진과 김정화의 약혼식장으로 사용됐다. 특히 이곳은 샴푸 "엘라스틴" 광고에서 전지현이 펜싱을 하던 장소로도 유명하다.

- 호텔 리츠칼튼 서울: 주요 무대보다는 한 장면씩 등장하는 장소로 많이 등장했다. SBS의 "발리에서 생긴 일", "천국의 계단", "완전한 사랑", "천년지애", "아름다운 날들" 등에 장소를 협찬했다. 가장 많이 등장한 방은 프레지덴셜 스위트로 드라마에서 청혼 및 생일파티 장소로 나오기도 했다. "천년지애"에서 김남진이 묵던 방도 이 방이다. 현재 이 방은 3시간 이용에 45만원을 받고 '청혼의 방'으로 빌려 주는데, 테이블 세팅과 꽃다발 등 각종 청혼에 필요한 소품도 준비해 준다.

(7) 광고와 소비자심리

† 소비자는 언제 광고에 주목하는가?

상품정보가 홍수를 이루는 지금, 광고효과를 거두기 위해서는 무엇보다 소비자의 주의를 끄는 것이 중요하다. 광고가 소비자의 주의를 끌기 위해서는 다음 두 가지를 고려한다.

첫째로 정보를 전달하는 자극신호(signal strength)가 강해야 한다. 자극신호의 크기는 정보의 현출성과 생생함에 의해 결정된다.

둘째로 상황에 적절한 정보가 전달될 때 소비자는 주의를 기울이거나 보다 손쉽게 정보처리를 하게 된다.

① 정보의 현출성

정보의 현출성(salience)이란 주변의 다른 경쟁 정보와 비교하여 상대적으로 눈에 띄는 경향이 있는 것을 의미한다. 주변 정보와 비교하여 두드러지는 자극은 현출성이 높다. 예를 들어 모두 흑백인 가운데 혼자 컬러를 사용하는 경우, 그 대비효과 때문에 눈에 띌 가능성이 크다. 또한 신호 자체는 강렬하지 않더라도 기대와 상반된 정보나, 특이한 그림, 새롭고 충격적인 정보 등은 그 현출성으로 인해 소비자의 주의를 환기시킨다.

② 정보의 생생함

정보의 생생함(vividness)은 주변상황과 상관없이, 본질적으로 그 내용에 감성적, 시각적 자극이 강하여 주목을 받게 하는 요인이다. 추상적이거나 애매모호한 내용의 정보보다는 구체적으로 묘사된 정보, 재미있고 흥미로운 정보, 감성에 어필되는 정보, 시각적 그림을 사용하는 정보 등은 그 생생함 때문에 주목을 받는다.

③ 정보의 적절성

정보의 적절성(pertinence)이란 정보가 개인의 목표나 관심에 부합되는 정도를 의미한다. 소비자는 자신과 관련이 있는 정보, 즉 자신이 찾던 상품 개념에 대한 정보, 매우 좋아하는 대상에 대한 정보에 주의를 기울인다. 시끄럽고 복잡한 환경 속에서 누군가 자기의 이름을 거명하면 즉시 주의를 기울이는 것도 정보의 적절성 때문이다.

표 15-5 주의를 끄는 정보의 속성

정보의 속성	예
현출성	• 상대적으로 새롭거나 특이한 정보 • 기대를 못했거나 예상을 빗나간 정보 • 보는 이의 시야를 지배하는 정보 • 상대적으로 소리가 크거나 높은 정보 • 지시를 받고 그 지시에 따라 주어진 정보 • 반복되는 정보 • 맨 처음에 받아들여 처리한 정보(먼저효과) • 맨 나중에(최근에) 받아들여 처리한 정보(최근효과)
생생함	• 구체적으로 묘사된 정보 • 이미지를 연상시키는 정보 • 호기심을 자극하거나 재미있는 정보 • 그리움, 연민 등 감정을 자극하는 정보 • 사진이나 그림으로 된 정보
적절함	• 자신과 연관성이 있는 대상에 대한 정보 • 목적에 잘 부합되는 정보 • 논리적이거나 타당성이 있는 정보 • 같은 상황에서 처리한 경험이 많은 정보 • 익숙하게 알고 있거나 현재 좋아하는 것의 정보

소비자는 언제 광고정보를 깊이 있게 처리하는가?

① 정보 처리의 동기

정보 처리의 동기가 크게 유발될 때, 소비자는 자신이 가진 제한적인 정보 처리 용량 중에서 더 많은 부분을 광고정보 처리에 할당하게 된다. 소비자는 상품에 대한 욕구가 클 때, 광고의 메시지를 자신의 과거 경험이나 기억과 결부시킬 때, 광고의 정보가 자신의 문제를 해결해 주거나 서비스 욕구를 충족해 줄 것이라는 기대감이 클 때, 정보 처리의 동기가 높이 유발된다. 정보 처리의 동기가 있을 때 소비자는 깊이 있게 광고정보를 처리하게 된다.

② 광고정보의 특성

광고정보 처리의 수준은 광고정보의 질적·양적 특성에 영향을 받는다. 소비자의 사전 상품지식과 관여도가 높은 경우, 그리고 정보의 내용이 상황에 적절한 경우에 깊이 있게 처리될 가능성이 높다. 또한 광고정보의 내용이 이미 자신이 알고 있는 정보와 적당한 차이를 보일 때(moderate discrepancy) 깊은 수준의 정보 처리를 하게 된다. 자신이 갖고 있던 정보와 새로 유입되는 정보의 내용이 너무 다르면 소비자는 지각적 방어 현상을 보이며 새로운 정보를 거부하고, 기존의 정보와 새로운 정보가 동일하면 주의를 기울이지 않게 된다. 정보의 양이 너무 많아 개인이 보유하고 있는 정보 처리 용량을 초과하는 경우나, 처리하기에는 너무 어려운 내용의 정보가 유입되는 경우에 소비자는 정보과부하(information overload)를 경험하게 된다. 이러한 경우, 정보처리의 성과는 떨어진다. 자원상응가설(resource matching hypothesis)에 의하면, 들어오는 정보와 개인의 정보 처리 용량이 적절히 상응하는 경우 정보 처리 수준이 최대화된다.

③ 소비자 개인의 특성

소비자 개인의 개성, 정보 처리 능력, 사전 상품 지식, 관여도, 상표의 친숙도와 애호도 등도 정보 처리 수준에 영향을 미친다. 연구결과에 의하면, 자존감(self-esteem)이 강한 사람은 메시지의 질이 높을 때만 깊은 수준의 정보 처리를 하지만, 그렇지 않은 사람들은 메시지의 질에 따라 정보 처리 수준의 차이를 보이지 않는다. 또한 사교적이고 적극적이며 호기심이 많은 사람은 광고정보를 보다 적극적으로 받아들여 처리한다. 사전 상품 지식 또한 정보 처리 수준에 영향을 미친다. 사전지식이 아주 많거나 적은 경우보다 중간 수준일 때보다 깊이 있게 광고정보를 처리하는 경향을 나타낸다. 또한 상표애호도가 높은 고객이 그 상표의 광고를 주목하며 정보에 대해 민감한 반응을 나타낸다. 끝으로, 관여도가 높은 고객은 관여도가 낮은 고객보다 그 상품의 광고에 더 많은 정보 처리 용량을 할당하여, 다른 조건이 동일할 경우에 광고정보를 더 깊은 수준으로 처리하는 것이 발견되었다.

④ 정보 처리의 상황

여러 가지 주의분산(distraction) 요인은 고객의 정보 처리를 방해한다. 예를 들어, 광고가 제시되는 상황에 다른 많은 정보가 동시에 경쟁적으로 들어오거나, 소비자가 다른 일에 주의를 빼앗기면(예: 전화) 광고정보 처리 수준은 그만큼 낮아진다. 또한 광고 메시지가 쉴 틈 없이 움직이는 현란한 화면이나 빠른 음악과 함께 주어질 때 역시 깊이 있는 정보 처리가 곤란하다. 그러나 때때로 광고에서는 이러한 주의분산을 의도적으로 야기하기도 한다. 이러한 광고는 소비자로 하여금 광고와 관련된 생각을 깊이 있게 할 여유를 주지 않음으로써 광고 메시지를 기계적으로 입력시키고 브랜드명 등과 같은 단순정보를 여과 없이 고객의 기억 속에 저장시킬 목적으로 시행된다.

✝ 소비자는 언제 광고정보를 기억하는가?

소비자행동에 영향을 미치는 정보는 기억 속에 저장되어 있는 정보가 아니라 인출해 낼 수 있는 정보이다. 소비자의 정보 인출과 기억에 미치는 요인은 다음과 같다.

① 정보 처리의 깊이

상품정보 처리가 깊게 이루어진 경우, 나중에 기억될 가능성이 높다. 주어진 정보를 개인이 나름대로 해석하고 자신과 결부시켜 적용했다면 깊이 있는 정보 처리가 이루어졌다고 볼 수 있다. 이렇게 깊이 있게 처리된 정보는 후에 인출될 가능성이 높다.

② 경쟁 정보의 양

유사한 성격의 경쟁 정보의 양이 많으면 기억 인출이 어려워진다. 동시에 경쟁 광고를 많이 접한 고객은 그만큼 특정 광고를 기억하기 어렵다. 이러한 의미에서 경쟁사의 광고와 동시에 노출되는 매체 계획은 바람직스럽지 못하다.

③ 인출 단서

소비자 자신의 내부에서 발생하거나 외부에서 주어지는 인출 단서(retrieval cue)가 기억으로부터의 정보 인출에 영향을 미친다. 인출 단서란 고객의 기억을 일깨워 주는 힌트와 같은 것이다. 예컨대 광고에 나왔던 캐릭터를 상품 구매 시점에 다시 접하는 경우, 이는 소비자의 기억을 촉진하여 광고의 내용을 인출하게 만드는 단서의 역할을 한다.

④ 정보 입력 시점과 인출 시점의 감정 상태

정보가 기억 속에 입력 처리될 때의 감정 상태와 정보 인출 시점의 감정 상태가 유사한 경우, 정보 인출이 잘된다. 예를 들어, 불쾌한 감정 상태에 있을 때 입력된 정보는 후에 그 사람이 즐거운 기분을 느낄 때보다 그 정보가 입력될 때와 유사한 불쾌한 감정 상태에 있을 때 인출될 가능성이 높다.

5 판매촉진

판매촉진(Sales Promotion)이란 기업이 특정 상품의 단기적 초기 구매 또는 다량 구매를 유도하기 위해서 여러 가지 유인책을 사용하는 마케팅 커뮤니케이션 수단이다. 호텔 고객을 대상으로 관심과 구매를 자극하는 판촉 방법에는 할인, 사은품 제공, 경품, 무료 사용권, 포인트 적립 등이 있다. 또한 중개업체를 대상으로는 후원금 및 선물 제공, 특별 커미션 제공, FAM Trip 등 무료 서비스 경험 제공 등의 판촉활동을 펼친다. 호텔과 같은 서비스기업의 판매촉진활동은 광고나 인적판매와 상호 보완적으로 실시된다.

(1) 판매촉진의 목표

판촉의 목표는 기업과 시장상황에 따라 다양하다. 첫째, 판매촉진의 목표는 인지도 상승과 신상품 확산이다. 둘째, 기존 상품의 시장점유율 증가이다. 고객의 구매 빈도수와 구매량을 증가시키고 비고객을 경쟁사로부터 유인하여 고객 기반을 확장하는 것이다. 셋째, 고객관리이다. 고객의 재구매를 유도하고 유대관계를 형성하여 충성고객을 만드는 것이다. 마지막으로, 고급 상품의 판매이다. 고객에게 고급 서비스 상품을 시도하게 만들어 궁극적으로 고급 상품의 판매율을 높이려는 것이다.

중개상을 대상으로 판촉활동을 하는 경우, 관계를 강화하고 자사의 서비스상품을 판매하도록 지원하는 것이 판촉의 목적이다. 또한 조직 구성원 대상 판촉의 경우에는, 조직원의 조직몰입을 높이고 자사의 상품을 적극적으로 판매하려는 동기와 관여도를 상승시키는 데 그 목적이 있다.

(2) 판매촉진의 장점과 문제점

장점

판촉의 장점은 첫째, 매출 증대 효과가 있다는 것이다. 판촉은 비수기나 경기 침체기에 수요를 일깨우는 좋은 자극제가 된다. 둘째, 판촉을 통해 소비자의 지각위험도를 감소시킬 수 있다. 새로이 도입된 상품이나 서비스 개념을 구입할 때 소비자가 느끼는 지각위험도를 할인이나 샘플 제공 등의 판촉활동으로 감소시켜 신상품의 시용을 유도할 수 있다. 셋째, 시장의 즉각적인 반응을 유발할 수 있다. 판촉행사는 광고캠페인보다 더욱 즉각적인 고객반응을 이끌어 낸다.

문제점

판촉의 한계점은 첫째, 판촉활동이 고객의 진정한 애호도를 창출하지는 못한다는 것이다. 판촉활동을 통해 단기적인 매출증대 효과는 이룰 수 있지만, 서비스의 경쟁우위가 입증되지 않는다면 판촉활동만으로 경쟁사 고객의 애호도를 자사에 대한 애호도로 전환시키지 못한다. 둘째, 판촉활동은 경쟁업체의 모방이 용이하므로, 경쟁업체가 유사한 판촉행사를 실시하면 판촉에 의한 매출 증대 효과가 단기간에 감소할 수 있다. 셋째, 경쟁사와의 지나친 판촉 경쟁은 수익 구조의 악화를 가져온다. 경쟁사들의 과열 판촉활동은 비용 증가와 가격 인하 효과를 가져와 수익성 저하가 초래된다. 또한 판촉행사가 종료된 후의 수요 위축과 매출 축소를 가져올 가능성이 있다.

(3) 호텔서비스 판매촉진 방법

샘플, 무료 이용권 제공

호텔이 처음 오픈하여 영업을 개시할 때는 향후 호텔의 주요 고객이 될 가능성이 높은 비즈니스맨과 지역의 오피니언 리더에게 무료로 서비스를 이용하게 하는 판촉행사가 실시된다. 이는 그들에게 친숙감을 높이고 긍정적 구전을 유도하기 위함이다. 서비스를 직접 경험해 보고 적극적으로 판매하도록 동기부여를 하기 위하여 여행사, 예약대행업자 등 중개업체에게 무료로 호텔의 다양한 서비스 상품을 체험하게도 한다.

가격 할인

가격을 한시적으로 할인하여 고객을 유인하고 구매행동을 촉진하는 방법이다. 주로 비수기에 객실과 식음료 수요를 자극하거나, 시간 내 판매가 요구되는 상품(예: 호텔 베이커리의 빵)을 처리하기 위하여 사용된다.

쿠폰

쿠폰은 데이터베이스로 관리하는 고객에게 우편물로 발송하거나 전문잡지 광고에 삽입하여 제공된다. 쿠폰은 성숙기 시장에 있어서의 판매 증대와 신상품의 조기 사용을 유도하는 데 효과적이다. 그러나 쿠폰의 과다 사용은 브랜드와 서비스 상품의 고급 이미지를 형성하는 데 부정적 영향을 미칠 수 있으므로 주의해서 사용할 필요가 있다.

판촉물/사은품

노벨티라고도 하는 판촉물 또는 사은품을 판매촉진에 사용할 수 있다. 달력, 수첩, 시계 등의 판촉물을 고객에게 제공하는 방법이다.

경품/경연대회

각종 경품행사나 경연대회를 실시하여 거기에 참가한 고객 중 소수를 뽑아 특별 상품을 제공하는 방법이다. 고객은 당첨이 되기 위해 행사에 참가하게 된다. 이러한 판촉 방법은 고객의 흥미와 관여도를 증진시킨다.

단골고객 프로그램

단골고객 프로그램은 고객을 회원화하여 구매량이나 구매 빈도수에 따라 보상을 함으로써 재구매와 반복구매를 촉구하고 브랜드 충성도를 높이는 촉진 방법이다. 각종 마일리지제도 또는 '포인트 마케팅'이 이에 해당된다. 일정 포인트가 누적되었을 때 고객은 가격 할인, 상품 업그레이드, 추가 서비스 등을 제공받는다.

제휴 프로그램

타 업체와 제휴, 고객을 공유하여 상호 시너지효과를 거두려는 전략이다. 표적시장 고객의 소비·구매행동을 광범위하게 범주화하여, 그들의 라이프스타일을 구성하는 상품 전반에 걸쳐 구매욕구를 자극하는 효과가 있다. 우리나라 특급 호텔들은 대형 백화점과 제휴하여 'VIP 고객 공유 마케팅'을 실시하고 있다. 예를 들어 JW 메리어트호텔은 신세계백화점의 최우수 고객을 초청하여 '명품 브랜드 패션쇼'를 개최하고 백화점의 여성 VIP고객만을 위한 '스페셜 스파 패키지'를 개발하여 판매하였다. 또한 그랜드 인터컨

그랜드 힐튼 서울: 고양 문화재단 문화마케팅

특급 호텔과 지방자치단체 문화재단이 손잡고 '문화마케팅'에 나섰다.

호텔 측은 문화재단이 매월 마련하는 공연을 서비스 상품 형태로 호텔 고객에 제공해 고객만족도를 높이고, 문화재단 측은 호텔 고객과 지역민 등 문화인구 저변 확대를 노리겠다는 복안이다.

서울 홍은동 그랜드 힐튼 서울은 고양문화재단과 연계해 본격적인 문화마케팅에 나선다고 밝혔다. 이에 따라 그랜드 힐튼 서울은 이달 중 뉴에이지 피아니스트 '유키구라모토 공연' 무료입장권을, 6월에는 '한여름밤의 재즈 페스티벌' 공연 무료입장권을 호텔 고객에게 제공해 고양문화재단 알리기에 나설 예정이다. 양측은 향후 멤버십 교환을 통해 공연 상품과 호텔 상품을 연계한 공동 상품을 개발하는 등 다각적으로 공동 프로모션을 실시하기로 했다. 필립 쟈켓 총지배인은 "이번 제휴는 단발성 문화 행사 차원을 벗어난 것"이라면서 "지역민이 다양하고 훌륭한 예술과 문화를 접할 수 있도록 일조하는 데 큰 보람이 있다"고 말했다.

티넨탈 호텔은 현대백화점의 우수고객인 클럽 자스민과 플래티늄 회원을 대상으로 이들이 호텔을 이용할 때 레스토랑 15퍼센트 할인, 무료 발레파킹 서비스 등을 제공한다.

✝ 이벤트 개최

각종 이벤트를 개최함으로써 서비스 상품을 촉진하는 방법이다. 호텔에서는 웨딩 패션쇼, 웨딩 관련 업체 초청 웨딩 상품전 등으로 결혼식 고객에게 웨딩 연회장 판촉활동을 하며, 그 밖에도 디너쇼, 패션쇼, 문화공연 등의 이벤트를 개최한다.

✝ 프리미엄 제공

서비스를 구매한 고객에게 추가적인 서비스를 무료 제공하거나 서비스 상품을 업그레이드해 주는 방법이다. 프리미엄은 호텔의 우수고객에게만 특별히 제공되는 보상적 성격으로, 기업 이미지에 손상을 주지 않고 단골고객의 만족도와 고객충성도를 제고시키는 효과가 있다.

6 인적 판매

인적판매(personal selling)란 판매원이 고객과 직접 대면하여 쌍방 커뮤니케이션을 통해 자사의 상품을 구매하도록 설득하는 방법이다. 인적판매는 고객과 직접 접촉을 하므로, 상황에 따라서 적응할 수 있는 유연성이 있다. 인적판매 방법은 구매 예상고객의 선호를 파악하여 최적의 상품을 추천하고 상품에 대한 확신과 구매결정을 유발시키는 데 가장 강력한 효과를 갖는 촉진 수단이라고 할 수 있다.

인적판매는 종종 광고와 상반된 효과를 갖는다. 광고는 고객의 주의를 환기시키고 구매욕구를 자극시키는 효과가 있지만, 인적판매는 최종 구매결정과 실제 거래로 직결된다. 또한 광고는 메시지 전달의 속도가 빠르고 1인당 촉진 비용이 높지 않으나, 인적판매는 촉진의 속도가 느리고 고객 1인당 비용이 고가이다. 인적판매는 광고와 달리 일반대중을 소구 대상으로 하는 상품보다는 고가의 대량 구매자를 대상으로 할 때 주로 사용된다.

인적판매는 고객이 필요로 하는 정보를 정확히 제공할 수 있고, 쌍방 커뮤니케이션이 가능하며, 고객의 유형에 따라 유연한 대응이 가능하다는 장점이 있다. 호텔의 경우 개인 고객보다 기업체 담당자, 회의 기획자, 연회 고객 등 소수다량 구매자를 대상으로 하는 촉진에 인적판매 방식을 사용한다. 호텔의 인적판매 과정은 다음과 같다.

(1) 잠재고객 발견

인적판매 과정의 첫 단계는 구매가능성이 있는 잠재고객을 찾아내는 일이다. 잠재고객을 발견하는 데는 다음과 같은 방법이 있다.

- 관광·여행 관련 트레이드쇼를 통하여
- 정부·공공단체 등에서 발행되는 2차 자료원(예: 국제 행사 일람표)을 통하여
- 호텔의 현재고객에게 친지나 동료를 추천받음으로써
- 공급업체, 중개업체 등 마케팅 채널을 정보원으로 활용하여

• 사회적 영향력이 있는 오피니언 리더로부터 정보를 받아서
• 구매가능성이 있는 조직, 기관을 전화번호부나 인터넷 검색을 통해 찾아봄으로써

(2) 접촉 전 단계

잠재고객을 발견한 후 실제 접촉을 하기 전에, 접촉할 기관이나 사람에 대한 정보를 획득할 필요가 있다. 호텔서비스 이용 시간, 의사결정자, 접촉한 사람의 성격이나 배경, 거래 스타일 등에 대한 사전 파악이 이루어져야 한다. 기관과 구매 담당자에 대한 충분한 정보가 있을 때, 판매원은 자신감을 갖고 상담에 임할 수 있다. 또한 방문·상담의 최적 시간을 잡는 것도 중요하다. 타이밍이 적절치 못하면 충실한 구매 상담이 이루어지기 어렵기 때문이다.

(3) 접근

마케팅 영업사원은 고객이 주문서를 낼 준비가 되기 전부터 많은 판매방문을 해야 한다. 성공적인 고객 상담을 위해서는 고객을 방문하기 전에 전자우편, 전화 등의 수단으로 사전 약속을 하는 것이 필요하다. 잠재고객과의 첫 번째 접근이 이루어질 때는 좋은 첫인상을 주도록 노력해야 한다. 호텔기업의 인지도가 높고 좋은 이미지가 이미 형성되어 있을 때는 판매원의 잠재고객 접촉 과업이 용이하다. 잠재고객과 접촉할 때는 그들이 당면한 문제와 특수한 니즈에 귀 기울이고, 자사의 장점과 해결점을 재빨리 제시하여 초기에 관심과 호감을 얻도록 한다.

(4) 프레젠테이션 및 설명

본격적인 구매 상담이 시작되면 판매원은 자사가 제시할 수 있는 것들을 명쾌하고 설득력 있게 소개해야 한다. 고객의 핵심 문제가 무엇이며, 어떠한 점을 의사결정에 우선적으로 고려하는지를 신속히 파악하여, 문제의 해결책과 자사가 제공하는 특별한 혜택, 경쟁사와의 차별점을 효과적으로 납득시킨다. 프레젠테이션을 할 때에는 사진이 담

긴 각종 홍보자료나 도표, 슬라이드, 동영상 자료를 통해 자사 서비스의 우수성을 시각적으로 입증하는 것이 좋다. 시각적 자료는 물리적 단서로서 고객의 관심을 일깨워 주고 확신을 심어 준다.

판매 과정 중 고객에게 영향을 주는 주요 요인은 다음과 같다.

- 호텔브랜드의 명성과 이미지
- 상품과 고객상황에 대한 판매원의 지식과 전문성
- 판매원과의 공통점과 유사성(공통 관심사, 인맥 등)
- 판매원의 신뢰성
- 판매원의 인상

(5) 협상 및 고객 이의/반박의 처리

인적판매의 가장 큰 장점은 고객의 반응에 대해 즉각적으로 대응할 수 있는 유연성이 있다는 점이다. 고객이 서비스 상품에 흥미를 보이고 구매욕구가 있는 것으로 판단되면, 협상을 통해 합의점을 찾는다. 가격 조건을 놓고 협상하는 경우가 대부분이지만, 가격은 그대로 두고 추가적인 서비스를 제공함으로써 고객의 승낙을 받아 낼 수도 있다. 어떤 경우이든 판매원은 고객으로 하여금 매우 좋은 조건에 거래를 한다고 인식하도록 만들어야 한다.

고객은 판매원으로부터 구매 권유를 받을 때 이의를 제기하기도 한다. 이러한 이의 제기에는 거절의 뜻이 있을 수도 있지만, 좀 더 좋은 거래 조건을 얻기 위해서일 수도 있다. 판매원은 고객이 납득할 수 있는 객관적 증거를 제시하며 고객을 설득시킬 필요가 있다. 이때 중요한 것은 고객과의 논쟁은 절대 피해야 한다는 것이다. 고객과의 논쟁은 이겨도 져도 판매에는 도움이 되지 않는다. 따라서 고객이 가지고 있는 의문점이나 이의 제기에 대해 고객에게 감정이입과 동의를 하면서 그에 대한 대응책을 제시해 주어야 한다.

판매원은 고객의 유형을 판단하여 거기에 맞는 판매전술을 전개하는 것이 필요하다. 과업 중심형 고객에게는 정보 제공 전술이 유효하다. 반면에 관계 중심형 고객에게는 평상시에 고객과 사회적 친분과 신뢰관계를 유지하고 추천인, 주변의 영향자 등 준거집단을 이용하는 것이 도움이 된다. 자기 중심형 고객에게는 특별 인센티브를 제공하는 약속 전술과 회유 전술, 혹은 자사를 이용하지 않았을 때 발생할 수 있는 손해를 인지시키는 위협 전술이 가능하다. 고객 개개인의 스타일에 맞춰 설득 전술을 적절히 사용하는 것이 판매의 기술이다.

(6) 상담 종결

협상과 설득 과정을 거친 후 판매원은 고객의 최종의사를 파악하고 상담을 종결시킨다. 적당한 시간에 상담을 종결시키는 것은 판매원의 시간적 비용 측면에서, 그리고 고객의 구매승낙을 받아 냄에 있어서도 중요하다. 상담을 종결할 때는 이제까지의 상담 내용과 합의사항을 종합하여 고객으로 하여금 의사결정에 대해 확신을 갖도록 한다.

(7) 사후 서비스

판매원은 고객으로부터 구매 승낙을 받는 것으로 역할이 완료되지 않는다. 고객과의 장기관계를 구축하고 그의 추천을 통해 고객 기반을 확장하며 긍정적 구전효과를 거두기 위해서는 사후 고객관리가 이루어져야 한다. 즉 서비스 제공이 이루어진 후, 불편사항은 없었는지, 만족스러운 고객서비스가 이루어졌는지에 대한 확인과 사후처리를 수행할 필요가 있다.

7 홍보

홍보(publicity)란 광고, 판촉, 인적판매와 같이 직접적으로 특정 상품의 촉진을 하는 것은 아니지만, TV 프로그램에 상품 협찬을 하거나, 스포츠·문화·환경 분야의 인물이나 행사에 스폰서가 되거나, 각종 기업 관련 소식을 대중매체에 기사화함으로써 기업의 인지도를 높이고 기업 이미지를 우호적으로 형성하는 방법이다.

대중매체를 통해 전달되는 홍보는 기업이 직접 펼치는 촉진 수단과 달리, 소비자들이 경계심을 갖지 않고, 객관적이라고 지각하며, 높은 신뢰성을 갖는다. 따라서 호텔기업은 불우이웃돕기, 각종 이벤트 및 행사 등 홍보의 가능성이 있는 활동을 기획하고 매체에 보도자료 제공을 할 필요가 있다. 직접 광고를 하지 않고서도 공신력 있는 대중매체를 통해 간접광고 효과를 거둘 수 있기 때문이다. 홍보를 통한 기업 인지도 상승과 이미지 향상은 궁극적으로 매출 증대로 연결된다.

제16장 고객관계관리

1 관계마케팅의 개념 및 특징

(1) 관계마케팅의 개념

고성장 대량 마케팅 시대에는 거래 중심의 시장 개척과 시장점유율 확대에 주력하여 왔다. 그러나 최근 많은 서비스기업은 거래를 성사시키는 데 초점을 두는 거래마케팅으로부터 고객과 장기적 관계를 발전시켜 나가는 관계마케팅으로 마케팅의 초점을 이동시키고 있다. 새로운 고객을 창출하는 것보다 기존 고객을 만족시켜 충성고객으로 만드는 것이 매출 향상이나 비용효율성 측면에서 보다 효과적이기 때문이다.

기업이 고객과 유대관계를 형성하고 장기적으로 지속되는 상호 신뢰적인 관계로 발전시켜 나가는 것을 관계마케팅(relationship marketing)이라고 한다. 고객과의 관계는 호텔업과 같이 인적 서비스가 강조되고 고객의 재구매와 구전활동이 매출 발생의 핵심이 되는 호스피탈리티 산업에서 더욱 중요성을 갖는다. 관계마케팅은 주요 고객의 욕구를 충족시키고 지속적인 관심과 약속 이행을 기반으로 한다. 서비스 접점을 관리하고 개인고객의 특화된 니즈를 성공적으로 충족시킴으로써 고객과의 긴밀한 상호 의존적 관계를 형성하고 견고한 고객 기반을 다지는 것이 관계마케팅의 목적이다.

관계마케팅의 개념은 판매자–구매자 간의 장기적 상호의존성(reciprocal dependency)이 높은 산업재 마케팅(industrial marketing)에 처음 도입되었다. 판매자인 기업과 조직구매자의 상호 신뢰성 및 의존성이 강조되는 산업재 마케팅에서는, 기업이 고객과의 관계를 구축하고 유지해 가는 모든 활동이라고 정의될 수 있는 네크워크 상호작용 마케팅(network interaction marketing)의 개념이 일찍이 필요했기 때문이다. 관계마케팅의 개념은 고객과의 높은 상호작용이 발생하는 서비스업에 도입되기 시작했다. 특히 호텔서비스와 같이 고객수요가 계속적, 주기적으로 발생하고, 경쟁의 강도가 강하며, 구전의 영향력이 큰 경우, 관계마케팅의 필요성이 강화된다.

(2) 관계마케팅의 특징

관계마케팅의 특징은 다음과 같다.

첫째, 상품의 질보다 '고객과의 관계의 질'을 중시한다. 상품 품질의 동질화 경향이 나타나고 성장이 둔화되는 시기에는 고객과의 관계, 고객밀착도 등이 시장 유지 및 확대의 핵심이 된다. 즉 상품품질관리와 판매·거래관리 중심에서 고객서비스 관리, 고객과의 관계 구축으로 마케팅관리의 중심이 이동된다.

둘째, 시장 점유(market share)보다 고객 점유(customer share)를 핵심으로 한다. 시장 점유는 전체 시장 속에서 자사의 매출액이 차지하는 비율을 나타내는 규모 중심의 척도이다. 그러나 고객 점유는 한 고객의 소비액 중 자사 서비스의 구매 총액 및 비율이 어느 정도인지를 나타내는 범위 중심의 척도이다. 즉 시장 속의 점유율이 아니라 고객 속의 점유율 또는 집중도가 중시되는 개념이다. 관계마케팅은 신규 고객 쟁탈전에 힘쓰기보다 기존 고객의 반복구매를 유도함으로써 고객 1인당 수익(profit per customer)을 높이려는 전략이다.

셋째, 광고, 판촉 중심의 일방적 커뮤니케이션이 아니라, 인적판매 중심의 쌍방 커뮤니케이션 전략이다. 상품 중심의 일방적 정보 제공이 아니라 고객을 존중하고, 고객을 참여시키며, 고객의 이득과 안녕을 진심으로 보호하고 최대화하는 고객만족 중심 전략인 것이다. 고객관계 만족은 고객의 서비스 몰입을 심화시키고, 고객몰입의 심화는 수요 재창출과 긍정적 구전효과를 가져온다.

넷째, 경영단 차원에서 관리되는 대규모 마케팅 전략이 아니라, 지역 중심의(예: 각 업장별) 소규모 unit 전략이다. 원거리 조준보다 근거리 조준이 정확하다. 관계마케팅은 본사 중심의 광범위한 전략이 아니라, 지역 일선 종사원 서비스 중심의 소규모 개별고객 밀착 전략이다. 이는 고객이 지각하는 서비스 품질이 서비스 접촉 기간에 일어나는 고객-종사자 간의 상호작용에 의해 좌우된다는 상호작용 마케팅(interactive marketing)의 기본 신념에 근거한다.

다섯째, 관계마케팅은 상품뿐 아니라 고객도 차별화 및 관리의 대상으로 본다. 모든 고객이 관계마케팅의 대상이 될 수는 없다. 특화된 관계를 구축시켜 나가는 일에는 비용이 발생하기 때문이다. 따라서 고객의 가치를 평가하여 우량고객은 특별하게 관리하고 기업에 피해를 가져오는 고객은 디마케팅을 통해 관계를 정리하는 것이 필요하다.

관계마케팅의 개념과 특징은 거래마케팅(transaction marketing)과 비교할 때 더욱 명확해진다. 거래마케팅은 고객 획득이 목적이나, 관계마케팅은 고객 유지에 초점을 둔다. 거래마케팅에서는 판촉, 광고 등 전통적 마케팅믹스가 주를 이루지만, 관계마케팅에서는 고객과의 상호작용적 마케팅 기능이 중심이 된다. 거래마케팅에서는 상품의 품질을 하나의 결과 측면으로 인식하지만, 관계마케팅에서는 서비스의 품질이 전달되는 과정을 포함하여 통합적 서비스 품질의 향상을 추구한다.

거래마케팅은 상품 개별 속성의 홍보에 초점을 두지만, 관계마케팅은 고객이 추구하는 혜택과 포괄 서비스에 종합적으로 관여한다. 거래마케팅은 마케팅의 전략적 측면에 초점을 맞추어 타 서비스 기능과의 연계성이 제한적이지만, 관계마케팅은 고객과 직접 접촉하는 모든 직원의 참여가 필수적이다. 또한 거래마케팅은 단기적 효과를 거둘 수 있지만, 관계마케팅의 효과는 장기적으로 나타난다.

표 16-1 거래마케팅과 관계마케팅 비교

	거래마케팅	관계마케팅
지배적 마케팅 기능	전통적 마케팅	상호작용적 마케팅
서비스의 품질	단편적 결과로 인식	포괄적 과정으로 인식
소비자의 가격민감성	높음	낮음
마케팅과 타 기능의 연계	제한적	포괄적
전형적 상황	소비자 제품 마케팅	서비스 마케팅
목표	판매 · 거래 성사 고객 획득	고객관계 구축 · 유지 · 발전
효과	단기적	장기적
고객관여도	한정적	높은 고객 관여
상품 · 서비스의 관리	개별 속성에 초점	핵심 효익과 포괄 서비스 초점
커뮤니케이션의 방향	일방적 회사 독백형	고객–회사 쌍방 대화형
마케팅활동의 초점	시장점유율, 판촉 위주	고객점유율 고객서비스
마케팅활동 범위	대규모 본사 중심	소규모 지역/업장 중심

2 관계마케팅의 효익

관계마케팅은 기업과 고객, 양측이 모두 이득을 볼 수 있는 윈윈전략이 될 수 있다. 관계마케팅을 통해 기업과 고객이 각각 얻을 수 있는 효익은 다음과 같다.

(1) 기업의 편익

서비스기업이 관계마케팅을 통해 얻을 수 있는 효익은 크게 4가지로 나누어 살펴볼 수 있다.

† 고객 유지

적극적인 고객관리와 서비스품질관리, 맞춤서비스 제공 등의 관계마케팅활동을 통해 서비스기업은 고객 이탈을 방지하고 지속적으로 고객을 자사의 충성고객으로 붙들어 놓을 수 있다. 새로운 고객을 유인하는 것보다 기존 고객이 한 번 더 서비스를 이용하도록 유도하는 것이 훨씬 비용효율적이다. 새로 나온 신상품을 소개하는 경우에도 비고객보다 기존 고객으로의 확산이 훨씬 더 용이하다.

† 서비스 품질/브랜드 이미지 향상

관계마케팅활동의 결과로 충성고객 기반을 확보한 서비스기업은 보다 선도적으로 서비스 품질 향상 전략을 펼칠 수 있다. 충성고객은 일반적으로 신규고객보다 가격민감성이 낮고 경쟁상품 광고나 촉진에의 저항성이 높다. 따라서 충성고객 기반을 둔 기업은 그렇지 못한 기업보다 가격경쟁력보다 서비스 품질 경쟁력에 승부를 걸 수 있다. 서비스 품질 향상은 궁극적으로 브랜드 이미지의 상승을 가져오고, 이것은 다시 충성고객 기반을 확대하는 선순환을 발생시킬 것이다.

† 매출/수익 증대

고객이 특정 기업과 거래하는 총기간 동안 그 기업에 가져다줄 것으로 예상되는 수익을 **고객생애가치(customer lifetime value)**라고 부른다. 서비스산업을 대상으로 한 한

연구에 의하면, 고객이탈률(customer defection rate)을 감소시킬 경우 고객생애가치의 급격한 증가가 발생한다. 이 연구의 결과, 고객만족도가 높아져서 고객이탈률이 5퍼센트 감소될 때 고객생애가치, 즉 그 고객이 기업에 가져다주는 이익은 산업별로 적게는 25퍼센트에서 많게는 85퍼센트까지 증가하는 것으로 나타났다. 기존고객의 유지 비용과 신규고객의 유치 비용을 비교해 보면, 기존고객을 유지하는 데 드는 고객관리 비용은 신규고객을 끌어들이는 데 드는 광고홍보 비용의 5분의 1 수준에 불과하다. 이러한 분석결과는 곧 기존고객을 유지하는 데 초점을 두는 관계마케팅이 기업의 매출과 수익에 증폭효과를 가져온다는 것을 말해 준다.

정보 획득

서비스기업은 지속적 관계가 형성된 충성고객으로부터 귀중한 시장정보와 상품정보를 얻을 수 있다. 서비스 종사원과 상호작용적 관계가 형성되면 고객은 다른 데서 경험한 서비스나 경쟁사 서비스에 대한 정보를 자연스럽게 이야기해 준다. 또한 현재 서비스에 대한 불만사항이나 앞으로의 개선 방향에 대해 지적을 하기도 한다. 이러한 의미에서 고객불평행동은 충성고객의 행동이라고 볼 수도 있다. Levitt는 "고객과의 관계가 나빠졌다는 가장 확실한 표시는 고객이 더 이상 불평을 하지 않는 것이다"라고 말하였다. 충성고객의 지적과 그들이 제공하는 시장정보는 서비스 품질 개선이나 서비스 신상품 개발을 위한 아이디어로 활용될 수 있다.

(2) 고객 편익

기업-고객의 상호 신뢰적 관계를 형성하는 것은 기업 측에만 혜택이 있는 것이 아니다. 서비스기업과의 장기적 관계 유지를 통해 고객이 얻을 수 있는 편익은 다음과 같다.

사회적 편익

사회적 편익은 고객이 접점 서비스 직원과의 관계가 형성되며 느끼게 되는 우정, 친근감, 호감, 편안함 등을 의미한다. 사람들은 특별한 손님, 중요한 고객으로 대우받기를 좋아한다. 아무도 자신을 못 알아보는 생소한 곳보다 자신을 인정하고 자신의 방문을 환영하는 업체를 반복적으로 이용하는 것을 선호한다.

심리적 편익

심리적 편익은 서비스를 잘못 구매할 위험과 불안감의 감소, 서비스 이용 경험을 바탕으로 한 서비스기업에 대한 확신과 신뢰 등을 의미한다. 특정 서비스업체를 반복적으로 이용하는 단골고객은 거기서 얻을 수 있는 심리적 안도감과 편안함을 누릴 수 있다.

경제적 편익

경제적 편익은 고객이 지속적인 충성관계를 유지함으로써 얻을 수 있는 금전적 편익과 비금전적 편익을 말한다. 특정 서비스업체를 반복적으로 이용하고 장기적 관계를 형성한 고객이 얻을 수 있는 **금전적 편익**에는 가격 할인, 무료 제공, 마일리지 혜택이 있다. 또한 이들은 다른 이용업체로 전환을 하거나 새로운 상품대안을 탐색하는 데 발생하는 시간과 노력을 절약하는 **비금전적 편익**을 얻을 수 있다.

고객화 편익

고객화(customization) 편익은 충성고객이 일반고객과 달리 받게 되는 특별한 대우, 우선적 대우, 특별한 주의, 개별화된 서비스 등을 의미한다. 단골업체에서 누릴 수 있는 맞춤서비스의 편리함과 특혜 때문에 타 업체로의 전환이 어려워지는 것이다.

표 16-2 고객관계 편익의 유형과 내용

고객관계 편익의 유형	내용
사회적 편익	친분, 우정, 친근감, 개인적 인지
심리적 편익	위험 및 불안감 감소, 신뢰감, 확신, 심리적 안도감
경제적 편익	가격 할인, 무료 제공, 상품 업그레이드, 시간과 노력 절약
고객화 편익	우선적 대우, 부가적 서비스 및 관심, 고객니즈 파악 및 관리

3 관계마케팅의 접근방법

(1) 관계마케팅의 대상 선택

모든 고객이 관계마케팅의 대상이 될 수는 없다. 관계마케팅의 첫 단계는 올바른 고객을 선별하여 관계마케팅의 대상으로 채택하는 것이다. 호텔기업은 기업의 재무적 이익과 브랜드이미지에 도움이 되는 고객과는 밀착된 관계를 구축해 나가고, 상호 이익이 되지 않는 고객은 관계마케팅에서 제외시키거나 디마케팅을 실시할 필요가 있다. 『충성도 효과』의 저자 Frederick Reichheld는 관계마케팅의 주요 대상이 될 수 있는 로열티 계수가 높은 고객의 판별 기준을 다음과 같이 제시하였다.

① 수익성

고객이 기업에게 주는 가치는 고객마다 다르다. 어떤 고객은 다른 고객보다 기업에 있어 더 높은 수익성을 가져다준다. 수익성이 높은 고객이란 빈번히 구매하고, 많은 양을 구매하며, 높은 수익을 안겨 주는 고가의 서비스 상품을 구입하는 고객이다. 또한 신속하게 대금 지불을 하고, 까다로운 서비스 요구는 적은 고객이다. 호텔기업은 고객의 수익성에 따라 시장세분화를 하고 고객 포트폴리오를 관리하여 기업의 수익성을 극대화하는 세분시장에 관계마케팅 노력을 집중시켜야 할 것이다.

② 선천적 충성도

선천적 충성도를 타고난 사람은 안정되고 장기적인 관계를 선호하며 서비스기업과의 거래상황에서도 일관성 있고 예측 가능한 구매행동을 한다. 이러한 고객은 한 번 관계가 형성되면 중대한 서비스 오류가 발생하지 않는 한 쉽게 브랜드 전환을 하지 않으므로 관계마케팅의 좋은 대상이라고 할 수 있다.

소비자의 개성 차원에 대한 연구들을 살펴보면, 지속적인 상태를 선호하는 상태 지향적 소비자는 변화 지향적 소비자보다 일관적인 브랜드 선택행동을 한다. 또한 최적 자극 수준(Optimal Stimulation Level)과 감각 추구 성향(Sensation Seeking Traits)이 높은 소비자는 다양성 추구행동 성향이 있어 브랜드 전환이 빈번히 이루어진다. 따라서 이들은 선천적 충성도가 낮다고 볼 수 있다.

③ **서비스 상품과의 적합성**

호텔의 이미지와 서비스 상품의 성격에 부합되는 우수고객은 호텔기업이 주요 고객으로 관리해야 할 대상이다. 호텔서비스 상품의 가치를 이해하고 호텔서비스의 품격에 어울리는 교양을 갖춘 고객과 장기적 관계를 구축하는 것은 호텔의 이미지 관리에도 도움이 된다. 호텔기업은 고객의 직업, 사회계층, 라이프스타일, 사회적 평판, 서비스 이용행동 등을 고려하여 자사의 가치 및 서비스 상품과 적합성이 높은 고객을 관계마케팅의 주요 대상으로 선택해야 할 것이다.

(2) 디마케팅

기업에 이익을 가져다주는 우수고객과는 건실한 관계를 장기적으로 구축하는 노력을 기울여야 하는 반면, 기업에 손해를 끼치는 불량고객은 관계를 단절시키는 것이 오히려 도움이 될 수 있다. '디마케팅(demarketing)'은 'decrease'와 'marketing'의 합성어로, 기업이 수익률이 낮거나 손실을 가져다주는 바람직스럽지 못한 고객의 수요를 의도적으로 줄이는 마케팅활동을 말한다. 예컨대 미성년자나 노인에게까지 마구잡이로 신용카드를 발급한 카드사들이 신용대란을 초래한 후에 뒤늦게 불량고객을 떨어내기 위해 서비스를 줄이고 있는 것은 이와 같은 맥락이다.

호텔의 경우 디마케팅의 대상은 기업에 재정적 손실을 가져다주고 서비스 종사원을 괴롭히며 다른 고객에게 불편을 초래하는 불량고객이다. 호텔에는 객실시설의 기물을 파괴하고 비치용품을 훔쳐 가는 등 여러 가지 유형의 불량고객이 존재한다. 호텔기업은 고객정보 시스템을 활용하여 블랙리스트에 오른 고객은 예약을 받지 않고 회사의 규정을 확인하여 고객을 거부할 합법적 근거를 마련할 필요가 있다. 그러나 이 과정에서 선량한 고객을 불량고객으로 몰지 않도록 조심해야 한다.

불량고객은 아니더라도 수익성이 떨어지는 세분시장 또한 디마케팅의 대상이 될 수 있다. 예를 들어, 회사 중역 등 비즈니스 고객 수요가 충분할 때 호텔은 1인당 수익성이 떨어지고 소란스러운 단체 관광객을 되도록 받지 않기 위해 적은 폭의 할인율을 적용하거나 객실예약 제한을 한다. 디마케팅은 불황기에도 유효한 전략이다. 불특정 다수의 고객을 대상으로 한 무차별적인 마케팅 비용 부담을 줄이고, 소수의 우량 고객에게 서비스를 집중해 수익을 극대화할 수 있기 때문이다.

불량고객 유형

- 도둑형(thief): 서비스에 대한 대가를 지불하지 않거나, 호텔 객실 비치용품을 훔쳐가는 고객. 훔친 신용카드나 수표 등을 사용하는 고객
  → 호텔의 경우, 체크아웃 카운터의 위치를 투숙 고객의 접근성이 좋은 곳에 설치한다. 절도고객은 블랙리스트로 특별 관리를 한다. 심한 경우 예약을 받지 않는다.

- 규칙위반형(rule breaker): 서비스시설의 보호를 위해, 고객의 안전을 위해, 다른 고객에게 혐오감을 주지 않기 위해 세워 놓은 규칙(예: 애완동물 반입 금지)을 지키지 않는 고객
  → 위험에 대한 상기 및 경고를 한다. 정중히 규칙을 인지시킨다.

- 호전형(belligerent): 서비스 실패가 발생하는 경우 사소한 것이라도 성을 내며 서비스 종사원에게 공격적으로 나오는 고객
  → 종사원에게 호전형 고객을 처리하는 기술을 습득시킨다. 역할극(role-playing)을 통해 종사원이 과도하게 스트레스를 받지 않고 고객의 화를 누그러뜨리는 방법을 훈련시킨다.

- 내분형(family feuders): 일행 또는 다른 고객과 싸움을 일으키는 고객
  → 타 고객에게 불편과 불쾌감을 일으키는 정도라면 정중히 자제를 요청한다. 다른 사람들에게 피해가 가지 않도록 되도록 빠른 퇴장을 유도한다.

- 파괴형(vandal): 서비스시설이나 장비에 의도적으로 물리적 손상을 입히는 고객
  → 사전 예방체제를 강화한다. 규정에 따라 물품 보상을 요구한다. 재발생의 위험이 있는 경우 블랙리스트로 관리한다.

- 신용불량형(deadbeat): 불량채무자들
  → 신용카드 번호를 미리 확인한다. 서비스 전달이 이루어진 후 최대한 빠른 시간 내에 청구서를 제시한다. 실수나 불가피한 상황으로 인한 발생가능성을 충분히 고려하여 신중히 접근한다.

자료: 이유재(2011), 『서비스 마케팅』(제4판)에서 수정 발췌

(3) 고객관계의 단계

관계마케팅은 고객 1인당 소요되는 비용이 고비용이므로, 관계마케팅의 대상이 채택되면 고객을 세분화하여 각 세분시장별로 어느 단계까지의 관계를 목표로 하는지 결정해야 한다. Kotler는 기업-고객의 관계 발전 단계를 다음과 같이 세분화하였다.

① **기본 단계**(basic)

판매와 함께 관계가 종료

② **반응 단계**(reactive)

판매 후 고객 요구사항이 있으면 거기에 반응하는 소극적 단계

③ **책임 수행 단계**(accountable)

판매 후 고객에게 연락을 취하여 서비스 만족 여부를 확인하는 단계(예: Happy call)

④ **적극적 고객 유지 단계**(proactive)

정기적으로 고객에게 연락을 하며 서비스에 대한 정보를 제공하고 의견을 교환하는 단계

⑤ **파트너십**(partnership)

고객이 기업에 높은 관여도를 갖고 서비스 상품 개발 및 문제해결에 적극적으로 참여하는 단계

그림 16-2 ● 서비스기업-고객의 관계 발전 단계

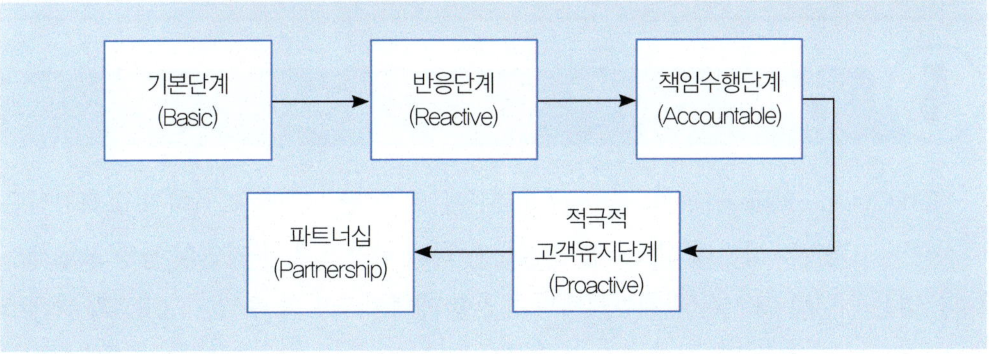

(4) 관계마케팅의 방법 선택

✝ 경제적 효익(financial benefits) 제공

이는 단골고객에게 특별 할인이나 무료 이용권 등을 제공함으로써, 고객이 이러한 경제적 효익을 받을 목적으로 반복구매를 하도록 유도하는 방법이다. 예를 들어, 호텔신라는 고객의 투숙 횟수에 따라 피트니스 클럽 무료 이용, 특별 할인율 적용 등 각종 혜택과 특전을 부여하는 다이너스티 클럽을 운영한다.

✝ 사회적 효익(social benefits) 제공

고객과의 개인적인 친분을 쌓고 특별 관리를 해 주는 방법이다. 사회적 효익은 기업차원보다 고객과 서비스 접점 종사원 간의 인적 관계를 바탕으로 제공된다. 접점 종사원과 고객 간의 인적 관계가 형성되면, 종사원은 고객의 특별 니즈와 선호도에 대한 지식을 바탕으로 개별화된 고객서비스를 제공할 수 있다.

✝ 구조적 유대감(structural ties) 형성

고객-기업의 장기적 관계가 구축되면 고객은 그 서비스기업에서 얻을 수 있는 구조적 편리성 때문에 경쟁상품으로의 전환이 어려워진다. 고객은 일정 서비스 상품에 길들여지고 구조적인 편리함을 경험하면, 이와 같은 혜택을 계속적으로 받기를 원한다. 예를 들어 호텔의 경우, 단골고객에 대해서는 예약을 우선적으로 처리해 주고 체크인 절차를 간소화해 준다. 이러한 구조적 편의를 받는 고객은 타 호텔로의 이탈이 어려워진다. 브랜드 전환을 하면 이러한 혜택을 받기 어렵기 때문이다.

4 CRM

CRM(Customer Relationship Management: 고객관계관리)이란 고객을 파악하고 고객지식을 축적하며 고객과의 장기적 상호작용 관계를 구축해 나가기 위한 기업의 경영 프로세스이다. 넓은 의미로 CRM은 관계마케팅과 동일한 개념이라고 볼 수 있다. CRM과 관계마케팅은 고객 지향성과 관계 지향성을 근간으로 한 기업의 전사적 고객밀착 경영철학이다. CRM의 협의의 개념은, 주요 고객을 선택하여 고객관리에 필수적인 요소들을 통합하여 집중적으로 관계 유지 노력을 기울이는 기업의 구체화된 활동을 의미한다.

(1) CRM 프로그램 개발

CRM 프로그램의 체계적 개발에는 다음과 같은 5가지 단계가 있다.

첫째, CRM의 대상이 될 만한 주요 고객을 선정한다. 전산 고객 데이터베이스를 이용하여 주요 고객 추출 작업을 한다.

둘째, 숙련된 CRM 담당자에게 적절히 주요 고객을 할당한다.

셋째, CRM 담당자의 CRM 활동 직무명세를 상세히 작성한다. 직무명세에는 고객의 세분시장별로 추구하는 고객관계의 수준, 목표, 책임활동 부문, 그리고 평가 기준 등의 내용이 포함된다.

넷째, CRM 담당자는 기간별 고객관리 구축 전략 계획서를 구체적으로 작성한다.

다섯째, CRM 프로그램을 총괄적으로 지휘하는 관리자를 임명하여, CRM 담당자의 성과를 평가하고 CRM 활동에 따르는 인적·물적 지원을 책임지도록 한다.

(2) 각 사업단위/업장별 CRM 활동

고객과 직접 접촉하는 서비스 종사원의 CRM 활동은 다음과 같다.

첫째, 고객에 대한 정보를 확보한다. 고객정보는 데이터베이스 시스템에 저장하고 때에 따라 필요한 정보를 정리, 추출할 수 있도록 한다.

둘째, 파악된 고객의 특성과 선호를 바탕으로 각 고객에게 적합한 개별 서비스를 제공한다.

셋째, 고객의 구매 수준과 구매잠재성, 그리고 주요 고객으로 관리하는 데 필요한 비용을 분석하여 어느 수준의 CRM 방법을 적용할지를 결정한다.

(3) CRM 활성화 요인

✝ 전사적 참여

CRM은 조직 구성원 모두의 업무라는 인식이 보편화될 필요가 있다. CRM의 전사적 참여를 유도하기 위해서는 직원의 업무와 관련된 소규모의 CRM 프로그램을 성공적으로 수행함으로써 전 사원이 CRM이 자신의 업무 효율화에 도움이 된다는 확신을 가질 수 있도록 유도한다.

✝ 권한이양

서비스 제공 실무진에 대한 권한이양(empowerment)이 이루어질 때 CRM 전략은 효과를 발휘한다. CRM 노하우를 축적하고 이를 바탕으로 기업경쟁력을 강화시키기 위해서는 실무진 스스로의 의사결정에 의해 CRM 직무 수행을 할 수 있도록 권한이양이 이루어질 필요가 있다.

✝ 경영진의 리더십

서비스 조직에서 CRM 활동을 적극적으로 확산시킬 수 있는 능력을 가진 존재는 최고경영진이다. CRM의 성공적인 수행을 위해서는 업무 프로세스의 변화가 필요한데 이에 대한 지원 의사결정을 내리는 것은 최고경영진이다. 또한 최고경영진은 CRM 추진 과정에서 부서 간의 갈등과 비협조가 발생할 때 이를 조정할 수 있다.

✝ 커뮤니케이션의 활성화

CRM의 성공적인 정착은 부서 간의 정보 공유와 상호 커뮤니케이션의 활성화에 달려 있다. CRM 담당 부서, 각 영업장, 마케팅·판매 부서 등 고객정보관리와 관련이 있는 모든 부서는 부서 간의 장벽을 허물고 적극적으로 고객 관련 정보와 의견을 교환해야 한다.

✝ 정보의 보유

CRM의 성공적 실행을 지속시키기 위해서는 고객 및 CRM 관련 활동 분석결과를 보유할 필요가 있다. 개인 고객에 대한 CRM 활동이 서비스 조직 구성원의 이탈과 함께 단절되지 않기 위해서는 관련 정보가 조직에 보유되어야 한다. 또한 과거의 CRM 실행 경험을 바탕으로 앞으로 개선된 CRM 활동을 전개하기 위하여, 고객 관련 정보와 CRM 활동 성공/실패 요인에 대한 조직 기억이 보유되고 활성화될 필요가 있다.

5 고객충성도

관계마케팅의 목적은 고객충성도의 향상이다. 서비스기업과 고객A 간의 관계가 형성되었다는 것은 곧 그 기업에 A라는 충성고객이 생겼다는 것을 의미한다. 그런데 고객충성도는 단순히 반복구매라는 외적인 행동 측면만으로 평가될 수 없다. 진정한 충성도는 행동적 측면과 태도적 측면을 모두 포함하는 개념이다.

(1) 고객충성도의 개념

행동적 충성도

행동적 충성도(behavioral loyalty)는 고객의 구매행동으로 드러난 외적 측면에 초점을 둔다. 특정 브랜드에 대한 재구매 빈도, 장기적 선택 행동, 그리고 전체 브랜드 범주 중 특정 브랜드의 선택 비율 등으로 행동적 충성도를 측정할 수 있다. 행동적 충성도는 다양한 이유로 발생될 수 있다. 그것은 고객이 진심으로 그 브랜드에 대한 애착이 있어서일 수도 있고, 때로는 단순히 구매습관에 의한 것이거나 혹은 다른 대안이 없어서일 수도 있다. 브랜드에 대한 고객의 강한 애착 및 감정적 · 인지적 몰입에 의해 유발된 행동적 충성도는 **진정한 충성도(true loyalty)**이다. 반면에 습관성 재구매 행동은 **관성적 구매(inertia)**이며, 태도적 애호도 없이 발생하는 **의사(擬似)충성도(spurious loyalty)**이다.

태도적 충성도

태도적 충성도는 특정 브랜드에 대한 심리적 몰입 또는 태도적 애착 측면을 의미한다. 태도적 충성도는 브랜드의 정보에 기초하는 **인지적 요소(cognitive component)**, 특정 브랜드에 대한 애착과 감성을 포함하는 **감정적 요소**(affective component), 그리고 미래에도 해당 브랜드를 계속 사용할 의지를 나타내는 **의도적 요소**(conative component)로 구성된다. 태도적 충성도는 구전 의도, 다른 경쟁대안에 대한 저항, 재구매 의도, 프리미엄 가격 지불 의사 등으로 측정할 수 있다. 예를 들어, 어떤 고객은 5퍼센트 할인만으로도 경쟁사로 이탈할 수 있는 반면, 다른 고객은 경쟁사가 30퍼센트 할인을 해도 이탈하려 하지 않는다. 기존 브랜드에 대한 강한 신뢰와 애착 때문이다. 이 경우 후자는 태도적 충성도가 높은 고객이라고 할 수 있다.

(2) 고객충성도 사다리

호텔서비스 고객은 충성도의 수준에 따라 예상고객, 고객, 단골고객, 지지자, 옹호자로 분류될 수 있다. 일반적 마케팅활동은 예상고객을 발견하고 그들을 고객으로 전환하기 위해 노력을 기울이는 것이다. 그러나 관계마케팅의 목적은 일반고객을 점진적으로 충성도 사다리 상단으로 이동시켜 단골고객, 지지자, 옹호자로 만드는 것이다. 지지자(supporters)는 특정 호텔서비스 브랜드에 대해 진정으로 애착을 가지고 즐겨 이용하며

그림 16-3 ● 고객충성도 사다리

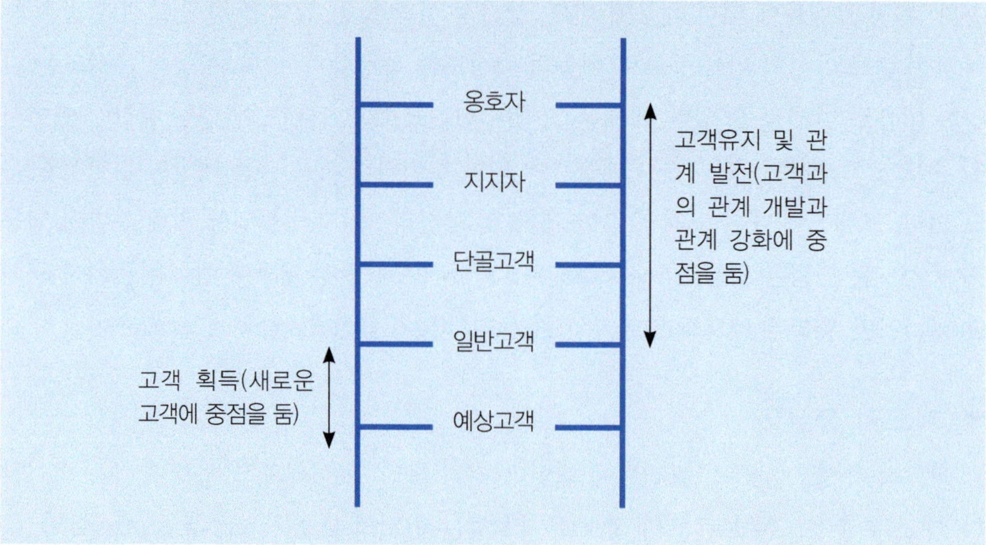

남에게 추천하는 고객이다. 여기서 더 나아가 옹호자(advocates)는 높은 몰입과 관여도를 가지고 적극적으로 서비스 상품 수정이나 개선, 그리고 신상품 아이디어 개발에까지 참여하는 열성고객을 의미한다.

(3) 고객충성도 향상 전략

Berry는 고객의 충성도를 제고하기 위한 5가지 전략을 제안하였다.

① 핵심 서비스 개념 개발(core services)

서비스 상품 선택에 있어 고객이 가장 중시하는 핵심적 니즈를 알아내어 이를 충족시키는 상품 콘셉트를 개발, 제공하는 것이 고객충성도 형성의 시작점이다. 핵심 서비스 상품에 대한 만족도는 고객충성도의 가장 기본적인 필요 요건이다.

② 고객과의 관계 특화(customizing the relationship)

고객의 개별적 니즈에 대한 맞춤서비스를 제공하고 고객에 대한 관심과 배려를 표현함으로써 관계를 특화하는 것이다. 관계마케팅을 통해 고객과의 긴밀한 상호 의존적 관계가 형성되면서 고객충성도가 강화된다.

③ 포괄 서비스 제공(service augmentation)

포괄 서비스란 핵심 서비스 상품에 부가적으로 덧붙는 서비스를 뜻한다. 시장 성숙기에 다다른 호텔서비스의 경우, 포괄 서비스는 종종 차별화의 주요 수단이 된다. 포괄 서비스는 고객이 서비스 상품에 대해서 느끼는 가치와 효용을 더해 줌으로써 종종 고객의 재구매를 유도하는 요인이 된다.

④ 관계가격 정책(relationship pricing)

구매량과 구매율이 높은 충성고객에게는 가격 인센티브를 제공하여 충성도를 더욱 제고한다. 이는 고객의 충성구매행동에 대한 보상이기도 하며, 일반고객을 충성고객화하는 유인책이기도 하다. 관계가격은 이미 충성도가 높은 고객을 계속 붙들어 놓는 충성도 유지 또는 강화 효과를 갖는다.

서비스기업-고객 관계의 중요성: 컨벤션 비즈니스

Don Walter는 컨벤션기획 지도자 협의회(The Convention Liaison Council's Hall of Leaders)의 회원이다. 그는 전문 컨벤션 기획가로서 지난 30년간 약 1억불에 육박하는 컨벤션 관련 상품 구매 의사결정에 관여해 왔다. 그는 컨벤션 개최시설을 결정함에 있어 공정한 가격 협상과 시설의 질, 그리고 종사원의 고객서비스 수준을 평가한다. 그는 과거에 자신이 컨벤션을 개최한 경험이 있는 호텔을 재이용할 때 종사원들이 바뀌지 않고 그대로 있는지를 반드시 확인한다. 종사원 이직률이 높은 호텔은 종종 서비스 수준이 낮다는 것을 그는 알고 있다. 그는 컨벤션시설 평가를 위해 호텔을 방문할 때 직원들이 얼마나 그를 기억하며 그의 이름을 부르며 인사하는지를 유심히 관찰한다. 이는 호텔이 고객에 대해 얼마나 세심한 관심을 가져 주는지를 나타내는 것이기 때문이다.

호텔 측과 컨벤션 개최를 위한 협상과 계약 체결을 함에 있어, 그는 동일한 담당자와 협상하기를 원한다. 인적 관계가 형성되어 있는 친근한 직원과 협상을 하는 것이 그에게는 편리하고 또 효율성이 있는 일이다. 과거에 그의 요구사항에 따라 컨벤션 개최를 한 담당자는 그의 특별한 니즈와 스타일을 잘 이해하고 있기 때문이다. Don Walter의 컨벤션 기획 방식은 호텔기업과 고객 간의 장기관계 형성의 중요성을 보여 준다.

⑤ **내부마케팅**(internal marketing)

고객을 관리하는 데는 고객과 직접적인 접촉을 하는 서비스 요원의 역할이 절대적이다. 접객 종사원은 고객이 구매하는 서비스 상품의 가치를 결정하며 충성고객에게 사회적 편익을 제공하는 핵심 인물이다. 우수한 서비스 인적 자원을 통해 충성고객이 만들어지고 관리될 수 있다.

6 고객-브랜드 관계

(1) 고객-브랜드 관계 유형

소비자는 그들의 삶 속에서 브랜드와 개인적인 관계를 맺고 있다. 브랜드는 저마다의 독특한 개성을 소유한 객체로, 소비자 개인의 파트너로서 의인화될 수 있는데, 소비자 개인의 개성과 브랜드의 개성 간의 상호작용을 '고객-브랜드 관계'라고 말한다. 고객-브랜드 관계는 고객의 브랜드에 대한 인지 과정부터 구매행동 단계에 걸쳐 형성되는 종합 개념이다.

Fournier는 소비자들과의 심층 인터뷰를 실시하여, 그들이 특정 브랜드에 대해 느끼

표 16-3 고객-브랜드 관계 유형

유형	개념적 정의	구체적 의미
헌신적 파트너십 (Committed Partnership)	장기적이고 자발적인 관계로, 높은 신뢰감, 애정, 친밀감이 있음	특정 브랜드에 애착을 느끼고 몰입하여, 그 브랜드의 옹호자가 되고, 타인에게 칭찬과 추천을 함
편의적 결혼 (Marriage of Convenience)	우연히 관계가 시작된 후 환경적 영향에 의해 장기적 몰입을 함	우연히 이용하게 된 브랜드를 계속적으로 이용하게 됨
중매결혼 (Arranged marriage)	제3자의 추천으로 장기적 관계에 몰입함	타인(지인, 광고모델)의 추천으로 이용하기 시작하여, 결과적으로 단골고객이 됨
가벼운 친구 (Casual Friends)	친밀함, 상호작용, 기대 수준이 낮은 관계	부담 없이 이 브랜드 저 브랜드를 다양하게 사용함
최고의 친구 (Best Friendship)	친밀하고 상호이익을 공유하는 관계로, 자신의 이미지와 동일	특정 브랜드를 자신의 자아 개념과 일치하는 최고의 브랜드라고 여김
상황적 친구 (Compartmentalized Friendship)	특정한 상황에 의존하는 우정. 친밀감은 낮지만 사회적 보상이 큼	상황에 따라 브랜드 전환을 함(예: 어디서 누구와 함께 사용하느냐에 따라 브랜드가 달라짐)
어릴 적 친구 (Childhood Friendship)	어린 시절에 맺어진 관계로, 추억과 편안함이 있음	어렸을 때 즐겨 먹던 과자 브랜드에 대해 향수를 느껴 이따금씩 구매함
혈족관계 (Kinships)	가족 구성원의 선호를 비자발적으로 채택	부모가 사용하던 브랜드를 습관적으로 그대로 사용함
기피관계 (Avoidance-driven)	피하고 싶은 관계	안 좋은 기억을 불러일으키는 브랜드는 기피함(예: 이혼한 남편이 사용하던 브랜드)
구애관계 (Courtship)	몰입할 대상을 물색하는 단계	장기적으로 애용할 생각으로 특정 브랜드를 사용해 봄
시도관계 (Fling)	가볍게 시도해 보는 일회용 단계	A브랜드의 충성고객이 B브랜드 샘플을 한번 써 봄
의존관계 (Dependency)	지배되고 종속적인 관계	특정 브랜드를 살 수 없으면 매우 불안해함
적대관계 (Enmities)	부정적이고 혐오하는 적대관계	특정 브랜드의 부정적 경험으로 인해 그 브랜드를 매우 혐오하고 싫어함
노예관계 (Enslavement)	비자발적 강제 예속관계	애착은 없지만 다른 대안이 없어 꼼짝없이 구매하는 브랜드
비밀관계 (Secret Affair)	타인에게 노출하지 않는 비밀스러운 감정 관계	남모르게 은밀히 사용하는 상품 또는 브랜드(예: 주류, 고칼로리 디저트)

는 감정과 관련 에피소드, 그리고 브랜드 구매행동 성향을 분석하여 소비자가 브랜드와 함께 형성해 가는 관계를 파악하고자 하였다. 그녀는 소비자 개인의 삶의 배경과 경험, 주변 인물과의 관계, 상황적 변수, 가치관, 자아 개념 등을 브랜드에 대한 감정 및 이용 행태와 관련하여 분석하였다. 분석결과, 고객-브랜드 관계 유형은 **표 16-3** 에서와 같이 15개로 분류되었다. Fournier의 연구는 고객-브랜드 관계 유형의 이론적 토대를 제공하였는데, 이러한 고객-브랜드 관계 이론은 브랜드가 고객에게 상표 이상의 의미가 된다는 것을 보여 준다.

(2) 고객-브랜드 관계의 변화 과정

고객-브랜드 관계는 역동적 과정을 거쳐 변화해 간다. 사람과 사람 간의 대인관계에서와 마찬가지로 고객과 브랜드 간의 관계는 연속적인 커뮤니케이션, 상황 그리고 이해관계에 따라 유동적으로 변화한다. 고객-브랜드 관계는 성장(growth), 유지(maintenance), 악화(deterioration), 해체(dissolution)의 4단계를 거쳐 발전하고 진화한다. 여기서 성장 단계는 접촉(contact), 관여(involvement), 친밀(intimacy) 단계로 세분화될 수 있다.

그림 16-4 ● 고객-브랜드 관계의 변화 과정

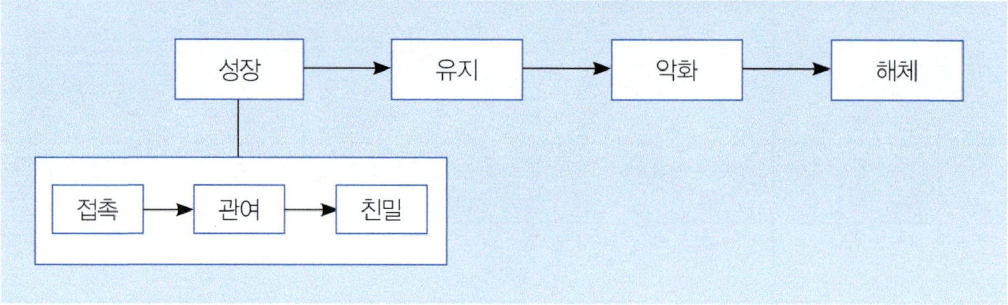

HOTEL MARKETING

제17장 내부 마케팅

1 내부 마케팅의 개념

호텔기업은 고객 접촉 서비스 종사원이 하나의 팀을 형성하여 일관성 있게 고품질 서비스를 창출하고 최선을 다해 고객을 만족시키도록 해야 한다. 그러기 위해서는 서비스 조직의 모든 사람이 고객 지향적 가치관을 공유하는 기업문화를 형성하고 효과적으로 서비스 종사원을 훈련시키며 직무동기를 유발시켜야 할 것이다.

"종사원 만족 없이 고객 만족 없다." 메리어트인터내셔널의 회장 Bill Marriott는 중견 사원을 채용할 때 지원자들에게 고객, 종사원, 그리고 주주라는 세 집단 중 어느 집단을 우선적으로 만족시켜야 하는지를 질문한다. 대부분의 지원자는 고객을 먼저 만족시켜야 한다고 대답한다. 그러나 Marriott 회장의 생각은 다르다. 먼저 종사원을 만족시켜야 한다는 것이다. 종사원이 자신의 직무와 직장을 사랑하고 만족을 느끼면 고객에게 성심껏 봉사하게 된다. 그러면 고객이 만족하여 메리어트를 다시 찾게 되고, 그 결과 호텔의 매출이 증가하고, 이익을 창출하게 되면 주주가 만족하게 된다는 것이다.

서비스기업에는 내부시장이 존재한다. 서비스 조직 내부의 종사원이 형성하는 내부시장이 서비스를 우선적으로 경험해야 고객으로 이루어진 외부시장을 만족시킬 수 있다. 내부 마케팅이란 조직 내부의 종사원을 1차적 시장으로 보고, 서비스 종사원의 니즈

그림 17-1 ● 서비스산업의 마케팅 삼위일체

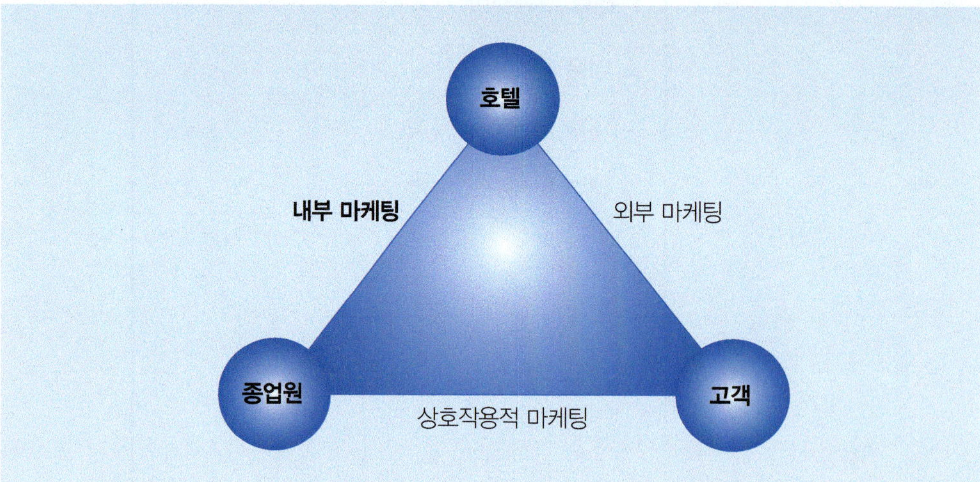

와 심리를 이해하여, 그들이 고객과 바람직한 상호작용을 하며 최선의 서비스를 창출할 수 있도록 여건을 조성하고 효과적으로 직무동기를 발생시키는 것이다. 고객의 구매 행동과 충성도를 얻기 위하여 시장에 마케팅적 접근을 하는 것처럼, 서비스 조직의 종사원 또한 마케팅적 접근 방식으로 직무만족도를 최대화하고 서비스 직무 몰입을 유발하며, 궁극적으로는 애사심과 고객 지향적 태도를 갖도록 유도하는 것이 내부 마케팅의 핵심 내용이다.

2 내부 마케팅의 대상

내부 마케팅활동은 고객과의 인적 접촉이 많고 종사원의 서비스 자체가 상품의 품질을 결정하는 분야에 더욱 필요하다. 서비스 조직의 구성원은 고객 접촉 빈도와 마케팅 활동 관여도에 따라 접촉자, 조절자, 영향자, 고립자로 구분될 수 있다.

첫째, 접촉자(contactors)는 고객과 지속적으로 직접적인 접촉을 가지는 일선 서비스 직원이다. 이들은 호텔기업을 대표하여 고객과 빈번한 상호작용을 하고 고객의 요구에 반응하며 서비스의 차별화에 참여하는 등 현장에서 활발히 대고객 마케팅활동을 실행한다.

둘째, 조절자(modifiers)는 고객과 빈번히 접촉하나 마케팅활동에는 소극적으로 관여하는 사람으로, 예를 들면 전화교환원이 이에 해당된다. 이들은 서비스 상품의 개발과 전달에 적극적으로 참여하지는 않으나, 고객과의 접촉빈도수가 높으므로 커뮤니케이션 기술과 숙련된 업무 수행 능력을 교육·훈련시킬 필요가 있다.

셋째, 영향자(influencers)는 마케팅 전략을 개발하는 역할을 담당하기는 하나 직접적인 고객 접촉은 제한적인 직원이다. 시장조사팀이나 마케팅 연구개발팀 소속 직원들은 영향자에 해당된다.

넷째, 고립자(isolated)는 구매부, 인사부, 자금부 등의 직원과 같이 고객과의 접촉빈도수도 떨어지고, 마케팅 전략을 수립하고 수행하는 업무에의 관여도 또한 낮은 조직원이다.

고객과의 접촉이 빈번하고 서비스 상품의 창출, 고객과의 상호작용 등 마케팅활동에의 관여도가 높은 조직원일수록 내부 마케팅의 중요한 대상이 된다. 이들은 주로 일선

표 17-1 ◎ 서비스 조직원의 유형

		마케팅믹스 관여도	
		(높음)	(낮음)
고객 접촉 빈도	(높음)	접촉자	조절자
	(낮음)	영향자	고립자

에 있는 서비스 직원으로 구성된 '접촉자'로, 호텔기업은 이들이 고객을 위한 부가가치를 역량껏 창출할 수 있도록 내부 마케팅적 지원을 해야 한다.

고객 접촉과 마케팅활동 관여도가 상대적으로 낮은 부서는 이러한 내부고객의 만족과 원활한 활동을 위하여 적극적인 지원을 해야 한다. 예를 들어, 리츠칼튼 호텔은 대부분의 체인에서 중역진의 수를 줄이고 평사원 중심의 자율업무팀을 구성하고 있다. 현장을 가장 잘 아는 실무진 중심으로 영업을 하고 그들에게 보다 많은 의사결정권을 부여하기 위함이다. 스칸디나비아항공(SAS)의 Jan Carlzon 사장은 중간관리자들에게 "여러분의 임무는 제일선에 있는 종사원들을 감독하는 것이 아니라 그들이 고품질 서비스를 창출하도록 지원하는 것이다"라고 말했다.

3 내부 마케팅의 목적

내부 마케팅의 목적은 크게 4가지로 분류할 수 있다.

첫째는 종사원 전체가 고객 중심적 사고를 갖는 서비스 지향적 기업문화를 조성하는 것이다. 서비스문화가 조성되면 조직 구성원들 간에 고객을 최우선적으로 여기는 공통적 가치와 행동규범이 만들어지고 자연스럽게 조직 내 고객 지향적 분위기가 형성된다.

둘째는 종사원 만족의 향상이다. 서비스를 전달하는 종사원이 자신의 직무에 대해 만족하고 자신이 근무하는 회사에 대해 자부심과 애사심을 느낄 때 조직몰입이 이루어진다. 호텔신라와 삼성에버랜드의 대표이사를 역임한 허태학 전 사장은 내부 고객 만족의 중요성을 강조하면서 "제조업체는 사람에게 쓰는 돈은 비용이고 기계설비에 쓰는 돈은 투자이지만, 서비스업에서는 사람(서비스 직원)이 곧 설비이다. 사람에게 투자하여 종사원의 만족도를 높이는 것이 서비스 경쟁력 강화의 첫 단계이다"라고 말하였다. 서비스 종사원의 만족은 그림 17-2 에서와 같이 고객만족과 매출 증대를 일으키고, 이것은 다시 내부 고객 만족으로 회귀되는 선순환을 가져온다. 내부 마케팅의 중요한 영역 중 하나는 서비스 종사원의 만족도를 모니터링하고 효과적으로 종사원 만족을 증가시키는 것이다.

셋째는 양질의 서비스 창출이다. 종사원에게 직무동기를 부여하고 효율적인 서비스 생산을 위한 교육·훈련을 시켜 고품질 서비스를 창출하도록 유도하는 것이다. 현재 자사 조직원의 능력이 최대한으로 활용될 수 있기 위해서는, 이를 지원하는 환경과 체제가 조성되어야 한다. 종사원이 훌륭한 서비스를 생산할 능력과 동기가 있어야 고객은 만족스러운 서비스를 경험할 수 있다.

넷째는 서비스기업이 꼭 필요로 하는 최적의 인력을 확보하고 유지하는 것이다. 기업이미지 홍보의 대상은 고객뿐 아니라 인력시장이기도 하다. 자사의 서비스문화와 현재 조직원의 만족도는 미래에 양질의 서비스 인원을 유인하고 선발하는 데도 영향을 미친다.

그림 17-2 ● 종사원 만족 경영의 선순환

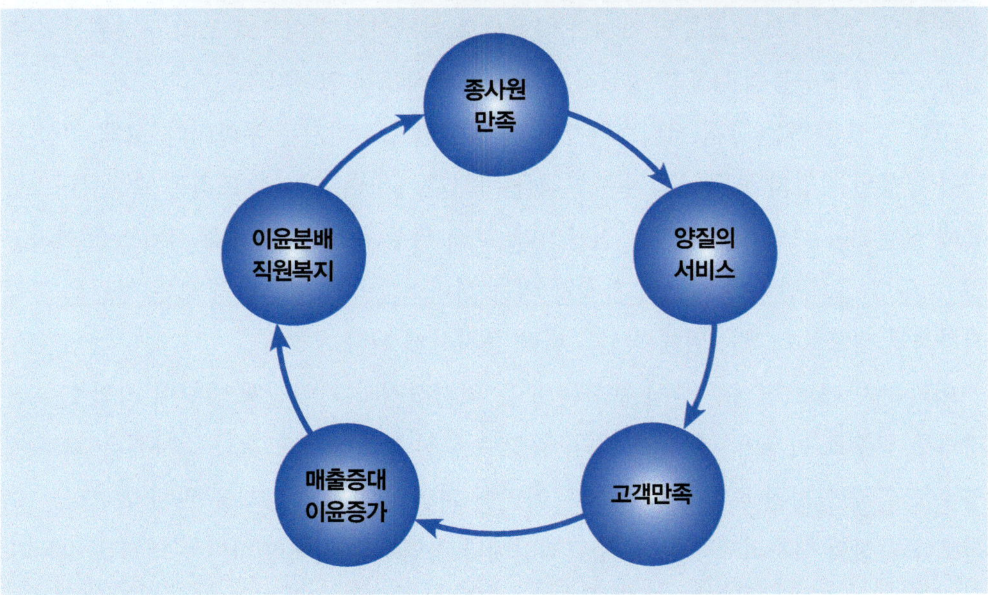

4 내부 마케팅의 영역

내부 마케팅의 개념은 기업이 마케팅적인 접근 방법에 의해서 서비스 종사원으로 하여금 고객 중심적인 태도로 양질의 서비스를 창출하도록 동기부여를 하는 데 그 핵심이 있다고 할 수 있다. 이러한 최종목표를 달성하기 위한 내부 마케팅의 실행 과정에는 서비스문화의 형성, 인적자원 관리, 그리고 커뮤니케이션 관리 등의 영역이 포함된다.

(1) 서비스문화의 형성

경영주 중심 문화와 고객 중심 문화

모든 서비스 조직은 저마다 독특하게 갖고 있는 보편화된 가치와 행동양식이 있다. 조직문화(organizational culture)는 조직 내 구성원이 함께 공유하는 가치와 신념을 형성하고, 조직이라는 공동체를 결속시키며, 조직원의 행동에 대한 규범을 제공하는 역할을 한다. 강한 기업문화는 내부적으로 조직을 통합시키고 직원으로 하여금 조직과의 일체의식을 갖게 하며 조직의 가치에 부합되는 목적의식을 가지고 행동을 하도록 사회적 힘을 가한다. 조직문화는 공통된 가치를 바탕으로 이루어진 것이므로 조직 구성원들이 충성심을 가지고 공통의 목표를 성취하기 위해 노력하도록 만든다.

고객 중심 문화는 고객 서비스와 만족을 최우선으로 여기는 문화이다. 고객 중심 문화가 형성된 기업의 모든 조직원은 고객을 위해 존재하며, 서비스 조직은 고객서비스를 통해 실현되는 이익을 공유하는 집단이다. 고객 위주 문화는 곧 고객 서비스 문화라고 할 수 있다. 고객만족이 최고의 가치가 되는 서비스문화가 형성되면 모든 직원은 고객 지향적인 태도로 고객을 위해 최선을 다해 봉사하게 된다.

이와는 반대로 경영주 중심 문화는 모든 의사결정과 기업정책 방향이 기업주 혹은 경영주 위주로 이루어지는 문화이다. 경영주 중심 문화에서 고객과 종사원은 회사 경영주를 위해 설정된 존재에 불과하다. 이러한 기업의 직원은 고객을 위해 일한다는 의식보다 자신의 윗자리에 있는 상위 관리인이나 경영주를 위해 일한다는 의식을 갖는다. 이 경우 서비스 직원의 모든 행동의 우선순위는 고객보다 경영주에게 있으며, 서비스조직은 경직될 수밖에 없다.

✝ 서비스문화의 필요성

경영주 중심 문화보다 고객이 중심이 되는 서비스문화가 형성되어야 하는 이유는 서비스문화가 형성된 조직이어야 시장에서 서비스 경쟁력을 가질 수 있기 때문이다. 기업의 문화는 서비스 종사원이 업무 처리를 할 때 가장 중시해야 할 공통적인 가치와 암묵적 행동규범을 형성한다. 서비스문화가 정착된 기업에서는 서비스 종사원의 모든 행동이 고객만족 실현이라는 공통 가치를 향해 일관성 있게 방향 설정이 되어 있다. 서비스문화가 형성된 기업의 종사원은 다양한 접객상황에 처했을 때 고객만족을 우선적으로 실현시키고자 행동을 취한다. 기업 내부에 고객 위주 가치와 규범이 형성되어 있기 때문이다. 반면에 서비스문화가 약한 기업의 종사원은 문제가 발생했을 때 고객의 니즈와 기업의 요구 사이에서 혼란을 느끼고 스스로 문제해결을 할 수 없다. 따라서 고객불만족을 초래하게 된다.

서비스문화에는 상승효과가 있다. 기업의 서비스문화를 바탕으로 종사원은 고객 지향적 태도와 행동을 형성하고 직무동기가 발생하며, 이것은 다시 서비스 실적을 높이는 결과를 낳는다. 서비스의 품질과 생산성이 향상되면 고객만족이 실현되고 호텔기업의 매출 및 이윤이 증가된다. 기업의 수익성이 향상되면 근무환경과 급여가 좋아지게 되고, 종사원들은 직무만족도가 높아지면서 결과적으로 고객서비스의 수준이 더욱 향상되고 서비스문화가 강화된다. 서비스문화를 바탕으로 선순환이 이루어지는 것이다.

✝ 기업의 서비스문화 평가 요인

기업의 서비스문화가 어느 정도 확립되었는지를 평가하기 위해서는 다음과 같은 요인을 고려할 필요가 있다.

- 서비스문화 확립을 위한 경영진의 확고한 의지와 서비스 실천이 있는가?
- 서비스문화 정착을 위한 기업 차원의 제도적 지원이 있는가?
- 종사원이 서비스의 중요성을 인지하고 있는가?
- 종사원이 고객 위주 태도를 가지고 있는가?

- 종사원이 고객 서비스를 할 수 있도록 권한위양이 이루어져 있는가?
- 양질의 서비스에 대한 적절한 보상이 있는가?
- 고객 서비스 실현 중심 조직체제가 형성되어 있는가?

서비스문화의 조직구조

고객서비스 중심의 기업문화가 정착되려면 조직구조의 뒤집기가 과감히 이루어져야 한다. 전통적인 조직구조는 삼각형의 형태를 취하고 있다. 최고경영자가 삼각형의 맨 꼭대기에 위치하며, 그 밑에 총지배인, 각 부서장, 중간관리자, 접객 직원이 각각의 상사를 보좌하고 있는 형태이다. 고객은 가장 하위의 일선직원이나 상대하는 대상이다. 반면에 서비스 중심 조직구조는 그 반대의 모양을 하고 있다. 고객이 가장 윗자리에 있고 일선 직원이 고객을 위해 봉사한다. 그리고 중간관리자, 부서장, 총지배인, 경영자는 일선 접객 종사원이 고객 서비스를 원활히 수행하도록 밑에서 지원하는 역할을 담당한다.

Opryland 호텔의 종사원 교육·훈련과장인 Marc Clark는 "직접 고객에게 서비스를 제공하지 않는 호텔 직원은 그러한 접객 종사원에게 서비스를 제공해야 한다"고 말했다. 호텔기업은 서비스 중심 조직구조를 형성하여, 상위 관리자층은 중간 관리층을, 그리고

그림 17-3 호텔 조직구조 뒤집기

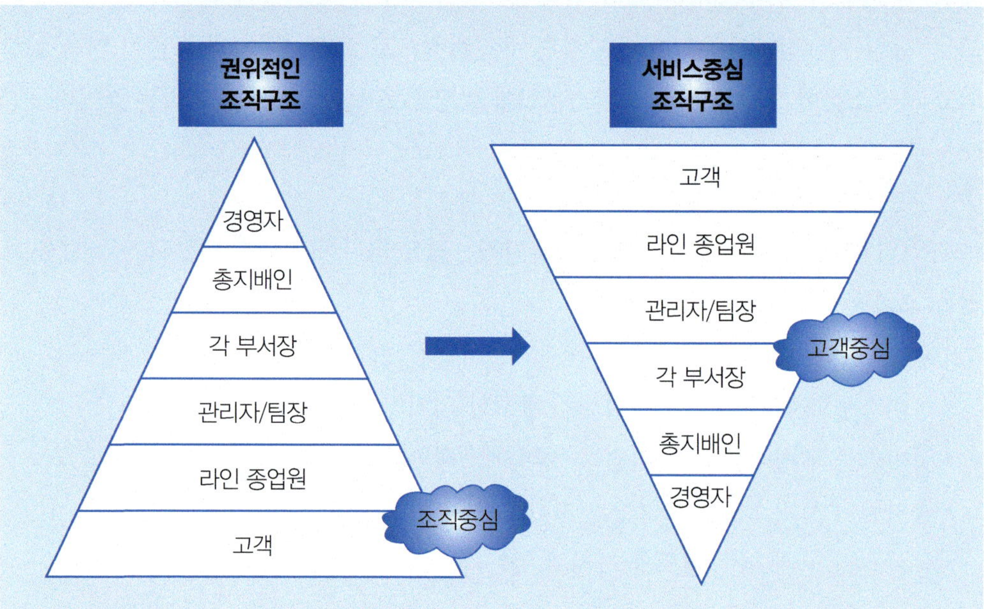

중간 관리층은 일선 종사원을 지원하며 각각 자신의 부하 직원에게 서비스 지향적인 태도로 임하는 조직문화를 정착시켜야 한다.

(2) 인적자원관리

호텔기업은 마케팅적인 접근 방법으로 인적자원관리를 해야 한다. 우선 서비스 종사원이 수행하는 노동의 성격과 그들이 경험하는 심리적 갈등을 이해할 필요가 있다. 또한 우수한 인재를 채용해서 효과적으로 교육시키고 직무동기를 부여하며 서비스 종사원의 직무만족도를 최대화하는 방안을 고안해야 할 것이다.

감정노동

호텔산업은 인적 서비스의 비중이 다른 어느 산업보다도 높다. 호텔서비스 업무는 종사원의 감성적 요소가 직무성과에 반영되는 감정노동(emotional labor)이다. 서비스업 종사원은 많은 고객을 상대하며 끊임없이 사람을 접촉한다. 계속 낯선 사람과 대화하며 그들의 요구를 들어주어야 하는 직종에 종사하는 사람은 '대인접촉과잉 증후군'을 경험할 가능성이 있다. 접객 직무에 대한 심한 심리적·육체적 피로를 느끼고, 무력감, 긴장, 대인기피 성향을 보이며, 고객에 대해 무관심하고 심지어 적대감마저 갖게 되는 현상이다. 이와 같이 과도한 정서적 노동 스트레스는 서비스 요원의 소진(burnout)을 가져온다.

이러한 문제는 서비스기업의 인력관리 측면에서 대응되어야 한다. 첫째, 정서적 노동 스트레스에 저항력이 있는 사람을 서비스 직원으로 선발한다. 서비스직에는 감정지능과 사회성이 높고 원만한 성격의 소유자가 적절하다. 둘째, 종사원의 적성에 맞게 직무배치를 한다. 친화성과 사교성이 높은 사람을 접객 종사원으로 배치한다. 셋째, 교육을 통해 접객 노하우와 고객 접촉에서 생기는 스트레스 해소법을 가르친다. 넷째, 편안하고 효율적으로 업무를 볼 수 있는 인적·물적 환경 조성을 한다. 과도한 접객 직무는 분담할 수 있는 직무체계를 만든다. 다섯째, 서비스 지원체제를 만들어 종사원이 효율적으로 고객 서비스를 창출할 수 있는 시스템을 구축한다. 접객 종사원의 어려움을 이해하고 배려하는 분위기를 조성하고, 접객과 관련하여 발생하는 문제점을 상부에 호소할 통로를 열어 주며, 함께 해결책을 모색하는 지원 시스템을 마련할 필요가 있다.

감정노동

감정노동은 고객의 다양한 요구를 처리하는 직종일수록, 또 고객과 접촉 빈도가 높은 직업일수록 강도가 높다. 감정노동이 과중해지면서 가장 먼저 나타나는 공통적인 현상은 약자에게 공격성을 드러내는 것이다. 하급 직원이나 나이 든 부모에게 짜증을 부리고, 기혼 여성의 경우에는 아이들에게 화풀이를 한다. 겉으로는 웃으면서 마음은 침체의 늪에 빠지는 가면(假面) 우울증, 내가 남이 된 것 같은 이인화(異人化) 현상도 겪는다. 자기비하를 하거나, 자아 존중심이 사라지는 것도 이들의 특징이다. 심한 경우에는 감정불감증 상태에 이르기도 한다. 자신의 억눌린 감정을 풀지 못해 나타나는 현상들이다.

고객만족을 향한 기업의 경영전략은 갈수록 강화될 것이다. 따라서 기업과 개인 차원에서 감정노동을 이해하고, 이에 대한 대처 방안을 마련하는 것은 매우 중요하다. 첫째, 개인 차원의 대처기법은 다음과 같다.

- 적응하기
- 일과 나의 분리
- 혼잣말 등 인지적(認知的) 기법
- 분노 조절 훈련
- 생각 멈추기 등

둘째, 기업 측은 업무량 조절과 직원의 업무만족 측면에 신경을 써야 한다. 한국산업안전공단의 정진주 박사는 인력이 모자라 업무가 가중되면 서비스의 질이 떨어질 뿐 아니라 고객과 갈등도 높아진다고 경고하였다. 따라서 근무 강도를 조절해 주면서 '당신은 우리 회사의 소중한 사람'이라는 인격 존중의 회사 분위기를 조성해 나갈 것을 권하였다. 고객만족뿐 아니라 '직원 만족'도 중시하라는 의미이다. 서비스의 질을 점검하는 감시체계는 평가기준이 매우 주관적이고, 직원이 처해 있는 입장과 상황이 고려되지 않아 종종 직무 스트레스를 가중시킨다. 상급자나 동료의 상호 지지와 배려도 필요하다. 같은 입장에서 불만을 토로하거나 위로하다 보면 감정노동의 부담이 경감될 수 있다. 직원의 직무만족을 높이는 방안을 마련하고, 성격적으로 친화적이며 활달한 사람을 고객 접점 부서에 전진 배치하는 인사 방침도 고려할 필요가 있다.

감정부조화

감정부조화(emotional dissonance)란 서비스 종사원이 서비스 제공 과정에서 실제 내면적으로 경험하는 감정과 서비스조직 규범으로 인해 겉으로 표현해야 하는 표면적 감정 간의 불일치에서 오는 심리적 갈등을 의미한다. 이는 서비스 종사원이 자신이 수행하도록 부여받은 역할과 그가 내면적으로 지향하는 가치 간의 괴리에서 비롯된다. 서비스 종사원들은 실제 그들의 감정 표현을 의도적으로 자제하는 표면적 행위를 하게 되는데,

그 결과 감정적 고갈과 부조화를 종종 경험한다.

서비스 종사원의 감정노동에 대한 기업 차원 통제 수단이 아무리 강력하게 만들어진다 해도 감정부조화의 원천적 차단은 거의 불가능하다. 서비스 종사원의 감정부조화를 유발시키는 요인은 다음과 같다.

첫째는 직무특성이다. 서비스 직무의 자율성이 낮고 업무가 정체되어 있을 때 감정부조화는 발생가능성이 높다. 또한 감정부조화는 서비스 종사원의 직급과도 관계가 있는데, 직급이 낮을수록 업무에 대한 재량권이 적고 조직 규범에 의해 일방적 통제를 받으므로 감정부조화의 발생률이 높아진다.

둘째는 종사원 개인의 특성이다. 서비스 종사원 개인의 정서성은 감정부조화에 영향을 미친다. 우울하고 신경질적인 성격의 소유자나 공격 성향이 강한 사람이 서비스 업무에 종사할 경우 자신의 정서성과 상반되는 긍정적 감정을 반복적으로 표현해야 하므로 감정부조화를 겪게 될 가능성이 높다. 또한 사교적이고 외부 지향적 성향을 가진 사람보다 내성적 성격을 가진 사람이 감정부조화에 취약하다.

셋째는 서비스환경 특성이다. 예를 들어 실내 온도나 조명이 적절치 않다든가 구내가 지나치게 혼잡하면 서비스 종사원은 직무 수행에 어려움을 느낀다. 이때 종사원은 짜증이 나고 심리적 스트레스와 갈등을 경험한다. 감정부조화는 시간과도 관련이 있는데, 낮보다는 늦은 저녁이나 밤에 서비스 종사원은 육체적 피로를 쉽게 느끼며 감정부조화가 유발될 가능성이 높다고 한다.

넷째는 고객행동특성이다. 서비스를 받는 고객의 태도와 행동은 종사원의 감정부조화에 커다란 영향을 미친다. 고객이 무리한 요구를 한다거나, 서비스 종업원에게 반말을 하는 등 무례한 태도를 보이거나, 지나치게 까다롭게 굴며 불평불만을 늘어놓으면 서비스 종사원은 불편한 감정을 느낄 수밖에 없다.

감정부조화는 서비스 종사원의 직무 스트레스를 증가시키며 서비스 성과와 조직몰입에 부정적인 영향을 미친다. 감정부조화로 인해 종사원은 고객을 냉담하고 비인격적으로 대하게 되고 표면적으로 서비스 직무에 임하게 된다. 감정부조화를 발생시키는 상황이 지속적으로 발생하면 종사원은 서비스 직무와 조직에 냉소감을 느끼고 이직 의도가 생겨난다.

서비스기업은 종사원이 경험하는 감정부조화와 거기서 오는 심리적 갈등을 이해하고, 직원의 스트레스를 완화시킬 수 있는 대책을 강구해야 한다. 첫째, 기업은 자사의 직원을 아끼는 태도를 보일 필요가 있다. 고객은 항상 옳지 않다. 종사원이 고객에게 부당한 대우를 당하는 경우, 회사는 종사원의 편에 서서 우선적으로 종사원을 보호해 주어야 한다. 또한 접객 스트레스가 높은 부서의 직원은 필요에 따라 다른 부서로 로테이션을 시키거나, 그것이 불가능한 경우 근무 시간 조절, 사내 동호회 활동 지원, 자기개발 지원 등 직원 복지를 확대시키는 등 종사원이 스트레스를 완화할 수 있는 돌파구를 마련해 주어야 할 것이다.

감정노동과 접객 스트레스의 강도가 강한 카지노산업의 경우, 서비스 종사원의 소진(burnout) 증세를 주의 깊게 다루어야 한다. 강원랜드에서는 서비스 직원을 위한 상담센터를 개설하고 전문 심리상담원을 고용하여 직원의 정서적 안정과 복지를 향상시키고자 노력한다.

감정지능

감정지능(emotional intelligence)이란 다른 사람의 감정을 읽고 그 감정에 맞추어 대화하고 타협하는 능력이다. 또한 자신의 감정 상태를 객관적으로 인식할 줄 알고, 그 감정을 타인에게 적절하게 전달할 수 있으며, 충동을 자제하고 분노를 절제할 능력을 의미한다. 감정지능이 높은 사람은 사회적 환경에 잘 적응하고 성공적으로 다른 사람들과의 대인관계를 형성해 나간다.

감정지능은 다음과 같은 5가지 차원으로 분류하여 측정될 수 있다.

첫째는 **자기 감정 인식 능력**이다. 자기 감정 인식 능력이란 자신의 감정을 정확히 객관적으로 인식하고 이해하는 능력을 말한다. 둘째는 **자기 감정 조절 능력**이다. 자기 감정 조절 능력은 자기감정과 심리적 충동을 효과적으로 조절하고 통제하는 능력이다. 셋째는 **자기 동기 부여 능력**이다. 자기 동기 부여 능력은 자신을 동기화하는 능력이다. 자기 동기 부여 능력이 있는 사람은 실패를 해도 쉽게 좌절하지 않고 다시금 털고 일어나 과업에 몰두할 수 있는 능력이 있다. 넷째는 **타인 감정 인식 능력**이다. 이는 다른 사람이 나타내는 비언어적인 표현의 의미를 파악하고, 타인의 감정을 이해하고 공감할 줄 알며, 감정이입을 할 수 있는 능력이다. 마지막으로는 **대인관계 유지 능력**이다. 대인관계 유지 능력이란 타인과 사회적 관계를 형성하여 친밀하고 원만하게 타인과 상호작용을 하는 능력을 말한다. 대인관계 유지 능력이 높은 사람은 적절히 감정표현을 하고 자신의 의사를 효과적으로 전달함과 동시에 타인의 의사를 존중하고 적절히 호응하며 사회적으로 바람직한 행동을 한다.

호텔서비스 직무는 감정지능이 높은 사람에게 적합하다. 감정지능이 높은 서비스 종사원은 고객 접촉 서비스와 고객과의 상호작용을 보다 효과적으로 수행할 수 있다. 이들은 서비스 전달상황에서 발생할 수 있는 감정부조화를 신속히 극복하고 고객의 호의적 감정을 보다 성공적으로 이끌어 낼 수 있기 때문이다. 감정지능이 높은 서비스 종사원은 그렇지 않은 종사원보다 접객 스트레스가 높은 상황에서 서비스 능력을 두드러지게 발휘한다.

† 인원 선발 및 채용

경쟁력 있는 인력을 선발, 채용하려면 구직시장에 마케팅적 접근을 할 필요가 있다. 우수한 지원자가 선호하는 고용주가 되려면 우수한 기업이 되어야 한다. 지원자가 선호하는 조직문화와 기업이미지가 우선 형성되어야 조직문화에 적합한 인력을 유인할 수 있다. 또한 종사원의 신규 채용 시에는 예상 지원자를 대상으로 적극적인 기업 홍보를 할 필요가 있다.

호텔과 같이 인적 서비스가 핵심을 이루는 서비스기업은 직원을 선발할 때 지원자의 능력뿐 아니라 서비스 성향(service inclination)을 중요하게 평가해야 한다. 서비스 성향이란 남에게 봉사하려는 자세와 인성, 사려 깊음, 친화성 등을 의미한다. 서비스기업은 직원 선발을 할 때, 지원자의 서비스 성향을 정확히 평가하고, 그들이 기업의 문화와 추구가치에 얼마나 부합되는 사람인지를 판별할 수 있어야 한다.

우수한 고객서비스를 실현하는 서비스기업의 인재 채용 방법을 보면, 지원자의 인성과 성품이 얼마나 고객서비스에 적합한지를 면밀히 평가하며, 그들이 얼마나 자사의 조직문화에 부합되는지에 초점을 두는 것을 알 수 있다. 스위스항공에서는 객실 승무원 모집에 응모한 사람들을 8인 1조로 나누어 하루 종일 면접을 실시하면서, 그중에 어떤 사람이 "나는 고객을 제일로 생각한다. 인내심이 강하다. 위장하지 않는다"는 기업가치에 가장 잘 맞는 인물인지를 추려낸다.

게스트 쿼터즈(Guest Quarters)에 지원한 사람은 직종, 지위를 막론하고 모두 총지배인의 면접을 포함한 4단계 면접을 통과해야 한다. 게스트 쿼터즈의 인사 담당 부사장인 Robert Foley는 이렇게 말하였다. "우리 회사에 있어 고용한다는 의식은 없다. 우리와 종사원의 관계는 언제나 대등하다. 우리는 종사원에게 공정하게 급여를 지급하며 각종 복지 혜택을 제공한다. 그 대신 종사원이 철저한 고객 지향적 태도로 서비스 업무에 임할 것을 강력하게 요구한다."

맥도날드나 엠버시 스위트(Embassy Suites)와 같은 서비스 우량 기업에서는 그들이 추구하는 우수한 인재를 선발하기 위하여 각종 심리테스트와 행동테스트를 실시한다. 그들은 이러한 테스트를 통해 어느 지원자가 과연 정서적 스트레스에 내성이 있으며 대인접촉이 많은 접객 서비스 업무에 적합한 인물인지를 가려낸다. 미국 플로리다 올랜도의 디즈니월드는 종사원 선발 과정에서 총 3주 동안의 교육, 평가 절차를 밟고 45분간의 자유토론 인터뷰를 실시한다. 이러한 과정에서 디즈니에 가장 적합한 인물을 가려 낼 수 있다. 이와 같은 선발 방법은 고비용이지만 디즈니월드의 기업이미지 유지를 위해 가치 있는 투자라는 설명이다.

호텔, 항공사, 외식업체 등 환대산업에 취업하려는 사람이 중요하게 고려하는 요인은 다음과 같이 나타났다. 서비스기업은 지원자가 직장을 선택할 때 어떠한 요인을 중요하게 고려하는지를 이해해야 한다.

- 승진 및 자기 성장의 기회
- 직무의 성격: 흥미로움
- 자신의 책무 및 권한(자유재량권)
- 업무환경
- 소속감
- 업무성과에 대한 인정 및 공평한 보상
- 직업의 안정성
- 훌륭한 교육·훈련 프로그램
- 직원에 대한 회사의 관심 및 존중
- 급여

직원 만족관리

종사원의 직무만족은 직무성과에 직접적인 영향을 미친다. 직무만족도가 높은 종사원은 서비스 생산성이 높고 이직률과 결근 빈도수가 낮다. 직무만족의 결정 요인에는 다음과 같은 세부사항이 있다.

- 직무 그 자체: 직무의 성격, 흥미 유발 정도, 직무의 난이도와 분량
- 급여: 급여 액수, 급여 지불 방법, 공평성
- 승진 및 발전 기회: 기업조직 내, 그리고 사회적 지위의 획득 기회
- 인정: 성과에 대한 신뢰, 인정, 칭찬
- 복지후생: 의료 혜택, 연금, 유급휴가 등 각종 혜택
- 작업 조건: 작업 시간,시설, 위치, 안전도, 휴식시간
- 감독 방법: 상관의 감독/리더십 유형 및 영향력, 상사와의 관계, 상사의 관리 기술
- 동료: 동료 간의 협조, 친밀성, 인간관계
- 회사 방침: 회사 정책, 이미지, 안정성, 직원에 대한 배려

종사원의 만족도는 직무, 직장, 인사, 근로 조건, 회사 등의 영역에서 결정된다. 직무의 성격, 동료·상사와의 팀워크, 인사 공정성은 직무동기에 중요한 영향을 미친다. 또한 회사와 근로 조건에 대한 만족도는 종사원의 애사심과 충성심을 결정한다. 종사원의 만족도를 높이기 위해서는 종사원의 사기를 북돋을 수 있는 환경 및 분위기, 그리고 사내 이벤트가 필요하다.

예를 들어 직원 체육대회, 직원 가족을 위한 음악회 등은 종사원의 결속과 조직몰입을 가져온다. 종사원은 다양한 욕구와 생활양식을 가진 집단이다. 따라서 종사원을 세분화하여 각 집단별로 그들의 니즈를 충족시키기 위한 여러 가지 내부 마케팅 상품을 개발하는 것도 직원 만족도 향상에 효과가 있다. 일례로 카페테리아식 후생제는 건강검진, 자녀 학자금 보조, 휴양지 콘도 이용권 등 다양한 복지후생 프로그램 중 종사원이 자신의 필요에 따라 일부를 선택해서 사용할 수 있도록 하는 제도이다.

표 17-2 종사원 만족의 영역

직무에 대한 만족도	• 자신의 일이 충분히 흥미롭고 보람이 있는가? • 직무의 양과 난이도가 적당한 수준인가? • 지금 하는 일이 개인적 성장에 도움이 되는가? • 자유재량권의 폭이 넓은가?
직장에 대한 만족도	• 상사와의 의견 교환이 원활히 이루어지는가? • 상사의 관리/리더십 유형이 만족스러운가? • 동료와의 상호관계가 만족스러운가? • 동료와의 근무 협조는 원활히 이루어지는가?
인사에 대한 만족도	• 직원 채용, 선발 과정이 투명한가? • 부서 배치 및 승진은 공정하게 이루어지는가? • 근무성과에 대한 공정한 평가가 이루어지는가? • 직원에 대한 배려와 지원이 있는가?
근로 조건에 대한 만족도	• 복리후생은 만족스러운 수준인가? • 근무환경과 근무 조건은 만족스러운가? • 급여는 자신이 투여한 노력에 비해 충분한 수준인가? • 근무지가 편리한 위치와 접근성을 가지고 있는가?
회사에 대한 만족도	• 회사가 좋은 사회적 이미지를 가지고 있는가? • 이 회사에 근무하는 데 대해 자부심을 느낄 수 있는가? • 회사의 기업문화에 적응할 수 있는가? • 경영진의 자세와 경영방침에 공감할 수 있는가?

교육 · 훈련

훌륭한 교육·훈련 프로그램은 직원의 능력을 최대한으로 개발하여 활용하는 데 결정적인 역할을 한다. 신입사원 프로그램은 회사에 대한 소속감과 애사심을 심어 주고 업무 소개를 하는 데 중점을 둔다. 호텔기업의 경우, 호텔의 역사와 시설, 호텔에서 개최되는 이벤트 등에 대해 특별 제작된 영화를 보여 주기도 하는데, 이는 시각적 효과와 함께 신입사원에게 회사 전반에 대한 지식과 제반 업무에 대한 이해를 더해 준다. 효율적으로 실시되는 교육 · 훈련 프로그램은 서비스 종사원의 업무 능력뿐 아니라 조직 기반 자긍심과 애사심을 높여 준다.

디즈니사의 모든 신입사원은 'Traditions'라고 불리는 교육 과정에 참가하여 회사의 미션과 신념에 대해 학습하고 자신의 특정 업무에 대한 교육을 받는다. 예컨대 티케팅 담당 직원은 단순한 티켓 판매 이상의 역할을 이 과정에서 배우는데, 디즈니에서 티케팅 직원은 티켓 담당 이상의 캐스트 멤버이기 때문이다. 다른 캐스트 멤버와 마찬가지로 티케팅 직원도 그들의 연기를 배운다. 고객은 티켓을 구매하며 다른 많은 질문을 한다. 티케팅 직원은 고객의 모든 질문에 친절하고 즉각적으로 대답할 수 있도록 디즈니 서비스 전반에 대한 지식을 갖추고 고객서비스를 하도록 교육받는다.

신입사원을 교육 훈련시킬 때는 다음과 같은 점을 고려해야 한다.

- 신입사원이 환영받는다는 느낌을 갖도록 만든다.
- 호텔기업이 추구하는 서비스 정신과 개념을 숙지시킨다.
- 호텔 투어를 실시하고 호텔에서 제공하는 다양한 서비스를 소개한다.
- 계획된 일정에 따라 오리엔테이션을 실시한다.
- 신입사원을 안내하고 가이드라인을 제공할 수 있는 협력자나 멘토를 붙여 준다.
- 교육 내용은 신입사원의 경력과 전문지식 수준에 최대한 맞춘다.

월트 디즈니사의 직원 교육 · 훈련

① 인사부 직원은 신입사원을 따뜻하게 환영하며 맞이한다. 신입사원은 교육 진행 계획표를 받고 마음의 준비를 한다.

② 첫째 날, 신입사원은 4인 1조가 되어 테이블에 앉아 사과를 먹으며 서로 친해지는 시간을 갖는다. 이는 신입사원으로 하여금 조속히 사내 인간관계를 형성하고 소속감을 갖게 하는 효과가 있다.

③ 신입사원은 최신 제작된 디즈니사에 대한 영화를 보고 디즈니의 철학에 대해 배운다. 그들은 단순히 서비스 종사원이 아닌, 엔터테인먼트 비즈니스에 몸담게 된 캐스트 멤버이다. 고객에게 봉사하는 모든 상황은 연극의 일부분이며 어떻게 연극을 훌륭하게 연출해야 하는지를 익힌다. 강의실 교육이 끝나면 직접 디즈니 주제 공원을 돌아본다.

④ 현장으로 나가 자신의 부서에서 일을 배운다. 레스토랑에서 일을 하는 사람은 '식음료 주인(F & B hosts)', 청소원은 '관리 주인(custodial hosts)' 등의 명칭으로 불린다. 모든 사원은 테마 의복(theme costumes)을 받고 '무대에 서서(on stage)' 일을 시작할 때까지 며칠 더 서비스 훈련을 받는다.

⑤ 모든 신입사원은 자신의 업무 외에도 고객의 질문에 상냥하게 대답하는 훈련을 받는다. 모든 종사원은 디즈니의 유쾌하고 우호적인 이미지를 전달하여야 한다.

⑥ 종사원은 'Eyes and Ears'라는 디즈니 사내신문을 통해 각종 교육 프로그램, 종사원 혜택 등에 대한 정보를 받는다.

⑦ 디즈니의 관리자는 매년 1주일씩 티켓, 팝콘 등을 판매하고, 놀이기구 안내인 역할을 하며 고객과 접촉하는 시간을 갖는다. 이는 역할분담(cross-utilization)이라고 불리는 것으로, 관리층이 고객의 욕구에 대한 민감성을 키우고 부하 직원에게 서비스 정신을 일깨우며, 서비스 지향주의의 모범을 보이는 기회로 사용된다.

⑧ 모든 종사원은 설문지를 통해 불만사항을 보고한다. 디즈니사는 고객만족을 극대화하기 위해 종사원의 불만을 최소화하려고 노력한다.

접객 종사원에게는 자신이 제공하는 서비스의 중요성을 지속적으로 일깨워 주고 정기적으로 서비스 교육을 시켜야 한다. 호텔기업에서는 외국어, 전산, 예절, 판매 기술, 대화 기술 등에 대한 교육 프로그램을 개발하고, 선도업체로부터 벤치마킹을 해 오기 위해 담당 직원을 해외에 파견하고 현지의 서비스 상품을 경험하게 하는 등 다양한 연수 프로그램을 도입할 필요가 있다. 직원 재교육은 주로 비수기를 이용하여 실시되는데, 이 기간은 직원의 업무 관련 노하우를 업데이트할 뿐 아니라 서비스 종사원에게 재충전의 기회가 되기도 한다.

직무동기 유발

어떻게 직원의 직무동기를 최대한으로 유발시킬 수 있을까? Vroom의 기대이론(expectancy theory)에 의하면, 인간의 행동은 그에 따른 보상에 의해 결정된다고 한다. 자신의 행동에 대해 후속적으로 발생하는 상벌에 대한 기대가 행동을 조절한다는 것이다. 이러한 의미에서 종사원의 직무성과에 대한 보상 시스템이나 상벌체계는 직무동기와 밀접한 관계가 있다고 볼 수 있다.

종사원은 자신의 업무성과에 대한 피드백 및 인정을 받을 때 더욱 강한 직무동기를 갖게 된다. 직무성과에 대한 공정한 평가를 바탕으로 승진과 인센티브 제공 및 표창을 하는 제도는, 종사원의 직무태도와 적극성을 결정할 것이다. 그런데 종사원의 직무평가를 함에 있어서는 객관성과 공정성이 확보되어야 한다. 객관성과 공정성이 결여된 성과급제도는 조직원 간에 갈등만을 야기할 수 있다.

인간은 자신이 스스로에 대해 지각하는 대로 행동한다. 자신의 능력을 믿는 사람은 자신 있게 능력을 발휘하는 방향으로 행동하게 되고, 자신에 대해 부정적인 사람은 퇴보적 행위를 하게 된다. 이는 '**피그말리온 효과(Pygmalion effect)**'이다. 서비스기업의 종사원도 자신이 유능하고 효율적이며 서비스 마인드가 있는 사람이라고 지각할 때, 그러한 행동이 강화된다. 종사원의 이러한 자기 지각에는 상사의 역할이 크다. 상사가 인정해 주고 기대를 가져 줄 때 부하 직원은 그러한 기대에 부응한 행동을 보이려는 강한 동기를 가지게 된다.

피그말리온 효과

피그말리온 효과란 그리스 신화에 나오는 피그말리온의 이름에서 유래한 심리학 용어이다. 피그말리온(Pygmalion)은 키프로스의 왕이며 조각가이다. 그는 아름다운 여인상을 조각하고 그 조각상을 진심으로 사랑한 나머지, 그녀가 실제 자신의 애인이며 아내라고 믿게 되었다. 그 결과 아프로디테 여신은 그의 사랑에 감동하여 조각상에게 생명을 주었고, 그 조각상은 피그말리온이 바라고 생각한 대로 실제 사람이 되었다.

피그말리온 효과란 타인의 기대나 관심으로 인하여 능률이 오르거나 결과가 좋아지는 현상을 말한다. 피그말리온의 기대와 사랑으로 조각상이 인간이 된 것처럼 말이다. 사람은 타인이 나를 존중하고 나에게 기대하는 것이 있으면 기대에 부응하는 쪽으로 변하려고 노력한다.

하버드대학교 사회심리학과 교수인 로버트 로젠탈(Robert Rosenthal)과 초등학교 교장 레노어 제이콥슨(Lenore Jacobson)은 미국 샌프란시스코의 한 초등학교에서 전교생을 대상으로 지능검사를 한 후 검사 결과와 상관없이 무작위로 한 반에서 20퍼센트 정도의 학생을 뽑았다. 그리고 그 학생들의 명단을 교사에게 주면서 '지적 능력이나 학업 성취의 향상 가능성이 높은 학생들'이라고 말해 주었다. 8개월 후 이전과 같은 지능검사를 다시 실시하였는데, 그 결과 명단에 속한 학생들은 다른 학생들보다 평균 점수가 높게 나왔을 뿐만 아니라 학교 성적도 크게 향상되었다. 명단에 오른 학생들에 대한 교사의 기대와 격려가 중요한 영향을 미친 까닭이다. 이 연구의 결과는 타인으로부터 받는 기대와 관심이 개인의 과업 성과에 중요한 효과를 미친다는 것을 보여 준다.

임파워먼트

일선 종사원은 고객서비스를 실행함에 있어서 다양한 문제 발생 및 의사결정상황에 직면한다. 이러한 경우 융통성 있는 업무 처리를 위해서는 종사원이 자발적인 의사결정을 할 수 있는 지원체제가 필요하다. 자유재량권이 없어 상사의 지시를 받아야만 하는 체제에서는 고객서비스가 지연되고 종사원은 종종 무력감을 느끼게 된다.

서비스기업 경영자는 고객에 대한 문제를 해결하는 권한을 직원에게 부여할 필요가 있다. 경영자는 서비스 직원의 서비스 능력과 의사결정 능력, 문제해결 능력을 신뢰할 수 있어야 한다. 일선 종사원에 대한 적절한 임파워먼트(empowerment)가 이루어질 때, 종사원은 자신의 직무에 대한 책임과 몰입을 하게 되고 직무동기가 강화될 것이다. 예를 들어, 리츠칼튼 호텔은 서비스 직원이 고객만족을 위해서 2,000불 한도 내에서 자유재량껏 사용할 수 있도록 하였다.

임파워먼트는 서비스 실패가 발생했을 때 즉각적인 서비스 회복을 할 수 있고 고객만족을 최대화할 수 있는 유연한 서비스 시스템이라는 장점이 있지만, 서비스 직원이 잘못된 의사결정을 할 가능성과 비일관적인 고객서비스가 제공될 가능성이 있다는 단점을 안고 있다. 임파워먼트가 효과적으로 기능하기 위해서는 서비스 직원에게 재량권의 정도에 상응하는 적절한 경영 지원과 지식 지원이 이루어져야 한다. 우선 직원 선발과 훈련에 충분한 투자를 해야 한다. 이러한 측면에서 임파워먼트와 같은 내부 마케팅 활동은 최고경영층의 의지에 달려 있다고 할 수 있다. 또한 사내 정보 시스템을 통해 고객문제해결에 직원의 재량권이 사용된 다양한 사례에 대한 정보를 공유하며, 직원이 훌륭한 판단력을 사용할 수 있도록 회사의 기본 방침과 고객서비스의 원칙을 인지시켜야 할 것이다.

직무 스트레스와 갈등 관리

서비스기업은 정서적 노동을 하는 종사원의 직무 스트레스에 대해 주의를 기울일 필요가 있다. 종사원의 직무만족도나 스트레스는 그들이 제공하는 서비스의 품질과 직결되기 때문이다. 우리나라 서비스업 종사자의 직무 스트레스 원인은 다음과 같은 8개 영역으로 분류될 수 있다.

- 직무 요구
- 직무 자율
- 관계 갈등
- 물리적 근무환경
- 직무 불안정
- 조직체계
- 보상 부적절
- 직장문화

내 직무 스트레스 점수는?

한국 표준형 측정도구 개발… 조사 결과 평균 점수 49.05점

한국 표준형 직무 스트레스 측정도구가 개발됐다. 한국 직무 스트레스 학회가 새로 개발한 이 도구는 •물리환경 •직무 요구 •직무 자율 •관계갈등 •직무 불안정 •조직체계 •보상 부적절 •직장문화 등 한국적 환경을 고려한 8개 영역의 43개 문항으로 이루어져 있다. 직무 스트레스를 낳는 요인은 다양한데, 다양한 업종·직종·사업장 규모에 종사하는 한국 노동자들(전국 3만여명)을 면접한 뒤 이런 8개 영역의 직무 스트레스 원인을 밝혀냈고, 이를 외국의 스트레스 요인과 비교해 한국형으로 개발한 것이다.

학회에 의하면, 외국에서는 직무 내용이나 성과에 대한 스트레스가 심한 데 비해, 한국은 상사와의 갈등관계나 집단주의 조직문화 그리고 비공식적 직장문화 등이 더 큰 스트레스 요인이라고 한다.

이 한국형 측정도구를 이용해 다양한 업종과 직위에 있는 직장인 3만여명의 직무 스트레스를 조사한 결과, 한국 노동자의 평균 직무 스트레스 점수는 49.05점으로 나타났다. 자신의 점수를 알려면 43개 문항을 풀어 본 뒤, 각 영역별로 백분위 점수로 환산해 이를 다시 총점으로 계산하면 된다. 점수가 높을수록 직무 스트레스가 발생하는 요인이 많다고 보면 된다. 업종별로는 운수업(51.12점), 보건 및 사회복지(52.65점), 기타 서비스업(51.83점) 등에서 스트레스가 평균치보다 높게 나타났다.

호텔과 같은 서비스업 종사원이 겪는 갈등에는 4가지 유형이 있다. 그것은 종사원의 역할갈등과 종사원과 조직/상사와의 갈등, 종사원과 종사원 간의 갈등, 그리고 종사원과 고객 간의 갈등이다.

첫째, 종사원의 역할갈등은 역할모호성(role ambiguity)과 역할충돌(role conflict)에 기인한다. 역할모호성은 과업 명세에 대한 적절한 정보가 주어지지 않아, 종사원이 자신의 직무로부터 요구되는 책임과 권한을 정확히 지각하지 못한 상태로 업무를 맡을 때 발생한다. 역할충돌은 서로 양립할 수 없는 두 가지 이상의 상반된 기대가 개인에게 주어질 때 발생한다. 예를 들어, 종사원이 맡은 특정 업무가 또 다른 업무의 수행을 어렵게 한다거나, 두 명 이상의 상사가 서로 상반된 기대와 요구를 하는 경우에 역할충돌이 생긴다. 역할모호성과 역할갈등의 경우는 모두 종사원에게 직무 스트레스를 유발하며 혼란과 불만족을 야기한다. 서비스기업은 종사원이 자신의 역할과 업무를 명확히 파악하고 일관성 있는 직무목표를 추구하도록 지도해야 한다. 또한 개선이 필요한 분야에 대한 종사원의 소견과 기업 측의 해결책 제시가 원활히 교환되는 효율적 쌍방 의사소통 통로가 마련될 필요가 있다.

둘째, 종사원과 조직/상사의 갈등은 조직체계나 조직문화와 밀접한 관계가 있다. 종사원-조직/상사 갈등은 종사원에게 기업의 가치와 목표를 이해시키고, 명령체계를 개선하며, 종사원의 자유재량권을 부여함으로써 감소될 수 있다.

셋째, 종사원과 종사원 간의 갈등은 성격과 업무 스타일, 그리고 능력과 업무량의 차이에 기인한다. 신입사원을 선발할 때는 원만한 성격의 소유자를 가려내고, 기존 사원과의 유사성이나 친근성을 고려해야 한다. 또한 직원을 대상으로 인간관계 및 처신술에 대한 교육을 시키고, 상호 호의적이고 팀워크를 중시하는 회사 분위기를 조성할 필요가 있다.

마지막으로 종사원과 고객 간의 갈등은 호텔업과 같이 인적 서비스가 중시되는 서비스업에서 빈번히 발생하는 문제이다. 정서적 노동의 결과로 접객 종사원은 종종 소진과 스트레스를 경험한다. 종사원-고객 갈등이 반복되면, 종사원은 무기력증에 빠지고 심한 경우 고객에 대한 적개심마저 느낀다. 기업은 이러한 종사원 갈등을 이해하고, 접객업무에서 오는 스트레스를 해소할 기회를 부여해야 한다. 또한 다양한 유형의 고객에 대한 응대법을 교육시키며, 종사원들을 무대의 배우와 같은 연기자로 훈련시킬 필요가 있다.

서비스기업 구성원의 조직시민행동

호텔기업은 조직과 고객 모두에게 유익한 조직시민행동을 하는 조직 구성원을 필요로 한다. 조직시민행동(organizational citizenship behavior)이란 조직의 보상 시스템에 의해 명시적으로 인정받지는 않지만, 조직의 유효성을 증진시키는 구성원의 자발적인 역할 외 행동을 지칭한다. 조직시민행동은 다음과 같은 하위 차원의 개념으로 구성되어 있다.

• 이타적 행동(altruism)

과업이나 문제에 봉착한 사람을 도와주는 자발적 행동

• 양심적 행동(conscientiousness)

과업을 양심적으로 시행하고, 자신에게 요구되는 역할을 최소 수준 이상으로 수행하는 행동

그림 17-8 서비스 종사원의 갈등 유형 및 직무 스트레스

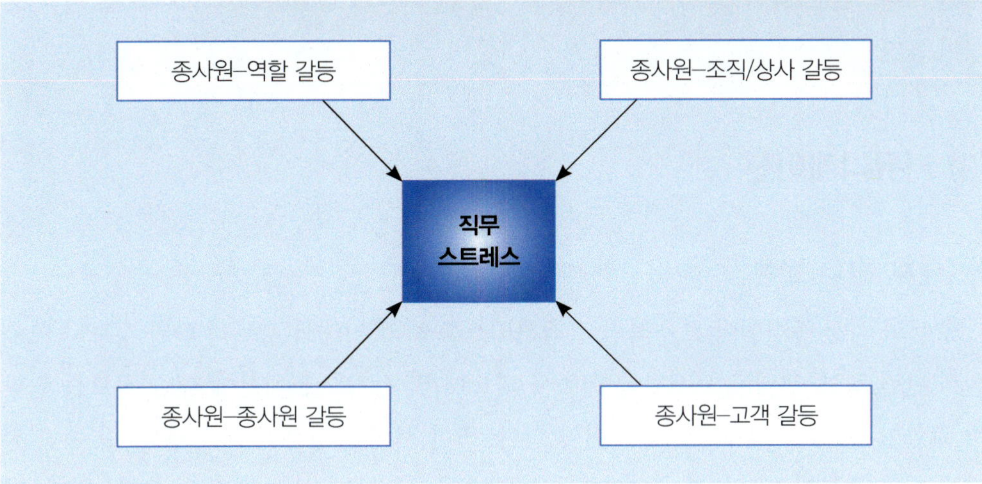

• 정당한 행동(sportsmanship)

조직 내에서 발생하는 사소한 문제나 고충을 인내하고, 규칙을 준수하는 행동

• 예의바른 행동(courtesy)

조직원에 대한 예의를 지키고, 어떤 결정에 의해 영향을 받는 사람과 사전에 정보를 공유하는 행동

• 공동가치 추구(civic virtue)

조직 내 제반 활동에 관심을 갖고 적극적으로 참여하는 행동

서비스조직은 위와 같은 조직시민행동을 수행하는 직원을 필요로 한다. 내부 마케팅이 성공적으로 실천되는 회사에서는 만약 한 서비스 직원이 실수를 저지르면 다른 직원은 고객이 눈치 채기 전에 재빨리 실수를 커버하고 그를 도와 함께 일을 처리할 것이다. 팀워크가 이루어지기 때문이다. 조직시민행동 성향을 가진 직원은 동료 직원과 원활하게 팀을 이뤄 협동 작업을 하고 도움이 필요한 다른 서비스 직원을 적극적으로 도우며 서로 존중하고 단합하는 조직문화를 이루어 나간다.

조직시민행동은 직원이 수행하는 고객서비스의 품질과도 밀접한 관계가 있다. 조직시민행동과 직원의 역할 외(extra–role) 행동에 대한 연구결과에 의하면, 조직시민행동 성

향이 높은 서비스 직원은 고객을 배려하고 자신이 맡은 직무 외에도 고객을 위해 추가적인 서비스를 자발적으로 수행하는 친고객행동(prosocial behaviors to customers)을 할 가능성이 높다.

(3) 커뮤니케이션

✝ 내부 정보 교환

호텔의 일선 종사원이 효율적인 접객서비스를 하기 위해서는 고객 관련 정보나 매출실적 관련 정보, 그리고 고객만족도 조사 피드백 및 서비스 노하우에 대한 정보를 원활히 교환할 수 있는 체제가 마련되어야 한다. 또한 서비스 상품의 대외 홍보 및 촉진 전략에 대한 정보가 인트라넷, 사내보 등을 통해 종사원에게 신속히 전달되어야 한다. 자사의 상품전략, 특별 촉진전략 등 마케팅 전략에 대한 지식이 있어야 서비스 종사원이 고객에 대한 기업의 약속을 제대로 지킬 수 있다.

사내 교육 프로그램이나 복지 혜택, 특별 행사, 이벤트, 그리고 인사, 기업방침 등에 대한 정보도 조직 구성원 간에 효과적으로 전달되는 장치가 필요하다. 이러한 내부 정보 교환은 종사원의 직장만족도 및 사기와도 직접적으로 연관된다. 회사의 내부 정보뿐 아니라 의견 교환 또한 수직 또는 수평으로 원활히 이루어져야 한다. 상부의 지시 및 통지사항의 하부전달뿐 아니라 종사원 간의 의견 교환, 그리고 일선 종사원의 아이디어나 건의사항이 상부로 원활히 전달되는 시스템이 갖추어져야 한다. 개방적이고 지원적인 조직 분위기가 형성되어야 이러한 내부 의견 교환이 자유롭게 이루어질 수 있다.

✝ 외부 커뮤니케이션

종사원은 광고의 제2 청중이다. 서비스 광고의 타깃은 외부 고객인 동시에 직원이다. 서비스기업은 서비스를 외부 고객에게 팔기 이전에 직원에게 먼저 판매해야 한다. 따라서 서비스기업은 내부 고객 즉 직원을 고려한 광고전략을 세울 필요가 있다. 서비스기업 종사원은 자신이 근무하는 기업의 광고캠페인, 홍보, 기타 기업 관련 기사 등 외부 매스커뮤니케이션에 주의를 기울인다. 기업의 채용광고 또한 현재 직원이 관심을 나타내는 부분이다. 이러한 외부 커뮤니케이션은 외부시장뿐 아니라 자사의 종사원에게도 기업을 알리는 효과적인 의사전달 수단이다.

외부 커뮤니케이션은 사내 서비스 교육, 내부 커뮤니케이션 등과 혼합하여 서비스 직원의 직무동기를 부여하고 기업의 의사전달을 하는 수단이 된다. 또한 서비스 광고는 직원이 업무를 잘 수행하도록 유도하는 효과가 있다. 광고는 직원에게 자신이 창출해야 하는 서비스 개념을 이해시킨다. 또한 자사의 서비스 현장이나 직원이 등장하는 광고를 본 직원은 서비스 업무의 기준을 제공받는 셈이 된다.

서비스기업은 외부 커뮤니케이션을 통해 현재 종사원에게 동기부여를 하고 기업에 대한 자부심과 애착을 느끼게 만드는 기회로 활용할 수 있다. 예를 들어, Ritz Carlton의 "신사숙녀들이 모시는 신사숙녀들의 호텔(We are ladies and gentlemen serving ladies and gentlemen)"이라는 광고문구는 종사원을 존중하는 기업의 태도를 보여 준다. 햄튼인은 "100퍼센트 만족 보장"을 약속하며 만족하지 못한 손님에게는 숙박료 전액을 환불한다는 광고를 내보냈다. 햄튼인의 직원은 이 약속을 지켜 내기 위해 최선을 다해 서비스 업무에 임했고 만족한 고객들의 호응으로 1,000만불의 추가 수익을 거둘 수 있었다. 이와 같이 서비스 광고는 고객에게 서비스를 알리고 이용하도록 설득할 뿐만 아니라 직원에게는 직무동기를 부여하고 사기를 충천시키는 역할을 수행한다.

찾아보기

저자소개

이 화 인

- 경기대학교 관광대학 호텔경영학과 교수
- 미국 펜실베이니아 주립대학교 경영학박사 (서비스마케팅 전공)
- 미국 매사추세츠 주립대학교 석사 (호텔·관광경영학 전공)
- 경기대학교 학사 (관광경영학 전공)
- 미국 펜실베이니아 주립대학교 경영대학 마케팅원론 강사
- 한국투자경제연구소 객원연구원
- 한국관광공사 관광교육원 자문교수
- 한국관광공사 관광종사원 자격시험 출제위원
- 경기대학교 여학생문화원 원장
- 주식회사 대교 부설대학원 마케팅 관리 담당교수
- 한국관광학회 관광학연구 편집위원
- 한국여행학회 홍보이사
- 한국서비스산업학회 부회장

(저서)

- 호텔·컨벤션 마케팅, 비엔엠북스
- 호텔마케팅, 학현사
- 호스피탈리티 산업의 이해 (차길수, 김경환과 공저), 백산출판사
- 대학 호텔영어회화, 기문사
- 호텔·외식 고객행동, 기문사
- 서비스고객의 심리와 행동, 기문사 (2013년 말 출판예정)

저자와의
협의하에
인지생략

호텔 마케팅

2013년 8월 21일 초판 인쇄
2020년 2월 28일 초판 4쇄 발행

편저자 : 이 화 인
발행인 : 정 광 식
발행처 : **비앤엠북스**
서울시 금천구 가산디지털1로 70 B1-103(호서대벤처타워)
등 록 2004. 12. 29. / 제313-2004-00298호
전 화 2627-5710~13, 팩스 2627-5720
홈페이지 www.대학교재.net
이 메 일 bnmbook@daum.net

정가 26,000원 ISBN 978-89-6821-008-2